AF365854

Economía circular

Un enfoque práctico para transformar los modelos empresariales

Esta obra ha sido galardonada con el premio
Logisnet 2022 de Literatura Técnica.

Economía circular

Un enfoque práctico para transformar los modelos empresariales

Rozanne Henzen
Ed Weenk

Colección: GESTIONA
Director: David Soler

Título original:
Mastering the circular economy. A practical approach to the circular business model transformation
2021, Kogan Page Limited
London, New York, New Delhi
www.koganpage.com/

ECONOMÍA CIRCULAR.
UN ENFOQUE PRÁCTICO PARA TRANSFORMAR LOS MODELOS EMPRESARIALES
1.ª edición, 2022

© 2021, 2022, Rozanne Henzen, Ed Weenk
© de esta edición, incluido el diseño de la cubierta, ICG Marge, SL

Edita: Marge Books
Brutau, 160 - 08203 Sabadell (Barcelona)
Tel. 931 429 486 – marge@margebooks.com
www.margebooks.com

Edición: Núria Gibert
Compaginación: Mercedes Lara
Impresión. Safekat, SL (Madrid)

ISBN edición impresa: 978-84-19109-18-7
ISBN edición digital: 978-84-19109-19-4
Depósito Legal: B 10636-2022

 El papel empleado en este libro no ha sido blanqueado con cloro elemental (CI_2).

Índice

PRIMERA PARTE
La economía circular

SEGUNDA PARTE
Gestionar la circularidad

TERCERA PARTE
**Imaginar la transformación: de las cadenas de valor
lineales a las cadenas de valor circulares**

Los autores

Rozanne Henzen

Rozanne Henzen tiene un máster en Ciencias de la Comunicación Estratégica por la Universidad de Amberes. Gracias a una beca, estudió en la Stockholm School of Entrepreneurship, donde se interesó en el comportamiento de las personas consumidoras y la circularidad para la industria textil. En la actualidad, Rozanne trabaja como investigadora y experta en economía circular en el Expertise Centre for Sustainable Transformation de la Antwerp Management School (AMS), Bélgica.

Como investigadora y asesora, ha participado en varios proyectos a escala nacional e internacional centrados en la transformación sostenible. Asimismo, dirige los AMS Corporate Leadership Groups, con los que diversas empresas se comprometen conjuntamente a realizar acciones públicas anuales para promover la economía circular o del bienestar. Como parte de su trabajo para AMS, imparte conferencias sobre Economía Circular 101 y forma parte del equipo docente de Habilidades de Liderazgo Global.

Anteriormente, Rozanne fue miembro del grupo de reflexión nacional neerlandés centrado en la aceleración de la transición a una economía circular y realizó una investigación sobre el liderazgo individual en materia de sostenibilidad. En 2020 se publicó su primer libro para el mercado neerlandés: *De kleine circulaire economie for dummies,* la primera obra oficial de la serie «For Dummies» dedicada a la economía circular, con una explicación clara y completa, en la que se recogen medidas para implantarla en el ámbito de los Países Bajos. Sus esfuerzos en materia de sostenibilidad le han brindado un merecido reconocimiento y, en 2020, se la consideró una de los cien jóvenes referentes en sostenibilidad.

En su tiempo libre, intenta que la complejidad de la economía circular y de otras cuestiones relacionadas con la sostenibilidad sean accesibles a todo el mundo a través de su Instagram (@reduce.reuse.rznn), con la intención de que la transición se vea como una aventura y no como una coerción.

Ed Weenk

Ed Weenk (MSc PDEng) es un experimentado asesor de empresas, formador, conferenciante y organizador de talleres. Sus intereses profesionales abarcan desde las operaciones sostenibles y la cadena de suministro, hasta todos los aspectos relacionados con la gestión y la dirección, incluidas la gestión de proyectos y la enseñanza, ya sea mediante simulaciones empresariales o el aprendizaje experimental, del que es un apasionado defensor.

Su amplia experiencia práctica en la gestión de proyectos de logística y distribución internacional a nivel estratégico y operativo arranca a mediados de la década de 1990. Además de su carrera como profesional independiente, posee la exclusiva de las simulaciones Inchainge en los Países Bajos, así como de Palatine Group en Nueva York.

Asimismo, colabora como profesor asociado sénior en escuelas de negocios como EADA Barcelona (España), Maastricht School of Management (Países Bajos), TIAS School for Business and Society (Países Bajos), Antwerp Management School (Bélgica), WU Wien Executive Academy (Austria), Rotterdam School of Management (Países Bajos) y Centrum Graduate School of Business (Lima, Perú), en las que imparte cursos sobre gestión de operaciones y cadena de suministro, economía circular, gestión de proyectos e intraemprendimiento, cuestiones en las que es un gran especialista.

Su libro de gestión *The perfect pass: what the manager can learn from the football trainer (El pase perfecto. Lo que el directivo puede aprender del entrenador de fútbol)*, publicado en inglés, español y neerlandés, se centra en aspectos tan importantes para la empresa como la necesidad de tener una visión panorámica de la situación, disponer de una buena alineación interna y externa, y lograr la coherencia en todos los niveles. Su segundo libro, *Mastering the supply chain: principles, practice and real-life applications (Cómo gestionar la cadena de suministro)*, disponible en inglés, neerlandés y español, también combina la teoría y la práctica a través de una simulación empresarial.

Noah Schaul (colaborador)

Noah, originario de Luxemburgo, habla cinco idiomas con fluidez (luxemburgués, inglés, alemán, francés y neerlandés) y actualmente vive en Utrecht (Países Bajos).

Su interés juvenil por todo lo relacionado por la sostenibilidad lo llevó tiempo después a dedicarse a la economía sostenible. Noah cursó Economía y Economía Empresarial, con una especialización en Geografía Económica, en la Universidad de Utrecht, donde concluyó sus estudios con un sobresaliente *cum laude*. Su tesis sobre la imposibilidad de la renta básica universal se publicó en el sitio web del Citizen's Basic Income Trust.

Después de trabajar en diversos proyectos centrados en la alimentación sostenible, la economía compartida y los negocios artísticos, Noah se unió a Inchainge en 2019. Allí tuvo la oportunidad de profundizar en la economía circular.

Entre sus primeros proyectos estuvo el lanzamiento de la recién desarrollada simulación de negocios circulares *The Blue Connection*. Durante la gira promocional, se invitó a diversas organizaciones y empresas a que probasen la flamante simulación empresarial de estrategia circular. Noah aprovechó la ocasión para reunirse con profesionales, académicos, oenegés, consultores y políticos y debatir en torno a la mejor manera de desarrollar la transición a la circularidad.

A lo largo de 2020, Noah se ha convertido en un líder de opinión sobre la circularidad dentro de Inchainge, donde ya se le conoce como *Mr Circular*. De hecho, es uno de los formadores principales de *The Blue Connection* y ha organizado y participado en sesiones de formación, programas profesionales, cursos universitarios y MBA.

Como firme creyente en la cooperación, Noah ha empezado a crear una comunidad de economía circular para los Países Bajos a través de LinkedIn y está tejiendo una tupida red de socios y representantes en Inchainge.

Agradecimientos

Hay varias personas a las que queremos agradecer su contribución en esta obra. En primer lugar, debemos mencionar a Egge Haak, Hans Kremer y Michiel Steeman por invitarnos a aceptar el reto de escribir un libro y por corregir y revisar críticamente el contenido a lo largo del camino. Tampoco podemos olvidarnos del resto del equipo de Inchainge por responder a la avalancha de preguntas que les formulamos sobre *The Blue Connection*.

En segundo lugar, todo el equipo de Kogan Page merece una mención muy especial por su apoyo en todo momento en la edición en inglés de esta obra, sobre todo por lo que respecta a Adam Cox y Amy Minshull. Deseamos dar las gracias también a Noah Schaul, por su gran ayuda entre bastidores: se ha encargado de la corrección de pruebas, la coordinación de imágenes y la preparación del entorno de simulación, entre otras cuestiones. Claire Ahlborn nos ha ayudado mucho a ilustrar el libro.

Y, por último, en esta edición en español, nuestro agradecimiento es para el equipo editorial de Marge Books.

Rozanne:
Me gustaría agradecer a mis padres, a mi hermana y a mi familia de Amberes su continuo apoyo, sus palabras de ánimo, los cafés y los paseos, su atención, siempre tan comprensiva, las felices distracciones con las que descansaba de vez en cuando y las conversaciones que tanto agudizaron mi pensamiento. Gracias. Tampoco quiero olvidarme de mis compañeros *millennials,* a la generación Z: tenemos la fantástica oportunidad de crear un nuevo sistema en el que no cometeremos los

mismos errores de las generaciones de nuestros padres y abuelos. Con la ayuda de la creatividad, la innovación y la confianza en nuestras propias capacidades podemos repensar, rediseñar y reordenar nuestro futuro y nuestro ahora.

Ed:

Como dice el refrán, no hemos heredado este planeta de nuestros padres, sino que lo estamos tomando prestado de nuestros hijos. Quisiera expresar el mayor agradecimiento posible a mis padres y a mis suegros, así como a Marieke. Todos vosotros habéis sido fundamentales para que ahora pueda dar las gracias a Pau y Marc por prestarme su planeta y prometo que haré todo lo posible por tratarlo de la mejor manera posible. Gracias por inspirarme tanto y darme tanta energía. Va por todos vosotros.

Antes de empezar...

Inchainge es una empresa neerlandesa dedicada por completo al aprendizaje experimental en la gestión de la cadena de valor mediante simulaciones empresariales. Creamos constantemente nuevas simulaciones y programas de formación, además de mejorar los ya existentes, para que cualquier persona, con independencia del sector o de su lugar de residencia, reciba el apoyo necesario durante el aprendizaje. Al ser una organización pequeña y compacta, nos preocupamos por desarrollar y mantener una amplia red de formadores y de profesores en todo el mundo.

Vemos a nuestro alrededor que el mundo volátil e incierto en el que vivimos crea enormes desafíos para las empresas y sus cadenas de valor. El cambio es la única certeza en el día a día de las empresas y, para adaptar las cadenas de valor con éxito, es absolutamente necesario comprender a fondo su dinámica y sus interdependencias. Pero no basta con comprender el sistema en su conjunto: la adaptación constante exige también habilidades de liderazgo en la colaboración y el trabajo en equipo.

En Inchainge creemos que esa comprensión y las habilidades correspondientes solo pueden adquirirse mediante la experiencia activa. Me refiero a la experiencia completa de gestionar una cadena de valor con un equipo, de manejar todas las dimensiones de forma integral, de explorar cómo está todo conectado, de trabajar eficazmente en equipo. Además, nuestra misión es ayudar a los estudiantes y a las empresas a que coordinen la estrategia y la ejecución, los departamentos de una empresa y los socios comerciales de la cadena de valor.

Hemos diseñado y construido nuestras simulaciones empresariales con estos objetivos. En 2008 comenzamos con *The Fresh Connection,* un proyecto que ayuda a comprender conceptos relevantes y proporciona una plataforma para experimentarlos en una empresa virtual. Con ella se pueden adquirir las habilidades necesarias para afrontar mejor todas las complejidades que entraña un proceso de alineación en el entorno competitivo y divertido de un juego. Pero no nos quedamos ahí: también disponemos de una amplia diversidad de materiales para apoyar a los equipos docentes y al alumnado en el uso de nuestras simulaciones, y enriquecer su experiencia con contenidos de gran calidad.

Ahí es donde encajan este libro y *Gestionar la cadena de suministro,* también publicado por Marge Books. Aparte de nuestras simulaciones y materiales de apoyo, buscábamos una forma de salvar la distancia entre los conceptos teóricos de la cadena de valor y su aplicación directa, y eso es precisamente lo que encontrarás aquí. El libro comienza con una visión general de muchos conceptos críticos en torno a la circularidad y, a continuación, te invita a descubrir su aplicación práctica mediante un caso interactivo, *The Blue Connection.* La tercera parte del libro va más allá de la mera simulación; proporciona al alumnado una gran cantidad de retos circulares adicionales sobre los que reflexionar. Considero que el libro será extremadamente útil tanto para los alumnos y las alumnas como para sus instructores, ya sea en el mundo empresarial o en el educativo.

En Inchainge confiamos en que este libro establezca un nuevo estándar y lleve la experiencia integral de *The Blue Connection* a un nivel superior.

Egge Haak
Socio de Inchainge

Prólogo:
¡que empiece el juego!

Tenemos la suerte de que, por el bien del planeta, las personas consumidoras y los organismos reguladores se preocupan más que nunca por el medio ambiente. Ya se trate de las emisiones de carbono, el agotamiento de los recursos o la basura que flota en nuestros mares, somos mucho más conscientes de la necesidad de tener un cuidado mayor a la hora de usar y desechar cuanto compramos. Buena parte de las empresas fabricantes y otros agentes de la cadena de distribución no ha tardado en reconocer su responsabilidad legal y moral con la sociedad. Los más inteligentes han visto también una oportunidad de actividad empresarial.

Pero el concepto de economía circular va aún más lejos. Su enfoque es cada vez más estructurado y sofisticado. A su paso surgen nuevas ideas sobre la propiedad y el uso de los productos, nuevos modelos empresariales y nuevos modelos financieros para apoyar las cadenas de suministro circulares. Desde el punto de vista de la investigación académica, todavía quedan muchas preguntas por responder. En mi propio campo de estudio, por ejemplo, analizamos los modelos de propiedad cambiantes, la importancia del valor residual, los efectos en el flujo de caja y la necesidad de disponer en todo momento de datos fiables. Sin embargo, puede decirse que la colaboración y la alineación son las piedras angulares de estos paradigmas emergentes. Veremos nuevas formas de colaboración entre los socios en las cadenas de suministro físicas, financieras y de información, tanto en sentido ascendente como descendente.

Esta transición colaborativa hacia una economía circular –con sus evidentes ventajas por cuanto afecta a los recursos naturales, el cambio climático y la contaminación de todo tipo– no es fácil. En los últimos años, Windesheim se asoció con Inchainge e ING para desarrollar *The Blue Connection,* un juego de negocios circulares que atrae a profesionales y estudiantes para que comprendan los retos conflictivos que conlleva la transición a una economía circular.

Y ahora, con *Economía circular*, Rozanne Henzen y Ed Weenk han integrado todos los elementos que los equipos docentes necesitan a la hora de enseñar en qué consiste la economía circular. Un enfoque de aprendizaje verdaderamente integrado. Llevará a los estudiantes a un viaje que comienza con la exploración de la teoría actual y los antecedentes históricos de la economía circular. A continuación, se pueden aplicar estos conceptos en un contexto realista utilizando *The Blue Connection* y, finalmente, imaginar cómo se desarrollará la transición en el futuro.

La combinación del libro y el juego favorece un enfoque verdaderamente mixto de la enseñanza: *offline* y *online*, aprendizaje individual y en equipo, habilidades blandas y habilidades duras, serio y divertido. Los educadores lograrán que sus estudiantes se involucren realmente con diferentes estilos de aprendizaje y modelos culturales. Me atrevo a decir que se trata de una cuestión crucial para esta generación de estudiantes y jóvenes profesionales.

Ha sido todo un privilegio trabajar con los autores, los desarrolladores de juegos, los profesionales, los investigadores y los profesores para desarrollar unas herramientas de aprendizaje que aprovecharán la motivación intrínseca de esta generación. Intentemos llegar al mayor número posible de personas y comprometerlas a apoyar la transición hacia una economía circular. ¡Que comience el juego!

Prof. Dr. Michiel Steeman
Windesheim University of Applied Sciences

A modo de prólogo: una guía práctica para afrontar el futuro mediante la circularidad

Empresas de todo el mundo han comenzado a darse cuenta de que para, garantizar el futuro de sus negocios y sus marcas, habrá que pasar de los enfoques lineales a los circulares. Ya sean grandes o pequeñas, las empresas que acuden a nosotros en busca de asesoramiento tienen algo en común: quieren saber cómo hacerlo de una manera que tenga sentido para su actividad. Para estas empresas, ya no es necesario explicar «por qué».

El caso está claro: los recursos naturales son finitos y, por tanto, cada vez más difíciles y costosos de obtener. Los organismos reguladores se están dando cuenta de los costos sociales y económicos de la contaminación y exigen a las empresas que se responsabilicen de su impacto a lo largo de toda la cadena de valor. Al mismo tiempo, existen herramientas, tecnologías y modelos de negocio que ayudan a las empresas a reducir, reutilizar y diseñar sus productos de manera que se minimice el aporte de recursos naturales, al tiempo que permiten la reparación y el reacondicionamiento, dejando así el reciclaje como último recurso y no como pieza central de la sostenibilidad. Asimismo, la circularidad también es una herramienta clave para abordar el cambio climático. ¡Los productos son responsables de casi la mitad de las emisiones de gases de efecto invernadero!

Los modelos empresariales que ignoran estos factores o, lo que es peor, que se basan en la obsolescencia programada, no son aptos para el futuro. Aunque debemos replantearnos drásticamente la forma de hacer negocios, no tenemos que reinventar la rueda. Hace solo un par de generaciones nos parecía natural tratar los «residuos» como un recurso y reparar todo aquello que se averiase. Simplemente, tenía sentido desde el punto de vista económico. Numerosas empresas y personas, sobre todo en los países en desarrollo, han conservado esta sabiduría.

Cuando enseño a estudiantes de BA y MBA de todo el mundo lo que debe saberse sobre la empresa sostenible y la gestión del mañana, siempre me inspira su intenso interés por la sostenibilidad, la circularidad y el aprovechamiento del inmenso poder de las empresas para crear un mundo mejor. Se dan cuenta de que destruir el entorno natural del que dependemos para tener una vida sana y feliz no tiene sentido desde el punto de vista económico.

A pesar del interés y la pasión de estos estudiantes —y del hecho de que la demanda empresarial de profesionales que entiendan la sostenibilidad y la circularidad es significativa y creciente—, la oferta de orientación concreta, como libros de texto prácticos sobre circularidad y sostenibilidad, ha sido muy limitada. Es posible que generaciones de estudiantes y, por tanto, de empresas, se hayan quedado sin herramientas y conocimientos prácticos esenciales para traducir los conocimientos académicos en acciones específicas y circulares.

Por ello, *Economía circular. Un enfoque práctico para transformar los modelos empresariales* es una obra oportuna y esencial. Ofrece una visión completa de todo lo que siempre se quiso saber sobre la economía circular y, lo que es más importante, proporciona una gran cantidad de herramientas con las que abordar la transformación del modelo empresarial sostenible de una manera eminentemente práctica.

Alice Schmidt
MSC y consultora AS,
Vienna University of Economics and Business

A modo de prólogo: el imperativo circular corporativo según Philips e ING

*La economía circular no solo está adoptando una nueva perspectiva a la hora
de concebir y hacer cosas: los cambios también afectan a las mentalidades.
Un elemento clave es la colaboración, como demuestra la visión conjunta
de la perspectiva corporativa que tienen Philips e ING.*

En Philips, empresa líder en tecnología sanitaria, nuestro propósito es mejorar la salud y el bienestar de las personas mediante una innovación significativa. Pretendemos que Philips crezca de manera responsable y sostenible, y nos hemos fijado unos objetivos sociales y medioambientales muy ambiciosos. Consideramos que la transición de una economía lineal a otra circular es una condición necesaria para que nuestro mundo sea más sostenible. Por ello nos estamos replanteando fundamentalmente nuestro modelo económico y el papel que debe tener una empresa en la sociedad.

El núcleo de la economía circular reside en prescindir del vínculo tradicional entre la creación de valor y el uso de los recursos naturales. Todos los equipos directivos deberían preguntarse siempre: «¿Cómo podemos ofrecer valor —sea a los clientes, a las personas usuarias finales y a la sociedad en general— con un uso mínimo de materiales?». Pueden ofrecerse productos como si fuesen servicios y reutilizarlos, repararlos o renovarlos. Puede ampliarse su valor mediante el mantenimiento predictivo y las actualizaciones, se hagan a distancia o no. Y en esta era de la digitalización a menudo pueden diseñarse soluciones de *software* que ofrezcan mayores beneficios y requieran menos *hardware*.

En Philips, vemos que los beneficios empresariales van mucho más allá del aumento de los ingresos y la reducción de los costos: la economía circular impulsa la innovación, permite que el personal cumpla sus aspiraciones y transforma las relaciones con la clientela y las empresas proveedoras en auténticas asociaciones.

Para tener éxito en este viaje, se necesitan objetivos valientes, liderazgo personal y compromiso, así como una colaboración radical entre empresas, gobiernos e instituciones del conocimiento. Espero que este libro ayude al público lector a comprender mejor el tema y a adquirir las habilidades necesarias para poner en práctica la teoría.

Harald Tepper
Director sénior del Programa de sostenibilidad
y economía circular en Royal Philips

El camino hacia la circularidad existe desde hace mucho tiempo, aunque no se le dio ese nombre al principio. Cuando lo emprendí por primera vez, me di cuenta de que es la mejor ruta a la hora de abordar los retos medioambientales a los que nos enfrentamos en la actualidad. Por suerte, cada vez se suman más compañeros de viaje, algo necesario, ya que, para que esta concepción de la circularidad tenga éxito, se requiere la colaboración de muy diversos sectores de la producción industrial y los servicios, organismos gubernamentales y entidades de la sociedad civil.

Este enfoque colaborativo me atrae más allá de los vínculos evidentes que la economía circular tiene con la sostenibilidad, la innovación, la economía y la intimidad del cliente. En mi labor como comercial de ING, he podido explorar y conectar los puntos entre todos estos aspectos. Las posibilidades son infinitas y me parece fascinante explorar cómo las empresas se replantean la forma de diseñar, producir y vender sus productos, convertidos en servicio.

Desde el punto de vista económico, es fundamental entender que, en la economía circular, el crecimiento económico se desvincula del consumo de recursos. Surgen diferentes estructuras de propiedad, se prolonga la vida útil de los productos y los materiales, cambian los modelos de ingresos y, como resultado, nosotros, como banco, tenemos que valorar de manera distinta, tratar el riesgo de manera distinta y financiar de manera distinta. Y para conseguirlo se requiere un cambio de mentalidad. ING está invirtiendo mucho en soluciones financieras para apoyar tanto la economía como la mentalidad circulares.

En ING, he visto cómo se aplican juegos de simulación de la cadena de suministro para impulsar el conocimiento, construir relaciones y provocar debates comerciales. Por eso ING, y yo personalmente, hemos participado desde el primer día en el desarrollo de *The Blue Connection*. He comprobado en la práctica el poder de la simulación en las numerosas sesiones que he organizado con clientes y colegas de todo el mundo. Hace que conceptos tan complejos como la economía circular sean tangibles y permite que la gente juegue y experimente con ellos en un escenario en el que deben construir su propia empresa circular. Tras cada una de mis sesiones, quienes asisten reconocen la necesidad de colaborar y mirar más allá de su propia área de experiencia; no solo dentro de su propia empresa, sino incluso dentro de su propia cadena de valor.

Creo firmemente en el aprendizaje basado en la experiencia y estoy muy contenta de ver cómo este libro ayuda a construir la columna vertebral teórica para apoyar el aprendizaje en acción que brinda *The Blue Connection*. Espero que, con estas herramientas, quien nos lea disponga de la energía necesaria para que ese cambio ocurra y pueda conectar conmigo en el camino hacia la circularidad.

Marloes Bergevoet
Comercial sénior en ING Wholesale Banking

Economía circular

Un enfoque práctico para transformar los modelos empresariales

Introducción.
El imperativo circular corporativo (I): relato y cifras

Muchos y muchas estudiantes aprenden mejor cuando se ponen en marcha y hacen cosas en lugar de limitarse a las ideas en abstracto. Cuando se despierta su curiosidad, cuando hacen preguntas, descubren nuevas ideas y experimentan la emoción de estas disciplinas.

KEN ROBINSON Y LOU ARONICA

La circularidad no es solo el reciclaje. La circularidad no es solo la lucha contra el cambio climático. La circularidad tampoco es solo el último grito de los negocios sostenibles. De hecho, la circularidad ni siquiera es nueva.

En cualquier gran ciudad de África, India o América del Sur pueden encontrarse talleres de reparación de coches, electrodomésticos, ropa, etc. En Europa o Estados Unidos, para la mayoría de la gente, la circularidad era un elemento bastante normal de la vida cotidiana hasta al menos la década de 1950; un mundo en el que las cosas que se rompían, desde la lavadora a las herramientas o los vestidos, se reparaban. Y se hacía principalmente por necesidad económica: no había dinero para comprar algo nuevo.

En Europa y Estados Unidos, con el auge de las economías a partir de la década de 1960, el consumismo se convirtió de manera paulatina en el *modus vivendi* de la gran mayoría. La gente se acostumbró a tirar cosas para sustituirlas por otras más nuevas o más de moda. Aunque en el mejor de los casos esos artículos se sustituyen porque llegan al final de su ciclo vital, casi siempre se debe a otras razones: no es raro que se descarten mucho antes, a veces incluso sin haberlos usado. Si otros países que van a la zaga en la curva de desarrollo siguiesen una pauta similar, es posible que en el futuro se observen comportamientos parecidos.[1] Como muchas investigaciones han demostrado, nos acercamos con rapidez a los límites de los recursos del planeta. La necesidad económica quizá ya no sea el problema principal. La *necesidad de recursos* —es decir, la escasez— puede convertirse en el problema.

Como suele decirse, el hambre agudiza el ingenio. Un número creciente de personas, organismos gubernamentales y empresas comienzan a darse cuenta de que es preciso hacer algo. Se necesitan nuevas formas de ver y actuar. La circularidad está ganando relevancia con gran rapidez.

La circularidad es una cuestión compleja, con muchas facetas, que abarca desde el diseño de productos hasta la logística inversa, pasando por la normativa fiscal, las políticas gubernamentales internacionales y los ecosistemas empresariales. El campo se halla en pleno desarrollo, tanto por lo que respecta a la investigación académica como a la nueva legislación y a la proliferación de empresas emergentes circulares.

Asimismo, el tema se aborda desde ángulos muy diferentes. Muchas personas involucradas en la circularidad comparten convicciones ecológicas e ideológicas muy concretas. No en vano, hacen hincapié en que es preciso actuar para salvar al planeta del desastre e incluso a nuestra especie de la extinción. Otras, en cambio, abordan la circularidad desde un punto de vista mucho más técnico, no necesariamente impulsado por motivos de sostenibilidad, y se interesan más, por ejemplo, en las posibilidades que bridan los nuevos materiales y las nuevas tecnologías. Al hablar de circularidad, conviene tener en cuenta todas esas dimensiones, voces y puntos de vista para hacerse una imagen completa.

Sin embargo, ¿qué supone todo ello para las empresas? ¿Por qué una empresa, en su nivel micro, debería participar en la solución de problemas macro como el cambio climático? ¿Por qué debería invertir en diseños de productos y materiales más duraderos, a riesgo de que resulten más caros que los ofrecidos por sus competidoras? En otras palabras, ¿qué es el *imperativo circular corporativo?* ¿Por qué debería preocuparse una empresa? Esa es una de las preguntas centrales que planteamos en este libro, basándonos en el relato y las cifras de manera recurrente.[2]

Y queremos hacerlo con el espíritu de la cita que aparece al principio de esta introducción: crear un manual con un enfoque claro y concreto que tenga una aplicación práctica. Al parecer, Albert Einstein solía decir que, en lugar de centrarse en la enseñanza y explicación de teorías y conceptos, prefería poner el énfasis en proporcionar las condiciones en las que el alumnado pudiera practicar y aprender. Este libro quiere proporcionar una base sólida para que estudiantes practiquen y aprendan a gestionar la circularidad desde una perspectiva empresarial.

Economía circular se ha escrito para personas interesadas por cuestiones tan diversas como el mundo empresarial, la sostenibilidad o la gestión de la cadena de suministro. Puede utilizarse en escuelas superiores y universidades, en cursos y programas especializados en circularidad o sostenibilidad, así como en otros de naturaleza más generalista, ya se trate de grados o másteres como los MBA. Su estilo lo hace muy adecuado también para su uso por parte de profesionales, ya sea para su capacitación personal o para la formación en la empresa.

El enfoque de aprendizaje integrado

Con la misma intención que el libro *Gestionar la cadena de suministro,* también publicado por Marge Books en la misma colección, este propone un enfoque de aprendizaje integrado.

El aprendizaje integrado

Relevante y significativo	Se apela a la perspectiva del alumno (empresa, sociedad, ciudadanía)
Para el presente y el futuro	No importa solo lo básico; también el vínculo con los cambios y desafíos futuros
¡Siente la complejidad!	Todo parece sencillo hasta que uno toma la iniciativa
Conocimiento y habilidades	No basta con *conocer los conceptos,* también hay que *ser capaz de decidir*
Tareas individuales y en equipo	Visión individual frente a equipos y funciones cruzadas
Implicación y diversión	Motivar a través del *contenido* y de la *metodología* (ludificación)

Figura 0.1. Enfoque de aprendizaje integrado.

En concreto, los temas elegidos para este libro y el énfasis que se ha hecho en su aplicación práctica se deben a tres deseos específicos:

1. Situar en el contexto práctico de la circularidad la creciente necesidad de desarrollar habilidades que resultan indispensables en el siglo XXI, como el pensamiento crítico, la resolución de problemas complejos y la coordinación con los demás.
2. Abordar activamente el tema recurrente de lo simple pero no fácil, permitiendo que el alumnado sienta de primera mano el enorme grado de complejidad al que debe enfrentarse a la hora de aplicar conceptos y marcos relacionados con la circularidad que, a primera vista, quizá parezcan sencillos.
3. Combinar las múltiples perspectivas sobre la circularidad en una visión coherente y holística, centrándose en particular en la perspectiva de la empresa, la del liderazgo y la que va más allá de las fronteras de la empresa.

Sin embargo, hay un elemento que merece una atención específica. Dado que se trata de habilidades prácticas, el aprendizaje experimental parece ser una forma muy adecuada de desarrollarlas y entrenarlas. Nos gustaría referirnos especialmente a la obra de David Kolb, cuyo libro *Experiential Learning* es un clásico sobre la cuestión. Entre otras aportaciones significativas —como, por ejemplo, el concepto de estilos individuales de aprendizaje— Kolb es muy conocido por el llamado *ciclo del aprendizaje.*

La idea principal del ciclo de aprendizaje es que el conocimiento es «el resultado de la combinación de la experiencia de captación y de transformación. La experiencia de captación se refiere al proceso de asimilación de la información, y la experiencia de transformación es la forma en que los individuos interpretan y actúan sobre esa información. [...] Este proceso se representa como un ciclo o espiral de aprendizaje idealizado en el que el alumnado toca todas las teclas».[3]

En el aprendizaje experimental, la atención se centra en vivir una experiencia de primera mano para reflexionar sobre lo que ha sucedido y por qué. Se obtiene así una visión conceptual sobre la situación, potencialmente reforzada por las teorías y los marcos existentes. Esta combinación se convierte en la base de una visión mejorada de la situación, que podrá aplicarse en la siguiente experiencia, ya sea en clase u otro entorno de estudio, o directamente en una situación del mundo real. En este libro utilizaremos un juego de simulación empresarial llamado *The Blue Connection* como herramienta que facilita este aprendizaje basado en la experiencia.

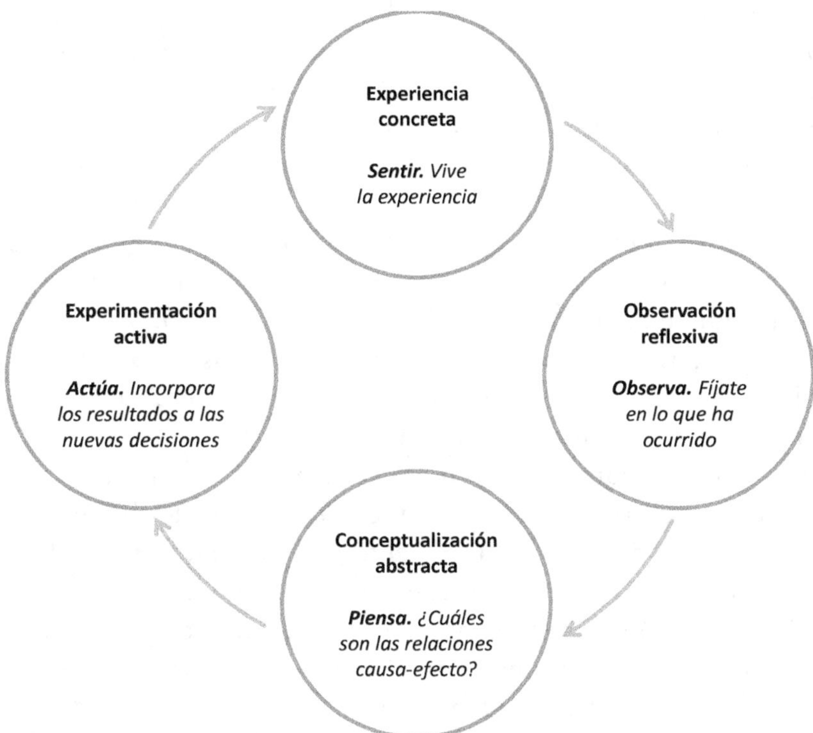

Figura 0.2. **El ciclo de aprendizaje.** *Fuente:* McLeod (2017), basado en Kolb (2015).

Las múltiples perspectivas de la circularidad

La circularidad tiene muchas caras y abarca un amplio abanico de actividades. Pero también tiene dimensiones muy distintas, que son de naturaleza diversa. Incluso si queremos centrarnos en lo que puede significar la circularidad a escala de la (micro)empresa, aún quedan muchos aspectos por abordar.

En primer lugar, tenemos que definir lo que significa la circularidad desde *la perspectiva de la empresa.* ¿Por qué una empresa se compromete a ser más circular, es decir, cómo encaja con conceptos como la estrategia y el propósito? ¿Y qué significa ser circular a escala de empresa? ¿Cuáles son las alternativas y cuáles son sus implicaciones para los flujos de mercancías que hay que gestionar? ¿Y cuáles son los modelos de actividad empresarial factibles y viables que acompañan a las estrategias circulares? ¿Y qué significa esto para las finanzas de la empresa?

En segundo lugar, la circularidad también tiene *una perspectiva que va más allá de los límites de la empresa*. Incluso más que en los negocios habituales, la dependencia de lo que hagan o dejen de hacer los gobiernos, de los nuevos ecosistemas circulares que surjan o de los nuevos requisitos educativos que se hagan visibles, hacen que las empresas se vean obligadas a tener una visión clara de lo que ocurre fuera.

Y en tercer lugar, convertirse y ser circular exige un alto grado de coordinación y colaboración, pero también de innovación y cambio. Por lo tanto, la circularidad también requiere *una clara perspectiva de liderazgo*. ¿Cómo puede medirse la circularidad? ¿Cómo deben alinearse los distintos departamentos implicados? ¿Qué aspecto tiene el camino de lo lineal a lo circular y cuál es la mejor manera de gestionar la transformación?

Debido a su importancia y a sus diferencias, así como a sus interdependencias, estas tres perspectivas distintas (empresa, más allá de los límites de la empresa y liderazgo) se tratarán explícitamente y por separado. De hecho, juntas constituyen la columna vertebral de la estructura del libro.

Por último, quisiéramos volver al imperativo circular corporativo, ya mencionado. Hay muchas opiniones sobre las razones por las que las empresas deben o no deben ser circulares. Y la práctica, por desgracia, muestra ejemplos de empresas que afirman ser muy sostenibles o circulares cuando la realidad re-

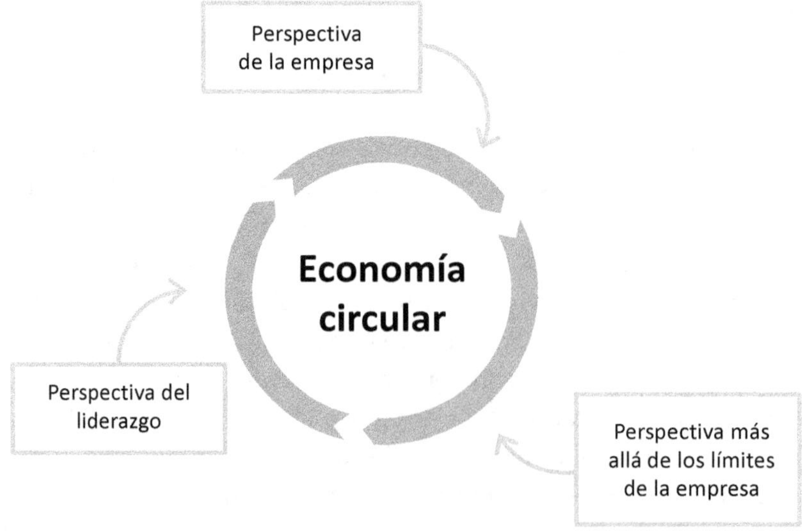

Figura 0.3. Las tres perspectivas de la circularidad sobre las que se fundamenta este libro.

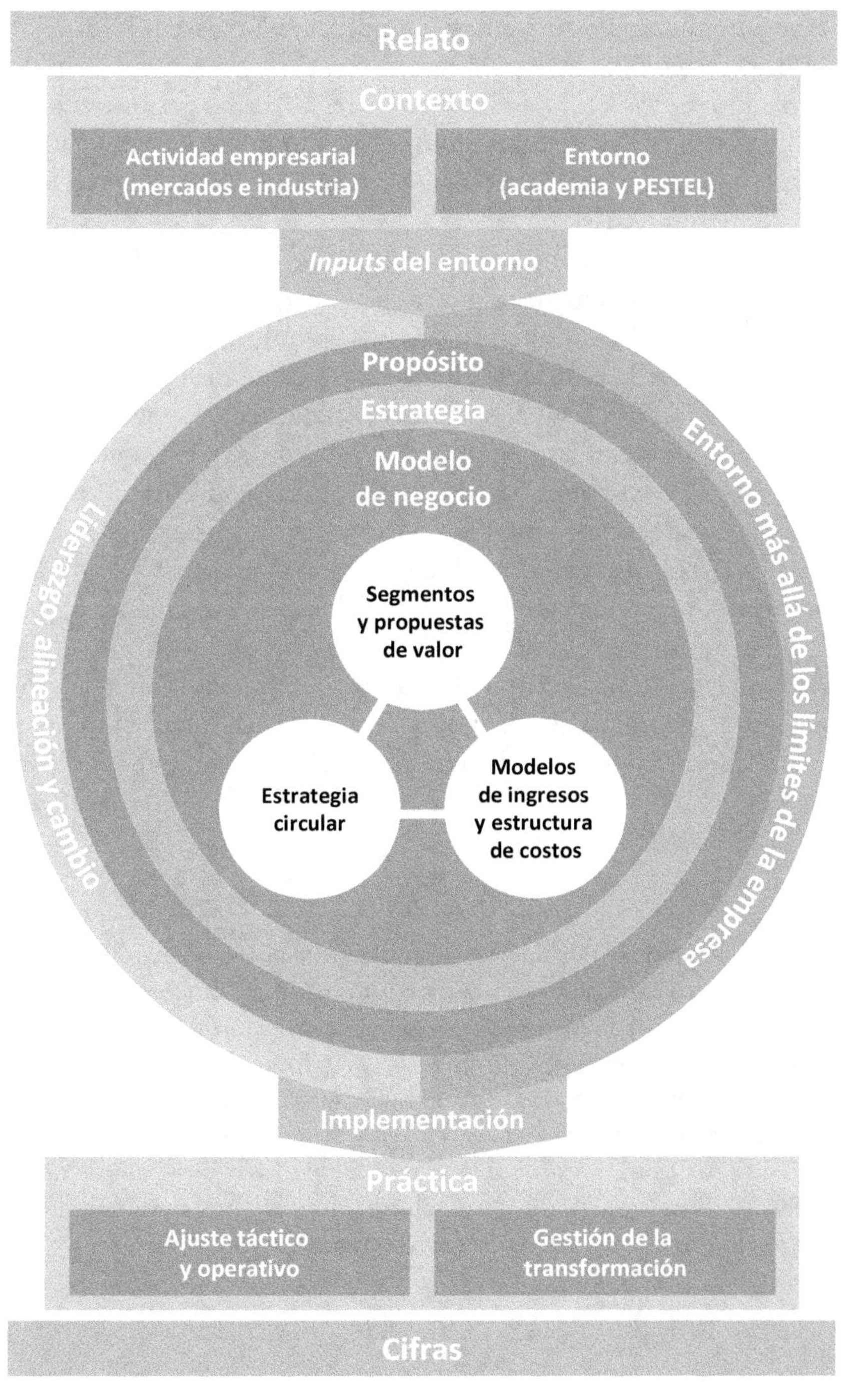

Figura 0.4. El relato y las cifras del imperativo circular corporativo.

sulta ser mucho menos positiva sobre lo que realmente hacen. John Elkington, defensor de la sostenibilidad desde hace mucho tiempo y autor del concepto de *triple cuenta de resultados (triple bottom line),* referida a las personas, el planeta y el provecho, renegó de su creación porque descubrió que demasiadas empresas se limitaban a utilizarla para parecer buenas, en lugar de trabajar de la manera correcta (Elkington, 2018).

En el libro queremos mantenernos alejados de la imposición de opiniones. Preferimos abordar los numerosos puntos de vista que pueden encontrarse en la práctica. Hemos creado unos personajes ficticios que acompañan al alumnado en su viaje en pos de la economía circular a través de diálogos que aparecen a lo largo del texto. Estos personajes expresan opiniones que pueden encontrarse a nuestro alrededor y con las que podemos estar de acuerdo o no. De manera paulatina, sus conversaciones pasan de fijarse en el contexto, el propósito de la empresa, la estrategia y los modelos de actividad empresarial y se centran en cuestiones cada vez más prácticas. De este modo, se muestra la multitud de aspectos implicados en el relato y las cifras del imperativo circular corporativo.

Esperamos que este libro contribuya a comprender mejor la circularidad y que estos diálogos te permitan decidir por ti mismo y hacer tuyos tanto el imperativo circular corporativo como el relato y los números con que acompañarlo.

Notas

1 Téngase en cuenta que la distinción simplista entre «países desarrollados» y «países en vías de desarrollo» requiere en la práctica una visión mucho más diferenciada, incluso dentro de los países, como se ha demostrado maravillosamente en el trabajo de Hans Rosling (por ejemplo, Rosling *et al.,* 2018).

2 La noción de «relato y cifras» la introdujo Magretta (2002) en un artículo sobre modelos de actividad empresarial.

3 S. McLeod (2017): «Los estilos de aprendizaje de Kolb y el ciclo de aprendizaje experiencial», *SimplyPsychology.* Disponible en: https://www.simplypsychology.org/learning-kolb.html (archivado en https://perma.cc/74X7-QD8F).

Estructura del libro: un enfoque práctico de la transformación de los modelos empresariales hacia la economía circular

En consonancia con los propósitos explicados anteriormente, el objetivo de este libro es brindar la posibilidad de *aprender de todas las maneras posibles*, recurriendo a los principios del aprendizaje experiencial, con el propósito de adquirir habilidades muy necesarias en el siglo XXI y descubre de primera mano hasta qué punto la economía circular es simple pero no fácil. La cuestión, cómo no, se aborda desde diversos puntos de vista.

El juego de simulación *The Blue Connection* adquiere una importancia capital en la segunda y la tercera parte del libro. Gracias a su desarrollo paso a paso, la simulación empresarial permite acumular una cierta experiencia y transformarla, al ofrecer la posibilidad de realizar varias rondas en las que se recurre a marcos conceptuales y se estimula la reflexión activa. Cada ronda, con sus ejercicios, da pie a otra más y propicia una curva de aprendizaje cada vez más pronunciada basada en la experiencia directa y personal. *The Blue Connection*, además, tiene numerosas implicaciones que van más allá del mero juego y que ampliarán aún más si cabe los puntos de vista del público lector.

En la primera parte se analiza la economía circular mediante una visión general de los *principios* importantes, las teorías, marcos y conceptos más relevantes, así como de las relaciones que mantienen entre sí. Aunque la lista es bastante extensa, se ha procurado que resulte lo más sencilla y asequible posible. En lugar de entrar en muchos detalles, hemos preferido ceñirnos a unas explicaciones introductorias breves y directas. En ciertos casos, se mencionan obras, artículos y documentos de relevancia en el ámbito de la circularidad. La mayoría de las cuestiones tratadas se acompañan de ejercicios sencillos para que el lector se familiarice con los conceptos adquiridos y los asimile mediante la práctica. Esos ejercicios sirven para *explorar* los temas en cuestión. De este modo, se prepara el terreno para *el enfoque práctico de la transformación del modelo empresarial circular* que se verá en la segunda y la tercera parte.

En la segunda parte, el libro se centra en la aplicación práctica de los conceptos fundamentales presentados en los capítulos anteriores. A lo largo de estas páginas, la simulación empresarial *The Blue Connection* se convierte en el vehículo principal para aplicar los conceptos individuales que se introdujeron en la primera parte.

La simulación utilizada en esta segunda parte, en sus elementos más básicos, presenta un entorno relativamente estable en el que tomar una amplia variedad de decisiones relacionadas con escenarios circulares para que la cadena de valor funcione sin problemas y la empresa sea rentable. De este modo, el lector obtendrá una experiencia de primera mano trabajando con datos de diferentes áreas de la empresa que le permitirán tomar decisiones acertadas. Las reflexiones y los ejercicios de esta parte se estructurarán en tres pasos: analizar, desarrollar y decidir. Además, gracias a la posibilidad de ejecutar la simulación, se establecerá un vínculo claro y visible entre causa y efecto (decisiones y resultados).

Por último, la tercera parte aborda la transformación de las cadenas de valor lineales en cadenas de valor circulares explicando las soluciones que pueden tomarse. Por ejemplo, ¿qué implica la adopción de un enfoque circular en el propósito y la estrategia de la empresa?, ¿cómo afecta a los modelos de actividad empresarial?, ¿cómo debería organizarse el período entre el *as-is* lineal y el *to-be* circular? Las reflexiones y los ejercicios ayudan a imaginar dichas transformaciones, tanto desde el interior de la empresa, teniendo en cuenta su estructura corporativa, como desde el exterior, adelantándose incluso a la respuesta que puedan tener las partes interesadas.* Todas las cuestiones que se tratan en esas páginas están relacionadas con la empresa protagonista del juego detallado en la segunda parte, de ahí que, siempre que sea posible, se trabajará con sus datos.

En cada una de las tres partes se aborda la circularidad desde tres puntos de vista: la perspectiva de la empresa, la perspectiva situada más allá de los límites de la empresa y la perspectiva del liderazgo y el cambio.

Todo ello confiere al libro la estructura general que puede verse en la figura 0.5.

Nota de la editorial: Se entiende por «partes interesadas» a todos los grupos de interés que de alguna forma se pueden ver afectados por la actividad de la empresa o cuyas decisiones puedan afectar al sistema de gestión de la calidad de la misma.

	Explorar	Gestionar	Imaginar
	Primera parte: *explorar* **la economía circular**	**Segunda parte:** *gestionar* **la circularidad**	**Tercera parte:** *imaginar* **la transformación de lo lineal a lo circular**
	1. Explorar el contexto de la circularidad	**6.** Comienza *The Blue Connection.* ¡A jugar!	**11.** El paso de lo lineal a lo circular
Empresa	**2.** La perspectiva empresarial de la circularidad - Propósito - Estrategia - Modelos de negocio - Segmentos y propuestas de valor - Estrategias circulares - Modelos de estructuras de costos e ingresos - Finanzas y financiación - Seleccionar y captar un modelo de negocio circular	**7.** Gestionar la perspectiva empresarial de la circularidad - Decisiones, *inputs,* base instalada y herramientas de apoyo a la decisión - Objetivo - Estrategia - Modelo de negocio *canvas* - Estrategias circulares: mapeo - Segmentos y modelos de ingresos - Mecanismos para monetizar la circularidad: ingresos adicionales - Mecanismos para monetizar la circularidad: potencial de ahorro - Estructura de costes: nuevos costos introducidos - Ajuste del modelo de negocio elegido	**12.** La transformación desde la perspectiva de la empresa - Imaginar la transformación: propósito y estrategia - Imaginar la transformación del modelo de negocio: la estrategia circular - Imaginar la transformación del modelo de negocio: relaciones con la clientela - Imaginar la transformación del modelo de negocio: empresas proveedoras y asociadas - Imaginar la transformación del modelo de negocio: ingresos, estructura de costos y financiación
Más allá de los límites de la empresa	**3.** Más allá de las fronteras de la empresa - Legislación - Colaboración entre empresas - Ecosistemas - Educación	**8.** Gestionar la perspectiva más allá de las fronteras de la empresa - Legislación - Colaboración entre empresas - Ecosistemas	**13.** La transformación más allá de las fronteras de la empresa - Imaginar la transformación de: la legislación - La colaboración entre empresas - Los ecosistemas - La educación
Liderazgo	**4.** Circularidad y liderazgo - Dirigir aprovechando la polaridad: objetivos y sistemas de evaluación equilibrados - Dirigir traspasando fronteras: silos funcionales y partes interesadas - Dirigir el cambio: innovación, incertidumbre y transformación - Dirigir dando forma a la cultura: organización y dinámica de equipo - El liderazgo transformacional en la cadena de valor **5.** El imperativo circular corporativo: relato y cifras (2)	**9.** Gestionar la circularidad desde la perspectiva del liderazgo - Dirigir aprovechando la polaridad - Dirigir traspasando fronteras: silos funcionales y partes interesadas - Dirigir dando forma a la cultura **10.** El imperativo circular corporativo: relato y cifras (3)	**14.** Imaginar la transformación desde la perspectiva del liderazgo - Imaginar la transformación: objetivos y sistemas de evaluación - Imaginar la transformación: innovación - Imaginar la transformación: incertidumbre - Imaginar la transformación: gestión del cambio **15.** Conclusión: el imperativo circular corporativo: relato y cifras (4)

Figura 0.5. **Esquema de la estructura del libro.**

Visita guiada, recursos web y juego de simulación empresarial

Visita guiada

Para facilitar un aprendizaje óptimo, todos los capítulos del libro tienen la siguiente estructura:

- Introducción y resumen de temas al principio de cada capítulo.
- Más de 90 ejercicios de diferentes tipos que pueden realizarse por sí mismos o al hilo de la lectura:

  - Capítulos de la primera parte: *Explora,* para los que se aconseja la realización de diversas búsquedas por internet.
  - Capítulos de la segunda parte: *Analiza, Desarrolla y Decide,* con la ayuda del juego de simulación *The Blue Connection.* El juego, que se usa como estudio de caso, permite estudiar las relaciones de causa y efecto de diversas circunstancias y aporta datos detallados que deberán analizarse.
  - Capítulos de la tercera parte: *Imagina.* Se tomará la empresa virtual de The Blue Connection* como referencia y se verá cómo aborda el proceso de transformación que lleva de lo lineal a lo circular.

- Resumen al final de cada capítulo, que sirve de puente con el siguiente.

**Nota de la editorial:* En la tercera parte deberá distinguirse entre el juego *The Blue Connection* (en itálica) de la empresa virtual The Blue Connection.

Recursos web complementarios

Este libro se apoya en recursos web para el alumnado y para los equipos docentes. Puedes visitar http://www.inchainge.com/mce para ver los recursos adicionales a los que puedes acceder.

Asimismo para una mejor visualización de los esquemas más complejos del libro, puedes visitar Recursos Web de Marge Books en http://www.margebooks.com.

Ejemplos de recursos para los equipos docentes

- Solicita una llamada de consulta gratuita para que te asesoren sobre la mejor manera de integrar el libro en un programa de aprendizaje.
- Obtén ejemplos muy útiles de los programas de aprendizaje anteriores.
- Solicita una formación en línea, que puedes realizar a tu propio ritmo, para obtener la certificación de *The Blue Connection* y aprender a usarlo como experiencia de aprendizaje interactiva en combinación con el libro (gratuita para el personal universitario). Una vez completada la formación, tendrás acceso a:

  - Ejemplos de programación de cursos y unidades didácticas.
  - Varias presentaciones en PowerPoint, así como ejercicios para un curso interactivo.
  - Casos prácticos en formato multimedia.
  - Y mucho más.

Ejemplos de recursos para los participantes

- Listas de lectura.
- Vídeos de apoyo.
- Reseñas de las asociaciones empresariales más importantes.

Acceso a *The Blue Connection*, el juego de simulación empresarial

Para acceder a *The Blue Connection* y utilizarlo de manera interactiva con el libro, tan solo debes seguir estos cinco pasos:

1. Añade my@inchainge.com a la lista de contactos de tu programa de correo electrónico.
2. Regístrate en el portal de Inchainge (https://my.inchainge.com). Elige la opción *No account yet? Register as a new user.*
3. Sigue los pasos que se te indican, incluidas las instrucciones para contestar al mensaje de confirmación que recibirás en tu buzón de correo electrónico.
4. Tras finalizar el trámite, podrás acceder al portal de Inchainge.
5. Introduce el código MCE_WATCH_ONLY en el campo *Code Entry* y pincha en *Submit.*

Hay varias opciones para utilizar *The Blue Connection* en combinación con el libro. Todas están disponibles únicamente en inglés. La opción estándar se ofrece de manera gratuita. Según tus objetivos de aprendizaje y tu presupuesto, puedes explorar otras opciones y formatos, como, por ejemplo, la versión interactiva, en la web http://www.inchainge.com/mce.

- **Opción estándar (gratuita)**
  Utiliza este código MCE_WATCH_ONLY, que se te proporciona al comprar este libro, y disfruta de la versión gratuita. Podrás ver todas las pantallas y acceder a todos los elementos que integran este juego de simulación empresarial y con los que podrás realizar todos los ejercicios del libro.

- **Opción interactiva (de pago)**
  La configuración interactiva de *The Blue Connection* permite utilizar el juego de simulación empresarial con un formato más dinámico. Los participantes pueden dividirse en equipos en los que cada persona se hace cargo de un departamento de la simulación empresarial. A lo largo de seis rondas, los equipos toman decisiones mientras se enfrentan a una complejidad creciente y ven el impacto en la empresa tras cada ronda de decisiones. La curva de aprendizaje es mucho más pronunciada, la experiencia de equipo resulta más atractiva y pueden aplicarse paso a paso las diferentes estrategias circulares. Este formato interactivo lo utilizan ya universidades y empresas de todo el mundo. Si deseas más información acerca del uso y el precio de este paquete, tan solo tienes que ponerte en contacto con Inchainge escribiendo a info@inchainge.com o desde esta web http://www.inchainge.com/mce.

- **Opción interactiva que profundiza en varios temas de aprendizaje (de pago)**
  The Blue Connection también brinda la opción de sumergirse en varios temas de aprendizaje. Inchainge trabaja continuamente en estas ampliaciones, referidas, por ejemplo, a la legislación, el desarrollo de empresas proveedoras, la selección de bancos, la dinámica del mercado, las estrategias de colaboración, etc. Todas están disponibles en la web: http://www.inchainge.com/mce.

Recursos Web

Selección de los esquemas más complejos disponible en la web de Marge Books y a través del código QR.

www.margebooks.com

La economía circular

Comienza el proyecto Circularidad

—¡Oh, no digas esas tonterías!

Joanna Harrison Moore oyó la voz de su sobrino Peter. Venía del jardín. Probablemente estaba discutiendo de nuevo con su prima María. Daba la impresión de que disfrutaban lanzándose puyas a la menor ocasión. Aquel día se celebraba la tradicional comida familiar anual en casa de Joanna y, al parecer, sus sobrinos habían encontrado un nuevo motivo para enfrentarse. A decir verdad, a Joanna le gustaba verlos discutir. En el fondo, María y Peter eran buenos chicos; siempre defendiendo sus puntos de vista, pero con la educación y el decoro necesarios para que nunca se les fuera de las manos.

Joanna se acercó a ellos.

—¡Vaya, si son mis sobrinos favoritos! ¿Cómo va? ¿Ya estáis divirtiéndoos de nuevo? —les preguntó con una gran sonrisa.

María fue la primera en responder.

—Hablaba con Peter de esa nueva asignatura en la que me he matriculado. Trata sobre el cambio climático, la sostenibilidad y los negocios. Pero al ver su cara de aburrimiento, le he comentado que probablemente en su superescuela de negocios nunca tratarían temas tan importantes porque estarían demasiado ocupados haciendo planes para convertirse en ejecutivos de primera línea conduciendo grandes todoterrenos.

—Sí, claro —la interrumpió Peter—. Mi querida prima me estaba acusando de ser un estudiante de empresariales superficial, solo interesado en el dinero y los automóviles grandes. Obviamente, es una tontería. No veo cómo puede responsabilizarse a las empresas, que operan en su nivel micro, de la solución de problemas tan macro como el cambio climático. ¿Y por qué deberían hacerlo? En opinión de María, todo es siempre tan simple y fácil… Así que le he dicho que no debería culparme a mí, sino mirarse bien en el espejo. Me llama superficial, pero ella y sus «amigos verdes» que compran *smartphones* de lujo a empresas a las que luego acusan de abusar del medio ambiente y de la mano de obra barata. Y luego van todos a recorrer el planeta en aviones contaminantes para visitar tribus «auténticas» en la selva y recuperar su conexión con la naturaleza. ¿Acaso eso es sostenible?

—Oh, eres tan rastrero… Igual que tus amigos empresarios: presumiendo de lo respetuosos con el medio ambiente que sois siempre que os conviene —contraatacó María—. Pero en realidad no hacéis nada al respecto. ¡Qué vergüenza!

—Esperad, esperad… —intervino la tía Joanna—. Sé que os gusta debatir, pero no nos pongamos tan nerviosos…

Pensó por un segundo y dijo:

—En realidad, es un tema muy interesante el que estáis tratando. En el consejo de administración de Harrison Moore & Co acabamos de celebrar nuestra reunión anual con el comité ejecutivo externo y me preguntaron literalmente, como directora general, cuáles eran mis planes para conseguir que la empresa fuera «más sostenible». Uno de los miembros del consejo, parecía muy interesado en el tema de la economía circular y, por lo que se comentó, quieren que presentemos algunas ideas concretas para ser «más circulares». Ahora que os oigo… Estaba pensando si estaríais dispuestos a ayudarme a idear algo para nuestra empresa.

—¿Qué tienes en mente, tía Joanna? —preguntó Peter.

—Bueno ¿Por qué no os unís los dos a la empresa durante parte de vuestras vacaciones de verano para hacer unas prácticas y definimos la economía circular como tema principal? Llamémoslo *proyecto Circularidad* y, en vista de que tenéis puntos de vista muy diferentes sobre el tema, creo que nos irá bien contrastarlos.

—Suena muy bien, tía Joanna, puedes contar conmigo —respondió Peter—. Y tú, María, ¿te apuntas también?

—¿Crees, Peter, que puedes hacer un buen trabajo a solas? —María no se lo pensó dos veces—. ¡Claro que me apunto!

—¡Genial! Solo hay una regla que me gustaría establecer antes de empezar —dijo la tía Joanna—. Obviamente, todo el mundo está en su derecho de tener sus propias opiniones, pero quiero que la historia final sea lo más objetiva posible, ¿de acuerdo? Me interesa mucho averiguar qué significa la circularidad para nuestra empresa.

Peter y María asintieron.

—¡Bien! Me gustaría veros en mi despacho el próximo lunes. Tengo algunas fases en mente para el proyecto.

La tía Joanna tomó un posavasos de una pila en una de las mesas y empezó a esbozar lo que parecía ser su plan para el proyecto.

—Vuestra primera tarea consistirá en ayudarme a explorar la circularidad desde varios puntos de vista, todos muy diferentes. Eso nos dará una buena y sólida base para sumergirnos en los detalles sobre cómo gestionar realmente la circularidad en la práctica en la segunda parte de nuestro proyecto. Tendremos que imaginar la transformación necesaria para alcanzar el objetivo, que se detallaría en la tercera y última parte. A lo mejor queréis curiosear un poco por internet para conocer un poco qué es eso de la economía circular. Solo como calentamiento.

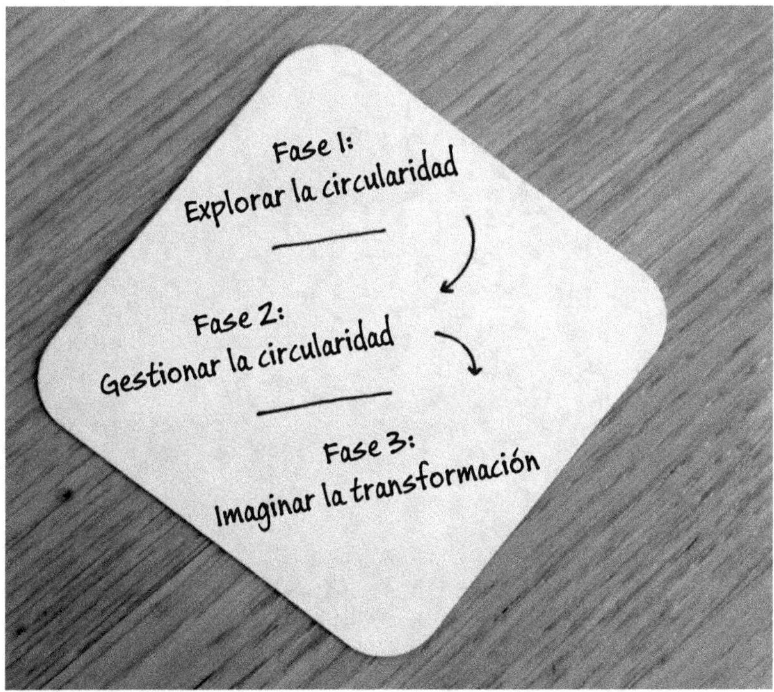

Figura 0.6 **El posavasos con las anotaciones de la tía Joanna.**

1

El contexto de la circularidad

—¡Hola, queridos sobrinos! ¡Buenos días! ¡Qué alegría veros aquí, en el despacho! —la tía Joanna dio la bienvenida a María y a Peter—. ¿Habéis pasado un buen fin de semana tras la comida familiar? ¿Habéis cargado las pilas? ¿Por qué no tomamos un café o un té, os enseño el lugar y os explico con qué me gustaría que empezaseis?

—Me parece un buen plan, tía —dijo María—. Me hace mucha ilusión el proyecto. Y de trabajar con el monstruo de mi primo, claro —añadió con una gran sonrisa.

La tía Joanna se alegró de ver que Peter y María estaban de buen humor y parecían muy ansiosos por comenzar. Cuando volvieron al despacho tras el café y la rápida visita a las instalaciones de la empresa, los invitó a que tomasen asiento, cogió un montón de rotuladores y se acercó a la pizarra.

—Ayer estuve pensando un poco —comentó mientras escribía *Proyecto Circularidad* en grandes letras azules en la parte superior de la pizarra—. Como os conté el sábado, quiero que me ayudéis a descubrir qué puede significar la circularidad para nuestra empresa; si es buena o mala. Una vez leí un buen artículo sobre modelos de actividad empresarial y hablaba de *narrativa y números.*[1] Creo que necesitamos eso aquí. Sea cual sea la conclusión final, necesitaremos un argumento sólido y coherente, y necesitaremos números para crear una imagen general de nuestros planes que resulte convincente. Con eso en el bolsillo, tendré lo que necesito para convencer a mis compañeros del consejo, a nuestro personal, a nuestras partes interesadas y, por supuesto, a nuestro comité ejecutivo.

»En la primera fase del proyecto, me gustaría que preparásemos el escenario de la historia y explorásemos la economía circular desde perspectivas muy distintas, empezando por el contexto general del asunto —continuó—. Y aquí viene la primera pregunta que quiero haceros: ¿cuáles son esos ángulos que pueden ayudarnos a esbozar una visión amplia y multidimensional sobre el tema? ¿Qué me decís?

María fue la primera en responder:

—Bueno, obviamente está el *planeta*, porque si no adoptamos la circularidad ahora, lo destruiremos todo y no nos quedará un mundo habitable. También está la *sociedad*, entendida como una dimensión, porque cada vez hay más presión por parte de la gente que cree que la circularidad es un gran paso para crear un mundo mejor, dejando atrás nuestro enfoque obsesivo en el crecimiento y el consumo.

»Y eso nos lleva a otra cuestión —continuó—: los *programas globales para un mundo mejor* que se están poniendo en marcha. Ya sabéis: los Objetivos de Desarrollo Sostenible de la ONU, etc.

Peter comentó que probablemente también deberían analizar cómo las *empresas* y la *industria* han tratado este asunto en el pasado, si es que lo han hecho.

—Y —añadió— tampoco estaría de más que incluyésemos al gobierno y sus medidas para conocer la importancia de las *normas* y los *reglamentos* a favor o en contra de la circularidad.

—Muy bien, chicos —dijo la tía Joanna con entusiasmo—. Sin duda, vamos por buen camino. Sigamos. ¿Qué más?

—Creo que también deberíamos examinar la *investigación académica* —propuso María—: cuáles son las escuelas de pensamiento importantes, cuáles son los principales conceptos descritos y, creo también muy importante, qué es lo que el mundo académico establece realmente como *definición de circularidad*.

—Y hay algo más —terció Peter con una mirada burlona—. Parece que hasta ahora solo contemplamos la economía circular como una solución clara a problemas claros, pero ¿no creéis que todo eso, en parte, sería cuestionable?

»No, de verdad, lo digo en serio —continuó al ver la incredulidad en la cara de María—. No todo el mundo está a favor necesariamente de la circularidad.

Basta con echar un vistazo al comportamiento de las personas consumidoras, por ejemplo: muchas se decantan siempre por lo más barato Pensad en esa gente que cuestiona el factor humano en el cambio climático... O el hecho de que nuestras actuales cadenas de suministro se hayan optimizado para reducir los costos al máximo Y los cambios requeridos resulten extremadamente costosos... Así que creo que deberíamos considerar también las *críticas* y la *complejidad* del asunto.

—Estoy de acuerdo. Puede que encontremos algunas de esas críticas y complejidades aquí mismo, en Harrison Moore & Co, así que debemos estar preparados y tener listas nuestras respuestas —repuso la tía Joanna mientras se daba la vuelta y miraba los resultados de aquella lluvia de ideas. En la pizarra podía verse la imagen de la figura 1.1.

Figura 1.1. El contexto de la economía circular.

—Tiene buena pinta, ¿verdad? Ya sabéis lo que vais a buscar en este primer paso, en la exploración de la circularidad —dijo la tía Joanna—. Estoy muy contenta con esta visión general. Aunque veo que los temas que hemos identificado no son necesariamente diferentes al cien por cien y que pueden existir conexiones e incluso solapamientos entre unos y otros; creo que, en aras de la argumentación y la claridad, deberíamos tratarlos por separado. La elaboración de estos temas debería proporcionarnos un buen punto de partida para nuestra narrativa general sobre la economía circular. Volvamos a reunirnos en un par de días para comprobar lo que habéis encontrado. ¿Qué os parece?

El impulso actual de la economía circular

A la hora de explicar el creciente interés por la economía circular, debe tenerse en cuenta un gran número de factores distintos. A grandes rasgos, pueden resumirse en dos categorías: el tirón de la sociedad y el empuje de los agentes que la propician.[2] En cierto modo, el tirón de la sociedad refleja los problemas que subyacen al cambio climático, la escasez de recursos y la inestabilidad mundial que abordan cada vez más activamente las partes interesadas de la sociedad, como la ciudadanía, las empresas, las organizaciones no gubernamentales (ONG), la administración pública y los gobiernos. Sus llamamientos a la acción crean la necesidad de nuevas soluciones.

El empuje de los agentes que propician la economía circular se manifiesta en los desarrollos innovadores que se dan en la tecnología y los modelos de actividad empresarial con el propósito de ofrecer formas de avanzar más eficaces, así como el papel que tienen, por ejemplo, las regulaciones y los incentivos en este sentido. Quizás algunos de estos desarrollos, en su origen, tuviesen muy poco que ver con la circularidad, pero debido a la necesidad cada vez más acuciante de dar con soluciones, puedan aplicarse a este campo.

Está claro que, debido al creciente tirón de la sociedad, la circularidad se ha convertido en un asunto candente para quienes ejercen responsabilidades políticas, el mundo académico y las ONG. Desde el punto de vista empresarial, puede observarse que el reciente aumento de la atención a la economía circular ha dado lugar a un importante incremento de la actividad corporativa, consultora y empresarial relacionada con el tema. En este capítulo se detallan los elementos que caracterizan a ese tirón de la sociedad y al empuje de los agentes que propician dicha circularidad. En principio, y sin caer en exageraciones, puede afirmarse que la economía circular ha llegado para quedarse.

El contexto académico: áreas de investigación, conceptos y definiciones

La investigación académica se encuentra en la era de la economía circular 3.0

Reike *et al.* (2018) proporcionan una secuencia histórica de acontecimientos en que la mayoría de los temas mencionados también aparecen de una u otra manera. Hablan de la *economía circular 1.0,* a la que identifican como el período del «tratamiento de residuos» y que se habría desarrollado entre las décadas de 1970 y 1990. Por aquel entonces, la atención se centraba principalmente en los aspectos relacionados con el extremo «descendente» de las cadenas de valor —lo que ocurría con los productos al final de su ciclo de vida—, así como en los aspectos relacionados con el devenir de cualquier subproducto del proceso principal de fabricación.

Reike *et al.* prosiguen con la *economía circular 2.0,* situada entre las décadas de 1990 y 2010, dedicada a «conectar la entrada y la salida en las estrategias de ecoeficiencia», es decir, vincular ciertos aspectos de los residuos (salida) con otros de los materiales, el diseño y el proceso de producción (entrada) en una visión holística. A su juicio, nos hallamos en plena *economía circular 3.0,* un período que comenzó alrededor de 2010, todavía en curso y que pretende «maximizar la retención de valor en la era del agotamiento de los recursos». Con estas palabras, los autores destacan la mayor atención pública a la urgencia de la escasez de recursos, así como la adopción de enfoques potenciales mucho más diferenciados, tal y como se expresa en el marco de las 10 R (más adelante en este apartado).

Asimismo, la creciente atención que se presta a estas cuestiones ha llevado, desde hace algunos años, al desarrollo de diversos indicadores específicos para evaluar el rendimiento de la circularidad, así como a la presentación de informes al respecto. Los indicadores a nivel micro (empresa) se abordan en el capítulo 4. Por ahora, se destaca un macroinforme sobre la economía circular a escala nacional y supranacional: el *Circularity Gap Report* (CGRi, 2020).

Vínculos con diversas áreas de investigación

En el mundo académico existe desde hace años una gran diversidad de contribuciones al desarrollo de conceptos vinculados a la circularidad. Los términos *sistemas de bucle cerrado (close-loop systems)* y *gestión de la recuperación de productos (product recovery management)* ya aparecían en artículos científicos en la década de 1990, a menudo centrados en la operativa y la logística, y enfocados a la modelización matemática para la toma de decisiones (por ejemplo, Thierry *et al.*, 1995; Flapper, 1995; Fleischmann *et al.*, 1997). Al parecer, el primer taller académico internacional sobre reutilización se celebró en la Universidad Técnica de Eindhoven en 1999 (Flapper y de Ron, 1999).

Como han expuesto clara y extensamente Reike *et al* (2018), otras publicaciones académicas giran en torno a *la gestión de residuos y las ciencias ambientales, el diseño de productos y la producción más limpia, y la ecología industrial.* Si bien la denominación de las dos primeras permite entender el concepto con relativa facilidad, la ecología industrial sería la «disciplina que rastrea el flujo de energía y materiales desde sus recursos naturales a través de la fabricación, el uso de los productos y su reciclaje o eliminación final». El término *economía circular* (EC) adquiere relevancia en las publicaciones académicas a partir de 2010. En otras palabras, se ha introducido muy recientemente.

Además de los grupos de publicaciones académicas mencionados anteriormente, los siguientes conceptos se mencionan con frecuencia como las principales escuelas de pensamiento relacionadas con la circularidad, cada una conectada a sus fundadores intelectuales, como se describe, por ejemplo, en Webster (2017) y Weetman (2020):

- **Economía del rendimiento** *(performance economy)*, basada en el trabajo de Walter Stahel.
- **Biomimetismo** *(biomimicry)*, basado en el trabajo de Janine Benyus.
- **Economía azul** *(blue economy)*, basada en el trabajo de Günter Pauli.
- **Diseño regenerativo** *(regenerative design)*, basado en el trabajo de John Lyle.
- **De la cuna a la cuna** *(cradle-to-cradle)*, basado en el trabajo de Michael Braungart y Bill McDonough.

Muchas personas consideran que este último concepto implica un avance considerable en la madurez de la circularidad. No en vano, ha inspirado el célebre diagrama de la mariposa que ha popularizado la Fundación Ellen MacArthur.

Además, también en el ámbito académico, existen claros vínculos entre la circularidad y la sostenibilidad. Geissdoerfer *et al.* (2017), a partir de una amplia revisión de la bibliografía existente, han puesto de relieve las diferencias, las similitudes y los solapamientos entre ambos conceptos. Además, la noción de huella —sea de carbono, agua, energía, etc.—, tal como se utiliza a menudo en relación con la sostenibilidad, está apareciendo ahora en el contexto de la circularidad (por ejemplo, Wang *et al.*, 2019; Porcelijn, s.f.).

El diagrama de la mariposa: ciclos biológicos y técnicos

El diagrama de la mariposa ilustra un sistema de flujo continuo en una cadena de valor en el que se distinguen dos ciclos, cada uno centrado en diferentes tipos de materiales: el *ciclo biológico* (en el lado izquierdo, dedicado a los materiales biológicos) y el *ciclo técnico* (en el lado derecho, dedicado a los materiales técnicos). Los materiales biológicos y técnicos necesitan procesos de reutilización distintos. Para reutilizar correctamente ambos tipos de materiales es imprescindible considerarlos por separado tras su uso.

Ciclo técnico: estrategias circulares y la escalera R

Productos como las lavadoras, los frigoríficos o los teléfonos inteligentes no son biodegradables; son sintéticos, producidos a partir de materiales fabricados por el ser humano, a menudo con recursos con disponibilidad limitada. Dentro del ciclo técnico se buscan formas de reutilizar estos valiosos metales, polímeros (varios tipos de plástico) u otras materias primas. En este caso, los productos se diseñan de manera que puedan reutilizarse. Dentro de este ciclo, la gestión de las existencias de materiales finitos es, por tanto, muy importante. Tras su uso, los materiales técnicos se restauran y se reintroducen en el ciclo técnico: los materiales se recuperan de los residuos y se les devuelve su valor original o incluso superior, por ejemplo, mediante su reacondicionamiento, refabricación o reparación. Dada la atención creciente que se brinda al ciclo técnico, lo tratamos con mayor amplitud —así como las *estrategias circulares* y la *escalera R—* en el capítulo 2, y en la segunda parte tendrás la oportunidad de aplicarlas personalmente a través del juego de simulación empresarial Blue Connection.

Ciclo biológico: estrategias de bucle inspiradas y basadas en la biología

En una economía circular, los materiales biológicos como la madera o los alimentos vuelven a entrar en la biosfera para ser compostados o bien son nutrientes orgánicos que, al final de su uso, pueden devolverse de manera segura al ciclo biológico como «alimento» para otras formas de vida y sin generar residuos. De este modo, los residuos de un «producto» se reutilizan en otro. Piénsese, por ejemplo, en los envases compostables que pueden depositarse de forma segura con los residuos orgánicos después de su uso o las setas ostra que se cultivan con posos del café, un producto de desecho —basta con echar un vistazo a empresas como GRO, Rotterzwam en Zwamburg— o en los servicios de PeelPioneers, que ofrece una solución circular para quienes deban deshacerse de las pieles y cáscaras de frutas y verduras, como supermercados, restaurantes y hoteles: recoge esos residuos para extraer aceites esenciales que se utilizarán en la industria cosmética.

Aunque la mayoría de las empresas se centra en el ciclo técnico, también cabe destacar el valor del *diseño para un ciclo biológico.* Con esta denominación se conocen varias soluciones de diseño inspiradas o tomadas directamente de los ecosistemas naturales, «cuya naturaleza biológica representa un nivel de eficiencia cercano a la perfección intrínseca de la eficiencia del ecosistema de bucle cerrado de la naturaleza, en contraposición al ciclo técnico, que minimiza el impacto» (Mestre y Cooper, 2017).

El diseño para el ciclo biológico consiste en estrategias de bucle inspiradas y basadas en la naturaleza. Las estrategias inspiradas en la naturaleza se basan en la biónica, el estudio de los sistemas naturales para abordar problemas de ingeniería humana, como el que realizó Leonardo da Vinci sobre la estructura de las alas de las aves para diseñar objetos voladores. Las estrategias de base biológica pretenden utilizar materiales biológicos que, al final de su ciclo de vida, puedan devolverse de forma segura a la biosfera y así proporcionar nutrientes a otra vida biológica. De este modo, por ejemplo, para la taza de

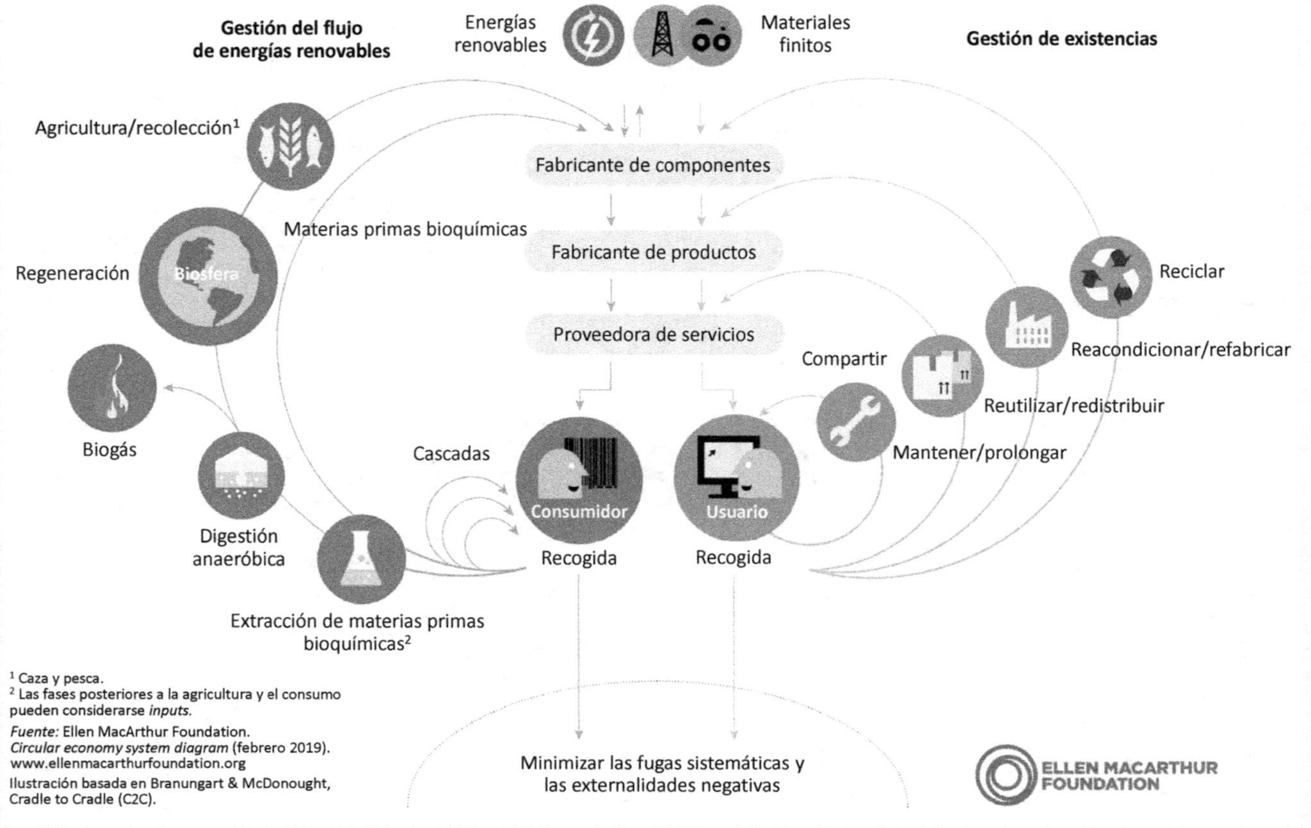

¹ Caza y pesca.
² Las fases posteriores a la agricultura y el consumo pueden considerarse *inputs*.

Fuente: Ellen MacArthur Foundation. *Circular economy system diagram* (febrero 2019). www.ellenmacarthurfoundation.org
Ilustración basada en Branungart & McDonought, Cradle to Cradle (C2C).

Figura 1.2. **Diagrama de la mariposa.**

café de base biológica C2C se reutilizan los residuos biológicos del café para fabricar un producto desechable de corta duración. Puede encontrar más información sobre las estrategias de diseño del ciclo de vida inspiradas y basadas en la naturaleza biológica en el documento de Mestre y Cooper (2017) sobre el diseño de productos circulares. Asimismo, la cuestión también está relacionada con el reciclaje orgánico, que se aborda en el capítulo 2.

Principales conceptos importantes

Antes de abordar una definición viable de la circularidad en este apartado y de profundizar en los detalles en el capítulo 2, es interesante detenernos un poco en algunos de los términos y los conceptos más relevantes relacionados con la circularidad:

- La noción de *conservación del valor (value retention)* de los productos y materiales después de su venta.
- La retención del valor va de la mano de la noción de bucles, formas de organizar los flujos de retorno de productos y materiales.
- La noción del indicador crítico de *material virgen,* o *entrada lineal (linear inflow),* definida como materia prima que no ha sido sometida a uso o procesamiento, salvo en su fabricación original (Gooch, 2011). El material virgen se utiliza como materia prima en el proceso de producción y, por lo tanto, se considera un insumo que debe minimizarse, por ejemplo, como se expresa en el indicador de circularidad de los materiales *(material circularity indicator,* CEM; s.f. b) o los indicadores de transición circular *(circular transition indicators,* ITC; WBCSD, 2018; 2020a).
- La relevancia de dos ciclos diferentes, el ciclo de *concepción y diseño* del producto y el ciclo de *producción y uso* del producto (Reike *et al.,* 2018), similar a los conceptos de cadena de desarrollo y cadena de suministro (Simchi-Levi *et al.,* 2009).
- La noción de *diseño de residuos (designing out waste)* durante los ciclos de concepción y diseño mencionados para permitir futuros bucles, ya previstos de antemano, y evitar así la generación de residuos a lo largo del ciclo de vida.

- En cuanto a las estrategias, deben tenerse en cuenta los conceptos de *bucles de cierre, reducción* y *ralentización,* que conectan directamente con el concepto de jerarquía de residuos y el marco de las 10 R, basados a su vez en la escalera de Lansink, que se abordará brevemente en este mismo capítulo.
- La noción de *modelos de negocio sostenibles* y la innovación a la que dan pie, con el objetivo de incorporar la sostenibilidad en todo su proceso de desarrollo (por ejemplo, Bocken y Boons, 2017; Bocken *et al.,* 2019; Bocken y Geradts, 2020).

Definiciones de la economía circular

El reciente y gran aumento de la producción científica en torno a la circularidad ha traído consigo una enorme proliferación de conceptos y, sobre todo, ha demostrado la ausencia de una terminología y unas definiciones estandarizadas (por ejemplo, Kirchherr *et al.,* 2017; Reike *et al.,* 2018; Geissdoerfer *et al.,* 2017).

Dado que no es nuestro objetivo debatir ampliamente las numerosas definiciones posibles de la economía circular, y en vista de que la comunidad académica tampoco se ha puesto de acuerdo a la hora de adoptar una definición clara, se propone para este libro el uso de dos explicaciones a manera de eje vertebrador. La primera, citada a menudo en la bibliografía al uso, expresa una definición más genérica, mientras que la segunda se vincula a un marco más tangible, adecuado para su aplicación en las empresas:

- **Economía circular:** Sistema industrial cuyo propósito y diseño le confieren una naturaleza restauradora y regenerativa. La sustitución del concepto *fin de vida* por el de *restauración* hace que se oriente hacia el uso de energías renovables, elimine el uso de productos químicos tóxicos que perjudiquen cualquier intento de reutilización y tenga como objetivo la eliminación de los residuos mediante un diseño superior de los materiales, los productos, los sistemas y, dentro de estos, los modelos de actividad empresarial (EMF, 2015a).

- **Circularidad:** Conjunto de diferentes estrategias prácticas con las que conseguir flujos circulares que deben adoptar las empresas. Dichas estrategias se plasman en el marco de las 10 R, organizadas a su vez en niveles jerárquicos que van del R0 al R9 y que se aplican tanto en el ciclo de concepción y diseño, como en el ciclo de producción y uso (Reike *et al.*, 2018).

Así, en el resto del libro, nos referimos a la *economía circular* como un concepto más amplio, global y genérico, mientras que se usa el término *circularidad* cuando nos refiramos al contexto más específico (micro) de una sola empresa.

El contexto del planeta y la sociedad

La atención que se presta en la actualidad a la economía circular en relación con el planeta y la sociedad es la culminación de muchas iniciativas diferentes a lo largo del tiempo, a menudo con orígenes muy distintos. Algunas tienen como objetivo principal la circularidad, mientras que otras abarcan un ámbito más amplio.

Cambio climático

Sin duda, una de las principales cuestiones relacionadas con el planeta y la sociedad es el cambio climático. Hoy en día, un amplio abanico de publicaciones, indicadores y clasificaciones se encargan de que se mantenga candente. Algunos ejemplos de estos indicadores son:

- *The great acceleration*, del Centro de Resiliencia de Estocolmo. Probablemente se trate de la primera obra de este tipo, publicada en 2004 y actualizada en 2015 (Stockholm Resilience, 2015).
- *Earth overshoot day*, también conocida como «deuda ecológica actual», publicada por la Global Footprint Network y actualizada cada año (Global Footprint, s.f.).
- *Living planet index (LPI)*, de la World Wildlife Fund y la Sociedad Zoológica de Londres, con especial atención a la biodiversidad, actualizado cada dos años (LPI, s.f.).

Todos los indicadores tienen en común su intención de captar el estado del planeta, si bien cada uno lo hace de manera ligeramente diferente. En su mensaje todos establecen un vínculo directo entre las tendencias que se refieren al comportamiento humano (económico) como principal impulsor de que dichas tendencias tengan lugar. Este fenómeno, conocido con la denominación de «antropoceno» (por ejemplo, Steffen *et al.*, 2015; Weetman, 2020; Raworth, 2017; Elkington, 2020), se cita a menudo en relación con la economía circular. Como consecuencia directa del concepto de antropoceno y sus implicaciones, se llega a la siguiente conclusión: «si el comportamiento humano es la causa principal del problema, el comportamiento humano también debería ser una parte principal de la solución».

En relación con el cambio climático, la circularidad se considera una posible parte de la solución: la circularidad conduce a una menor producción nueva y, por lo tanto, a un menor consumo de energía y a una menor contaminación, ambos de gran ayuda para reducir la emisión de gases de efecto invernadero.

Aunque existe una cantidad abrumadora de bibliografía científica destinada a demostrar el cambio climático, no hace mucho que las empresas han tomado nota del asunto. Por ejemplo, el Foro Económico Mundial afirma en su Informe de Riesgos Globales 2020: «Por primera vez en la historia de la Encuesta sobre Percepción de Riesgos Globales, las preocupaciones medioambientales figuran entre los principales riesgos a largo plazo entre los miembros de la variada comunidad del Foro Económico Mundial. Tres de los cinco principales riesgos por impacto son también medioambientales» (EMF, 2020b).

Disminución de la disponibilidad de recursos

Otra razón que se menciona a menudo en favor de la circularidad es la disminución de la disponibilidad de recursos debido al aumento de la población mundial y del consumo a lo largo y ancho del planeta. Probablemente las tres referencias más citadas y conocidas para el amplio reconocimiento de este problema de recursos sean *Ensayo sobre el principio de la población* (Malthus, 1798), *The economics of the coming spaceship Earth* (Boulding, 1966)[3] y el célebre informe *Los límites del crecimiento* (Club de Roma, 1972). Las tres obras contienen un mensaje similar: el planeta no podrá soportar los niveles de crecimiento previstos.

De hecho, el informe del Club de Roma se basa en el proyecto de un equipo de investigadores del Instituto Tecnológico de Massachusetts (MIT) para crear un modelo informático que predijese con la mayor precisión posible las limitaciones del crecimiento en la Tierra. Se identificaron cinco factores que interactúan: el aumento de la población, la producción agrícola, el agotamiento de los recursos no renovables, la producción industrial y la generación de contaminación.

Su conclusión: «Los recursos interconectados de la Tierra —el sistema global de la naturaleza en el que todos vivimos— probablemente no puedan soportar los actuales índices de crecimiento económico y demográfico mucho más allá del año 2100, si es que se da ese plazo, incluso con tecnología avanzada» (Club de Roma, 1972).

Hace casi dos décadas, la Organización de las Naciones Unidas publicó un estudio titulado *Evaluación de los ecosistemas del milenio (Millennium Ecosystem Assessment,* 2005), que reveló que 15 de los 24 ecosistemas estudiados estaban siendo degradados o utilizados de forma insostenible. Consumimos más de lo que la productividad de nuestros ecosistemas puede soportar. ¿La conclusión? El capital natural de la Tierra se está agotando por la actividad humana. Los seres humanos están sobrecargando el medio ambiente hasta tal punto que ya no se puede dar por sentada la capacidad de estos ecosistemas para mantener a las generaciones futuras. Afortunadamente, ofrecía una noticia esperanzadora: con medidas adecuadas sería posible invertir el declive de muchos ecosistemas en los próximos 50 años, contados a partir de la publicación del informe, en 2005.

Inestabilidad mundial y resiliencia

Paralelamente a la mayor atención prestada al cambio climático y a la escasez de recursos, la historia reciente también ha demostrado que la opinión pública es más consciente de las interdependencias entre países y los grados de vulnerabilidad asociados que esto conlleva. Las tensiones geopolíticas y la pandemia de la covid-19 son ejemplos de los efectos que pueden tener estas interdependencias, que causan temor tanto a la ciudadanía como a los líderes gubernamentales y estimulan el impulso para buscar soluciones.

Incluso puede argumentarse que el cambio climático tiene un impacto directo en la inestabilidad global, en la medida en que deja a ciertas zonas del mundo casi sin opciones razonables para la agricultura y, por lo tanto, la producción de alimentos, lo que en última instancia hace que la población emigre a otras regiones y dé pie a tensiones. Del mismo modo, la escasez de recursos puede contribuir a la inestabilidad, por ejemplo, al provocar la interrupción de los flujos de materiales en industrias de primera necesidad o incluso tensiones políticas (Guardian, 2019; IRTC, 2020).

Cada vez se oyen más voces que afirman que las soluciones circulares ofrecen una mayor resistencia frente a dicha vulnerabilidad porque requieren menos recursos, tienden a ser más locales y reducen la dependencia de otros (por ejemplo, WEF, 2020a; Circular Flanders y VITO, 2020).

Necesidad de un nuevo paradigma económico

Otra manera de acercarse a los problemas que acucian al planeta y a la sociedad viene de la mano de aquellas escuelas de pensamiento que postulan el *fallo del paradigma económico dominante*. A grandes rasgos, dichas escuelas afirman que el actual paradigma económico dominante del capitalismo (neoliberal) se centra demasiado en el capital y el crecimiento como indicadores principales de la salud económica y la prosperidad individual. Esto es válido tanto a escala macro, referida al crecimiento del PIB de las naciones, como a escala micro, referida al crecimiento de los ingresos y los beneficios de las empresas.

Tal crecimiento, a su juicio, es insostenible y menos si se combina con una población creciente, ya que en última instancia conducirá a una desigualdad extrema en la sociedad y al agotamiento de los recursos del planeta. Debe definirse, pues, un nuevo capitalismo. También aquí se aborda la circularidad como parte de las posibles soluciones al problema (por ejemplo, Raworth, 2017; Piketty, 2017, Elkington, 2020).

EJERCICIO 1.1
El contexto del planeta y la sociedad

Explorar

Exploremos el cambio climático, la escasez de recursos, la inestabilidad global y la resiliencia, el nuevo paradigma económico:

- Realiza una investigación documental (en internet) sobre estas cuestiones. Por ejemplo, puedes consultar las referencias mencionadas y las fuentes relacionadas.
- ¿Cuál es tu opinión sobre estos temas?
- ¿Cómo crees que se relacionan exactamente con la circularidad?

Algunos autores incluso adoptan una visión mucho más amplia y realmente ven la economía circular como el principal paradigma económico alternativo, más allá de la perspectiva desde una empresa individual. Por ejemplo, para la Fundación Ellen MacArthur, la economía circular es «un nuevo sistema económico que ofrece mejores resultados para las personas y el medio ambiente. Los modelos empresariales, los productos y los materiales están diseñados para aumentar el uso y la reutilización, replicando el equilibrio del mundo natural, donde nada se convierte en residuo y todo tiene valor. Una economía circular, basada cada vez más en energías y materiales renovables, es distribuida, diversa e inclusiva» (EMF, s.f. a, 2015b).

El contexto de los programas globales para un mundo mejor

Programas supranacionales y acuerdos multilaterales por países

En el año 2000, las Naciones Unidas, bajo el liderazgo de Kofi Annan, lanzaron el Pacto Mundial de la ONU como «la mayor iniciativa de sostenibilidad empresarial del mundo: un llamamiento para alinear las estrategias y las operaciones con los principios universales en materia de derechos humanos, trabajo, medio ambiente y lucha contra la corrupción, y adoptar medidas que promuevan los objetivos de la sociedad». Estas medidas han tardado bastante tiempo en materializarse, pero finalmente en 2015, se presentó la Agenda 2030, que firmaron los 193 estados miembros de las Naciones Unidas.

Los elementos centrales de la Agenda 2030 son los 17 llamados Objetivos de Desarrollo Sostenible (ODS), un término muy utilizado hoy actualmente por los gobiernos, las empresas y las instituciones educativas. La circularidad está relacionada directa e indirectamente con varios de estos objetivos.

En 2019, 47 años después de la publicación de su famoso informe y ante la percepción de la lentitud del cambio, el Club de Roma emitió una declaración adicional en la que proponía que las naciones declarasen «una emergencia planetaria para el clima y la naturaleza en 2020». En el correspondiente *capital in Planetaria,* se propusieron diez compromisos, agrupados en tres áreas principales (Club de Roma, 2019):

- Transformación de los sistemas energéticos.
- Cambio a una economía circular.
- Creación de una sociedad justa y equitativa basada en el bienestar humano y ecológico.

Como puede apreciarse, el cambio a una economía circular se menciona de manera explícita, hasta el punto de ser uno de los tres temas principales.

La preocupación por el planeta y el clima también ha actuado como un acicate a la hora de establecer objetivos en forma de *acuerdos multilaterales entre países*. Las dos iniciativas más importantes en este sentido son el Acuerdo sobre el Clima de París, así como otra propuesta de las Naciones Unidas, que en este caso no era el Pacto Mundial, sino la Convención Marco de las Naciones Unidas sobre el Cambio Climático (CMNUCC). En diciembre de 2015, «las partes de la CMNUCC alcanzaron un acuerdo histórico para combatir el cambio climático y acelerar e intensificar las acciones e inversiones necesarias para un futuro sostenible con bajas emisiones de carbono» (CMNUCC, s.f.). Conviene mencionar además que la principal línea de acción del acuerdo es que los objetivos globales de reducción de las emisiones de carbono den pie, en los distintos países, a «contribuciones concretas a escala nacional». En algunos países esto puede llevar a proyectos que promuevan la circularidad.

En 2020, la Unión Europea presentó el Pacto Verde y el nuevo Plan de Acción en Economía Circular: «El cambio climático y la degradación del medio ambiente son una amenaza existencial para Europa y el mundo. Para superar estos retos, Europa necesita una nueva estrategia de crecimiento que transforme la Unión en una economía moderna, eficiente en recursos y competitiva, en que:

1. No haya emisiones netas de gases de efecto invernadero en 2050.
2. El crecimiento económico se desvincule del uso de los recursos.
3. Ninguna persona y ningún lugar se queden atrás.

El Pacto Verde Europeo es nuestro plan para hacer sostenible la economía de la UE. Podemos hacerlo convirtiendo los retos climáticos y medioambientales en oportunidades, y haciendo que la transición sea justa e inclusiva para todos» (UE, 2019, 2020). Los puntos 1 y 2, en particular, tienen conexiones directas con la circularidad y es probable que sean una fuerza impulsora de las iniciativas circulares.

Iniciativas privadas

Además de los programas iniciados por los gobiernos, como los mencionados anteriormente, también se han puesto en marcha iniciativas privadas con el objetivo de ayudar a crear un mundo mejor y hacer un bien al planeta y a la sociedad. Probablemente el ejemplo más conocido en materia de circularidad sea la Fundación Ellen MacArthur. Fundada en 2010, su objetivo es acelerar la transición a una economía circular, mediante el desarrollo de perspectivas para el aprendizaje, las empresas, las instituciones, los gobiernos y las ciudades (EMF, s.f.).

También una iniciativa privada, la Singularity University, ha formulado su propia versión de objetivos para hacer del mundo un sitio mejor: los llamados *12 Global Grand Challenges* (GGC). Al abordar cada GGC, se pretende resolver las tres perspectivas siguientes: garantizar la satisfacción de las necesidades básicas de todas las personas, mantener y mejorar la calidad de vida y mitigar los riesgos futuros (Singularity University, s.f.). Se distinguen dos categorías: necesidades de recursos y necesidades de la sociedad. En cierto modo, los GGC pueden considerarse la versión de Singularity de los ODS de la ONU.

Por lo que respecta a las empresas, y en consonancia con el enfoque de las partes interesadas y el concepto de responsabilidad social, también se observa un gran número de iniciativas. Por ejemplo, la fundación en 1995 del Consejo Empresarial Mundial para el Desarrollo Sostenible (WBCSD, por sus siglas en inglés), «una organización mundial, dirigida por los directores ejecutivos de más de 200 empresas líderes que trabajan juntas para acelerar la transición hacia un mundo sostenible». En 2010, el WBCSD lanzó su *Visión 2050,* en la que la

---

EJERCICIO 1.2
El contexto de los programas globales para un mundo mejor

Explorar

Profundiza sobre el Plan de Emergencia Planetaria, los ODS, el Acuerdo Climático de París, el Acuerdo Verde de la UE, las visiones del CEM, los Grandes Retos Globales de Singularity, las declaraciones de la Mesa Redonda Empresarial y del Foro Económico Mundial, la Visión 2050 del Consejo Empresarial Mundial para el Desarrollo Sostenible:

- Realiza una investigación documental (en internet) sobre estas propuestas. Por ejemplo, puedes consultar las referencias mencionadas y las fuentes relacionadas.
- ¿Cuál es tu opinión sobre estos ejemplos?
- ¿Qué opinas de su aplicabilidad práctica?

circularidad desempeña un papel como parte de la solución, especialmente a través de su proyecto Factor 10 (WBCSD s.f. a, 2018, 2020a).

Otro ejemplo desde el ámbito empresarial es la Business Roundtable, una organización estadounidense que publicó en 2019 una declaración en la que se distanciaba formalmente de la doctrina accionarial y dirigía su foco de atención a otros grupos de interés como la sociedad, el personal e, indirectamente, el planeta. Con un espíritu similar, el Foro Económico Mundial publicó su *Manifiesto de Davos 2020: El propósito universal de las empresas en la Cuarta Revolución Industrial* (BRT, 2019; WEF, 2019).

El contexto de las normas, los incentivos y los estándares

Niveles de gobierno

Un paso más allá de los programas globales para un mundo mejor, que normalmente no están integrados en las leyes nacionales o locales, se halla todo lo relacionado con la política y el gobierno. Las empresas suelen tener que tratar con diferentes niveles gubernamentales. En el mejor de los casos estos niveles se hallan en sintonía, pero en muchos casos no es tan fácil. Una de las dimensiones es el *ámbito geográfico,* con el gobierno local en el nivel inferior, seguido por los niveles regional (provincial) y nacional dentro de un país, luego el nivel supranacional (por ejemplo, la Unión Europea) y, por último, mundial.

Otra dimensión es el grado de autonomía que tiene cada uno de estos niveles geográficos respecto a determinadas cuestiones. En algunos casos, los gobiernos locales pueden decidir lo que consideren oportuno; en otros, puede haber decisiones regionales o nacionales que los anulen. Unas veces, los gobiernos pueden imponer y otras, solo recomendar, facilitar o estimular. Además, por supuesto, no hay dos países iguales, por lo que el contexto general es muy complejo, especialmente para las empresas con actividades que abarcan las fronteras entre dos o más países.

En los siguientes apartados se describen algunos de los puntos más importantes de la administración pública y la política en relación con la circularidad.

Regulación: restricciones e incentivos fiscales

La primera cuestión, y probablemente la más importante, de cuantas están relacionadas con el gobierno tiene que ver con las regulaciones restrictivas. En términos sencillos, primero se define en la ley lo que está permitido y lo que no, y luego se destinan los recursos para que se cumplan esas leyes —la policía, por ejemplo—, acompañados de sistemas de sanciones adecuadas como incentivos (negativos) para que las personas y las empresas respeten las normas.

Piénsese en las leyes referidas a los residuos, que por un lado pretenden reducir la carga pública asegurándose de que «quien contamina paga» y por otro pretenden que esas sanciones se conviertan en un incentivo para que quienes contaminen —las empresas— encuentren soluciones innovadoras para reducir efectivamente las cantidades de residuos producidas. En 1975, la Comisión Europea (predecesora de la Unión Europea) publicó la Directiva Marco de Residuos (CEE, 1975), que más tarde llegó a incluir también la escalera de Lansink, un diagrama que expresa una clasificación jerárquica de los residuos, de más a menos deseable: prevención, reutilización, reciclaje, generación de energía, combustión y vertido (Lansink, s.f.). En cierto modo, podría considerarse uno de los fundamentos de lo que hoy se conoce como «la escalera», como se verá en el capítulo 2.

Como consecuencia de estas normativas relacionadas con los residuos y de la creciente atención a la reducción de los flujos de residuos, ha surgido otro ámbito de regulación. Esta otra normativa, además de contemplar los residuos considerados como subproductos no deseados de la fabricación, regula los productos principales en todas y cada una de las fases de su ciclo vital. Dicha legislación se conoce con los nombres de responsabilidad por el final de la vida útil *(end-of-life responsibility,* EOL) y legislación de recuperación *(take-back legislation)* (Toffel, 2003).

Figura 1.3. **La escalera de Lansink.**

En la Unión Europea, una de las normativas más conocidas en este sentido es la directiva RAEE, siglas de la expresión «residuos de aparatos eléctricos y electrónicos». Según la CE, «la primera directiva RAEE (Directiva 2002/96/CE) entró en vigor en febrero de 2003. La directiva preveía la creación de sistemas de recogida en los que las personas consumidoras devolvían sus RAEE de forma gratuita. Estos sistemas tienen como objetivo aumentar el reciclaje de los RAEE o su reutilización» (CE, s.f.).

Incentivos financieros y fiscales

Como deja bien claro la directiva RAEE, en la que se contemplan los sistemas de devolución «gratuitos», no toda la legislación consiste en imponer normas y velar por su cumplimiento. Los gobiernos también pueden estimular determinados comportamientos ofreciendo incentivos fiscales o de otro tipo a las empresas y a la ciudadanía. En el caso del cambio climático, por ejemplo, existen incentivos fiscales a la instalación de paneles solares o al uso de bicicletas eléctricas para ir de casa al trabajo. En relación con la circularidad y los residuos, en Alemania se ha implantado un sistema de depósito *(pfand)* sobre las botellas y latas de un solo uso: la persona consumidora recupera la cantidad abonada cuando devuelve las botellas o las latas al establecimiento minorista o a los centros de reciclaje acreditados.[4]

Este tipo de incentivos fiscales suele tener efectos muy poderosos, como se demostró de forma muy peculiar en los Países Bajos, donde Tesla vendió unos 11.000 automóviles Model 3 en diciembre de 2019, una cifra que representaba la mitad de sus ventas totales en Europa en ese mes. Aquel fuerte aumento de las ventas se debió principalmente al hecho de que la normativa fiscal específica para estimular la adopción de autos eléctricos en el país estaba a punto de llegar a su fin el 31 de diciembre de aquel año.

Iniciativas del sector industrial: normalización y códigos de conducta

La presión reguladora no siempre se debe al gobierno; también puede originarse dentro de la industria, y el impacto, en algunos casos, es prácticamente el mismo que cuando responde a regulaciones gubernamentales. Un ejemplo interesante de colaboración no impuesta por el gobierno en toda la industria, pero que casi iguala el impacto de la política gubernamental formal, se da en el sector cervecero neerlandés.

En la década de 1980, las empresas fabricantes llegaron a un acuerdo para estandarizar el material, el color, la forma y el formato de las botellas de cerveza con la introducción de la botella marrón de retorno neerlandesa *(bruine nederlandse retourfles,* BNR). A esto se sumó el sistema ya existente de abono de depósitos por cajas y botellas de cerveza, que ha hecho de la devolución de las botellas usadas una práctica común y aceptada entre la población. Ambos elementos han facilitado un enorme impulso a la normalización de la recuperación de botellas, con el consiguiente aumento de la escala y la eficacia del sistema mundial de reutilización de botellas y cajas de cerveza. La medida, además, supuso un gran paso adelante en la implantación de estas medidas en la industria, que pudo ver un buen ejemplo de lo que supone «cerrar el ciclo» de forma eficaz y eficiente (Nederlandse Brouwers, s.f.).[5]

Otro tipo de iniciativa impulsada por la industria es el desarrollo de normas industriales como las British Standards (BS). Su existencia tiene poco que ver con la acción gubernamental. En el caso británico, dichas normas nacieron a instancias de una institución comercial, el Grupo BSI (European Standards, s.f.), que vela por su mantenimiento. Su carácter privado impide que se impongan por ley. Su adopción es voluntaria.

Podría decirse que el desarrollo y la difusión de las normas británicas relacionadas con la gestión medioambiental y el correspondiente sistema de acreditaciones y auditorías han desempeñado un importante papel en la evolución de las empresas hacia prácticas más sostenibles (McKinnon, 1995a). Por ejemplo, para algunas empresas dichas acreditaciones se encuentran ahora entre los criterios de obligado cumplimiento utilizados a la hora de seleccionar empresas proveedoras.

Como documentan Hopkinson *et al.* (2018) en su artículo sobre la fabricante japonesa de impresoras, imágenes y documentos de equipo original (OEM) Ricoh, las normas BS han contribuido incluso a una mayor aceptación de los productos reacondicionados y remanufacturados en el mercado. Dado que las BS estipulan que quienes los fabrican deben garantizar la especificación original, estos productos deben ser iguales en calidad a los originales incluso para el cliente, de manera que sea «esencialmente imposible diferenciar los dos productos». Supuestamente, esto ha contribuido mucho a eliminar las posibles reticencias y dudas de la clientela sobre su calidad, eliminando así una barrera para su compra. Como muestra el ejemplo de Ricoh, este tipo de medidas puede tener un enorme impulso positivo para los productos remanufacturados y animar a las empresas a comprometerse con los enfoques circulares.

Algo similar se prevé en el caso de los llamados «códigos de conducta», muchos de los cuales no son tan explícitos y detallados como las normas, pero sirven de marco para orientar el comportamiento. Ejemplos de normas y códigos de conducta con diversos grados de adopción y aceptación en la industria de todo el mundo son los siguientes (Lawrence y Weber, 2017):

- **ISO 14000 (gestión medioambiental),** desarrollada por el Grupo ISO. Se trata de un conjunto de normas voluntarias relacionadas específicamente con los aspectos medioambientales, complementadas con acreditaciones y auditorías. Contiene directrices para minimizar el impacto negativo de una empresa en el medio ambiente, por ejemplo, mediante la reducción del uso de energía o la mejora de los procesos que contaminan el aire, el agua o la tierra (ISO, s.f.).

- **Protocolo de gases de efecto invernadero** *(Greenhouse gas protocol),* desarrollado por el World Resources Institute en colaboración con el Consejo Empresarial Mundial para el Desarrollo Sostenible. Según su web, «el Protocolo de Gases de Efecto Invernadero establece marcos globales estandarizados para medir y gestionar las emisiones de gases de efecto invernadero (GEI) procedentes de las operaciones del sector privado y público, las cadenas de valor y las acciones de mitigación» *(Protocolo de gases de efecto invernadero,* s.f.).

- **Forest Stewardship Council Principles,** desarrollados por la organización sin ánimo de lucro Forest Stewardship Council y ampliamente aceptados en muchas industrias basadas en el papel, desde la impresión de libros hasta la fabricación de materiales de embalaje. Certifica una gestión forestal que «confirma que el bosque se gestiona de forma que preserva la diversidad biológica y beneficia la vida de la población y los trabajadores locales, a la vez que garantiza la viabilidad económica» (FSC, s.f.).

- **Leadership in Energy and Environmental Design (LEED) Standards,** desarrollados originalmente por el US Green Building Council. Como dicen en su web, están «disponibles para prácticamente todos los tipos de edificios, los LEED proporcionan un marco para edificios ecológicos saludables, altamente eficientes y que ahorran costos» (USGBC, s.f.).

- **Certificación B Corp,** desarrollada por el Movimiento B Corp, una comunidad de empresas, basada en su Declaración de Interdependencia y apoyada por su Evaluación B. Afirma ser «la única certificación que mide todo el rendimiento social y medioambiental de una empresa». Evalúa cómo las operaciones y el modelo de actividad empresarial afectan a sus plantillas, a la comunidad, al medio ambiente y a la clientela (B Corporation, s.f.).

Conviene señalar que, dado que las normas, los códigos de conducta y las declaraciones de intenciones de la industria no están regulados por los gobiernos, la aplicación legal de su uso es imposible. Depende en gran medida de la presión del resto de empresas del sector, de la presión de la clientela en el mercado y del hecho de que ciertas empresas, en su mayoría grandes, tomen la delantera, impongan sus normas y hagan casi imposible que el resto no siga su ejemplo.

Ecosistemas

Otra contribución de los gobiernos al desarrollo de soluciones circulares consiste en estimular la creación de «ecosistemas circulares» mediante asociaciones público-privadas (APP, o 3P, o P3). En dichas iniciativas colaboran distintas

---

EJERCICIO 1.3

El contexto de las normas, reglamentos y estándares de la industria

Explorar

Elige un país de tu preferencia y explora las políticas gubernamentales pertinentes relacionadas con la circularidad, desde la escala local hasta la nacional.

- ¿Cuál es la situación de la legislación relacionada con la circularidad?
- ¿Cuál es la situación de las políticas fiscales relacionadas con la circularidad?
- ¿Cuál es la situación de los ecosistemas en relación con la circularidad?
- ¿En qué medida existen normas específicas para la industria? ¿Cuáles son?
- Si tienes la oportunidad de hacerlo, puedes comparar tus conclusiones con las de tus colegas de trabajo. ¿Cuáles son las diferencias y las similitudes entre las políticas de los distintos países o regiones?

partes interesadas que buscan en última instancia un beneficio para la sociedad (OCDE, 2012). En el caso concreto de las asociaciones destinadas a la innovación, la APP ha sido la base para el desarrollo del concepto de la «triple hélice», en el que se ha añadido a la ecuación el mundo académico como socio colaborador (Etzkowitz y Leydesdorff, 1995).

A escala local o nacional, los ecosistemas circulares pueden considerarse similares al reciente aumento del número de ecosistemas de empresas emergentes o *startups* más genéricos, en los que normalmente el gobierno, el mundo académico y las empresaas unen sus fuerzas en las denominadas *incubadoras,* relacionadas a menudo con cuestiones y sectores específicos y que cuentan con un respaldo financiero gubernamental y a veces también de la industria.

En el capítulo 3 se tratan con mayor detenimiento los ecosistemas. Para explorar la dimensión geográfica de las reglas, los reglamentos y las normas, puedes realizar el ejercicio 1.3.

El contexto de la empresa y el sector industrial

Empresas: enfoques circulares antes de que se acuñara el término

Con independencia de las iniciativas circulares relacionadas con el planeta y la sociedad o el gobierno y la política, las empresas también han estado explorando la circularidad durante bastantes años, en muchos casos con el mundo académico siguiendo su estela y tratando de desarrollar conceptos y marcos de apoyo. Estas iniciativas pueden considerarse enfoques circulares *avant-la-lettre* porque nadie utilizó el término «circularidad» en su momento, aun cuando las soluciones desarrolladas puedan considerarse como tales.

En tanto que personas consumidoras, sabemos que los mercados de bienes de segunda mano existen desde hace mucho tiempo. Dan una segunda oportunidad a productos que, de otro modo, habrían acabado sin ser utilizados, quemados como parte de la eliminación de residuos o transportados a un vertedero como destino final. Las actividades de reacondicionamiento están íntimamente ligadas al mercado de segunda mano, unas veces a cargo del establecimiento minorista del producto, y otras de empresas dedicadas a la reparación y el reacondicionamiento. Basta pensar en automóviles, ropa, teléfonos o equipamientos de oficina para hacerse una idea. Incluso establecimientos tan arraigados como las casas de empeño poseen una naturaleza circular.

También deberían considerarse como tales los servicios de mantenimiento y reparación, por ejemplo, de automóviles, electrodomésticos o zapatos. En muchos países, estos servicios han ido desapareciendo, sobre todo en el caso de aquellos productos cuyos precios han bajado tanto que, de hecho, la reparación resultaría más cara a causa del coste salarial por hora, que la adquisición de uno nuevo.

Otra evolución interesante la encontramos en los mercados de productos relativamente caros basados en activos, como las grandes fotocopiadoras para oficinas: en la década de 1990, Xerox ya ofrecía la opción de que el cliente pagase por página en lugar de que adquiriese el dispositivo y los consumibles, y además suscribiese un seguro de reparación. De este modo, Xerox convirtió su producto en un servicio en el que se incluían el suministro de dispositivos y consumibles, así como mantenimiento, un modelo de actividad empresarial muy innovadora que en la actualidad se considera muy cercano al concepto de circularidad.

Ricoh, otra empresa del sector, también en la década de 1990 comenzó a tantear las posibilidades de la remanufacturación. En 1994 puso a punto su Marco de Remanufacturación y Recuperación de Activos, plasmado en el Comet Circle™, una representación gráfica de los distintos pasos, jerarquías y partes implicadas en la recuperación de productos, componentes y materiales (Hopkinson *et al.*, 2018).

Empresas: conceptos no relacionados con la economía circular pero con impacto circular

Existen asimismo otros conceptos que, si bien nacieron fuera del ámbito y los objetivos de la circularidad, pueden aplicarse con éxito al ámbito empresarial. Piénsese, por ejemplo, en cuestiones tan elementales como la optimización de las rutas de transporte o los principios del Lean Management, en los que se identifican siete tipos de residuos y se intenta reducirlos. Todas estas propuestas encajan muy bien con los objetivos de la economía circular. Lo mismo ocurre con los principios de diseño de la modularidad de los productos, el diseño para la logística y el diseño para el desmontaje —que pueden hacer más efectivos tanto el transporte como el desmontaje—, el diseño para la capacidad de servicio, que favorece la reparación y el mantenimiento y, ya aplicados a los materiales, los conceptos sobre el diseño para la durabilidad, la reacondicionabilidad o la refabricación.

Del mismo modo, existen conceptos operativos como la logística inversa y la logística de valor añadido (VAL), en que las empresas recogen el producto ya usado y, tras examinar su estado, se clasifica e incluso se desmonta. Muchas veces, todas esas operaciones las realiza la propia proveedora de servicios logísticos. Aunque en un principio se desarrollaron como un servicio adicional —por ejemplo, al ofrecer la posibilidad de devolver los productos si no satisfacen—, esos procedimientos pueden integrarse en enfoques circulares más holísticos.

Responsabilidad social de las empresas

La también conocida como *responsabilidad social corporativa (RSC)*, si bien no guarda una relación estricta con el concepto de circularidad, posee una influencia notable en este ámbito, sobre todo a causa de la creciente presión por parte de la sociedad sobre las empresas para que actuen de manera responsable. En el fondo, la RSC está muy relacionada con todas aquellas cuestiones que atañen al papel de las empresas en la sociedad y la ética empresarial, un ámbito muy controvertido en el que suelen chocar puntos de vista muy opuestos (Vaccaro y Kusyk, 2011).

Hasta bien entrado el siglo xxi, la llamada «doctrina Friedman» dominaba las empresas. Su nombre se debe al economista Milton Friedman, quien escribió un famoso artículo titulado «*The social responsibility of business is to increase its profits*» («La responsabilidad social de las empresas es aumentar sus beneficios»), en el que afirmaba que la dirección de una empresa solo tenía una obligación: dedicarse a proporcionar beneficios a los propietarios, es decir, al accionariado de la empresa (Friedman, 1970).

Con el paso del tiempo, esta forma de ver las cosas ha sido objeto de toda clase de críticas y presiones por parte de la sociedad y ha dado pie a la aparición de un punto de vista completamente opuesto: el «enfoque de las partes interesadas» *(stakeholder approach)*. Freeman, a quien no debe confundirse con Friedman, fue el primero que escribió al respecto a principios de la década de 1980 (véase, por ejemplo, Freeman y Parmar, 2017). También en este caso, la circularidad puede considerarse parte de la solución, al ser una de las acciones que las empresas pueden llevar a cabo para ser más responsables socialmente.

Con el aumento de la concienciación sobre el estado del planeta y la mayor presión de la sociedad hacia las empresas para que hagan algo al respecto, Elkington desarrolló su famoso concepto de la «triple cuenta de resultados» o *triple bottom line* (TBL): el rendimiento de la empresa debería definirse como una mezcla bien equilibrada de parámetros financieros, medioambientales y sociales

(Elkington, 1997). Hoy en día, en muchos informes anuales de las empresas se hace referencia a la TBL como el triángulo que conforman las personas, el planeta y los beneficios *(planet, people and profit)*.

Al hilo de la actual aceptación de la TBL, ha surgido el concepto de valor compartido o integrado, que se aborda más ampliamente en el capítulo 2. Además, han empezado a aparecer en escena una serie de clasificaciones en las que se tienen en cuenta los resultados de las empresas en algo más que los parámetros financieros, como el Dow Jones Sustainability World Index (DJSI) de Standard & Poor's, que se actualiza continuamente (SP Global, s.f.), el Sustainable Brand Index™ de la empresa sueca SB Insight, que se actualiza una vez al año (SB Insight, s.f.) y el Business Sustainability Risk and Performance Index de Ecovadis, que se actualiza con frecuencia (Ecovadis, s.f.).

Gracias a la aplicación de la TBL en el mundo empresarial y al desarrollo de las clasificaciones de sostenibilidad de las empresas, el público en general tiene cada vez más en cuenta el rendimiento de la sostenibilidad de estas.

La innovación circular como oportunidad empresarial

El interés de las empresas por la circularidad se debe también a las nuevas oportunidades de generar nuevas actividades empresariales, tal como se describe, por ejemplo, en el artículo «Saving the planet from ecological disaster is a $12 trillion opportunity», de John Elkington (2017a), así como en el trabajo de Stahel, que habla de que «la economía circular conduce a una plétora de oportunidades» (por ejemplo, Stahel, 2019).

Con independencia de la economía circular, cada vez escuchamos más que estamos entrando en la sexta revolución industrial, muy vinculada al concepto de industria 4.0 (por ejemplo, Schwab, 2016; Culey, 2019), en la que surge una gran cantidad de nuevas tecnologías en un plazo en apariencia relativamente corto. Esta situación, por un lado, provoca mucha incertidumbre, ya que muchas de estas innovaciones necesitarán tiempo para demostrar su valía, mientras que otras pueden incluso desaparecer sin prosperar en absoluto. Por otro lado, esta ola de innovación conducirá sin duda a lo que Schumpeter denominó en la década de 1930 «destrucción creativa»: la aparición de nuevos paradigmas tecnológicos que sustituyan a los existentes. El ámbito de la circularidad se verá sin duda afectado por esta ola de innovación, aunque también podría decirse que el creciente impulso de la circularidad desencadenará más innovaciones.

Basta pensar, por ejemplo, en los avances que se están realizando en la investigación y el desarrollo de materiales, productos, procesos y modelos de actividad empresarial como los siguientes y que tienen una relación directa o indirecta con la circularidad:

- Los nuevos desarrollos de materiales, como los de origen vegetal, reciclables y biodegradables, etc., con los que diseñar productos nuevos y más circulares.
- Las tecnologías destinadas a crear transparencia y analizar los movimientos en las cadenas de valor, como el internet de las cosas (IoT), la cadena de bloques o *blockchain*, la identificación por radiofrecuencia (RFID, por sus siglas en inglés), la inteligencia artificial (IA) y los datos masivos o *big data*, que permiten seguir la trayectoria de toda clase de productos, el comportamiento de los materiales que los integran y los esquemas de mantenimiento en aras de una mayor eficacia (Accenture, 2018b; IBM, 2020).
- Tecnologías y conceptos como la impresión 3D, la robótica, la modularización y el diseño para el desmontaje permiten una producción, una renovación y una refabricación más eficientes (Accenture, 2018b; IBM, 2020).
- Nuevos conceptos, como los pasaportes de materialidad, crean claridad y mejoran la toma de decisiones sobre el diseño de productos, el uso de materiales y los flujos de retorno (Heinrich y Lang, 2019).
- Los avances en materia de energías renovables, que permiten reducir toda la huella energética de los productos.

EJERCICIO 1.4
El contexto de los enfoques del accionariado y las partes interesadas

Explorar

- Investiga un poco más sobre la visión del accionariado de la empresa («doctrina Friedman»).
- Busca más información sobre la visión de las partes interesadas en la empresa (por ejemplo, Freeman).
- ¿Cuáles son, en tu opinión, los principales argumentos a favor y en contra de cada uno de los dos enfoques?
- ¿Cuál es tu preferencia respecto a estas dos escuelas de pensamiento y por qué?

- El desarrollo y la proliferación de nuevos modelos de actividad empresarial, como el «producto como servicio» y los «modelos de persona usuaria compartida», que permiten un mayor grado de circularidad.

Como muestra este apartado, la relación de las empresas y la industria con la circularidad se remonta a una fecha más temprana de lo que se pensaba, anterior incluso al uso del término. También muestra que los vínculos de las empresas con la circularidad pueden tener diversos orígenes, desde la presión de las partes interesadas hasta la búsqueda de eficiencia o la innovación como parte de la exploración de nuevas oportunidades de negocio. Dado que la mayor parte de este libro se dedica a la circularidad desde la perspectiva de la empresa, por ahora basta con explorar un poco más la responsabilidad social corporativa.

El contexto de las críticas y otros factores de complejidad

Para evitar una imagen desequilibrada es bueno dedicar algunas palabras al hecho de que no todo lo que rodea a la economía circular está libre de controversia, ni tampoco las diversas iniciativas asociadas. A continuación se describen algunos ejemplos de las cuestiones más espinosas.

Escépticos ante el cambio climático

Aunque la mayoría de personas parece estar de acuerdo en que el cambio climático de origen humano es real, no puede ignorarse que en la comunidad científica hay voces influyentes que, si bien no niegan necesariamente el fenómeno en sí, plantean ciertos interrogantes que deben tenerse en cuenta, como la virulencia del cambio climático en sí o la pertinencia de las medidas que se adoptan para combatirlo. Además de estos científicos de primera línea, todavía se puede encontrar escepticismo e indiferencia entre la población (por ejemplo, Dunlap, 2013; Business Insider, 2009).

Crecimiento de la población

Según las investigaciones, la población mundial sigue creciendo, pero este crecimiento se ha ido ralentizando de manera constante desde finales de la década de 1960 y se espera que tenga su punto de inflexión en torno a 2064, cuando se prevé que la población empiece a disminuir (Vollset *et al.,* 2020). Los críticos destacan que este esperado descenso de la población mundial no recibe suficiente atención en los debates sobre, por ejemplo, la escasez de recursos.

Escasez de recursos

De acuerdo con la sabiduría popular, más gente implica más uso de recursos. Sin embargo, hay voces que afirman que esto no es necesariamente cierto. Por ejemplo, el economista Julian Simon ha desarrollado su índice de abundancia de Simon, que pretende que las materias primas son más abundantes y más baratas a medida que aumenta la población. Supuestamente, esto se debería a que más gente implica también más creatividad y más soluciones desarrolladas para resolver problemas clave (HumanProgress, 2020; Boudry, 2020).

La responsabilidad social de las empresas y la doctrina de las partes interesadas

Otra fuente de críticas se dirige a las empresas que participan en actividades relacionadas con la RSC o a las que adoptan la doctrina de las partes interesadas en lugar de la doctrina del accionariado. Aunque las empresas afirman participar activamente en actividades relacionadas con la RSC, las investigaciones muestran que a menudo es difícil encontrar acciones concretas y resultados prácticos y que la presión del accionariado parece seguir siendo la fuerza abrumadora en juego (Bebchuk y Tallarita, 2020; NRC, 2020a).

En estos casos, la empresa probablemente se encontraría en las primeras etapas de la madurez de la RSC y todavía estaría aprendiendo sobre sus verdaderas implicaciones (véase, por ejemplo, Visser, 2014; Gluszek, 2018). Los críticos, sin embargo, cuestionarían de hecho si estas empresas tienen realmente la intención de madurar del todo o si simplemente incurrirían en el *greenwashing* –un lavado de imagen verde o especie de ecopostureo– con la pretensión de parecer responsables sin serlo en realidad. En 2018, Elkington llamó la atención sobre el mal uso que se hacía de su TBL al afirmar que se utilizaba simplemente como una herramienta de contabilidad en lugar de un instrumento para perseguir su verdadero objetivo: cambiar el sistema y transformar el capitalismo (Elkington, 2018).

El consumismo y nuestra bipolaridad humana

Las empresas intentan desarrollar productos y servicios que cumplan con las expectativas de las personas consumidoras porque, al fin y al cabo, de ahí vienen los ingresos. ¿Y qué pasa si una empresa quiere ser circular pero a quien consume no parece importarle? Cambiar ese comportamiento puede ser un hueso duro de roer.

Para empezar, todos somos *ciudadanos*. Cada persona, como miembro de la sociedad, tiene opiniones sobre cómo nos gustaría que fuera esta sociedad. Lo mismo ocurre con la economía y el planeta en el que vivimos. Probablemente, muy pocas personas estarían en contra de los principales objetivos de la circularidad: crear una situación en la que se necesiten menos recursos y energía para el mismo nivel de producción industrial. Este objetivo en sí mismo es bastante incontrovertible: ¿quién podría estar en contra?

Pero, además de ser ciudadanos, también somos *personas consumidoras* y nos expresamos a través de nuestras pautas de consumo. A lo largo de la vida gastamos dinero en comida, ropa, vivienda, ocio, etc. Como consecuencia directa del enorme crecimiento de la riqueza desde la Segunda Guerra Mundial, en muchos países predomina el llamado consumismo, en el que los medios de comunicación tradicionales, las redes sociales, las *influencers* e incluso nuestras amistades nos presionan constantemente diciéndonos qué comprar y qué consumir, y que compartamos esas experiencias con los demás.

Aparentemente, la forma en que nos comportamos como consumidores no suele coincidir con nuestros deseos como ciudadanos. En cierto modo, da la impresión de que experimentamos algún grado de bipolaridad: aquello que nos gusta o nos disgusta como ciudadanos no siempre se corresponde con el comportamiento como consumidores.

Nos quejamos del cambio climático, pero seguimos volando por todo el planeta en vuelos baratos. Nos quejamos del trabajo infantil y de los salarios y condiciones laborales injustas en las fábricas, pero seguimos comprando prendas a un precio muy módico y en cantidades gigantescas. Nos quejamos de que las empresas traspasan los límites de la ley de privacidad, pero nuestro uso de las plataformas de redes sociales sigue creciendo como nunca. También nos quejamos de que las empresas incluyen la obsolescencia programada en los diseños de sus productos, pero seguimos haciendo cola en las tiendas cuando se lanza el último modelo de teléfono inteligente.

El consumismo y el deseo constante de comprar cosas nuevas no coincide lógicamente con el deseo de ser más circular; en muchos casos es todo lo contrario. Pero como son las personas que consumen quienes impulsan la demanda, en última instancia necesitamos que el mercado de masas dé un gran paso en la dirección circular. Por el momento, está por ver si realmente pondremos nuestro dinero de consumidor donde está nuestra boca de ciudadano.[6]

Redes de suministro optimizadas

Como hemos apuntado, el consumismo se ha convertido en parte de la vida cotidiana en muchos países. Los productos baratos, las ofertas especiales y los descuentos están impulsando el consumo hasta cotas cada vez más altas. Para apoyar el consumo nos encontramos con la situación de que muchas de las cadenas de suministro que se han construido a lo largo de los años se basan en la capacidad de suministrar grandes cantidades de productos a precios reducidos. En la mayoría de los casos, han surgido complejas redes de suministro mundiales. Cambiar esta configuración será una tarea enormemente compleja y que requerirá mucho tiempo.

Un factor que complica la situación es que se ha optimizado al máximo la eficiencia de estas cadenas de suministro, lo que se traduce en ofrecer precios muy bajos. Estos precios de los productos nuevos hacen que las alternativas de devolución y reciclaje de productos a un nivel de precios competitivo sean prácticamente imposibles. Por ejemplo, los nuevos productos de plástico son tan baratos que la mayoría de los fabricantes no verían ningún incentivo para establecer sistemas circulares o recurrir a materias primas recicladas más caras. ¿Y cuántas personas pagarían 60 € por reparar un aparato de cuatro años, esperando tres semanas a que esté terminado, si se puede comprar uno nuevo por internet y entregarlo en la puerta de casa en dos días por 70 €?

Complejidad de la normativa mundial

El tema de las normas y la regulación se ha tratado anteriormente en este capítulo. Dado que algunos de los problemas que la circularidad puede ayudar a resolver, como el cambio climático o la escasez de recursos, son de ámbito planetario, la legislación internacional favorecería sin duda la aplicación de iniciativas circulares en todo el mundo. Las empresas interesadas en explorar las oportunidades de la circularidad se beneficiarían de contar con las denominadas condiciones equitativas en las que el mercado y las condiciones legales sean iguales o al menos similares para todas las competidoras.

Sin embargo, la legislación internacional es muy compleja. Los países no solo tienen sistemas jurídicos muy diferentes, también pueden tener prioridades muy distintas. Muchos dependen del estado actual de la economía nacional, de su posición internacional, pero también, por ejemplo, de las principales industrias nacionales dominantes.

Ser realista con las críticas y los factores de complejidad

Las críticas y los factores de complejidad mencionados anteriormente son muy relevantes, porque demuestran que cualquier empresa que quiera embarcarse en un viaje para convertirse en circular también tendrá que lidiar con estas voces críticas, ya sea dentro de la empresa o frente a las partes interesadas externas.

Debates sobre el discurso y la práctica de la economía circular

Como puede verse, la circularidad sigue siendo una cuestión ambigua. El discurso sobre la economía circular ha quedado hasta ahora en manos de oenegés,

---

EJERCICIO 1.5
El contexto de las críticas y otros factores de complejidad

Explorar

Profundiza sobre las críticas en torno al cambio climático, el crecimiento de la población, la escasez de recursos y la RSC, así como sobre los factores de complejidad del consumismo, las redes de suministro optimizadas y la regulación mundial:

- Investiga un poco más (en internet) cada una de estas críticas y factores de complejidad.
- ¿Cuál es tu opinión sobre estas críticas y factores de complejidad, y por qué?
- ¿Cuáles crees que son las principales implicaciones para una empresa?

consultorías, administración pública, comunidad académica, la Comisión Europea y algunas multinacionales. De hecho, sus principios suelen ensalzarse en lugar de examinarse críticamente. Sin embargo, como hemos visto, no hay una definición única de la economía circular. En la práctica, sus principios pueden interpretarse de forma diferente según la escuela de pensamiento y ver cómo la circularidad se convierte en una idea o en un ideal para la mayoría, mientras que su puesta en práctica resulta frágil y limitada (Gregson *et al.,* 2015). En algunas legislaciones, por el hecho de que una empresa consiga que un producto sea reciclable ya se considera circular. Para otras, el mero hecho de lograr la «reciclabilidad» no puede considerarse una verdadera circularidad.

Una economía circular se basa en la innovación de todo el sistema no solo de un producto o una empresa, y tiene como objetivo «redefinir los productos y servicios para diseñar la eliminación de los residuos y la contaminación, minimizando los impactos negativos. Apoyado en una transición hacia fuentes de energía renovables, el modelo circular construye capital económico, natural y social» (EMF, s.f. c). El énfasis en el reciclaje de materiales y el rediseño de los procesos contribuye a modelos empresariales más sostenibles, pero también encierra limitaciones y tensiones. Por ejemplo, algunos productos son demasiado complejos como para ser reciclados. Como hemos visto, la idea de una economía circular no es nueva: la gente lleva siglos convirtiendo los residuos en recursos. Sin embargo, la diferencia es que los materiales que utilizamos ahora son mucho más complejos. Un estudio de 2018 sobre el Fairphone 2 (un teléfono inteligente modular diseñado para ser reparable, reciclable y con una vida útil más larga) muestra que el uso de materiales complejos fabricados por el ser humano, como las baterías y los microchips, hace imposible cerrar el bucle (Reuter *et al.,* 2018). Solo el 30 % de los materiales utilizados en el Fairphone 2 pueden recuperarse.

La entrada de materiales supera la salida. El uso global de recursos aumenta año tras año. Este crecimiento hace imposible una economía circular. Aunque se reciclara el 100 % de los materiales, el uso global de recursos sigue aumentando año tras año y la cantidad de material reciclado siempre será menor que el material necesario para el modelo de desarrollo. Por lo tanto, tenemos que extraer continuamente más recursos. No obstante, algunos estudiosos señalan que se pasa por alto un aspecto muy importante: las estrategias de desecho y reducción en el lado de la producción y el consumo. Para ser sostenibles y circulares es esencial que los principios de la economía circular, en la teoría y en la práctica, se centren en la reducción de la creciente demanda de nuevos productos y materiales, así como en el rechazo del consumo excesivo (Van Poppel, 2020).

Además, la ausencia de una dimensión social en la mayoría de las definiciones, que es inherente al desarrollo sostenible, limita las dimensiones éticas de la economía circular. Por ello, algunos estudiosos proponen que se incluyan objetivos sociales como el bienestar humano, la toma de decisiones democrática y participativa, los Objetivos de Desarrollo Sostenible o la socioeconomía a la hora de desarrollar conceptos, sistemas de medición y herramientas para la economía circular (Gregson *et al.*, 2015; Geissdoerfer *et al.*, 2017; Murray *et al.*, 2017; Korhonen *et al.*, 2018; Padilla-Rivera *et al.*, 2020).

Pero ¿qué significa todo esto para una empresa individual? ¿Hasta qué punto puede responsabilizarse a una empresa por asumir actividades consideradas fuera de su ámbito, como la competencia o el consumo? En la práctica, se discute mucho al respecto y parece que el debate está lejos de estar resuelto (por ejemplo, Van Poppel, 2020).

Resumen

Conclusiones de la fase 1 (paso 1) del proyecto circularidad: explorar el contexto de la economía circular

Unos días después del inicio del proyecto Circularidad, la tía Joanna, Peter y María volvieron a reunirse para hablar de los resultados de su investigación. El panorama era impresionante, pero bastante complejo al mismo tiempo.

—No me imaginaba que la circularidad fuese tan compleja —dijo Peter.

—Ni yo tampoco —respondió María—. A decir verdad, no tenía ni idea de que el tema fuese tan antiguo; pensaba que era mucho más reciente.

—Estoy de acuerdo —terció la tía Joanna—, pero vayamos al grano e intentemos resumir en qué punto estamos. Ahora tenemos una imagen bastante clara sobre el contexto general de la circularidad. Parece claro que existe un tirón de la sociedad, una llamada a la acción para hacer frente a una serie de problemas relacionados con el planeta. Además, existe el empuje de una serie de organizaciones relevantes. Estos dos factores, juntos, explican por qué la economía circular ha ganado tanta atención últimamente.

»Además —continuó—, tenemos una imagen clara que muestra que la circularidad es un tema muy diverso, con una gran variedad de ángulos, pero también tiene que lidiar con las críticas y otros factores que complican la situación. Personas de ámbitos muy diversos en el mundo académico, empresarial y gubernamental, así como sociedad en general están de alguna manera involucrados, lo que a su vez hace poco probable que haya acuerdo unánime en la dirección que debe tomarse. Creo que es importante tenerlo en cuenta para nuestro proyecto.

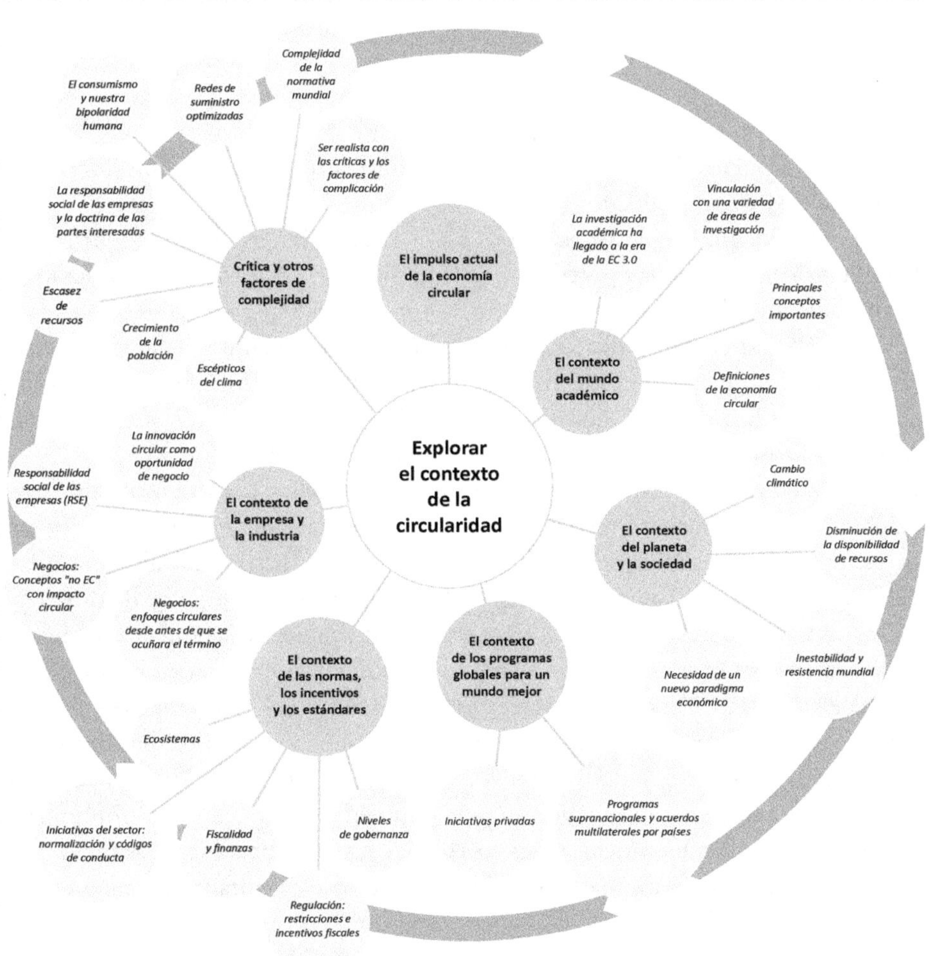

Figura 1.4. Exploración de la complejidad del contexto de la circularidad (en detalle).

La tía Joanna continuó:

—Bien. Aparquemos estos resultados por el momento y pasemos a explorar la perspectiva de la empresa con más detalle en el siguiente paso. Me interesa saber por qué las empresas deberían comprometerse con la circularidad y qué aspecto tiene la circularidad desde el punto de vista empresarial en términos de actividades, flujos de mercancías, modelos de negocio y otros asuntos por el estilo.

Notas

1 La noción de «narrativa y números» se introdujo en un artículo sobre modelos de negocio de Magretta (2002).

2 Se parafrasean aquí los términos *market pull* («tirón del mercado») y *technology push* («empuje de la tecnología»), presentes en la bibliografía básica sobre innovación (por ejemplo, Rothwell, 1994).

3 El célebre Buckminster Fuller, arquitecto e inventor, pero también citado a menudo en el contexto de la economía circular, se basó en la metáfora de la nave espacial *Tierra* en su libro de 1969 *Operating Manual for Spaceship Earth,* que sin duda ha contribuido a la popularización de la metáfora (Fuller, 1969).

4 En Alemania también existe un depósito para las botellas y latas reutilizables, pero curiosamente este no está regulado por la ley, sino que se deja en manos de cada participante de la cadena, sean empresas productoras, distribuidoras o minoristas.

5 Los ejemplos de los sistemas alemanes *pfand* (operativamente muy distintos para los envases de un solo uso y para los envases reutilizables) y las iniciativas de la industria cervecera neerlandesa también ponen de manifiesto la necesidad de estudiar los detalles a escala nacional, ya que estas diferencias pueden observarse en muchos casos. Más adelante en este capítulo, así como en el capítulo 3, se hablará de ello.

6 Tal vez convenga añadir aquí un matiz. Incluso en los países en los que el consumismo parece ser el *modus vivendi* dominante, también hay personas consumidoras que posiblemente no tienen muchas opciones debido a sus limitaciones presupuestarias y que, por tanto, se ven empujadas hacia las opciones de compra más baratas en lugar de las más sostenibles.

2

La perspectiva empresarial de la circularidad

—¡Vaya! ¿A qué viene esa cara tan larga? —preguntó Peter a María al entrar en la oficina de su tía y encontrársela ya sentada a la mesa—. ¿Has empezado la semana con mal pie?

—No sé... —respondió María—. Estaba escuchando un pódcast sobre sostenibilidad cuando venía hacia aquí y hablaban del *greenwashing*. Ya sabes... Las empresas que van de ecológicas y en realidad no hacen nada. De hecho, el «*marketing* verde» se ha convertido en una disciplina que se imparte en algunas escuelas: te enseñan a que todo parezca más «verde» de lo que es para que te lo compren.

María continuó:

—Se hablaba de las empresas que diseñan la obsolescencia de sus productos de manera que, pasado un tiempo determinado, estos dejan de funcionar y tienes que tirarlos y comprar otros nuevos. Y, por si fuera poco, se hablaba también de que nuestros gobernantes parecen dudar sobre el cambio climático y dicen que no hay que preocuparse, que las cosas se enfriarán con el tiempo... ¿Estamos locos o qué?

—Caramba, ya has tomado la directa... Y a estas horas —repuso Peter con una mirada burlona—. ¿Qué pódcast era ese? ¿Estás segura de que era objetivo y estaba bien informado? ¿No sería uno de esos pódcast que hacen tus amigos activistas, siempre empeñados en que las empresas y los gobiernos aparezcan como malvados enemigos?

Sin duda, Peter intentaba provocar a su prima para enzarzarse en una de sus ya legendarias discusiones.

—No, ya te gustaría —María no estaba para bromas y respondió con seriedad—. No creas que toda mi información la obtengo solo de mis amigos. Puede que no lo creas, pero a veces miro a mi alrededor, ¿sabes? En realidad, se trataba de un pódcast de una conocida periodista y estaba claro que había investigado mucho.[2]

—De acuerdo, de acuerdo... —dijo Peter—. Te creo, no te preocupes... Solo quería asegurarme de que... Bueno, tal vez pueda animarte —prosiguió—. Precisamente hay algo que quería comentarte: algo sobre una empresa que ha llevado a cabo una iniciativa circular realmente estupenda. He pensado que eso demostrará que no todas las empresas son nefastas. Pueden contribuir a un mundo más verde. Y algunas lo hacen.

Peter continuó:

—Creo que no se puede generalizar. Por supuesto, siempre hay gente mala por ahí, pero no dejes que eso distorsione tu visión. También hay mucha gente... y empresas... buenas por ahí, del mismo modo que hay ecologistas que se contentan con gritar y no son personas ni muy constructivas ni muy prácticas que digamos. Venga, déjame que te cuente la iniciativa circular de esa empresa...

—¡Hola, buenos días! ¿Acabo de oír a mis sobrinos favoritos mencionar las palabras *empresa* y *circular* en una misma frase? —la tía Joanna entró en la sala con una gran sonrisa—. Ese es exactamente el siguiente asunto de nuestra lista del proyecto Circularidad. ¿No es así?

Y con el típico torbellino de energía que la rodeaba, fue directamente al grano y continuó:

—Veréis Me interesa saber lo siguiente:

- En primer lugar, **por qué** las empresas deberían participar en la circularidad. Eso estaría relacionado con el *propósito.*
- A continuación, deberíamos tener una imagen clara de **qué** es realmente la circularidad y **cómo** funciona, con el mayor grado de detalle posible, en el ámbito empresarial, sobre todo por lo que respecta a los diversos *modelos.* Ya sabéis: *segmentos y propuestas de valor, estrategias circulares, modelos de ingresos,* etc.

- Y, por supuesto, me gustaría entender **en qué medida** se verían afectadas las finanzas de una empresa, es decir, cómo serían *la cuenta de resultados, el balance* y *la financiación.*

»Tengo la impresión de que este último paso es importante para nosotros si queremos conseguir una comprensión real y profunda de lo que implica la circularidad en la empresa.

—Suena bien, tía Joanna —María estaba muy animada; Peter y su tía le habían devuelto la energía aquella mañana—. Peter y yo nos pondremos en marcha enseguida. Venga, querido primo, no seas perezoso... Tenemos mucho trabajo que hacer. Y puedes empezar compartiendo ese bonito ejemplo de compañía circular que habías encontrado...

Propósito (¿por qué?)

Los seres humanos siempre nos hemos esforzado por encontrar el sentido y el propósito de la vida. Esta antigua lucha se ha trasladado ahora a nuestras organizaciones. La economía del propósito, un término acuñado por Aaron Hurst en 2014, sugiere que las empresas disfrutarán de un mayor éxito a largo plazo si tienen claro un propósito con el que el personal pueda identificarse.

De acuerdo con esta afirmación, hay tres tipos de propósito principales (Hurst, 2014):

- **Propósito personal:** lo que nos gusta hacer, nuestra pasión.
- **Propósito comunitario:** compartir el trabajo; a los seres humanos nos importan sobre todo las relaciones que podemos establecer.
- **Propósito social:** el esfuerzo por contribuir al bienestar del mundo que nos rodea, a la sociedad y a nosotros mismos.

En resumen, la economía del propósito responde a la necesidad de las personas de desarrollarse a sí mismas (propósito personal), de formar parte de una comunidad (propósito comunitario) y de influir en algo de mayores proporciones (propósito social).

A principios del siglo xx, Ford Motor Company tenía ya en cuenta tanto los beneficios como el propósito: duplicó los salarios, redujo la jornada laboral a ocho horas y compartió los beneficios con sus trabajadores. Como resultado, la empresa se convirtió en uno de los empleadores más populares de la industria y siguió obteniendo beneficios durante el resto del siglo.

Dando un salto a principios del siglo xxi, la aparición de empresas con tal orientación apunta a un cambio de paradigma en este ámbito. Para Simon

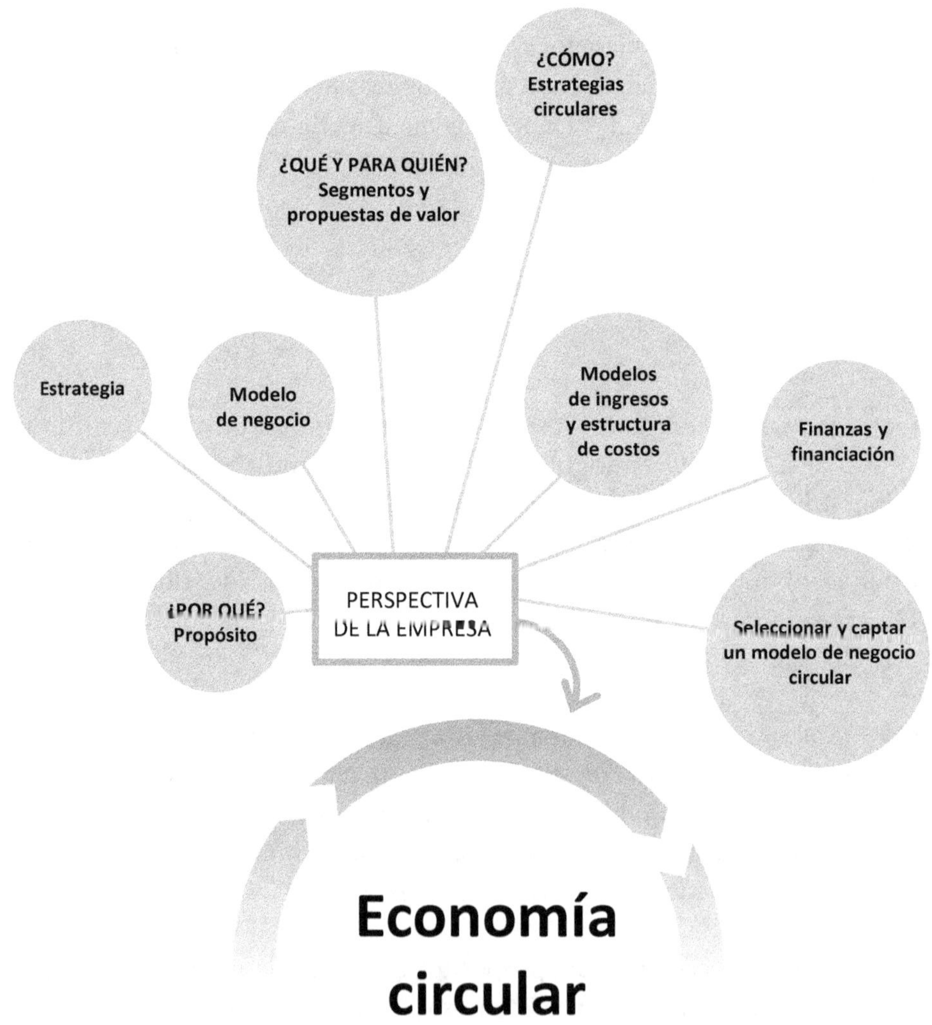

Figura 2.1. Explorar la perspectiva empresarial de la circularidad.

Figura 2.2. Tres tipos de propósito.

Sinek, autor del libro *Start with why* (2009) —y presentador del tercer vídeo TED más popular de todos los tiempos—, el porqué constituye un elemento central de este cambio de paradigma en el mundo empresarial. «La gente hace negocios con quienes creen en lo que creen. La gente no compra lo que haces, sino por qué lo haces». No basta con obtener beneficios, reducir costos y aumentar la producción: solo el porqué, el propósito de la existencia de una empresa, resiste la prueba del tiempo.

Para consolidar tal propósito, en los últimos años un número creciente de empresas, además de declarar intenciones, han hecho públicos sus objetivos. La declaración de intenciones, la misión, indica *qué* se desea conseguir; la declaración de objetivos, en cambio, indica *por qué*. En su día, la misión de Apple era convertirse en la empresa líder en computadoras, pero el propósito de Steve Jobs era diseñar productos innovadores, bellos y robustos que complaciesen a quien las comprara. Apple no se centraba en el accionariado ni tampoco se planteó la posibilidad de tomar atajos o pensar a corto plazo para maximizar los beneficios: se centraba en su clientela. Su éxito y, a su vez, el valor para sus accionistas estriba en un largo proceso de diseño, desarrollo y excelencia de productos (Heineman, 2011).

Entre las empresas más grandes y conocidas por su propósito figura Unilever, con su *Plan de Vida Sostenible de Unilever* lanzado en 2010 para ofrecer beneficios a corto y largo plazo para sus accionistas y la sociedad (Unilever, s.f.). Se trata de un proyecto para un futuro sostenible en el que todo el mundo pueda vivir bien dentro de los límites naturales del planeta, que trasciende la noción original de propósito. Con este plan, la empresa también asume un papel de liderazgo en cuestiones sociales y políticas. Su objetivo es disociar el crecimiento empresarial del impacto medioambiental centrándose, por ejemplo, en el abastecimiento sostenible, la equidad en el lugar de trabajo, la creación de oportunidades para las mujeres y el replanteamiento de los envases de plástico. Y todo hacia una economía circular, de modo que mientras la empresa aumenta de tamaño reduzca su huella medioambiental en toda la cadena de valor.

En vista de que, pese a los cambios económicos de gran calado que se están produciendo, los gobiernos han sido incapaces de aportar soluciones duraderas a numerosos problemas sociales, económicos y políticos, la sociedad recurre cada vez más a las empresas, tanto públicas como privadas, para resolverlos. Dada la magnitud de los retos globales a los que nos enfrentamos en la actualidad, no es de extrañar que la ciudadanía, las oenegés y los gobiernos, presionen a las empresas para que dejen de ser el problema y empiecen a ser la solución (en el capítulo 1, se describió este fenómeno como el *tirón de la sociedad*).

Al igual que en el *Plan de Vida Sostenible de Unilever*, se tienen en cuenta diversos aspectos, desde la desigualdad racial o de género hasta la jubilación o la protección del medio ambiente. En su carta anual de 2019 a los consejeros delegados (CEO), Larry Fink, consejero delegado de la firma de inversiones BlackRock, pidió a sus colegas que no solo se asegurasen de que sus organizaciones tuvieran un propósito y ofrecieran algo más que rendimientos financieros a las partes interesadas —como había hecho en su carta de 2018—, sino que también asumieran un papel de liderazgo en cuestiones sociales y políticas (BlackRock, 2018, 2019).

A las empresas ya no les basta con desarrollar un buen producto. Larry Fink escribió en 2019 al respecto: «El propósito no es un mero eslogan o una

---

EJERCICIO 2.1
El propósito y la misión

Explorar

Exploremos la declaración de propósitos y de misión.

- Busca en internet más ejemplos de declaraciones de propósito y misión. Puedes centrarte en tus empresas favoritas.
- En el caso de que no tengan un propósito definido, ¿cuál podría ser?
- Define en una frase su *qué* y su *por qué*.

campaña de *marketing:* es la razón de ser fundamental de una empresa, lo que hace cada día para crear valor para sus grupos de interés. El propósito no es la búsqueda de beneficios, sino la fuerza que mueve a conseguirlos». Las personas pueden llegar a apoyar a las empresas que tienen un propósito, cuyos valores se adecuan a los suyos y que guían su actividad, sin utilizarlos a modo de *greenwashing*.

Precisamente, para contrarrestar las sospechas de ese lavado de cara verde, ha aumentado la presión sobre las empresas para que supervisen y lleven buena cuenta de sus actividades medioambientales, sociales y de gobernanza (acciones conocidas como ESG, por sus siglas en inglés) con el fin de evaluar con mayor precisión si cabe hasta qué punto sus acciones se corresponden con el fin deseado. Muchas empresas siguen los principios de la Iniciativa de Reporte Global, más conocida como GRI (por *Global Reporting Initiative).* El Foro Económico Mundial, en colaboración con las Big Four, ha desarrollado un conjunto de criterios para medir dichos factores ESG, de naturaleza no financiera. Ese baremo contempla cuestiones como las emisiones de gases de efecto invernadero, la pérdida de naturaleza, la circularidad de los recursos y las diferencias salariales entre hombres y mujeres (EMF, 2020c).

No hace falta decir que las empresas necesitan un propósito. En un mercado competitivo, un propósito bien definido permite que una empresa prospere. La antigua idea de que el propósito empresarial es ajeno a todo afán de lucro ha cambiado, como demuestra la norma B Corporation, auditada por terceros y que certifica el equilibrio entre el beneficio y el propósito. B Corporation, o B Corp, exige a las empresas que cumplan con sus compromisos sociales y medioambientales, así como con la responsabilidad legal y la transparencia pública (B Corporation, s.f.). Dado que los problemas más apremiantes a los que se enfrenta la sociedad no pueden ser resueltos solo por los gobiernos y las organizaciones sin ánimo de lucro, el movimiento B trabaja para reducir la desigualdad, disminuir los niveles de pobreza, disfrutar de un medio ambiente más saludable, disponer de comunidades más fuertes y crear más empleos de alta calidad, dignos y con un propósito definido. En abril de 2020 había más de 3.300 empresas que ostentaban dicho certificado, encuadradas en 150 sectores y pertenecientes a 71 países.

Los Objetivos de Desarrollo Sostenible (ODS), presentados brevemente en el capítulo 1, proporcionan una brújula y una guía para las empresas sobre cómo pueden alinear sus estrategias con los enormes desafíos económicos, medioambientales y sociales a los que se enfrenta nuestro planeta. Los principios rectores del desarrollo sostenible que condujeron a la elaboración de los ODS son las 5 P (Fundación de las Naciones Unidas, 2019):

1. *Personas:* acabar con la pobreza y el hambre en todas sus formas y garantizar la dignidad y la igualdad.
2. *Planeta:* proteger los recursos naturales y el clima de nuestro planeta para las generaciones futuras.
3. *Prosperidad:* garantizar una vida próspera y satisfactoria en armonía con la naturaleza.
4. *Paz:* fomentar sociedades pacíficas, justas e inclusivas.
5. *Participación colectiva:* aplicar la agenda a través de una sólida asociación mundial.

La GRI, el Pacto Mundial de las Naciones Unidas y el Consejo Empresarial Mundial para el Desarrollo Sostenible crearon una brújula de los ODS *(SDG Compass)* para ayudar a las empresas a poner en práctica los objetivos (SDG Compass, s.f.).

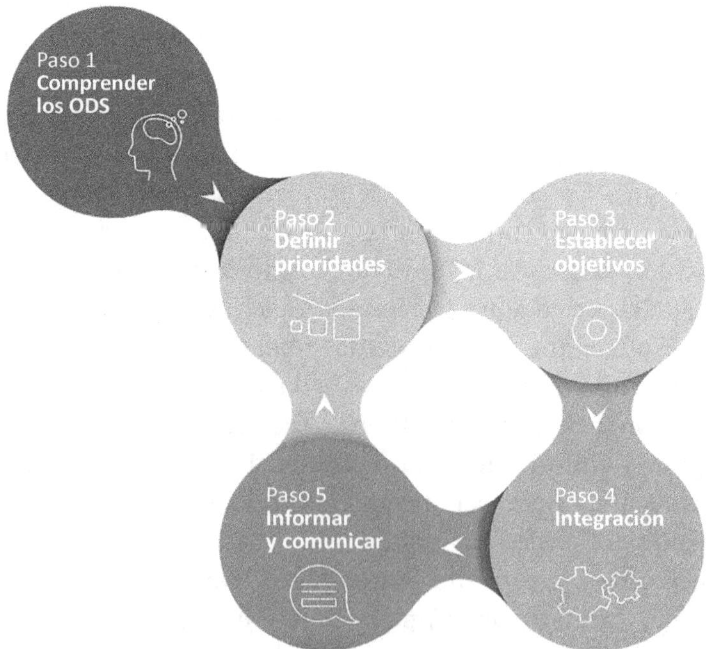

Figura 2.3. **Brújula de los ODS.**

EJERCICIO 2.2
Los Objetivos de Desarrollo Sostenible y la economía circular

Explorar

Explora los ODS y la economía circular.

- Busca información en internet sobre la economía circular y los ODS. ¿Cuáles aportan un beneficio notable y directo a la economía circular?
- ¿Podrías encontrar otros ODS que faciliten la adopción de prácticas de economía circular?

El propósito del propósito

Tanto la prensa especializada como la bibliografía académica indican que las empresas con propósito no solo atraen y conservan al personal y la clientela: también catalizan la innovación, aumentan los ingresos y generan un valor mayor para el accionariado. La Universidad de Cranfield (2014), en Reino Unido, realizó una investigación con dos generaciones de directivos —más de 50 CEO y 150 futuros líderes— acerca del propósito empresarial. Los resultados demostraron que ambas tienen puntos de vista muy distintos acerca del propósito de la empresa y la forma en que estas lo cumplen:

- Una y otra creen mayoritariamente que las empresas deberían tener un propósito social, pero solo el 19 % de los futuros líderes piensan que las empresas tienen actualmente un propósito social claro, en comparación con el 86 % de los CEO.
- Ambas generaciones coinciden también en que el éxito empresarial se mide por la rentabilidad y el valor para el accionariado. Sin embargo, si bien los CEO creen que estos seguirán siendo los indicadores más importantes, los líderes del futuro consideran que otros factores como el desarrollo de futuros talentos, el impacto social y medioambiental, y la innovación son los factores que definirán el éxito empresarial.

Una encuesta de Deloitte, realizada en 2019, afirma que el 42 % de los *millennials* han establecido o profundizado una relación con una empresa porque perciben que los productos o servicios que esta proporciona tienen un impacto medioambiental y social positivo. Además, alrededor del 37 % afirma haberse alejado o haber roto con una empresa por su comportamiento ético (Deloitte, 2019). Conviene tener en cuenta que el grupo de personas *millennials* representa el 35 % de la fuerza laboral, poseen unas expectativas distintas y más exigentes de las empresas para las que trabajan, a las que compran o en las que invierten, tal como afirma Larry Fink en su carta a los CEO de 2019. Es probable que la plantilla trabajadora, y no solo el accionariado, se dejen oír a la hora de definir las prioridades y el propósito de una empresa. Los inicios de este cambio ya pueden verse, sugiere Fink, en las recientes pérdidas de «personal empleado cualificado durante el año pasado». Las empresas que deseen atraer y retener el talento tendrán que adaptarse a estas nuevas expectativas.

Estas cuestiones no solo preocupan a la juventud: casi dos tercios en todos los grupos de edad quieren que las empresas tomen partido a la hora de tratar asuntos como las prácticas laborales justas, la transparencia y la sostenibilidad (Accenture, 2018c).

Los beneficios para el personal de las empresas con fines específicos

Las empresas con propósito se centran en identificar las necesidades de la sociedad y trabajar para satisfacerlas; movilizan a las personas y los recursos en lugar de gestionarlos. Impulsan el comportamiento ético, orientan la cultura y proporcionan un marco para la toma de decisiones coherente. El trabajo con propósito hace que las plantillas estén más orgullosas, sean más productivas y tengan más éxito.

El enfoque empresarial orientado al objetivo, al coincidir con los valores de las personas empleadas, genera un equilibrio saludable. Así, estas son capaces de hacer su trabajo sin experimentar ningún conflicto con sus sentimientos y valores. El propósito es un elemento motivador, independientemente de la cultura, el idioma, la región y la ocupación. Convierte al personal en embajador de la organización.

Un estudio de LinkedIn reveló que el 73 % de las personas orientadas a un propósito están satisfechas con su trabajo (LinkedIn & Imperative, 2016). Son personas que quieren estar orgullosas de lo que hace su organización. Quieren sentir que su trabajo es importante y contribuir a algo grande, que vaya más allá de su individualidad en términos de impacto empresarial, social y medioambiental. Esto es exactamente lo que hace una empresa con propósito: crea un impacto positivo y valor para la sociedad, sin comprometer su enfoque empresarial. Trabajar en una empresa con un propósito determinado proporciona una satisfacción que redunda en un aumento de la productividad y la disminución del absentismo. Dado que las personas que están orgullosas de su empresa y orientadas a un propósito permanecen más tiempo en la organización, el propósito es un ingrediente clave para una cultura corporativa sostenible, escalable y fuerte.

Redefinir el valor

A la hora de redefinir el valor, hay que incorporar el capital natural, humano y social en la toma de decisiones de la organización, para gestionar el riesgo y aprovechar las nuevas oportunidades (WBCSD, s.f. b). No es fácil para una empresa encontrar el equilibrio entre el capital natural, humano y social y gestionar las correspondientes expectativas de las partes interesadas, que cambian con el tiempo. Es un dilema constante. Sin embargo, cuando se produce un cambio en lo que valora la sociedad, puede generarse un nuevo valor en respuesta a ese cambio. Por el contrario, si una organización no genera suficiente valor para la sociedad, pierde legitimidad. Las empresas deben observar esta evolución y aprovechar las oportunidades que se dan para apoyar el cambio. De este modo, crearán valor para la sociedad y para su propia organización. Y lo harán al mismo tiempo.

La redefinición del valor y la correspondiente transformación sostenible, incluida la transición a una economía circular, implica una transformación sis-

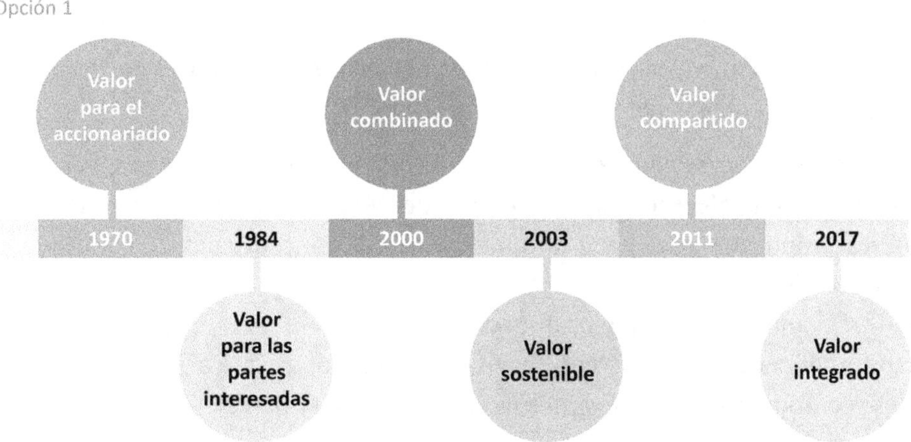

Figura 2.4. Conceptos que guían la creación de valor.

témica de las cadenas de valor en su conjunto, que abarca las fases de diseño, producción y consumo, el aumento de la productividad de los materiales, etc. Es poco probable que una transformación tan profunda se produzca de repente. Los expertos académicos y las empresas han desarrollado varios modelos para dirigir la contribución de las empresas a la sociedad, y aunque la transformación sostenible está en marcha, siguen existiendo retos y resistencias. Comprender de manera crítica y reflexiva los conceptos teóricos, las metodologías y las aplicaciones prácticas existentes, así como sus implicaciones para las personas, las organizaciones y la sociedad, será importante para seguir desarrollando y adoptando los enfoques de creación de valor. En la actualidad existen cinco conceptos principales de creación de valor que redefinen el valor de las empresas para la sociedad.

1. *Valor para las partes interesadas.* Un aspecto central de este concepto es el modo en que las partes interesadas (por ejemplo, clientela, empresas proveedoras, personal, financieras, comunidades y dirección) cooperan en la creación de valor. De este modo, la empresa se convierte en un «conjunto de relaciones de creación de valor entre grupos que poseen un interés legítimo en las actividades y los resultados de la empresa y de los que esta depende para alcanzar sus objetivos» (Phillips *et al.,* 2019).

EJERCICIO 2.3
La redefinición del valor

Explorar

Explora el valor para las partes interesadas, el valor combinado, el valor compartido, el valor sostenible y el valor integrado:

- Busca información en internet sobre todos estos elementos. Además, puedes consultar las referencias y las fuentes que se han mencionado en el texto.
- Crea propuestas para cada uno de los marcos conceptuales de valor que hemos visto.
- ¿Qué opinas de los ejemplos que se han dado?
- ¿Consideras que esos marcos tienen una aplicación práctica? Por supuesto, esos enfoques no están exentos de críticas. ¿Qué te parecen? ¿Qué opinión tienes al respecto?

2. *Valor combinado.* En este marco conceptual —también conocido como *inversión relacionada con la misión, inversión de impacto, capital alineado* e *inversiones sociales*—, las empresas, las inversiones y las organizaciones sin ánimo de lucro se evalúan en función de su capacidad para generar una mezcla de valor social, medioambiental y financiero (Emerson, 2000). Este enfoque holístico se utiliza a veces indistintamente con el triple resultado de personas, planeta y provecho.

3. *Valor compartido.* La creación de valor compartido constituye un marco en el que el éxito de una empresa y el progreso social son interdependientes. Aumenta la competitividad de una empresa al tiempo que «mejora las condiciones económicas y sociales de las comunidades en las que opera. La creación de valor compartido se centra en identificar y ampliar las conexiones entre el progreso social y el económico» (Porter y Kramer, 2011).

4. *Valor sostenible.* El marco considera los retos de la sostenibilidad global a través de la lente empresarial. De este modo, pueden identificarse las estrategias y las prácticas correctas que contribuyen a un mundo más sostenible al tiempo que impulsan el valor para el accionariado. Este enfoque en el que todos ganan se define como la creación de valor sostenible (Hart y Milstein, 2003).

5. *Valor integrado.* La creación de valor integrado es la construcción simultánea de múltiples capitales «no financieros» (como el capital humano, ecológico, social, tecnológico y de infraestructuras) a través de la innovación sinérgica en toda la economía del nexo —incluidas las economías circular, del bienestar, del acceso, exponencial y de la resiliencia— que dan lugar a efectos netos positivos y hacen que nuestro mundo sea más satisfactorio, sostenible, compartido, inteligente y seguro (Visser, 2017a).

Criticar la dimensión del porqué *de la empresa: posibles desventajas del propósito*

En esta primera parte del capítulo, se ha tratado el impacto positivo de las empresas orientadas a objetivos, así como la redefinición del valor. Sin embargo, también hay desventajas en un lugar de trabajo orientado a un propósito que vincula nuestra identidad, autoestima y seguridad emocional a nuestra labor. Las empresas orientadas a un propósito se convierten en algo más que oficinas para su personal: animan a las personas a pasar más tiempo trabajando por los objetivos de la empresa, cultivan amistades y les ayudan a encontrar el propósito de su vida. Pero, por ejemplo, la destrucción de puestos de trabajo durante la pandemia de la covid-19 muestra el lado negativo de este tipo de cultura laboral (Griffith, 2020). Las personas pierden algo más que sus ingresos: pierden cosas menos tangibles pero potencialmente más costosas, como su autoestima, su identidad, su seguridad emocional y el propósito de su vida relacionado con su trabajo. Esto nos lleva a la siguiente pregunta: ¿necesitamos un nuevo tipo de valor que priorice al individuo en el lugar de trabajo, dando a los empleados una mayor potestad sobre su propio trabajo y permitiéndoles encontrar el equilibrio —y el significado— en otras partes de sus vidas también?

Crítica a la dimensión del porqué *de la empresa: posibles fallos de la RSE*

Existe un amplio consenso mundial sobre el hecho de que la responsabilidad social empresarial (RSE) es un elemento que incrementa la actividad principal de una empresa y no un mero complemento de las actividades comerciales. No se trata de cómo gastar los beneficios, sino de cómo se obtienen en primer lugar. En el paso de la *responsabilidad* a la creación de *valor*, a veces se echa en falta esta noción (Beschorner y Hajduk, 2017).

Si nos fijamos en la creación de valor compartido, se refuerza la idea de que las empresas satisfacen las «necesidades de la sociedad» mientras generan beneficios. Sin embargo, en este caso las necesidades de la sociedad se consideran un medio para alcanzar un fin. La empresa puede descubrir nuevas oportunidades de mercado e invertir de forma rentable cuando se da una situación en la que todos ganan. La empresa debe actuar solo cuando se identifican oportunidades para crear valor económico (una ganancia) y social (dos ganancias).

EJERCICIO 2.4
La relación entre propósito y circularidad

Explorar

A partir de lo que sabes en estos momentos sobre el propósito de una empresa y el modo como se formula, reflexiona sobre cómo podría conciliarse con el concepto de circularidad. ¿Qué pasos debería dar una empresa en su camino hacia la circularidad sin dejar de ser consecuente con su propósito?

No obstante, en aquellos casos en los que se gana y se pierde —la empresa se beneficia, pero la sociedad no— o en los que se pierde —la sociedad se beneficia, pero a costa de la empresa—, el enfoque vuelve a ser la generación de beneficios. Esto demuestra que este marco solo atiende a las partes interesadas relevantes, en lugar de a la sociedad en su conjunto (De los Reyes *et al.*, 2017). Pretender que las empresas se concentren sobre todo en la creación de valor económico es falso y puede considerarse un defecto del marco de valor compartido.

Cuando las empresas actúan como entidades ciudadanas corporativas, por ejemplo, en el marco del valor de las partes interesadas o del valor sostenible, se implican en sus comunidades y contribuyen a dar forma a sus entornos sociales. Se convierten en algo más que agentes económicos; van más allá de la generación de valor económico y demuestran que pueden asumir diferentes papeles en la sociedad.

Cuando incluso John Elkington pide que se replantee su triple balance (porque se utiliza como un acto de equilibrio que adopta una mentalidad de compensación, en lugar de provocar una reflexión más profunda sobre el futuro del capitalismo), se puede argumentar también en contra del valor combinado. Mientras las empresas «hacen lo imposible por asegurarse de que alcanzan sus objetivos de beneficios, muy raramente ocurre lo mismo con sus objetivos relacionados con las personas y el planeta», afirma Elkington (2018). Se precisan marcos de creación de valor con la necesaria intención radical que nos impida sobrepasar nuestros límites planetarios.

La redefinición del valor y la creación de propósitos es un tema candente para las empresas, en parte también por la presión de la sociedad, como se ha visto en el capítulo 1. Muchos estudiosos se ocupan del desarrollo y la adopción de enfoques de creación de valor, sus aplicaciones prácticas y sus implicaciones para las personas, las empresas y la sociedad. Una empresa tiene que decidir cuál es su posición, porque, en última instancia, esta guiará su estrategia competitiva.

Estrategia

Después de elaborar ampliamente el concepto de propósito en el apartado anterior y de conectar el propósito con la circularidad, veamos ahora cómo convertir los principios del «¿por qué?» en estrategias empresariales tangibles: «¿a dónde queremos ir?», «¿qué ofreceremos y a quién (comercialmente)?», «¿cómo lo haremos (operativamente)?» y «¿cuánto nos aportará (financieramente)?».[3]

Una vez que la empresa tiene claro su propósito, necesita desglosarlo en objetivos prácticos y realizables, y definir «hacia dónde quiere ir». Así, la declaración de propósito más genérica tendrá que traducirse en objetivos, planes y acciones concretas. Como afirman Douma *et al.* (2020):

- Una estrategia no es más que un plan.
- El plan se concibe a largo plazo.
- La estrategia depende de la función que esa empresa tiene en la sociedad.
- La estrategia responde a los objetivos que una empresa desea alcanzar.
- La estrategia indica cómo deben alcanzarse esos objetivos.

El proceso que conduce a la formulación de la estrategia ha sido y sigue siendo objeto de un intenso debate y existen varias escuelas de pensamiento. Mintzberg ya distinguió diez en 1990 y es famosa la discusión académica en la que, a través de una serie de artículos sobre la cuestión, Mintzberg y Ansoff intercambiaron opiniones, conceptos y críticas (De Wit y Meyer, 1994). En una visión ligeramente simplificada, por un lado estaría la noción de estrategia como resultado de una serie de pasos de investigación y análisis estructurados (por ejemplo, el análisis del entorno, el análisis de la industria, el análisis del mercado, etc.) con los que se especificaría un plan estratégico detallado. Esta postura, conocida como

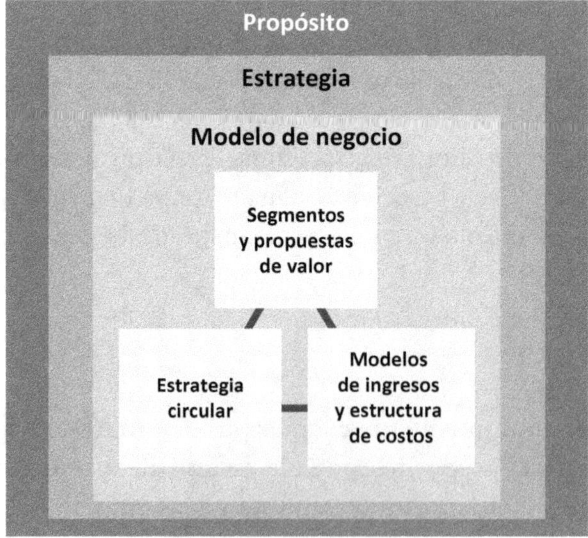

Figura 2.5. Propósito, estrategia y modelo de negocio.

«escuela del diseño», propugna que hay que pensar antes de actuar. Por otro lado se encontrarían las escuelas de pensamiento que ven la estrategia como algo que surge con el tiempo y se adapta continuamente. La llamada *intención estratégica* aportaría una dirección general y evitaría que la empresa cambiase de dirección cada semana. En este caso, la postura respondería más bien a la «escuela del aprendizaje», basada en aprender mientras se actúa.

Está fuera del alcance de este libro profundizar en el proceso de formulación de la estrategia en sí. En su lugar, nos centramos en el modelo de negocio de una empresa y sus componentes específicos, y en situarlos en el contexto de la circularidad.

Modelos empresariales: una introducción

Un elemento que diferencia a la economía circular de sus predecesoras, como el ecodiseño, la ecología industrial, la ecoeficiencia, la producción más limpia o el lema «quien contamina paga», es su manera de combinar los modelos empresariales (Reike *et al.,* 2018). La transición a una economía circular así como la aplicación de la circularidad y las medidas preventivas en una cadena de valor no solo dependen de cuestiones técnicas: también y en gran medida de los aspectos organizativos y de la manera como se monetiza esa circularidad. Aquí entran en juego los modelos de actividad empresarial.

Todo modelo empresarial tiene dos partes (Magretta, 2002). Una incluye las actividades asociadas a la fabricación de algo (diseño, compra de materiales, fabricación, etc.), y la otra las centradas en la venta de algo a la persona adecuada (ventas, distribución, prestación del servicio, ingresos, etc.).

Según Teece (2010), el modelo empresarial de una organización define la forma en que una empresa persuade a la clientela para que esté dispuesta a pagar por el valor ofrecido (crear valor), la forma en que una empresa hace realidad el valor ofrecido (entregar valor) y la forma en que convierte los pagos en beneficios (captar valor). Refleja las suposiciones sobre lo que quieren los clientes, cómo quieren conseguirlo y qué hará la organización para satisfacer esas necesidades. La esencia es resumir cómo se crea, se entrega, se capta y se distribuye el valor entre todas las partes implicadas.

No obstante, hay que distinguir entre el modelo de negocio y el modelo de ingresos. Aunque ambos tienen similitudes, son dos esquemas que sirven para un propósito diferente: el modelo de ingresos es un componente del modelo de negocio. El modelo de ingresos aborda la cuestión de cómo una organización crea valor añadido mientras que el modelo de negocio describe todas las facetas que influyen en la creación de ese valor añadido. Volveremos a hablar de los modelos de ingresos al final de este capítulo. Por tanto, el término *modelo de negocio* tiene un significado mucho más amplio, que trataremos en primer lugar, utilizando el denominado *canvas* («lienzo») como herramienta gráfica para visualizarlo.

El modelo de negocio canvas

Osterwalder y Pigneur (2010) han desarrollado nueve bloques con los que combinar el modelo de ingresos y el de negocio. Juntos, esos bloques forman una sencilla plantilla que solo ocupa una página. El modelo de negocio canvas describe nueve elementos fundamentales que ofrecen una visión general sobre cómo se forma el modelo empresarial.

Como puede verse en la figura 2.6, la parte superior derecha del *canvas* se centra en los factores externos, como el cliente y el mercado, que en su mayoría se hallan fuera del control de la empresa. Los tres bloques responden a la pregunta «*¿para quién* lo haremos?».

1. **Relaciones con la clientela:** establecen las relaciones que se mantienen con cada segmento específico de clientes.
2. **Segmentos de clientela**: define los grupos de personas u organizaciones a los que la empresa pretende llegar o servir.
3. **Canales de distribución:** describe cómo acercarse y comunicarse con los segmentos de clientela para ofrecerle una propuesta de valor.

La parte superior izquierda del *canvas* se centra en la empresa y en sus factores internos, que en su mayoría están bajo su control. En este caso, la pregunta es «*¿cómo* lo haremos?».

4. **Asociaciones clave:** las relaciones con otras empresas como proveedoras y fabricantes, entidades gubernamentales o no consumidoras que ayudan a realizar el modelo de negocio.
5. **Actividades clave:** las actividades más importantes en la ejecución de la propuesta de valor.

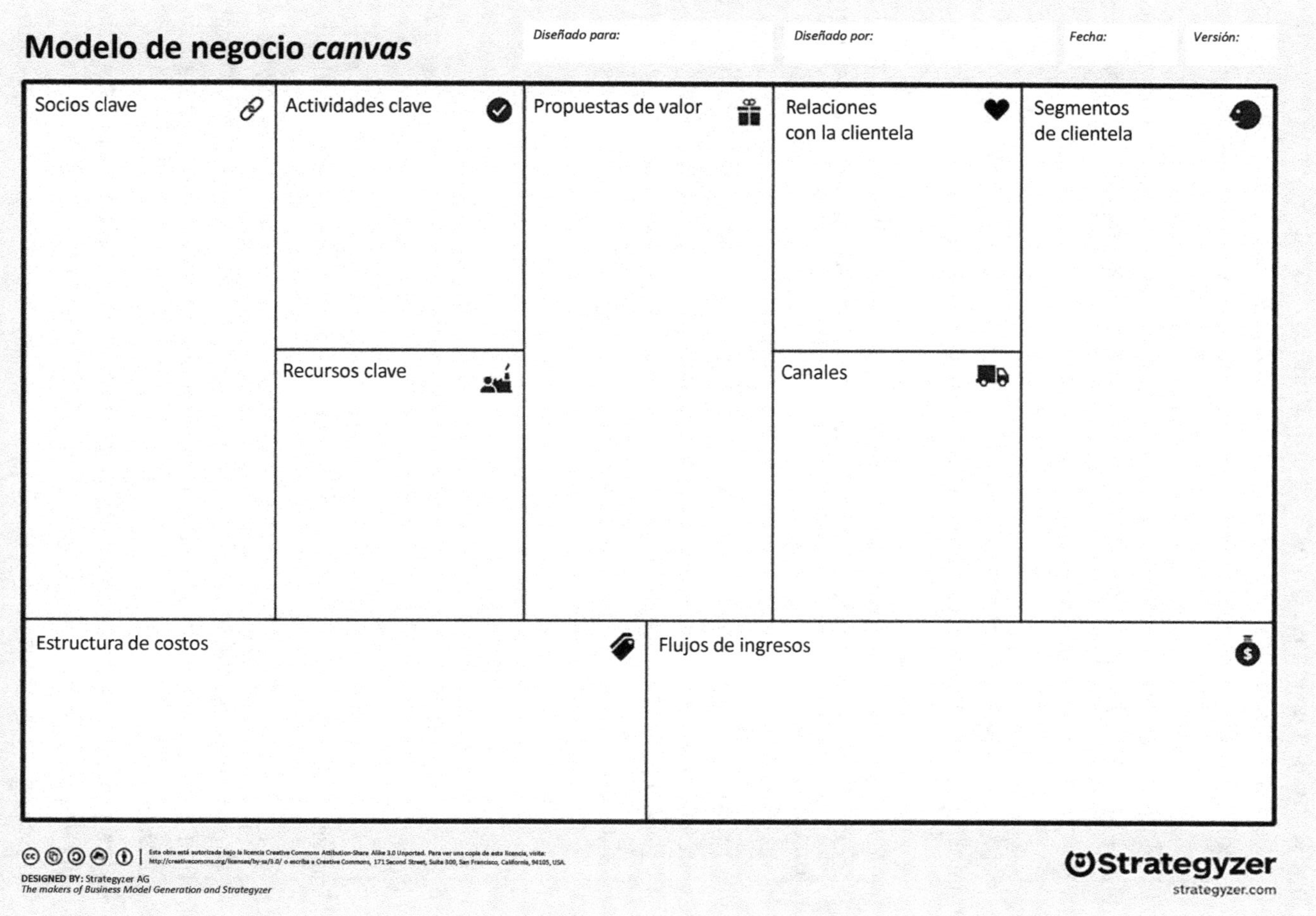

Figura 2.6. **Modelo de negocio** *canvas. Fuente:* Osterwalder y Pigneur (2010), www.strategyzer.com, publicado gracias a su licencia Creative Commons.

6. **Recursos clave:** los activos más importantes necesarios para crear y ofrecer la propuesta de valor, llegar a los mercados, mantener las relaciones con los segmentos de clientes y obtener ingresos.

El bloque intermedio se centra en la propuesta de valor, que representa el intercambio de valor entre la empresa y su clientela. La pregunta es «*¿qué* ofrecemos?».

7.   **Propuestas de valor:** la oferta empresarial, tanto de productos como de servicios, que crea valor para un segmento específico de clientes.

La zona inferior del canvas recoge las implicaciones monetarias del modelo de negocio, expresadas en términos financieros. La pregunta es «*¿cuánto* proporcionará?».

8. **Flujos de ingresos:** la forma en que la empresa crea valor añadido, en respuesta a la pregunta «*¿cómo* crea ingresos la empresa?».
9. **Estructura de costos:** todos los costos y gastos en los que se incurrirá durante el funcionamiento del modelo de negocio.

EJERCICIO 2.5
Los modelos de negocios canvas *y la circularidad*

Explorar

Analiza los diversos modelos de negocios *canvas* en relación con la circularidad:

- Busca dentro o fuera de internet el diseño original de modelo de negocio *canvas* que desarrollaron Osterwalder y Pigneur (2010) y compáralo con el que promueve la Fundación Ellen MacArthur (véase EMF, 2016a para más detalles).
- ¿Cuáles son las mayores diferencias entre las preguntas que plantean Osterwalder y Pigneur, por una parte, y la Fundación Ellen MacArthur, por otra?
- Busca en internet los otros modelos *canvas* que se mencionan en este apartado. ¿Cuál utilizarías para crear tu propia empresa circular?
- Da forma a tus ideas para defenderlas en público.

Inspirados por el gran éxito del *canvas,* han surgido otros marcos que recogen el modelo de negocio de una empresa, como el *Lean canvas* (Maurya, 2012), una adaptación del anterior, o el *strategy sketch* de Kraaijenbrink (2015), utilizado para describir la estrategia global, añadiendo elementos como *competencia, objetivos* y *valores.*

También se han desarrollado variaciones específicas en relación con los llamados *modelos de negocio sostenibles,* incorporando elementos para destacar los impactos ambientales y sociales además del aspecto comercial. En primer lugar, la Fundación Ellen MacArthur ha proporcionado un complemento al *canvas* básico, con indicaciones y preguntas específicas relacionadas con la circularidad (EMF, 2016a). Otros ejemplos son el *modelo de negocios canvas circular* (Circulab, s.f.) y el *modelo de negocios canvas de tres capas,* que amplía el diseño original añadiendo una capa social basada en la perspectiva de las partes interesadas y otra capa medioambiental basada en el pensamiento del ciclo de vida, cuyo objetivo es combinar el valor económico, medioambiental y social (Joyce y Paquin, 2016).

En los siguientes apartados nos centraremos en los diversos elementos del modelo de negocio, agrupados en tres bloques. De este modo, cubriremos las partes más relevantes de los *canvas* que se han mencionado hasta ahora: segmentos y propuestas de valor *(¿qué y para quién?),* estrategias circulares *(¿cómo?)* y modelos de ingresos y estructura de costos *(¿cuánto?).*

Segmentos y propuestas de valor (¿qué y para quién?)

Como primer elemento del modelo de negocio de la empresa, vamos a analizar el tema de los segmentos y las propuestas de valor.

El concepto de propuesta de valor: ¿por qué deberían comprarme?

Una empresa genera ingresos vendiendo a sus clientes, de ahí que, en este contexto, se utilice el término *propuesta de valor.* Una empresa debe dar a sus clientes algo que valoren y por lo que estén dispuestos a pagar. Sería el «qué» de la empresa: *¿qué* prometemos a nuestra clientela?, *¿qué* perciben como valioso?

En la bibliografía académica sobre *marketing* hay una gran cantidad de referencias y marcos sobre el concepto de valor, por ejemplo en el famoso trabajo de Kotler y Lane (2015). Una expresión generalmente aceptada es que el valor

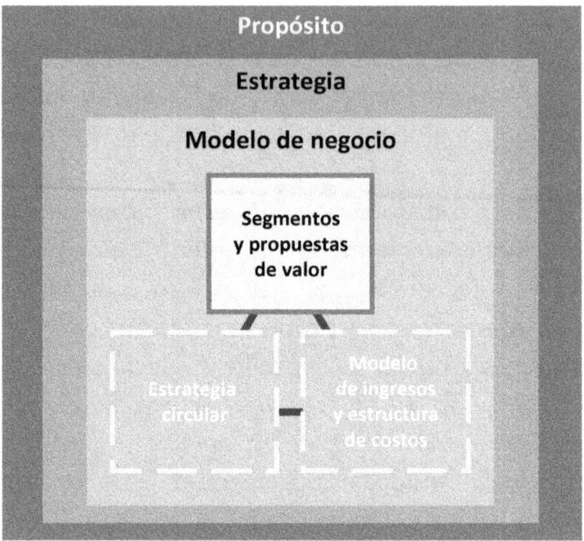

Figura 2.7. Segmentos y propuestas de valor.

es una función de los beneficios percibidos por un cliente, en relación con el precio pagado por el producto o servicio. En cierto modo, esta afirmación está muy ligada a la «relación precio-calidad» a la que todos estamos acostumbrados en nuestra vida cotidiana.

Pero ¿de dónde provienen estos beneficios percibidos?, ¿cuáles son los elementos que integran la propuesta de valor? En la bibliografía sobre *marketing* hay un montón de marcos y conceptos que tratan la definición de las propuestas de valor, desde los «niveles de producto» de Kotler (2015), hasta la propuesta de valor *canvas* (Osterwalder *et al.,* 2014) y los cinco atributos de valor y las correspondientes estrategias 5-4-3-3-3, como proponen Crawford y Mathews (2003). DeSmet (2018) combina este último marco de forma muy original con las estrategias básicas de liderazgo de producto, intimidad del cliente y excelencia operativa (Treacy y Wiersema, 1995). Christopher (2016) y Rushton *et al.* (2017) adoptan un punto de vista bastante más simplificado pero potente: empiezan con el producto principal en el centro de su valor. Algunos se refieren a esto como los beneficios básicos o centrales del producto. Nos vienen a la mente aspectos como la calidad del producto, la funcionalidad, las características del producto y la durabilidad: un paraguas debe protegerte eficazmente de la lluvia; un medicamento, curar una enfermedad, y el agua mineral, aliviar la sed.

Pero en algunos mercados, sobre todo en los maduros, donde los productos de las distintas empresas son muy similares entre sí, esas ventajas básicas podrían no ser suficientes para diferenciarse a los ojos de la clientela, a menos que se aplique con éxito una estrategia de liderazgo en costos o de excelencia operativa. En el caso de las demás empresas, la diferenciación podría tener lugar en lo que Christopher y Rushton llaman el *entorno del servicio* o el *entorno del producto.* En esta capa adicional, entran en juego aspectos que van más allá del puro producto físico, como por ejemplo la velocidad de entrega, la fiabilidad de la entrega, la flexibilidad para cambiar un pedido antes de la entrega, el servicio posventa o de mantenimiento, un servicio de recompra, la elección de la variedad de embalaje o la posibilidad de añadir un etiquetado personalizado.

¿Dónde intervienen los aspectos de la circularidad? La pregunta es fácil; la respuesta, no tanto. Por ejemplo, ¿se compra un producto circular más duradero porque es duradero, porque es circular o por ambas razones? Cada persona puede contestar de una manera distinta. Sin embargo, para la empresa que vende el producto la diferencia puede ser significativa, sobre todo si se tienen en cuenta las implicaciones para la segmentación de la clientela, la publicidad y la marca, así como otras cuestiones aparentemente no relacionadas, como el tratamiento de los residuos o los informes medioambientales.

Figura 2.8. **Valor, producto principal y servicios adyacentes.**
Fuente: Christopher (2016) y Rushton *et al.* (2017).

Ser todo para todos frente a la talla única: segmentación inteligente de clientela

La mayoría de las empresas no atiende a un solo segmento de mercado, sino que normalmente tratan con varios segmentos. En la bibliografía sobre *marketing* pueden encontrarse muchas referencias a la segmentación de la clientela, pero la idea básica que subyace es que las personas no son todas idénticas y que la «talla única» puede ser muy eficiente, pero casi nadie recibe exactamente lo que quiere. Lo contrario sería dar a cada persona exactamente lo que pide, pero el inconveniente de este enfoque sería que la eficiencia y, por tanto, los precios o los márgenes estarían en juego.

Ahí es donde entra en escena la segmentación inteligente de clientela: cómo determinar tantos segmentos útiles como sea necesario y, al mismo tiempo, mantener el número más bajo posible, optimizando así entre la personalización y la eficiencia. Los conceptos, métodos y herramientas exactos de la segmentación de clientes están un poco más allá del enfoque de este libro, pero por el momento basta con entender que la mayoría de las empresas trabajan para múltiples segmentos y que cada uno de ellos puede requerir propuestas de valor diferentes (aunque puedan coincidir más o menos, no serían 100 % idénticas). Y a su vez, esas diferentes propuestas de valor pueden requerir diferentes soluciones operativas (circulares), cada una de ellas jugando con la misma tensión entre personalización y eficiencia.

Cliente y consumidor: no siempre son lo mismo

Como se ha insinuado antes, en cualquier situación empresarial puede haber una diferencia entre las características que son importantes para la persona que compra directamente a una empresa y las que son importantes para la consumidora final. Si consideramos el caso de una tienda de conveniencia en el centro de la ciudad, sus clientes en la mayoría de los casos serían los mismos que los consumidores finales, por lo que no es necesario que diferencie entre cliente y consumidor.

Pero, por ejemplo, en el caso de una empresa farmacéutica, la persona consumidora final es la paciente y obviamente le interesa lo que un medicamento hará dentro de su cuerpo, refiriéndose al beneficio principal del producto causado por el llamado «ingrediente o principio activos» que contiene. Sin embargo, la farmacia que compra el medicamento a la empresa farmacéutica probablemente no esté interesada en el beneficio principal porque al final no utilizará el medicamento. En su caso, el beneficio principal del producto es importante sobre todo porque saben que representará un volumen de ventas potencial para los pacientes que buscan, por ejemplo, un medicamento para el dolor de cabeza. Además, lo más probable es que la farmacia esté muy interesada en los aspectos relacionados con la entrega, como el plazo de entrega, la flexibilidad, los tipos de envase, la disponibilidad del producto, etc.

Así que, aunque es tentador centrarse solo en los motivos por los que una persona puede querer comprar un determinado producto a una empresa, es fundamental que no se olviden nunca los aspectos que aportan valor a quienes nos pagan directamente, nuestra clientela, sobre todo en caso de que no sean las mismas personas. Desde la perspectiva de la cadena de valor, debemos hacer explícita esta distinción e incluir ambos puntos de vista, ya que pueden tener diferentes implicaciones para los distintos bloques de la cadena de suministro. En la literatura sobre tipos de industria, modelos empresariales y *marketing*, se distingue entre empresa a consumidor (B2C) y empresa a empresa (B2B). Sin embargo, incluso una empresa B2B que venda a otras empresas tendrá, en última instancia, una persona consumidora al final de la cadena, por lo que podría ser tentador mezclar los conceptos de cliente y consumidor.

Estrategias circulares (¿cómo?)

Ahora que los segmentos y las propuestas de valor están más claros, analicemos el segundo bloque de construcción de los modelos de negocio y centrémonos sobre todo en la circularidad: las llamadas *estrategias circulares*.

EJERCICIO 2.6
Las propuestas de valor circulares

Explorar

- Explora las propuestas de valor circulares mediante una búsqueda en internet de ofertas de productos que consideras circulares.
- ¿En qué medida la dimensión circular de la oferta se centra en la circularidad?
- ¿En qué medida consideras que la dimensión circular sería relevante para todos los clientes o consumidores interesados en el producto?

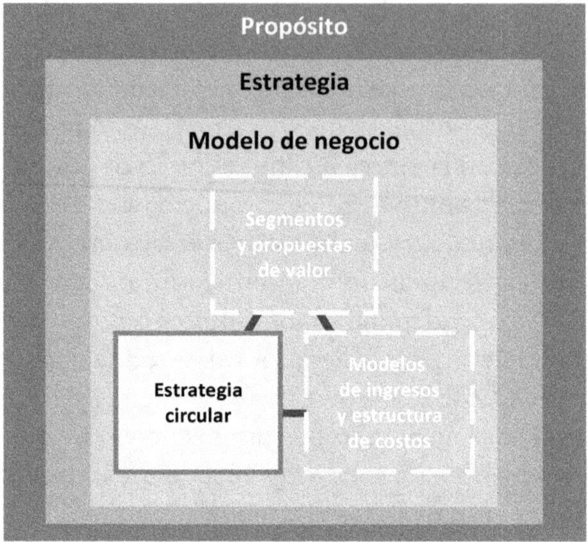

Figura 2.9. **Estrategias circulares.**

Las cadenas de suministro lineales como punto de partida

Tradicionalmente, una cadena de suministro (lineal) es la secuencia de eventos y agentes que mueven un producto desde la fabricación hasta el mercado. Todas las industrias tienen una y para la mayoría de las empresas sigue siendo el modelo dominante. La forma en que se gestionan estas cadenas de suministro lineales tiene un fuerte efecto en la competitividad de una empresa. Tradicionalmente se podía ver una cadena de suministro como un modelo lineal, en el que varios agentes trabajan juntos para adquirir materias primas, convertirlas en productos finales y entregarlas a las personas usuarias finales:

$$\text{Materias primas} \rightarrow \text{empresa proveedora} \rightarrow \text{fabricante} \rightarrow$$
$$\rightarrow \text{distribuidora} \rightarrow \text{usuaria final}$$

Sin embargo, debido a la economía global, una cadena de valor ya no es tan sencilla, sino que se parece más a una red que cruza el mundo, especialmente cuando se tiene en cuenta la circularidad, que significa que se introducen en la cadena de valor bucles y ciclos cerrados para organizar los flujos de retorno de productos y materiales, con el fin de reciclar, refabricar, reutilizar u otras estrategias de retención de valor que analizaremos más adelante en este capítulo.

La estrategia de la cadena de suministro, como consecuencia lógica de la estrategia general de la empresa, define una conexión de actividades y una secuencia de eventos a lo largo de la cadena de valor para cumplir la propuesta de valor a la clientela, mientras que la eficiencia operativa se centra en lograr la excelencia en las actividades individuales (Porter, 1980). Existen seis modelos genéricos de cadena de suministro, que se pueden dividir en dos grupos (Pérez, 2013): los modelos orientados a la eficiencia y los orientados a la capacidad de respuesta:

1. *Modelos orientados a la eficiencia:* dentro de estos modelos, la propuesta de valor se orienta hacia el bajo costo, la utilización de activos y la eficiencia de principio a fin. Los tres modelos de cadena de suministro son el eficiente, el rápido y el de flujo continuo.
2. *Modelos orientados a la capacidad de respuesta:* estos modelos se caracterizan por una demanda, unos costos de mediación en el mercado y una incertidumbre muy elevadas. En la cadena de suministro priman tres modelos: el ágil, el configurado a medida y el flexible.

Una vez que la empresa ha elegido la estrategia de la cadena de suministro que mejor se ajusta a su propuesta de valor, es importante evaluar la gestión de la cadena de suministro en cuanto a fiabilidad, capacidad de respuesta, costos, agilidad y eficiencia de los activos. En estos casos, puede utilizarse el modelo SCOR (siglas de *supply chain operations reference)* (APICS, s.f.) para evaluar el rendimiento de la cadena de suministro y hacer un seguimiento de las mejoras. Se trata de un marco de procesos que organiza los procesos de la cadena de suministro en seis categorías: planificar (qué hacer, cuándo y dónde); abastecerse (comprar los materiales necesarios); hacer (fabricar su producto); entregar (vender y hacer llegar los productos a los clientes); devolver (logística inversa), y habilitar (todo lo demás necesario que no pertenece a las otras categorías).

Como se ha dicho, para la mayoría de las empresas, estas cadenas de suministro y estrategias lineales siguen siendo la norma. En sí mismo, esto hace que la transformación a una cadena de suministro circular sea más compleja, ya que existe una infraestructura de la cadena de suministro que hay que tener en cuenta como punto de partida. Volveremos a tratar este aspecto en la tercera parte.

Circularidad en la cadena de suministro

Como se ha indicado en el capítulo 1, faltan definiciones y terminología estandarizadas para la economía circular. Además, todavía se están desarrollando nuevos modelos empresariales circulares. Para ofrecerte una visión clara y visualmente atractiva de los modelos empresariales más importantes y sus estrategias, recurriremos a la llamada *colina de valor* o *«value hill»* (Achterberg *et al.,* 2016).

La colina de valor es un marco estratégico que dota a las empresas de los conceptos adecuados para posicionar su negocio, su estrategia y su cadena de valor en un contexto circular. El objetivo es mantener los productos durante el mayor tiempo posible a su máximo valor en la cima de la colina de valor.

Como puede verse en la figura 2.10, la colina de valor es una colina real, de ahí su nombre. Al subirla, empezamos en la fase previa al uso, que abarca la extracción, la producción y la distribución. Cuando un producto asciende por la colina, se añade valor en cada paso. Una vez que el producto ha llegado a la cima, comienza su fase de uso. En las fases de preuso y postuso es fundamental *reducir el bucle,* donde las estrategias circulares minimizan el uso de materiales y productos, y mantienen el producto en su máximo valor durante el mayor tiempo posible. Como ya comentamos en el capítulo 1, los productos pueden diseñarse para que duren y sean aptos para su reparación y mantenimiento.

Cuando el propietario actual ha terminado con el producto, este puede iniciar su camino cuesta abajo. Empezando en la cima de la colina y viajando hacia abajo, las estrategias circulares se centran en *ralentizar el bucle* para garantizar que el producto y sus componentes se mantengan en su máxima utilidad. El viaje cuesta abajo representa la fase posterior al uso, en la que a cada paso un producto pierde valor. Sin embargo, en su recorrido cuesta abajo, un producto, sus componentes o materiales, pueden volver a subir la colina hacia etapas anteriores en la parte izquierda de la ladera. De este modo, vuelven directamente a la fase de uso y su valor no se pierde, sino que se conserva. Cuando los materiales llegan al final de su vida útil, los *bucles cerrados* se centran en el reciclaje de los materiales y, por tanto, en la creación de más valor a partir de los materiales restantes.

Estrategias circulares y la escalera R

La conservación del valor se refiere a la idea de que los recursos tienen un valor intrínseco, opuesto a las nociones económicas de valor. En términos de pro-

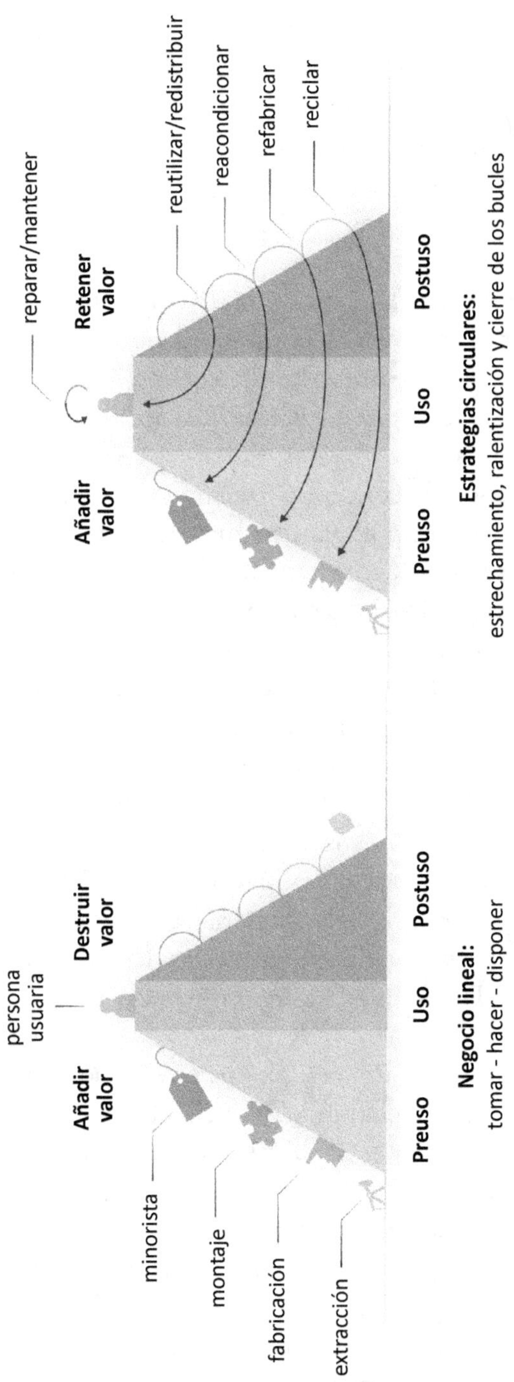

Figura 2.10. **La colina de valor.** *Fuente:* Achterberg *et al.* (2016).

ductos acabados, esto significa retener su estado o reutilizarlos con el menor cambio posible para garantizar vidas consecutivas y en el caso de la conservación de los recursos retenerlos lo más cerca posible de su estado original (Reike *et al.*, 2018). En la práctica, la incineración y el reciclaje —formas inferiores de conservación del valor de los materiales— siguen dominando las políticas. Además, es difícil obtener datos sobre la reducción de la entrada de recursos o la reutilización.

Como puede observarse, la mayoría de los conceptos relacionados con las estrategias circulares tienen *re-* en su nombre: retener, reutilizar, renovar, reciclar, etc. En latín, *re-* significa «de nuevo» o «de vuelta», lo cual apunta a la esencia de una economía circular (Sihvonen y Ritola, 2015). Esto se conoce normalmente como la *escalera R* o los *imperativos R*. Reike *et al.* (2018) han analizado 69 artículos académicos sobre la conceptualización de esos imperativos o estrategias R y han creado una única tipología sistémica de diez opciones de retención del valor de los recursos (OVR), como las que se encuentran más comúnmente en la literatura. En el capítulo 1 mencionamos brevemente la escalera R, basada en la clasificación jerárquica de los residuos —la escalera de Lansink— y en la Directiva Marco de Residuos. Para quienes ya están un poco familiarizados con la economía circular, la letra *R* ya debe de sonarles.

Todas las estrategias R tienen diferentes implicaciones para el uso de los recursos, el diseño, la fabricación, el uso por parte de las personas consumidoras y la etapa posterior. Hay diez estrategias que empiezan por *R* y algunas de ellas probablemente las conozcas: rechazar, reducir, reaprovechar, reparar, reacondicionar, refabricar, reutilizar, reciclar materiales, recuperar (energía) y reextraer. Las dos primeras son las opciones preventivas, las otras ocho se centran en la reutilización. Las 10 R pueden dividirse en tres etapas:

- *Etapa 1:* bucles cortos orientados a una producción y un uso más inteligentes de los productos, rechazando, reduciendo o revendiendo y reutilizando. El proceso *reduce el bucle* al disminuir el uso de productos y materiales, manteniendo el valor el mayor tiempo posible (Bocken *et al.*, 2016).
- *Etapa 2:* bucles de amplitud media o larga destinados a prolongar la vida útil mediante la reparación, el reacondicionamiento, la refabricación o la reutilización de productos y componentes. En estos casos, *se ralentiza el bucle,* manteniendo los productos y materiales en su máxima utilidad.
- *Etapa 3:* los bucles largos se centran en la aplicación útil de los materiales mediante el reciclaje de materiales, la recuperación (energética) y

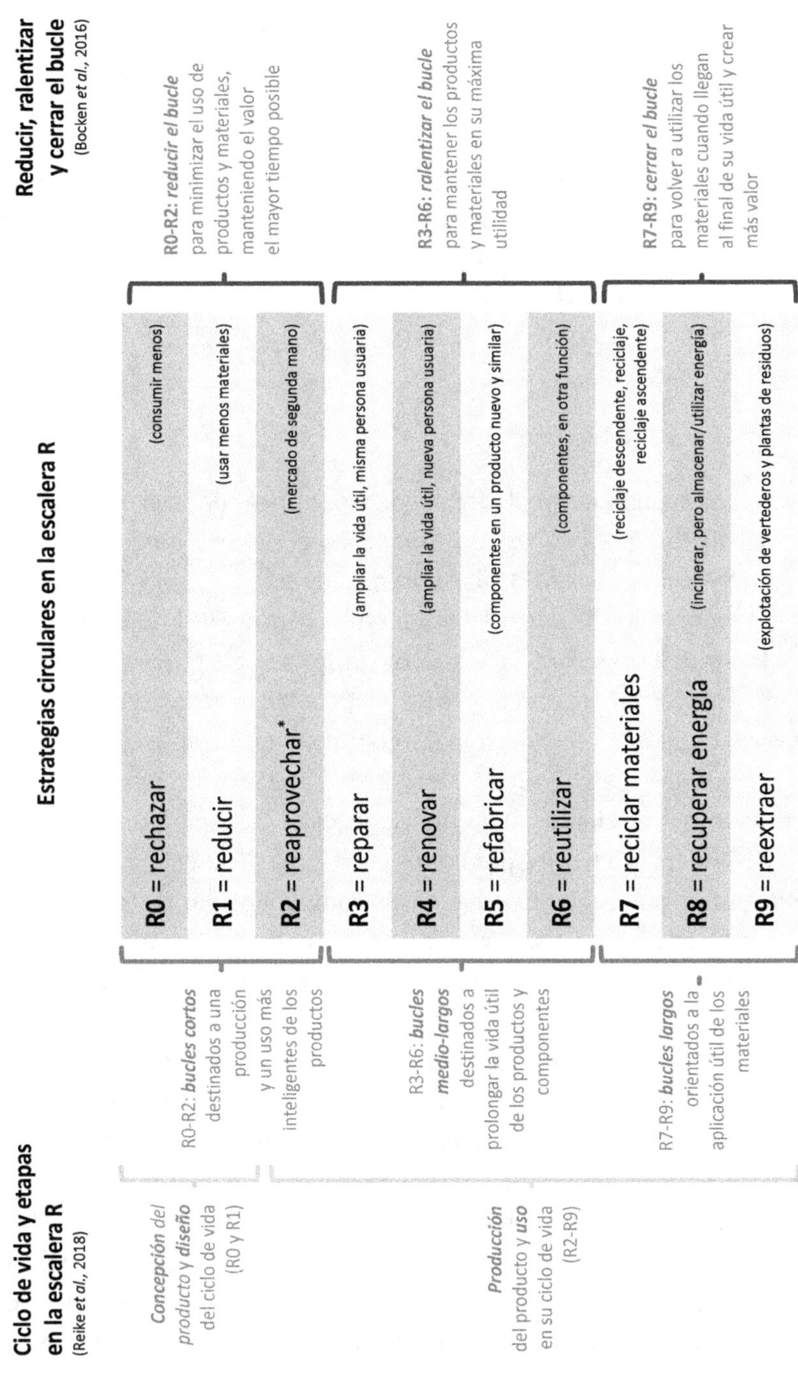

Figura 2.11. La escalera R.
*(*Nota de la editorial:* Reaprovechar en el sentido de reutilizar o revender, ya sea por intercambio o por compra.)

la reutilización. En tales casos, *se cierra el bucle:* aunque los materiales llegan al final de su vida útil, se les da un nuevo uso y, de este modo, se crea más valor.

La escalera R se rige por una regla general: cuanto más se asciende en la escala, más recursos se utilizan y, por lo tanto, mayor es la carga medioambiental. Conviene recordar que estas estrategias pueden aplicarse en las empresas y en las cadenas de valor simultáneamente.

Dos ciclos de vida teóricos

Dentro de una economía circular se pueden identificar dos ciclos de vida teóricos: el ciclo de *producción y uso* del producto y el ciclo de *concepción y diseño* del producto (Kuik *et al.,* 2011; Reike *et al.,* 2018).[4]

El ciclo de *producción y uso* del producto se centra en el flujo de materiales que se da desde la fase previa al uso hasta la fase posterior. Este ciclo está vinculado a las estrategias circulares R2 hasta la R9, inclusive, en la escalera R: reaprovechar, reparar, reacondicionar, refabricar, reutilizar, reciclar, recuperar y volver a extraer (véase la figura 2.11). Estas son las estrategias que mejoran la utilización del producto y mantienen su valor máximo durante el mayor tiempo posible (mantener los productos en la cima de la colina), y las estrategias que garantizan que un producto, sus componentes o materiales vuelvan a la fase de producción y uso, de modo que se conserve su valor (devolver los productos, componentes o materiales a la cima de la colina) y se reduzca su eliminación.

El ciclo de *concepción y diseño* del producto es el marco general que asume el papel de (re)diseñar la vida útil de un concepto de producto, teniendo en cuenta las estrategias del ciclo de *producción y uso.* Las estrategias circulares R0 (rechazar) y R1 (reducir) de la escalera R son fundamentales para el ciclo de *concepción y diseño,* así como cinco actividades básicas: la política (formulación de la estrategia), la generación de la idea (utilizando la creatividad), el diseño (diseño del producto y producción más limpia, incluyendo otros enfoques preventivos y de diseño), la realización de la idea (que es el período hasta la producción del producto) y la evaluación y reconsideración.

Repensar *el concepto y el diseño del ciclo de vida* es clave en la transición hacia una economía circular, ya que la contaminación y los residuos deben ser diseñados y las vidas consecutivas de un producto deben tenerse en cuenta desde la fase de diseño. Bakker *et al.* (2015) distinguen seis estrategias de diseño diferentes en función de las estrategias circulares, que pueden aplicarse como estrategias de diseño independientes o combinadas dentro de un producto: diseño para la fijación y la confianza, diseño para la fiabilidad y la durabilidad, diseño para la facilidad de mantenimiento y reparación, diseño para la actualización y la adaptabilidad, diseño para la estandarización y la compatibilidad, y diseño para el desmontaje y el reensamblaje.

Fase 1: Bucles cortos destinados a una producción y uso más inteligentes de los productos

La estrategia inicial (el escalón R0 de la escalera R) es **rechazar.**[5] Como se ha señalado en el capítulo 1, el actual modelo económico lineal se rige por la producción y el consumo, donde el principio de *extraer-producir-usar-desechar* es fundamental. Esto significa que tomamos una cantidad excesiva de materias primas y fuentes de energía fósiles, fabricamos productos lo más baratos posible, los utilizamos brevemente y los desechamos inmediatamente después de su uso. La estrategia de desecho pretende ser una respuesta a esta forma de hacer las cosas, por ejemplo, rechazando el uso de materiales y productos químicos peligrosos en la fase de diseño; rechazando la obsolescencia programada —el método de diseño en el que los productos se diseñan deliberadamente con una vida útil limitada o poco recuperable—; rechazando los residuos de envases mediante un replanteamiento del diseño, o rechazando por completo la producción de determinados productos porque dentro de un contexto de economía circular ya no tienen sentido (por ejemplo, los plásticos de un solo uso).

La segunda estrategia en esta fase (R1 en la escalera R) consiste en **reducir.**[6] Esta estrategia se centra, por ejemplo, en la reducción del número de materias primas utilizadas en un producto, ya sea produciéndolo con menos materiales (por ejemplo, menos plástico en una botella de plástico), cambiando a monomateriales (es decir, materiales que solo se componen de un material o fibra) o utilizando materias primas secundarias (es decir, materiales reciclados). Además,

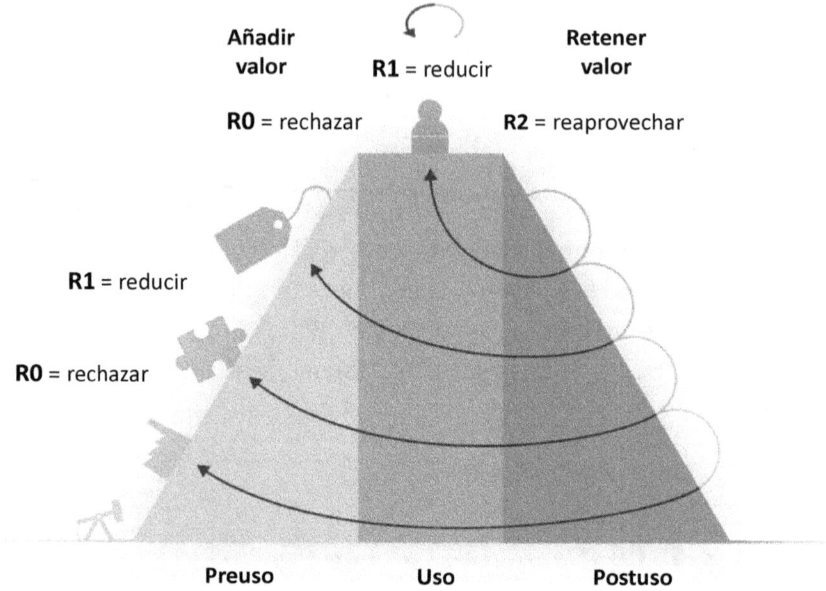

Figura 2.12. La colina de valor, fase 1: rechazar, reducir y reaprovechar.

la estrategia de reducción se centra en eliminar los residuos y la contaminación desde la fase de diseño, tomando mejores decisiones que conduzcan a menos residuos y menos contaminación, ya que el 80 % del impacto medioambiental de un producto se determina en esta fase (UE, 2014b). Para las empresas, esto significa, por ejemplo, adoptar técnicas de diseño con cero residuos, optimizar el transporte y la distribución o llegar a ser neutras en carbono, por ejemplo, al cambiar a fuentes de energía y combustible renovables.

La tercera estrategia (R2 en la escalera R) es **reaprovechar.** Esta estrategia supone la reutilización de productos en su conjunto, con la misma función y sin apenas necesidad de adaptación, por parte de otra persona. En un entorno de consumidor a consumidor (C2C), esto se lleva a cabo mediante la reventa de productos no utilizados en sitios web como eBay, Vinted, Facebook Marketplace o incluso TicketSwap, mediante el intercambio de ropa o regalando determinados productos. Una investigación de ABN Amro (2018) muestra que casi el 60 % de las personas compra productos de segunda mano, y el 67 % está dispuesta a hacerlo. Esto apunta a un gran potencial para que las empresas diversifiquen sus estrategias actuales para adoptar tácticas de reaprovechamiento de sus productos, como el programa de recompra y reventa de muebles de Ikea o el Worn Wear de Patagonia.

Las ventajas de las estrategias de la fase 1 de rechazar, reducir y reaprovechar

Al rechazar el actual modelo económico lineal y la reducción del uso de materiales, la Fundación Ellen MacArthur (EMF, 2012) ha calculado que se pueden ahorrar entre 340.000 y 380.000 millones de dólares al año en costos netos de materiales en la Unión Europea en una «coyuntura de transición» para una economía circular. En una situación más desarrollada, se ahorrarían entre 520.000 y 630.000 millones de dólares al año al cerrar los bucles de materiales e introducir los ciclos en la economía. Otras ventajas de estas tres estrategias son las siguientes:

- Al diseñar los residuos y la contaminación, y rechazar las categorías de productos lineales, las empresas pueden influir positivamente en el medio ambiente en lugar de perjudicarlo.
- La demanda de materias primas primarias disminuirá, lo que dará lugar a un ahorro neto de materiales que reducirá los costos de estas materias.
- Al dejar de utilizar la obsolescencia programada, el costo total de propiedad se reducirá considerablemente.
- Cuando los productos se diseñen para su reutilización, se reducirán los costos de las garantías que se asumen al adquirir un producto.
- Al revender los productos, las empresas crean un valor financiero adicional, y la clientela se ahorra los costos de comprar una nueva versión de un producto.

EJERCICIO 2.7
Las nociones de rechazo, reducción y reventa/reutilización

Explorar

Explora la primera fase de la escalera R, combinando estrategias circulares y tu entorno. ¿Qué aprecias?

- Mira a tu alrededor y elige un producto que veas: algo que lleves puesto, sobre lo que estés sentado, trabajando, viajando, etc.
- ¿Qué reducirías, qué elegirías rechazar, cómo reaprovecharías el producto?

Fase 2: Bucles medio-largos destinados a prolongar la vida útil

Las estrategias en el centro de la escalera R tienen como objetivo prolongar la vida útil de los productos y las piezas en bucles medio-largos. En lugar de eliminar y sustituir, se adopta un nuevo hábito basado en la devolución y la reutilización, aprovechando actividades como la reparación, el reacondicionamiento o la refabricación, en las que se maximiza el uso de los productos, se prolonga su vida útil y se evitan los residuos. Pero eso no es todo: el valor se mantiene o incluso se añade. Aquí, conceptos como ciclo de vida, logística inversa, cadenas de suministro de ciclo cerrado, y la eficiencia a través de la reducción de los residuos y la aportación de recursos se convierten en principios de actuación.

La cuarta estrategia (R3) es **reparación**. Como ya sabemos, en una economía circular es muy importante utilizar los productos existentes durante el mayor tiempo posible y con todo su potencial. Al reparar las piezas originales en el producto original, se conserva la calidad de la primera compra (o producción). Esto garantiza la prolongación de la vida útil del producto original. Aparte de los talleres de reparación, las empresas pueden reutilizar sus productos en sus

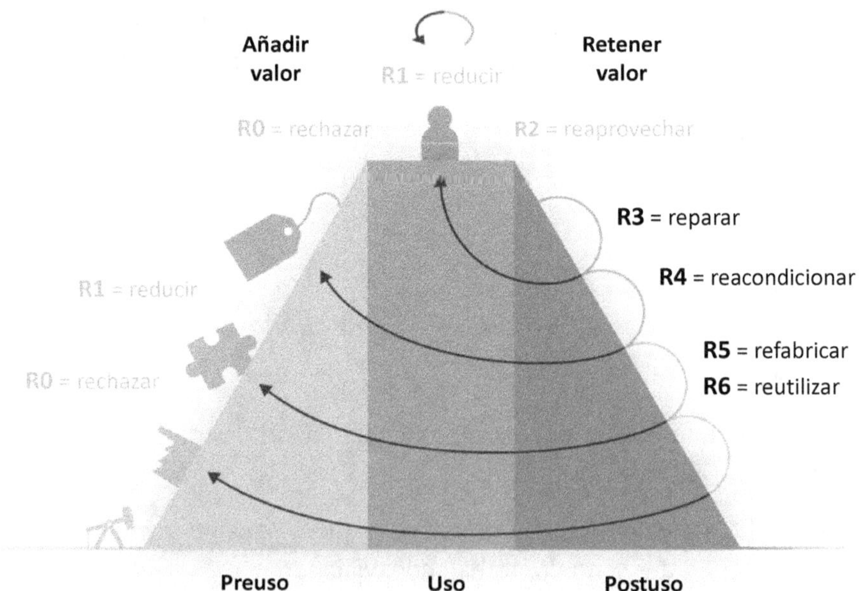

Figura 2.13. La colina de valor, fase 2: reparar, reacondicionar, refabricar y reutilizar.

propios centros de reparación controlados por la fabricante o asociarse con empresas de reparación y mantenimiento. Una investigación de la Comisión Europea de Medio Ambiente (UE, 2014a) ha demostrado que el 77 % de la ciudadanía de la UE preferiría reparar sus pertenencias que comprarlas nuevas. Sin embargo, no lo hacen. Les desanima el costo de las reparaciones o el nivel de servicio. Sin embargo, como parte del Plan de Acción de Economía Circular (UE, 2020) —uno de los principales bloques del Pacto Verde Europeo— la Comisión trabajará para establecer el «derecho a la reparación» para las personas consumidoras, lo que significa una mayor disponibilidad de piezas de repuesto, acceso a la reparación y servicios de mejora.

La quinta estrategia (R4) es el **reacondicionamiento.** Mediante este, se reconstruye un producto existente utilizando piezas reutilizadas, reparadas y nuevas o una combinación de ellas. En resumen, el reacondicionamiento requiere la reparación o la sustitución de piezas desgastadas y obsoletas del producto original por parte de la empresa fabricante. Los productos utilizados para el reacondicionamiento pueden ser productos nuevos, por ejemplo, productos no vendidos a los que les vendría bien una actualización o de los que se ha lanzado una versión más nueva, pero también pueden ser productos defectuosos que han sido devueltos a la empresa fabricante o a la minorista en virtud de su garantía.

La sexta estrategia (R5) es la **refabricación.** Refabricar implica revisar. El objetivo es mantener las piezas originales de los productos en la medida de lo posible. La refabricación es la producción de nuevos productos, utilizando las piezas refabricadas del producto original. Esto lo hace la empresa fabricante del producto. Las piezas mejoradas del original constituyen la base para fabricar un nuevo producto similar, que a menudo se vuelve a comercializar con garantía. Los incentivos económicos de la remanufacturación consisten en la reducción de los costos de producción mediante el uso de piezas existentes, la reducción de los precios para la clientela y la oferta de alternativas asequibles para los productos nuevos. Además, la refabricación reduce los riesgos asociados al suministro internacional de materiales y piezas y crea relaciones más sólidas dentro de la cadena de valor.

La séptima estrategia (R6) es la **reutilización,** que consiste en encontrar un nuevo uso para algo con una finalidad distinta a su uso original. Los componentes se reasignan o modifican para adaptarlos a un nuevo producto funcional. De este modo, se prolonga la vida útil del producto o de los componentes al darle una finalidad diferente a la que tenía en origen.

Las ventajas de las estrategias de la fase 2 de reparar, reacondicionar, refabricar y reutilizar

Con la circularidad, la innovación y el espíritu empresarial suelen ser fundamentales. Esta combinación desencadena y acelera la transición hacia una economía circular. Sin la innovación tecnológica se aleja la posibilidad de alcanzar una economía circular. Sin embargo, el mantenimiento y la reparación de estos nuevos productos y servicios innovadores son necesarios para garantizar su longevidad y maximizar su uso. Por lo tanto, el sector de la reparación tiene un enorme potencial dentro de la economía circular.

Una investigación de WRAP (2015) ha demostrado que existe una relación directa y positiva entre el uso eficiente de los recursos primarios (y secundarios) y la creación de empleo. Mediante la reutilización (refabricación, reacondicionamiento, reparación) de productos y piezas, se pueden crear entre 8 y 20 puestos de trabajo por cada 1.000 toneladas de productos no deseados. En comparación, la recuperación de energía y el reciclaje pueden crear entre 5 y 10 puestos de trabajo por cada 1.000 toneladas de productos no deseados, y el vertido de 1.000 toneladas de productos no deseados solo crea 0,1 puestos de trabajo. Estas cinco estrategias tienen, además, otras ventajas:

- Se prolonga la vida útil de un producto o de sus componentes.
- El reacondicionamiento y la reparación aportan valor a un producto original, ya que su calidad y funcionalidad son tan buenas o incluso mejores que las de uno nuevo.

EJERCICIO 2.8
Las nociones de reparación, reacondicionamiento, refabricación y readaptación

Explorar

Explora la segunda fase de la escalera R. Observa tu entorno mientras piensas en las estrategias circulares. ¿Qué ves?

- Mira a tu alrededor y elige un producto que veas...
- ¿Qué podrías reparar, reacondicionar, refabricar o reutilizar?

- Se evita el reciclaje, la incineración o el vertido (innecesario) de productos y materiales.
- Se minimiza el uso de materias primas primarias para la producción de nuevos productos y, a su vez, se ahorra en los costos asociados.
- Se reduce la cantidad de residuos generados.

Estas estrategias contribuyen a los objetivos del Acuerdo Climático de París que se han mencionado en el capítulo 1, al reducir las emisiones de CO_2 y ser menos perjudiciales para el medio ambiente que la producción y el uso de nuevos productos y componentes.

Fase 3: Bucles largos para la aplicación útil de los materiales

Como se ha indicado en el primer capítulo, en una economía circular se tienen muy en cuenta los residuos y la contaminación desde la fase de diseño. Se desea siempre reutilizar todo el producto, incluidos sus componentes y materiales. Cuando esto no es posible, los productos o los componentes pueden reutilizarse

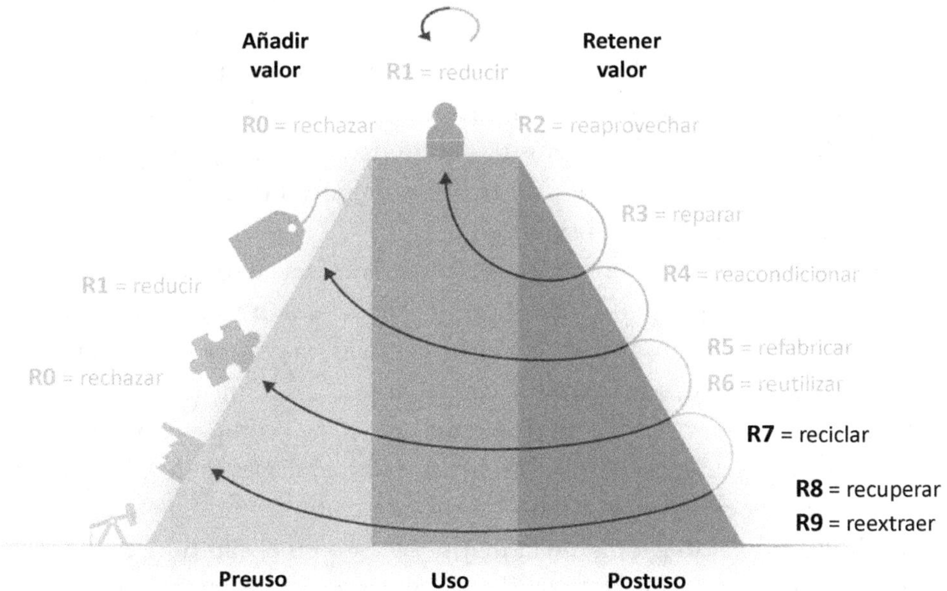

Figura 2.14. La colina de valor, fase 3: reciclar materiales, recuperar energía y reextraer.

en cualquier forma. También deben tenerse en cuenta las modificaciones que se realicen con el fin de prolongar la vida útil de los productos y los componentes. El tratamiento de los posibles residuos se centrará en la recuperación de los materiales en aras de un nuevo uso. Esta etapa de la escalera R se centra en el tratamiento de los residuos, en lo que ocurre con los productos al final de su ciclo de vida.

Los bucles largos se introducen centrándose en las actividades tradicionales de gestión de residuos en las que los productos pierden su función original. El reciclaje de materiales, la recuperación de energía y la reutilización son estrategias que tienen como objetivo la aplicación útil de los materiales como alternativa a la incineración sin recuperación de energía o al vertido de residuos, para los que no hay lugar en una economía circular. Si observamos la colina de valor, estas tres estrategias se sitúan en la esquina inferior derecha descendente.

La octava estrategia —R7 en la escalera R— es el **reciclaje**. El término, muy amplio, designa la transformación de materiales usados en otros con una calidad igual, mayor o menor. El reciclaje difiere claramente de la reutilización, ya que las materias primas se separan y procesan en lugar de reutilizar los componentes o los productos en su conjunto. A menudo, cuando se oye hablar de economía circular, se piensa en el reciclaje con esteroides. Pero, como se puede ver en la figura 2.14, el reciclaje de materiales solo se convierte en una opción en esta última etapa, cuando todas las demás estrategias destinadas a una producción y un uso más inteligentes y a la ampliación de la vida útil ya no son posibles (Rood y Kishna, 2019). Un requisito previo para el reciclaje es la clasificación y separación previa de los residuos. Existen diferentes tipos de reciclaje, como el mecánico, el químico y el orgánico.

En el caso del reciclaje mecánico, los materiales devueltos se manipulan mecánicamente (por ejemplo, se trituran), de modo que puedan utilizarse como insumo para nuevos productos. En otras palabras, la composición química de los materiales sigue siendo la misma. En el caso del reciclaje químico, los materiales devueltos son tratados químicamente, es decir, la composición química de los materiales puede ser modificada o incluso devuelta a las moléculas originales del plástico, por ejemplo, y luego ser utilizada como insumo de nuevos materiales. Volviendo al diagrama de la mariposa visto en el capítulo 1, el reciclaje mecánico y químico forman parte del ciclo técnico. El reciclaje orgánico es un poco diferente, y pertenece al ciclo biológico.

Reciclaje orgánico

Una parte considerable de nuestros residuos está formada por materiales biológicos, como verduras, frutas, hierba, hojas o restos de poda. Es deseable que los residuos de este tipo se recojan por separado, pero todavía no es así en todas partes. En los Países Bajos, por ejemplo, un tercio de los residuos está formado por materiales biológicos. Es una pena. Si se recogiesen por separado, los materiales podrían convertirse en biogás o compost. Aproximadamente, dos tercios podrían compostarse directamente y el compost, reutilizado por horticultores, agricultores, ayuntamientos o particulares, mejoraría la calidad de suelos, abonos o tierra para macetas. El tercio restante debería fermentarse primero. Al compostar o fermentar los residuos biológicos, al final el material de desecho es reabsorbido por el suelo y vuelve al ciclo biológico.

Además del compost, este proceso también produce biogás. El biogás se utiliza para generar calor y electricidad. La quema de residuos residuales, o el compostaje y la fermentación de residuos biológicos, libera una gran cantidad de energía (piénsese, por ejemplo, en la estrategia circular Recover). La energía se libera en forma de electricidad, calor o vapor. Lo que queda es un material negro y arenoso que puede reutilizarse en la construcción de nuevas carreteras en lugar de arena o grava. Si la energía liberada se capta adecuadamente, el calor o el vapor pueden conectarse a la red de calor para calentar edificios o la electricidad verde generada puede utilizarse, por ejemplo, para iluminar casas o farolas.

La empresa neerlandesa de tratamiento de residuos Meerlanden transforma los residuos vegetales en compost en una planta de fermentación especial. En su proceso se crean cinco nuevos (sub)productos: CO_2, biogás, compost, calor y agua. Los vehículos de limpieza de la empresa usan el agua creada en este proceso y sus camiones de basura, con biogás, con un impacto climático nulo.

Al hablar de reciclaje, conviene distinguir tres tipos:

- El reciclaje descendente *(downcycling)* de los residuos para convertirlos en una materia prima inferior que, tras su uso, ya no podrá recuperarse.
- El reciclaje propiamente dicho de los residuos para convertirlos en el mismo material (por ejemplo, una botella de vidrio vuelve a ser una botella de vidrio).

- El reciclaje ascendente *(upcycling)* de los residuos, a los que se añade valor, ya que se obtiene un producto de mayor calidad que el original.

La novena estrategia (R10 en la escalera R), y la menos circular, es la **recuperación de energía** mediante la incineración de residuos. Esta energía se presenta como energía verde. Sin embargo, hay que tener en cuenta que, por ejemplo, en los Países Bajos solo el 58 % de los residuos se recogen por separado, lo que significa que los residuos siguen estando formados por materiales valiosos que se pierden debido a esta forma de procesarlos (Milieu Centraal, s.f.). A escala mundial, menos del 20 % de los residuos se reciclan o se convierten en compost (Banco Mundial, 2018).

La décima estrategia (R11) es la **reextracción.** Suele pasarse por alto, ya que está destinada a recuperar materiales después de la fase de vertido. En los países en desarrollo, la obtención de piezas valiosas a partir de los productos desechados es un sector más o menos informal en el que las personas tratan de ganarse la vida encontrando materiales que se echan a perder al considerarse residuos no tratados. En estos países, donde el vertido no controlado es la norma, las organizaciones comienzan a centrarse en la «minería urbana» y la «minería de vertederos» para obtener recursos valiosos almacenados en plantas de residuos y antiguos vertederos (Reike *et al.,* 2018).

EJERCICIO 2.9
Los tres tipos de reciclaje

Explorar

Aprende un poco más sobre el reciclaje, sea mecánico, químico u orgánico:

- Busca información en internet sobre el reciclaje, tanto en su modalidad convencional como en la descendente y la ascendente, y su papel en la economía circular.
- ¿Qué implica cada tipo de reciclaje en la cadena de suministro? Ilústralo mediante una colina de valor e indica las empresas que has encontrado para cada tipo de reciclaje.
- Investiga en internet para describir las diferencias entre el reciclaje mecánico, químico y orgánico. A tu juicio, ¿qué tipo de reciclaje tiene más potencial en una economía circular?

Figura 2.15. Diferencia entre reciclaje convencional, reciclaje descendente *(downcycling)* y ascendente *(upcycling)*.

Ventajas de las estrategias de la fase 3 (reciclaje de materiales, recuperación de energía y reextracción)[7]

La recuperación de energía es una valiosa alternativa a los residuos que no pueden reciclarse. Contribuye a una economía circular porque, aunque los residuos siguen conteniendo materiales valiosos, al recuperar la energía mediante la incineración, se necesitan menos materias primas para la producción de calor o energía. Además, proporciona energía que puede utilizarse como combustible alternativo, calor o energía verde, e incluso el subproducto, una sustancia similar a la arena negra, puede reutilizarse en la construcción de nuevas carreteras. El reciclaje y la reutilización de los materiales usados también presentan varias ventajas:

- Se necesitan menos materias primas primarias y menos tierras de cultivo (por ejemplo, para la producción de madera o algodón).
- Se reducen las emisiones de CO_2 porque el uso de materiales reciclados necesita menos energía que la producción de materiales nuevos, lo que genera una reducción de las emisiones.
- Reduce la cantidad de residuos incinerados.
- Crea oportunidades de empleo e innovación.

Interrelación de estrategias en las tres etapas

En las secciones anteriores, las estrategias circulares 10 R se han presentado una tras otra. Sin embargo, en realidad se solapan, están conectadas y pueden aplicarse conjuntamente. Por ejemplo, se puede imaginar que durante el reacondicionamiento de un producto (la quinta estrategia, o R4) no todo el producto puede ser reacondicionado con éxito; en otras palabras, hay un flujo de residuos como consecuencia de la actividad de reacondicionamiento. Este flujo de residuos puede, evidentemente, ser la entrada de una de las otras estrategias circulares, y la empresa puede optar por aplicar más de una estrategia circular a la vez, aplicando efectivamente una o más de ellas como complemento de la **estrategia circular dominante** elegida. Volveremos sobre este concepto de estrategia circular dominante al final de este capítulo, así como en la segunda y la tercera parte del libro en relación con el juego de simulación *The Blue Connection*.

Características de los materiales y su relación con las tecnologías emergentes de la industria 4.0

Para reducir los residuos, recuperar los materiales tras su uso y, en esencia, ralentizar y cerrar el ciclo, conviene destacar la importancia de las características de los materiales. Algunos materiales son más fáciles de reutilizar que otros, por lo que es de suma importancia tener la máxima claridad sobre qué se usa en un determinado producto. Además, las complejas prácticas circulares impulsan la necesidad de mejorar la colaboración y el intercambio de datos entre todos los agentes de una cadena de suministro (Gupta *et al.,* 2019). Según la Comisión Europea (UE, 2020), «las ideas proporcionadas a través de los datos abiertos pueden mejorar la toma de decisiones del uso eficiente de los recursos, ya que los datos pueden predecir ciertas tendencias (por ejemplo, el mercado, el clima, la demografía) de la oferta y la demanda futuras» Mediante el uso de datos abiertos, los agentes de una determinada cadena de valor pueden, por ejemplo, resolver problemas logísticos, mejorar los procesos de reciclaje y recogida de residuos, optimizar los niveles de inventario o mejorar la toma de decisiones estratégicas al tener registrada la biodiversidad y cartografiada la deforestación. Un ejemplo de ello es SmartChain, que estimula la innovación impulsada por la demanda en las cadenas cortas de suministro de alimentos mediante un enfoque multiactor. Otro gran ejemplo del uso de los datos son las iniciativas de cadenas de bloques como Provenance, una *startup* que utiliza esta tecnología para rastrear el atún desde la línea hasta la tienda, autenticando a los pescadores con declaraciones de sostenibilidad social verificadas.

Recuérdese que *medir es conocer.* Utilizando las nuevas tecnologías relacionadas con los datos masivos y el internet de las cosas, la mejora de la circularidad podría mejorar el paso de la venta de productos a la prestación de servicios con énfasis en el uso y no en la posesión; la puesta a disposición de terceras personas de productos, servicios o activos infrautilizados (de pago o no), y el aprovechamiento de los espacios urbanos con el uso de tecnología centrada en la mejora de las condiciones de vida de la población (Nobre y Tavares, 2020). La información es la base para que las empresas y organizaciones de todo tipo puedan tomar las decisiones correctas para erradicar el despilfarro y utilizar los recursos de forma eficaz. Según la Fundación Ellen MacArthur:

> El internet de las cosas, con sus sensores inteligentes y tecnologías conectadas, puede desempeñar un papel fundamental a la hora de proporcionar datos valiosos sobre aspectos como el uso de la energía, los activos infrautilizados y los flujos de materiales para ayudar a que las empresas sean más eficientes [...]. De cara al futuro, el internet de los objetos proporcionará información sobre los recursos disponibles y los que estamos perdiendo. Como los objetos atesoran cada vez más información sobre sí mismos, la plataforma de intercambio del futuro podría hacer que los activos estén disponibles para su uso en tiempo real. Las capacidades mejoradas de etiquetado y seguimiento, como la inteligencia de enjambre inspirada en los insectos, presentan enormes oportunidades económicas para tapar fugas y hacer uso de materiales que antes se consideraban residuos (CEM, 2016b).

Podría decirse que una economía verdaderamente circular no puede existir sin el internet de las cosas y el uso de los datos masivos. Para ser sostenible, un sistema debe ser receptivo: los comportamientos y las acciones deben estar conectados a través del conocimiento y los datos.

En este contexto se enmarca el concepto de **pasaportes materiales,** iniciado por el arquitecto Thomas Rau, quien opina que los residuos son materiales que han caído en el anonimato. Solo una prueba de identidad, en forma de pasaporte material, puede evitarlo (Rau y Oberhuber, 2016). Si todos los datos de los materiales de un producto acabado se registran en un pasaporte de materiales, todos estos materiales pueden recuperarse después de la fase de uso para ser reutilizados. De este modo, se evita que su valor se desperdicie mediante la quema o el vertido. Así, un producto acabado se convierte en un almacén de materiales útiles. Los pasaportes de materiales iniciados por Rau están registrados en Madaster, un punto de acceso único en línea que proporciona información para el registro de productos, componentes y materiales utilizados en objetos de construcción. Una interesante visión general de la aplicación de los pasaportes de materiales para la industria de la construcción puede encontrarse en Heinrich y Lang (2019).

EJERCICIO 2.10

Un producto: «taller de deconstrucción»

Explorar

Tras profundizar en las diferentes estrategias circulares, en este taller de deconstrucción analizarás las características de un determinado producto desde diferentes ángulos, tal como lo haría la empresa productora si decidiese pasarse a la circularidad.

Como punto de partida, elige un producto que conozcas de tu propia casa, por ejemplo, un taladro, unos patines, un equipo de audio Bluetooth, el grifo mezclador de tu ducha o bañera, un televisor de pantalla plana, un horno microondas o el lavavajillas.

Paso 1

Crea una ficha básica del producto elegido (véase el ejemplo, parcialmente elaborado, de la figura 2.16, centrado en una lavadora). Para obtener información, puedes consultar el web de la empresa fabricante, buscar en internet los manuales de los productos o consultar algunos vídeos en los que se desmonte el aparato. También puedes examinar el aparato que tengas en casa, consultando el manual, etc.[8]

Paso 2

Elabora las plantillas tal como se muestra en las figuras 2.17-2.20. Cada una representa una estrategia circular diferente.

Paso 3

Considerando como modelo la plantilla de la figura 2.21, realiza una evaluación general sobre la estrategia o las estrategias circulares más favorables para el producto elegido y qué opciones de diseño o de elección de materiales adoptarías para que la circularidad fuese más viable.

Nombre:

Producto e imagen:
- Lavadora

Tipo de clientela:
- Hogares

Precio medio:
- 400-800 €

Vida media comercial:
- 5 años

Vida media técnica:
- 7-13 años

Lista de componentes:

Identificación de los componentes de una lavadora

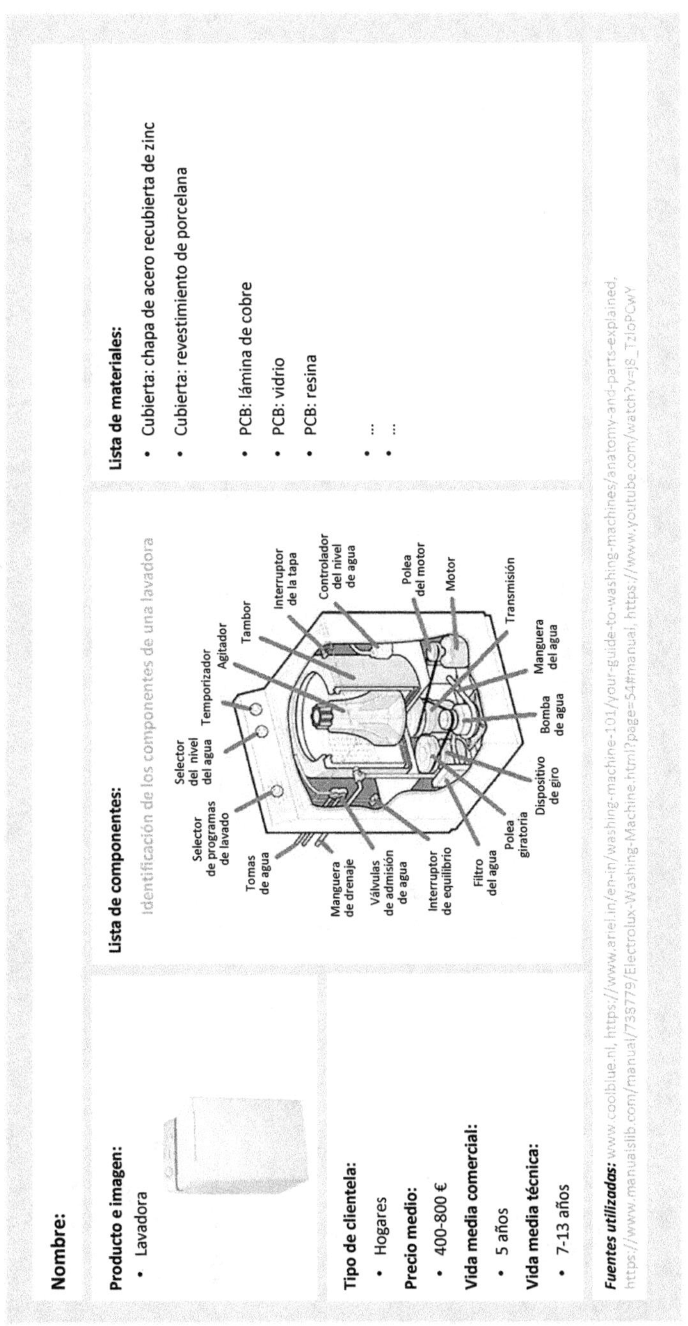

Lista de materiales:
- Cubierta: chapa de acero recubierta de zinc
- Cubierta: revestimiento de porcelana

- PCB: lámina de cobre
- PCB: vidrio
- PCB: resina

- ...
- ...

Fuentes utilizadas: www.coolblue.nl, https://www.ariel.in/en-in/washing-machine-101/your-guide-to-washing-machines/anatomy-and-parts-explained. https://www.manualslib.com/manual/735779/Electrolux-Washing-Machine.html?page=54#manual. https://www.youtube.com/watch?v=jS_TzloPCwY

Figura 2.16. **Ficha de producto de una lavadora (ejemplo incompleto).**

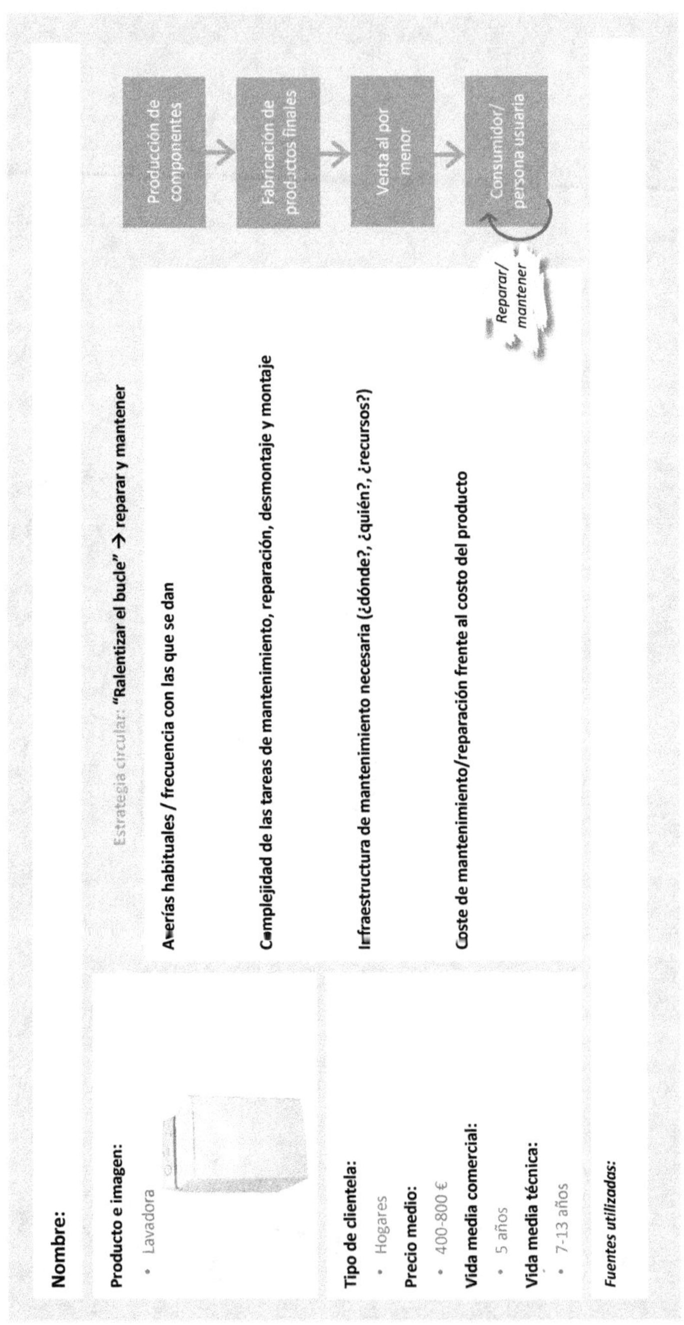

Figura 2.17. **Plantilla para la estrategia circular: reparar y mantener.**

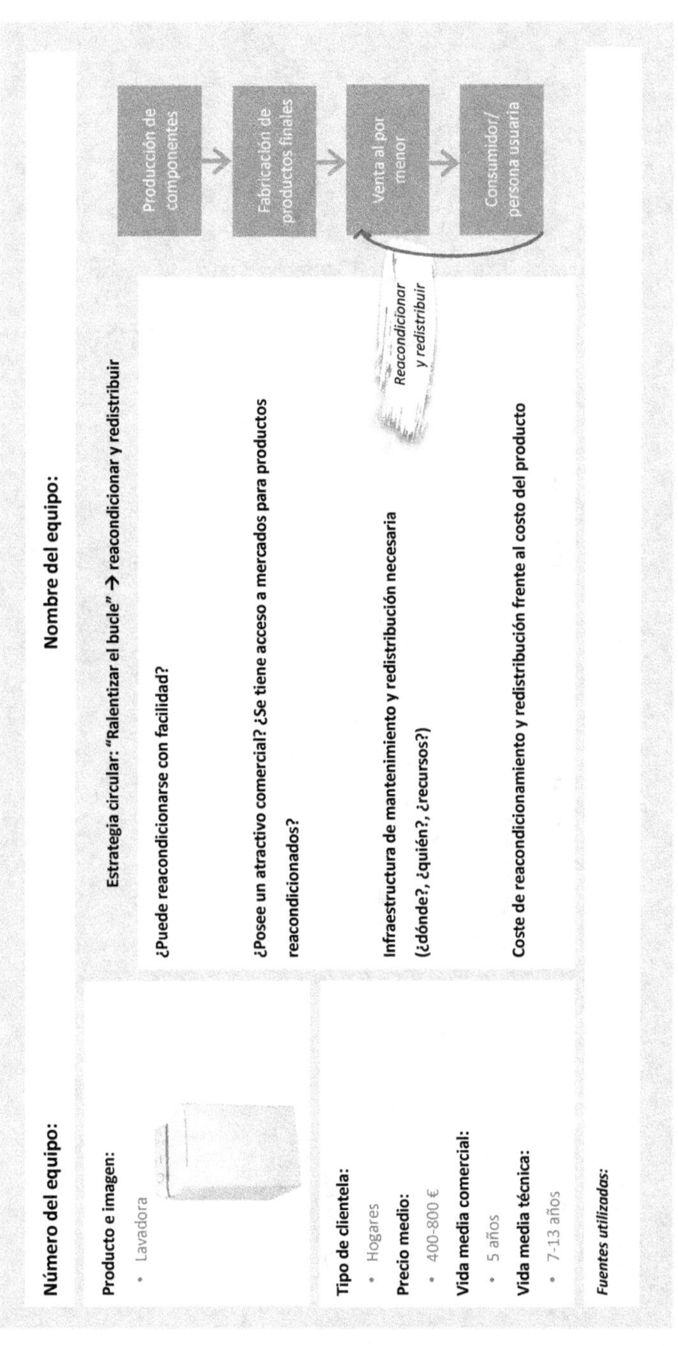

Figura 2.18. Plantilla para la estrategia circular: reacondicionar y redistribuir.

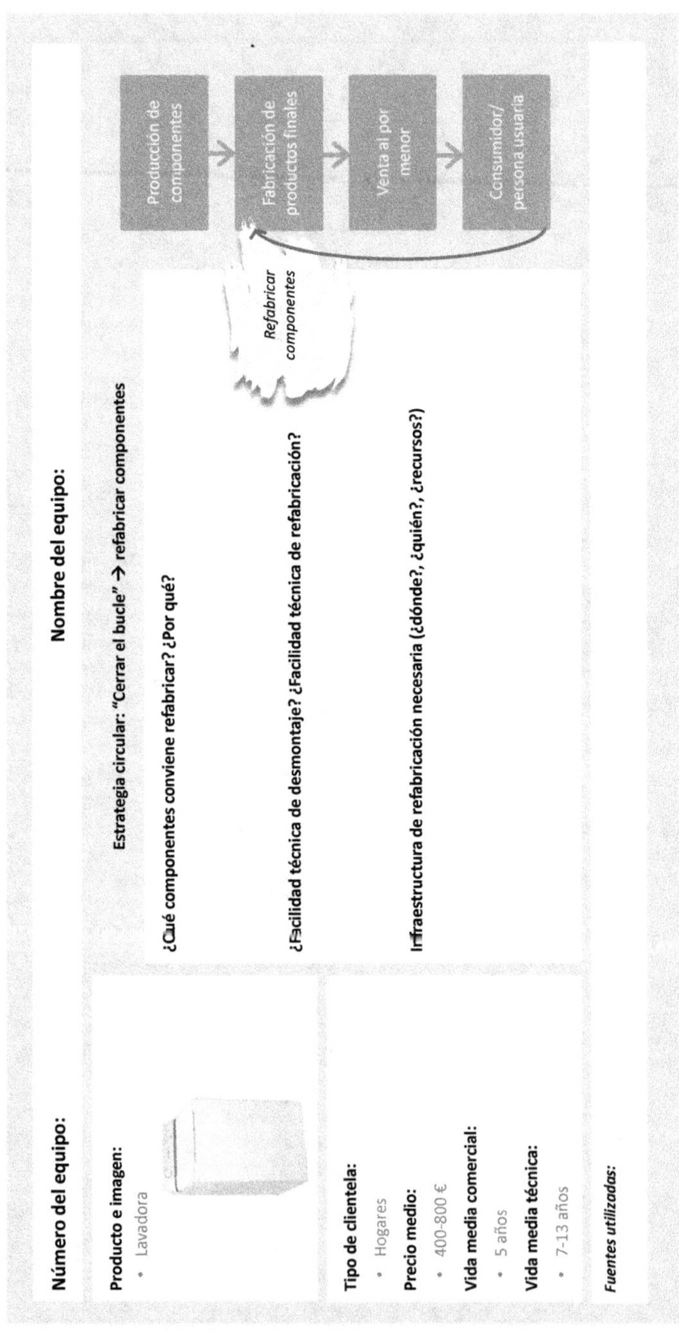

Figura 2.19. **Plantilla para la estrategia circular: refabricar componentes.**

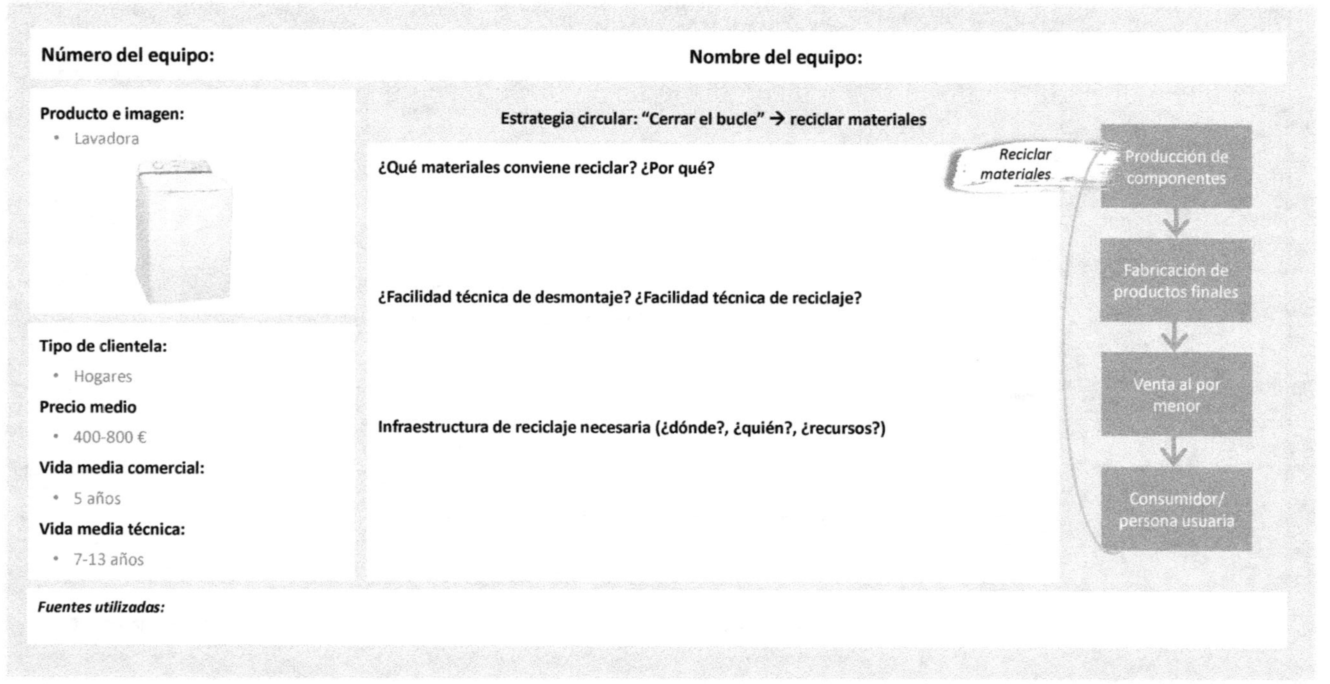

Figura 2.20. **Plantilla para la estrategia circular: reciclar materiales.**

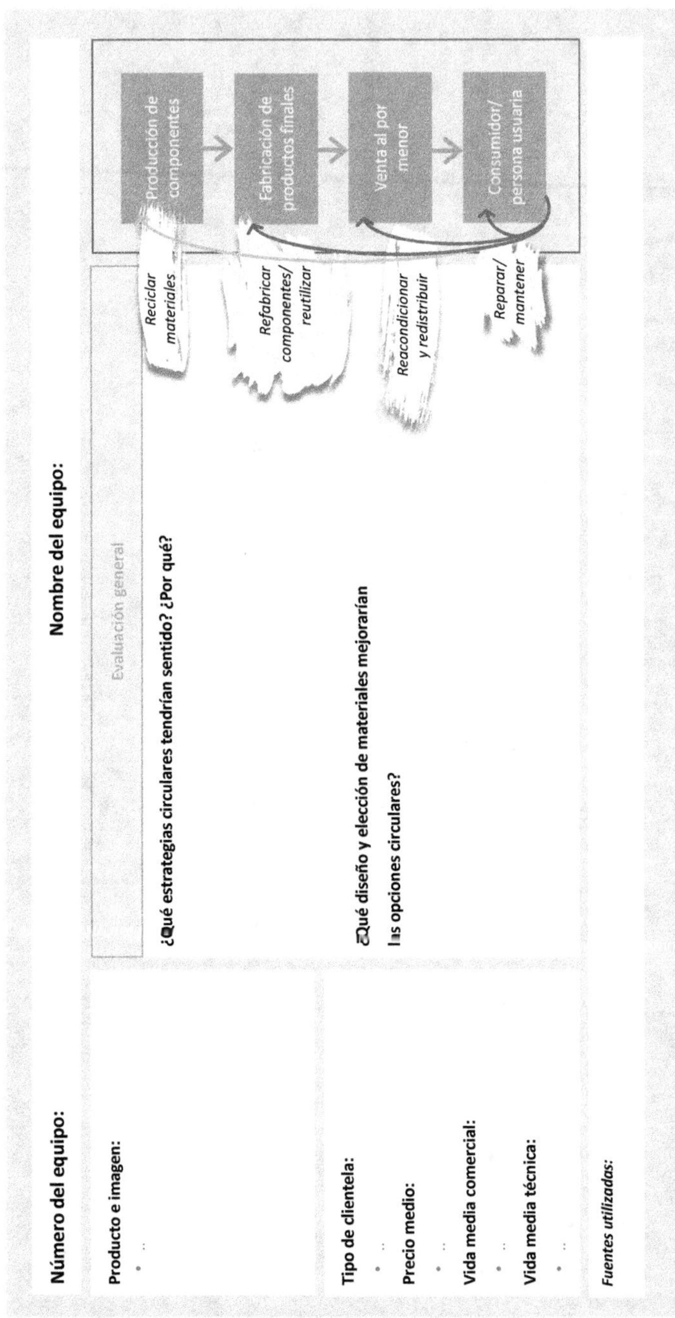

Figura 2.21. Plantilla de estrategia circular: evaluación general.

Modelos de ingresos y estructura de costo (¿cuánto?)

Como último elemento del modelo de negocio de una empresa, nos centraremos en los modelos de ingresos y la estructura de costos, que es donde se deben especificar los *mecanismos para monetizar la circularidad* y que debería dar una indicación importante sobre si la circularidad se puede conseguir de manera rentable.

La circularidad, concebida como un marco para el cambio, estimula la innovación y las soluciones creativas. Evidentemente, esto requiere una nueva forma de pensar y de prácticas comerciales que también afecta a los modelos empresariales. Por ejemplo, Pieroni *et al.* (2020) y Lacy *et al.* (2020) han proporcionado marcos que captan esos modelos empresariales circulares. En cierto modo, se basan en el trabajo de Bocken *et al.* (2016), en el que se distinguen seis innovaciones de modelos de negocio diferentes que se centran en ralentizar o cerrar el bucle, y las sitúan en el contexto de los modelos de ingresos.

Bocken *et al.* (2016) identificaron cuatro estrategias de modelos de negocio que, con sus respectivos modelos de ingresos, *ralentizan los bucles de recursos* y fomentan la ampliación de la vida útil de los productos y su reutilización. Son los siguientes:

1. **Acceso y rendimiento.** Satisface las necesidades de las personas usuarias sin que estas posean realmente un producto, proporcionándoles las funcionalidades o servicios del mismo (por ejemplo, el uso compartido de automóviles, el alquiler de teléfonos, los repositorios de ropa). A su vez, el mantenimiento corre a cargo de la empresa fabricante o de la minorista, por lo que nos podemos limitar a disfrutar de las ventajas del producto o servicio.

   - **Ingresos.** Se paga por servicio o unidad, por ejemplo a través de un modelo de suscripción, alquiler o *as-a-service.*[9] Además, «los costos adicionales de la prolongación de la vida útil se ven compensados por los ingresos adicionales, ya que la empresa puede utilizar el producto durante más tiempo» (Bocken *et al.,* 2016).

2. **Ampliación del valor del producto.** Aprovechar el valor residual de los productos y componentes, por ejemplo, impulsando la responsabilidad ampliada de la empresa productora, remanufacturando piezas, instalando

sistemas de recogida (iniciativa de devolución de H&M) u ofreciendo dinero en efectivo por los teléfonos usados.

— **Ingresos.** Bocken *et al.* (2016) mencionan que las empresas que optan por este modelo de ampliación del valor del producto «pueden ofrecer una plataforma que permita a la clientela explotar el valor residual de sus productos (por ejemplo, eBay)». Los costos adicionales de la instalación de sistemas de devolución o depósito, la instalación de puntos de recogida o la aplicación de una logística inversa se compensarán con la captación de nuevas formas de valor a través de la reducción de los costos de material, la reutilización de los materiales residuales y la venta de productos de segunda mano/reacondicionados.

3. **Larga duración.** El modelo, clásico, está orientado a productos de alta calidad y larga duración mediante un diseño muy cuidado y un excelente servicio de reparación y mantenimiento, tal como demuestra el eslogan de la marca de relojes de lujo Patek Philippe: «Nunca eres dueño de un Patek Philippe. Simplemente lo cuidas para la siguiente generación».

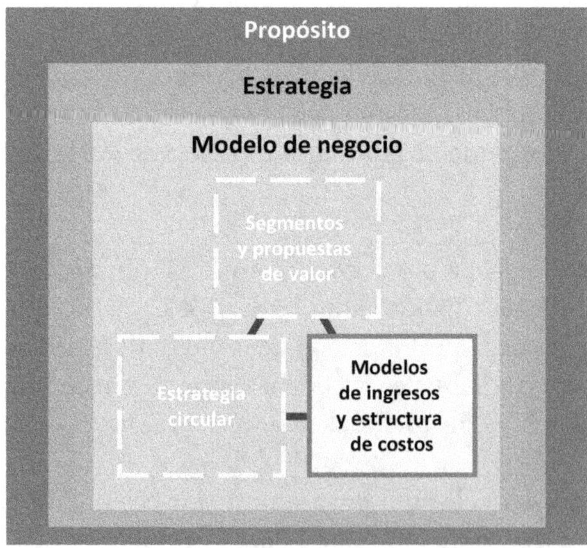

Figura 2.22. Modelos de ingresos y estructura de costos.

- **Ingresos.** El precio del producto es elevado y se paga a través de la venta directa, que suele incluir una garantía de por vida. Los costos de la garantía y el servicio a largo plazo los absorbe la empresa fabricante.

4. **Suficiencia.** También se centra en productos duraderos y de alta calidad a través de la venta directa. Sin embargo, Bocken *et al.* (2016) afirman: «el principio básico de "fomentar la suficiencia" radica en fabricar productos que duren y permitir que los usuarios los conserven el mayor tiempo posible mediante altos niveles de servicio». Esto implica un enfoque no consumista, como el anuncio «No compre esta chaqueta» de Patagonia, y productos que a menudo incluyen una garantía de por vida.

   - **Ingresos.** Al tratarse de productos de gama alta, con un precio considerable, poseen un margen de beneficio considerable. El servicio ofrecido crea clientes fieles a largo plazo y el mantenimiento y la reparación proporcionan ingresos adicionales.

Bocken *et al.* (2016) también han identificado dos estrategias de modelos de negocio y modelos de ingresos con los que *cerrar los bucles de recursos,* ya que captan el valor de lo que en una economía lineal se considerarían meros residuos.

1. **Ampliación del modelo de valor de los recursos.** Destinados al abastecimiento o la recogida de materiales al final de su vida útil, y a su transformación en nuevas formas de valor (por ejemplo, materias primas secundarias). Resulta esencial establecer asociaciones y colaboraciones para garantizar el abastecimiento, la recogida y el tratamiento de los materiales al final de su vida útil.

   - **Ingresos.** El uso de materias primas secundarias reduce los costos totales de material y el precio del producto. Además, como afirman Bocken *et al.* (2016), «el valor se capta al convertir recursos que de otro modo se desperdiciarían en nuevas formas de valor» para la empresa. Esto también hace que los productos acabados sean más atractivos para los consumidores ecologistas.

2. **Simbiosis industrial.** Similar al modelo anterior, la simbiosis industrial se centra en convertir los residuos de un proceso (o empresa) en materia prima para otro producto o proceso (a menudo para otra empresa). La

simbiosis industrial se beneficia de las colaboraciones locales, por ejemplo, en un emplazamiento industrial.

– **Ingresos.** Se generan ingresos a través de posibles nuevas líneas comerciales o productos elaborados a partir de antiguos flujos de residuos, y se comparten reducciones de costos.

Finanzas y financiación

Evidentemente, todas las empresas dependen de los beneficios para sobrevivir. Hay que gastar menos de lo que se gana; al menos a largo plazo. Al mismo tiempo, tiene que haber un equilibrio saludable entre los beneficios generados y las inversiones realizadas para conseguirlos. Si, aunque solo sea temporalmente, los costos operativos corrientes no pueden pagarse con el efectivo disponible, habrá que recurrir a la financiación. En los siguientes apartados trataremos de la cuenta de resultados, la situación financiera y la financiación sostenible o verde.

Recibir y gastar: la cuenta de resultados

El apartado más importante del informe anual de una empresa es la cuenta de resultados. Indica si una empresa ha obtenido beneficios o pérdidas, y detalla su estructura, sumando los ingresos y restando los gastos.

EJERCICIO 2.11
Modelos y estrategias de ingresos circulares en la escalera R

Explorar

Explora los modelos de negocio circular y las estrategias de la escalera R.

- Mira a tu alrededor y elige un producto que veas: algo que lleves puesto, algo en lo que estés sentado, algo con lo que trabajes, algo que te lleves en tus viajes, etc.
- ¿Qué modelo de ingresos utilizarías para convertir el producto en un producto circular? Piensa también en las estrategias de la escalera R.
- Organiza tus argumentos para defenderlos en público.

Como puede verse en la visión general anterior, hay muchos vínculos directos entre las actividades de la cadena de valor (circular) y la cuenta de resultados. En primer lugar, se puede argumentar que un rendimiento circular superior en términos de durabilidad o paquete de servicios conducirá a ingresos sostenibles, o incluso podría muy bien conducir a ventas adicionales o a un precio superior si el rendimiento es mejor que el de la competencia. Además, es evidente que existen vínculos muy claros entre la cadena de valor y el dinero gastado, expresados en los costos de los bienes vendidos, por ejemplo, la compra de materias primas, el transporte de entrada, los costos de energía y de mano de obra para la fabricación y el almacenamiento, el reacondicionamiento, el mantenimiento, la renovación o los costos para recuperar el producto del mercado (reembolsos, recompra). Además, están los costos de distribución, que normalmente se encuentran como parte de los gastos de venta.

En definitiva, la cuenta de resultados ofrece una visión clara de lo que se denomina la línea superior (ingresos) y la línea inferior (beneficios). De esta afirmación también se puede deducir que una estrategia de mercado orientada al crecimiento de la línea superior no es necesariamente la misma que la orientada a la mejora de la línea inferior.

Ingresos	
-/-	Costos de bienes vendidos
Beneficio bruto	
-/-	Gastos de explotación
	Gastos de venta
	Gastos en I+D
	Gastos de administración general
+/-	Otros ingresos/gastos de explotación
Beneficios antes de intereses e impuestos (EBIT)	
-/-	Intereses e impuestos
Ingresos netos	

Figura 2.23. **Partidas de la cuenta de resultados (beneficios y pérdidas).**

Ahora que podemos ver cómo han sido los ingresos y los gastos, veamos las inversiones que se han realizado y la estructura financiera que se ha establecido para que la empresa prosiga con su actividad.

Debe y haber: el balance

El segundo apartado importante del informe anual de una empresa es el balance, también conocido como «posición financiera». Muestra el activo, el pasivo y el patrimonio neto de la empresa, es decir, los recursos que posee la empresa, así como el dinero que aún debe.

Aunque la posición financiera incluye más elementos relacionados con la cadena de valor, los más importantes desde el punto de vista de la cadena de valor operativa son las instantáneas de las existencias, las cuentas comerciales por cobrar y la propiedad, planta y equipo en la parte de los activos, y las cuentas comerciales por pagar en la parte de los pasivos. También podría añadirse el efectivo, dada su relación con la cadena de valor, al pensar en la relación entre las entregas realizadas, la fiabilidad de estas e incluso la exactitud de las facturas. Las cuentas por cobrar y las cuentas por pagar tienen vínculos directos con factores como las condiciones de pago, el tamaño de los pedidos, etc. Los inventarios son relativamente fáciles de entender y, junto con las cuentas por cobrar y las cuentas por pagar, conforman el capital circulante de una empresa (véase el siguiente apartado). El inmovilizado material tiene una relación directa con la infraestructura de la cadena de suministro y las tecnologías y equipos de producción y logística aplicados.

EJERCICIO 2.12
Analizar las ventas y los beneficios

Explorar

- Desde un punto de vista estratégico, ¿en qué casos crees que una empresa puede centrarse en el crecimiento de los ingresos?
- ¿Y en qué casos se recomienda centrarse en mejorar los resultados?
- ¿Qué acciones específicas pueden encajar con un enfoque orientado al crecimiento de los ingresos? ¿Y con un enfoque para la mejora de resultados?
- ¿En qué se diferencian y se parecen estas dos estrategias?

Activos corrientes		Pasivo corriente	
	Efectivo y equivalentes de efectivo		Cuentas por pagar (A/P)
	Cuentas por cobrar (A/R)		Notas de pago
	Inventario		Gastos devengados
	Otros		Ingresos diferidos
Total de activos corrientes		*Total del pasivo corriente*	
Propiedad, planta y equipo (PPE)		**Pasivo no corriente**	
	Solar		Provisiones a largo plazo
	Edificios y mejoras		Deuda a largo plazo
	Equipo	**Patrimonio**	
	Menos la depreciación acumulada		Capital social
Otros activos			Capital y otras reservas
	Activos intangibles		Beneficios retenidos
	Menos la amortización acumulada		
Total de activos no corrientes		*Total del pasivo no corriente y de los fondos propios*	
Activos totales		**Total del pasivo y de los fondos propios**	

Figura 2.24. **Partidas del balance (posición financiera).**

Otra parte importante relacionada con las decisiones empresariales son los activos en cuanto a los productos que fabrica. Por ejemplo, desde el punto de vista de la posición financiera, es muy diferente «vender» esos productos (el activo se traslada al cliente) que «ofrecerlos como servicio» (un modelo de negocio circular cada vez más popular). En este último caso, los productos se alquilan, por ejemplo, o se ofrecen mediante una suscripción o «por uso», por lo que permanecen como activos en el balance de la empresa y deben financiarse de alguna manera.

Otra posibilidad es que la empresa opte por un «arrendamiento financiero» a través de un banco, de modo que los activos pasan al balance del banco y la empresa realiza un pago mensual al banco por ese servicio. Tres posibilidades diferentes, cada una de ellas con distintas implicaciones para la cuenta de resultados y el balance.

Financiación: ¿de dónde sale el dinero?

Obviamente, la principal fuente de financiación de una empresa sana es el beneficio que genera con sus propias operaciones. Tener beneficios evita tener que acudir a terceros para pedir dinero. Sin embargo, también está claro que a veces los beneficios no son suficientes, por ejemplo, en el caso de las inversiones que hay que hacer en nuevos productos, nuevos procesos o tecnologías, o en la expansión en un mercado. En estos casos, se necesitan fuentes de financiación externas. Lacy *et al.* (2020) distinguen cuatro de estas fuentes en el contexto particular de la sostenibilidad:

- *Bancos y entidades de crédito*, que pueden emitir bonos o préstamos que vinculen los resultados al costo del préstamo, por ejemplo, ofreciendo tipos de interés más bajos si mejora la sostenibilidad.
- *Inversoras comerciales*, como las empresas de capital riesgo especializadas, que buscan oportunidades de inversión relacionadas con la sostenibilidad.
- *Proveedoras de capital no comerciales*, como las instituciones de desarrollo o las filantropías privadas, cuyo objetivo es proporcionar (co)financiación mediante subvenciones, capital público o préstamos respaldados por el gobierno, que suelen tener requisitos menos estrictos que los préstamos comerciales.
- *Emprendimiento corporativo*, como las grandes corporaciones que invierten en empresas emergentes.

El cambio hacia una economía circular no solo aportará beneficios sociales, medioambientales, de gobernanza y climáticos, sino que también ofrecería, por ejemplo, beneficios anuales de 1,8 billones de euros (2,1 billones de dólares) en 2030 en Europa si se adopta en los sectores de la movilidad, la alimentación y la construcción. Además, actividades como el reciclaje, la renovación o reacondicionamiento y la reventa podrían crear más de medio millón de puestos de trabajo solo en Reino Unido para 2030 (EMF, 2020).

Además de ser cada vez más reconocida como parte de la solución al cambio climático y a otras cuestiones medioambientales, sociales y de gobernanza, la economía circular también ofrece oportunidades para elcrecimiento en sectores que opten por actividades productivas sostenibles. La cuestión que se plantea en el sector financiero ya no es si estas cuestiones son importantes, sino cómo deben abordarse. Aunque la financiación «sostenible» o «circular» se encuentra todavía en una fase inicial, se observan movimientos interesantes y el mercado de la financiación de la economía circular está despegando (EMF, 2020).

Desde 2016, se ha multiplicado por diez el número de fondos del mercado privado que invierten en la economía circular, incluidos los fondos de capital privado, de deuda privada y de capital riesgo. Los bancos están emitiendo los llamados «bonos verdes», pero, curiosamente, las iniciativas en esta misma dirección también han sido lanzadas por las empresas. A partir de 2020, hay diez fondos de capital público mundial con un enfoque de inversión en economía circular único o parcial (BlackRock, BNP Paribas, Candriam, Cornerstone Capital Group, dos fondos de Credit Suisse, Decalia, Goldman Sachs, NN Investment Partners y RobecoSAM), cuando en 2017 aún no existía ninguno. En los primeros diez meses de 2020, los activos gestionados a través de estos fondos de renta variable pública se han multiplicado por seis, pasando de 0,3 mil millones de dólares a más de dos mil millones. Además, en el año y medio hasta 2020, se emitieron diez bonos corporativos mundiales en circulación con un enfoque de economía circular (Alphabet, BASF, Daiken Corporation, Henkel, Intesa Sanpaolo, Kaneka Corporation, MOWI, Owens Corning, PepsiCo y Philips).

Las grandes empresas de inversión están introduciendo la sostenibilidad en sus políticas, como el informe de gestión de inversiones de BlackRock, la resolución sobre residuos plásticos de Morgan Stanley, las soluciones de AXA a los modelos de intercambio entre pares o las actividades del Capital Institute

---

EJERCICIO 2.13
La financiación «verde»

Explorar

Basándose en los ejemplos mencionados anteriormente, explora nuevas formas de financiación «verde» investigando en internet:

- ¿Qué productos y servicios financieros puedes encontrar como «ofertas verdes» nuevas o innovadoras?
- ¿A quién se dirigen?
- ¿Cómo funcionan en la práctica?
- ¿Qué ejemplos concretos de aplicación con éxito puedes encontrar?
- ¿Cuál podría ser la «razón comercial» para que los bancos y las instituciones financieras ofrezcan mejores condiciones a la hora de financiar iniciativas relacionadas con la economía colaborativa?
- ¿Qué dimensiones específicas de los proyectos relacionados con la economía colaborativa puedes identificar que conduzcan a una mayor rentabilidad o a una disminución de los riesgos, constituyendo así la base de las mejores condiciones?

del ex alto ejecutivo de JP Morgan, John Fullerton (BlackRock, 2020; Morgan Stanley, s.f.; EMF, 2020; Capital Institute, s.f.).

En otras palabras, «los accionistas se están tomando en serio la sostenibilidad», como se podía leer en un artículo de *Harvard Business Review* titulado «The investor revolution» (Eccles y Klimenko, 2019). Términos como inversión verde, inversión de impacto, finanzas regenerativas, ciudadanía financiera e incluso *shactivismo* (activismo del accionariado, *shareholders* en inglés) aparecen cada vez más, lo que indica que las empresas sostenibles podrían, de hecho, obtener un menor costo de capital en el futuro (Bernick, 2019, como se menciona en Elkington, 2020). Todos los aspectos financieros desempeñan un papel importante en la aceleración de la transición hacia una economía circular. En los próximos años es crucial que los servicios financieros no solo inviertan en empresas específicas y perfectamente circulares, sino que animen a las empresas de todos los sectores a realizar esta transición a todas luces esencial.

Optar por un modelo de negocio circular

Elegir la estrategia circular principal

Ahora que conocemos las diferentes estrategias circulares a nuestra disposición, ¿cómo elegir el camino que tomaremos? La elección puede hacerse sobre la base de criterios diferentes, como:

- Idoneidad del producto existente (lineal) para las estrategias circulares, en términos de diseño, materiales y componentes, según lo visto en el taller de «deconstrucción».
- Magnitud del cambio, según lo considere factible y razonable el equipo directivo de la empresa.
- Optar por un cambio de raíz o por la implementación gradual mediante proyectos piloto.
- Relación actual con posibles socios de la cadena de valor circular.
- Potencial de mercado estimado.
- Etc.

Además de lo anterior, queremos retomar un tema que ya se ha tocado brevemente en este capítulo: algunas de las estrategias circulares pueden aplicarse simultáneamente. En cualquier caso, probablemente haya que **elegir una estrategia circular dominante,** a partir de la cual podrán aplicarse otras de manera complementaria en el caso de que sean realmente compatibles con la estrategia dominante elegida y puedan, por ejemplo, proporcionar una segunda opción para los flujos de residuos que salen.

Posibles estrategias de apoyo

	R0	R1	R2	R3	R4	R5	R6	R7	R8	R9
R0 = rechazar	/									
R1 = reducir		/								
R2 = reaprovechar			/							
R3 = reparar				/						
R4 = reacondicionar					/					
R5 = refabricar						/				
R6 = reutilizar							/			
R7 = reciclar materiales								/		
R8 = recuperar energía									/	
R9 = reextraer										/

(Eje vertical: Estrategia dominante)

Figura 2.25. Estrategia circular dominante y estrategias de apoyo.

EJERCICIO 2.14

La estrategia principal y las estrategias secundarias

Explorar

Tomando como ejemplo la plantilla de la figura 2.25, ¿qué estrategias circulares dominantes podrían encajar (técnicamente) con qué estrategias circulares de apoyo, es decir, cuáles son potencialmente compatibles? Por el momento no hay que preocuparse de la viabilidad financiera, solo hay que fijarse en la viabilidad técnica y la coherencia entre las estrategias, desde el diseño de los componentes hasta las personas consumidoras y de vuelta a la cadena de valor.

Captar el modelo de negocio vinculado a la estrategia circular dominante

Otro asunto, además de la elección de una estrategia circular dominante, es cómo captar un modelo de negocio circular. ¿Qué elementos habrá que describir para comprender bien un determinado escenario circular y, de este modo, ofrecer una comprensión profunda? Volviendo a algunos de los temas tratados en este capítulo, sugerimos que los siguientes elementos deberían estar en la lista (figura 2.26), sobre la base de la estrategia circular dominante elegida:

- *Una visión conceptual integrada* del modelo de negocio, por ejemplo, mediante el uso de un modelo de negocios *canvas.*
- *Un mapa de los flujos físicos* que muestre las etapas de la cadena de valor, incluyendo cualquier bucle de retorno previsto y las actividades de apoyo necesarias (por ejemplo, mantenimiento y reparación, renovación, etc.). Puede enriquecerse añadiendo el volumen en términos de número de artículos, cantidad de kilogramos, cantidades de dinero correspondientes a los diferentes flujos. El mapa debe incluir preferentemente tres tipos de flujos: materiales, componentes y productos acabados (tanto ventas como devoluciones).
- *Una visión general del modelo de ingresos por segmento de clientes,* incluyendo las cifras correspondientes.
- *Una visión general de los mecanismos para monetizar la circularidad,* por ejemplo, a través de las ventas en el mercado de segunda mano, o las ventas de materiales reciclados a los proveedores.
- *Una visión general de los costos adicionales o reducidos,* como los asociados al reacondicionamiento o la refabricación, o los costos de capital relacionados con la financiación fuera de balance en el caso del arrendamiento financiero o la suscripción, o los ahorros debidos a la reutilización de los componentes remanufacturados, que implican comprar menos componentes nuevos.

En la segunda y tercera parte del libro se vuelven a tratar ampliamente los conceptos de estrategias circulares dominantes y de apoyo y las formas de plasmar un modelo de negocio circular, para luego aplicarlos específicamente al juego de simulación empresarial *The Blue Connection.*

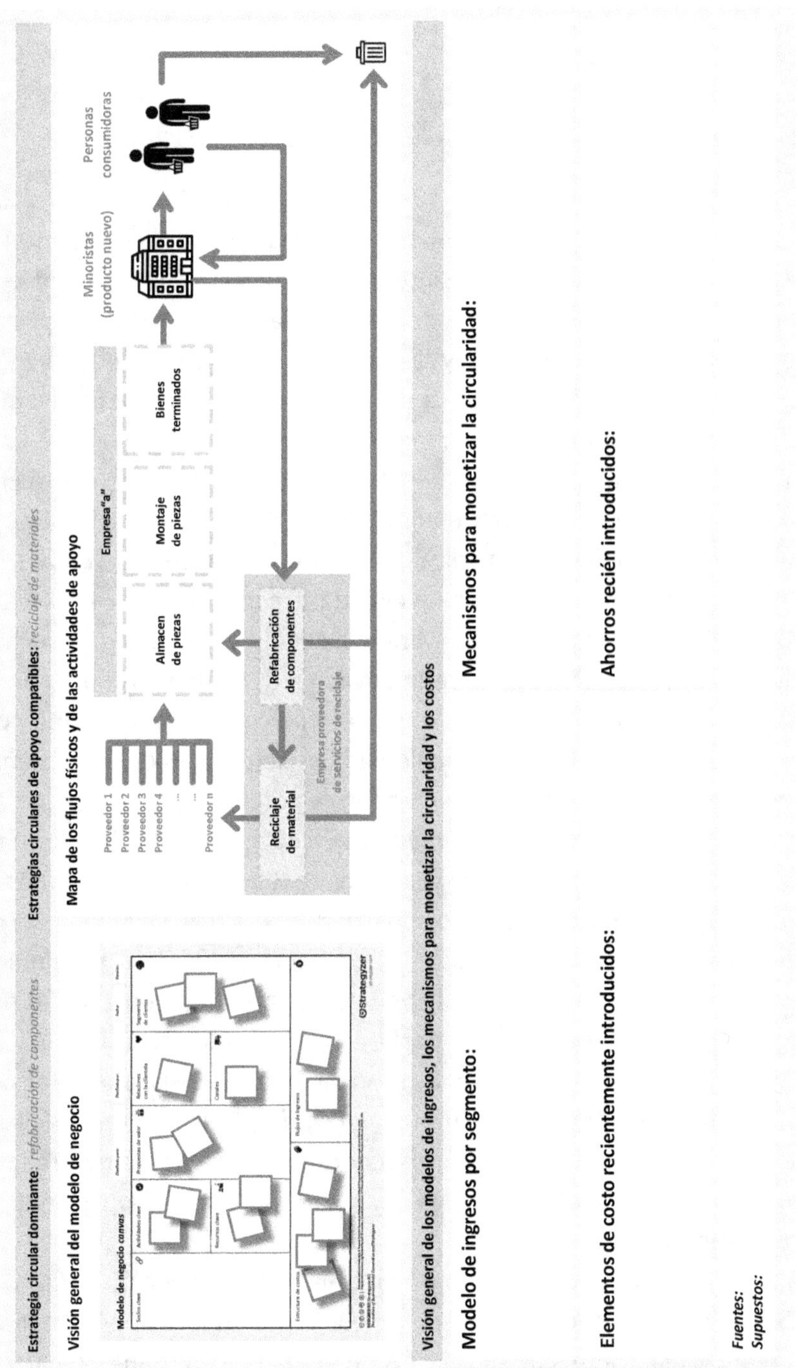

Figura 2.26. **Cuestiones que deben tenerse en cuenta al sopesar un modelo de negocio circular.**

Resumen

Conclusiones de la fase 1, paso 2, del proyecto circularidad: la perspectiva de la empresa

—¡Vaya! ¡A esto sí que podemos llamarlo inmersión! ¡Y de las profundas! Después de esto, ¿quién de vosotros sigue pensando que la circularidad es solo cuestión de reciclaje? —dijo la tía Joanna—. Queda claro que todo empieza con el propósito de nuestra empresa y las posibles motivaciones que hay detrás de la elección de ser más circular. La cuestión del «por qué». Definitivamente, tendré que meditarlo mucho.

»También veo mucho más claro ahora —continuó— hasta qué punto el propósito orienta la estrategia y cómo podría encajar la circularidad en todo esto. Y también he aprendido que, para adoptar la circularidad, deberíamos optar por una estrategia dominante y complementarla con alguna que otra más que sea compatible. Una vez definida, averiguar qué modelos de ingresos encajan con nuestros clientes actuales, porque obviamente tendríamos que monetizar la circularidad. El siguiente paso sería ver las repercusiones que tendrían en los costos, ya sean adicionales, por ejemplo para las actividades de mantenimiento o reacondicionamiento, pero también ahorros potenciales, por ejemplo al recuperar componentes remanufacturados que reducen la necesidad de comprar componentes nuevos. Y la colina de valor y las 10 R tienen una importancia fundamental. El panorama es bastante complejo, chicos, pero al menos ya está claro.

—Sí, tía, complejo —repuso María—. Pero ¿sabes qué? Estaba pensando que tal vez podríamos organizar un «taller de deconstrucción» con algunas personas de la empresa. Seguro que te aportarán otros puntos de vista.

—Muy buena idea —respondió la tía Joanna con entusiasmo—. Por lo que veo, la circularidad es, en efecto, un tema muy amplio y diverso. Si realmente queremos implantarlo en la empresa, tendremos una tarea muy grande por delante. Será mejor que empecemos a movilizar a otras personas aquí, en la empresa, ahora.

La tía Joanna se detuvo un momento, como si le preocupara algo.

—Sin embargo, tengo la sensación de que hay algo más que todavía tenemos que investigar antes de decidirnos de verdad —continuó— y, para seros sincera, no estoy segura de que me ilusionen los resultados, porque existe el riesgo de que descubramos que nuestra influencia como empresa es mucho menor de lo que a veces nos gusta pensar. Lo diré de otra manera: dependemos mucho más de ciertas fuerzas externas de lo que nos gustaría.

—¿Qué te inquieta, tía? —preguntó María.

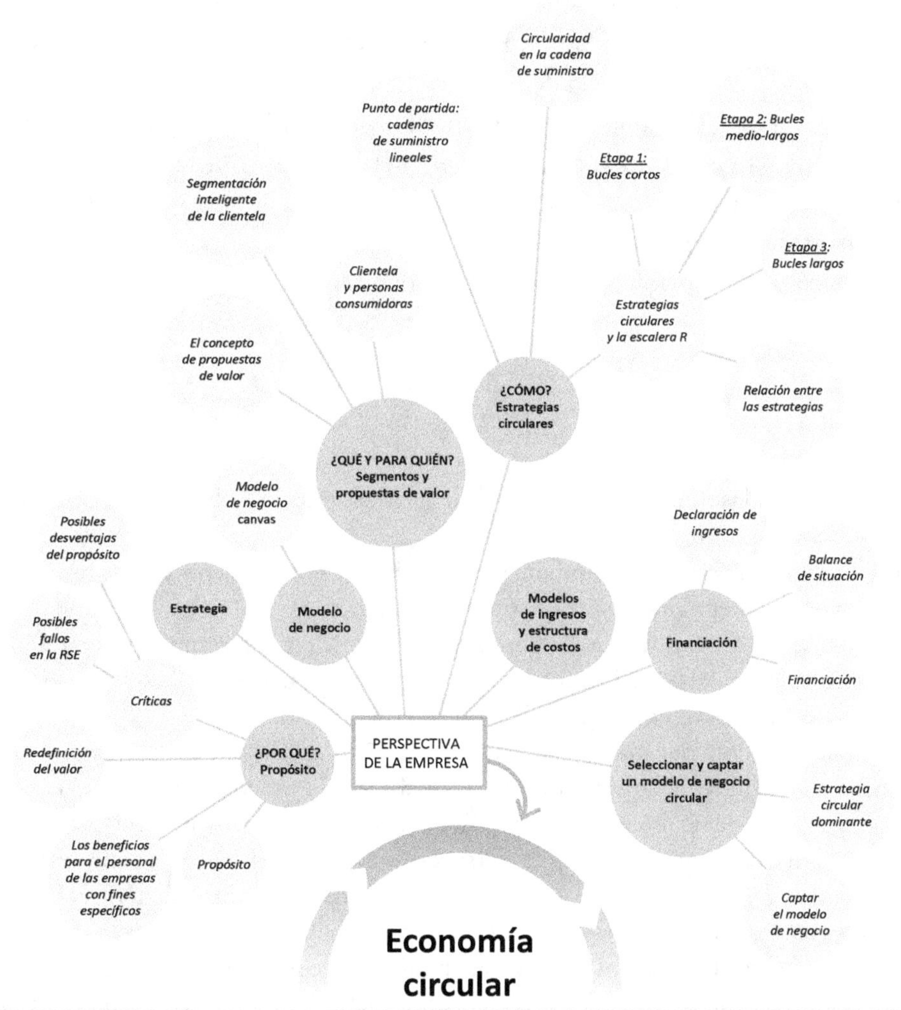

Figura 2.27. Cómo explorar la idea que tiene la empresa de la circularidad (en detalle).

—Bueno —respondió la tía Joanna—, basándome en nuestros pasos anteriores, mi intuición me dice que la circularidad es una cuestión que va mucho más allá de nuestra empresa. Podemos tener todo el empuje y la energía y los proyectos que queramos, pero sospecho que eso no tiene por qué ser suficiente. Simplemente no podemos tener el control de todo. Creo que también debemos explorar lo que hay más allá de los límites de la empresa. Ya sabes, echar un vistazo a la importancia de lo que hacen o dejan de hacer los gobiernos, mirar los aspectos legales, tanto nacionales como internacionales, comprobar el impacto de la circularidad en la educación y, por último, pero no menos importante, ver la relevancia de los ecosistemas circulares.

—Menos mal, tía —dijo Peter con una sonrisa—. Casi temía que hubiéramos terminado ya con el proyecto, pero por suerte has encontrado algo más de trabajo para nosotros.

Los tres se rieron.

—Bien. ¿Cuándo volvemos a vernos? —dijo María.

Notas

1 Referencias a las que se alude en los diálogos del capítulo 2: Hollender (2010), *Business Insider* (2018), Chua (2018, 2020).

2 En los recursos web que acompañan a este libro se puede encontrar un resumen de una serie de interesantes pódcast sobre la circularidad.

3 Los tres elementos mostrados como parte del modelo de negocios cubren de forma simplificada las partes más críticas de los modelos de negocio tal como se expresan en los *canvas* que veremos más adelante en este capítulo.

4 Téngase en cuenta que algo similar, aunque centrado en las cadenas de valor lineales, puede encontrarse en la literatura tradicional sobre la cadena de suministro bajo los nombres de cadena de suministro y cadena de desarrollo (Simchi-Levi *et al.*, 2009).

5 En el texto nos centraremos en la perspectiva empresarial, pero por supuesto también existe la perspectiva de la persona que consume. Estas pueden rechazar las ofertas baratas, comprar y usar menos, con el objetivo de minimizar la creación de residuos, y pueden replantearse sus hábitos de consumo. Aquí se introduce el concepto de economía colaborativa y de productos como servicio, replanteando la propiedad. Desde el punto de vista de la sostenibilidad, rechazar es lo mejor que se puede hacer en una economía circular, porque al rechazar no consumimos nada.

6 Esta estrategia, vista desde la perspectiva de las personas consumidoras, se centraría en utilizar los productos durante más tiempo y con más cuidado, reduciendo a su vez los residuos y su propio impacto medioambiental.

7 También se oyen voces críticas: algunos afirman que la creación de una amplia infraestructura de reciclaje e incineración acabará creando una demanda para recuperar las inversiones realizadas, casi como una profecía autocumplida. Esta creación de demanda de reciclaje e incineración se interpondría entonces en el diseño de la eliminación de residuos desde el principio (por ejemplo, Guardian, 2013).

8 Aunque esta actividad se denomina «taller de deconstrucción», no es necesario desmontar físicamente el aparato. En caso de que quieras realizar una verdadera deconstrucción, hay que tener en cuenta las medidas de seguridad necesarias, especialmente en el caso de dispositivos eléctricos y artículos con partes afiladas (de metal). Y asegúrate de preguntar al propietario del dispositivo si está de acuerdo con la actividad.

9 Aunque a veces se consideran parte del modelo de ingresos de «producto como servicio», hay algunas diferencias entre las opciones. En el caso del arrendamiento, normalmente se llega a un acuerdo por adelantado por un período fijo, por ejemplo, un arrendamiento de cuatro años, sobre la base de una cuota mensual. En el caso de la suscripción no suele haber fecha de finalización; es un acuerdo por un período indefinido, con la condición de un plazo mínimo de cancelación y una cuota mensual fija. En el caso del producto como servicio, el acuerdo suele ser por servicio, por ejemplo, en el caso de los modelos de uso compartido. En todos estos casos, la propiedad sigue siendo de la empresa fabricante, de la minorista o de la prestadora de servicios, lo que significa que el producto aparece o bien en el balance como un activo, con la(s) correspondiente(s) fuente(s) de financiación también en el balance, o bien la empresa puede optar por una financiación fuera de balance, por ejemplo a través de un acuerdo de alquiler con opción de compra con la proveedora, en el que los productos pasan al balance de la entidad financiera y se paga un tipo de interés para disponer del importe del préstamo deseado.

3

Más allá de las fronteras
de la empresa

—Hola, María. Hola, Peter. Buenos días. Me alegro de veros —dijo la tía Joanna, muy apresurada—. Me muero de ganas de pasar la mañana con vosotros, pero tengo que ocuparme de otro asunto. Nuestra principal proveedora de plásticos quiere discutir una propuesta de inversión para ampliar la capacidad y apoyar el crecimiento futuro. Al parecer, les visita una delegación de su sede central, así que quieren que vayamos hoy. Y como es una proveedora fundamental para nosotros, no me queda más remedio: tengo que ir. He escrito en la pizarra los temas que hemos tratado para el siguiente paso de nuestro viaje circular. Os serviría de guía. Hasta luego.

Y se fue.

—¿Cómo puede hacernos esto? —exclamó María después de que la tía Joanna se marchara—. Hace días que hemos concertado esta reunión y ahora se va a visitar a un proveedora de plásticos.

Pronunció la palabra *plásticos* como si se tratase de algo muy sucio o maligno.

—Es una de las industrias más contaminantes que hay. No deberían invertir en su crecimiento, sino en su reducción.

—Bueno, primita —le contestó Peter— el negocio sigue, ya sabes... Te guste o no. Aunque nuestra tía Joanna esté ansiosa por conocer la circularidad y lo que eso significa para su empresa, sigue teniendo una empresa que dirigir.

Tiene una responsabilidad con su clientela, el personal, sus familias, etc. No te equivoques: de poco sirve adoptar el modelo circular si la empresa quiebra mientras tanto. Por cierto, el plástico sigue siendo un material esencial para muchos productos y, en muchos casos, es incluso relativamente fácil de reciclar si se lo compara con otros materiales. No me seas demasiado quisquillosa. Podría ser una de las alternativas más prometedoras como primer paso para ser más «circular». En cualquier caso, ¿nos ponemos a trabajar y hacemos algunas de las cosas que figuran en la lista de la tía Joanna?

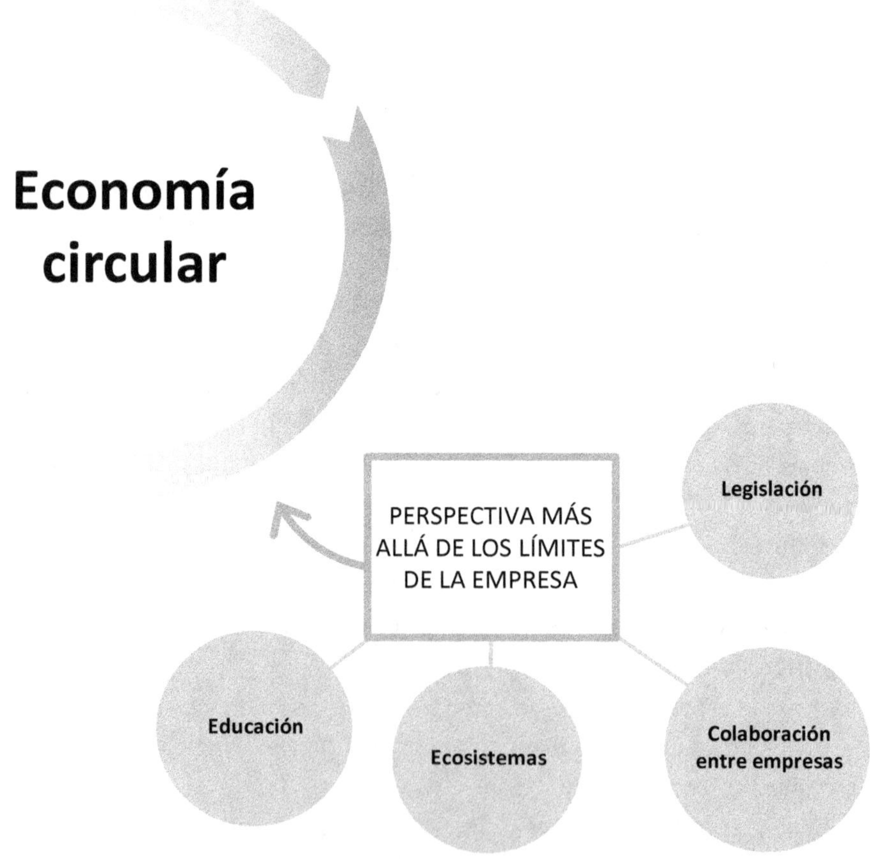

Figura 3.1. Explorar la circularidad más allá de los límites de la empresa.

A pesar de que cada vez son más las empresas que se comprometen con una transición circular, hay muchos instrumentos más allá de los límites de la empresa que obstaculizan esta transición. En este capítulo entraremos en detalle sobre cómo la legislación, la colaboración entre empresas, los ecosistemas y la educación pueden obstaculizar o acelerar la transición hacia una economía circular.

Legislación

Para fomentar una economía circular, hay que tener en cuenta todas las etapas del ciclo de vida del producto: diseño, abastecimiento, producción, venta, uso y reutilización. Esto afecta a un gran número de cuestiones jurídicas, por ejemplo, en torno a la legislación sobre residuos, los períodos de garantía, las políticas de diseño ecológico, la fiscalidad, la responsabilidad ampliada de la empresa productora o incluso las leyes de la competencia (Backes, 2017).

Las políticas y la legislación en apoyo de la transición a una economía circular funcionan como un *impulso habilitador,* como se describe en el capítulo 1, lo que significa que facilitan un camino efectivo hacia delante. Pero antes de continuar con esta parte del capítulo, es posible que te preguntes: «cuál es la diferencia entre políticas y legislación?». Una política es un documento que señala lo que un gobierno, administración pública o cualquier entidad, quiere conseguir, orientado a un propósito a largo plazo, lo que van a hacer y con qué métodos, las normas (las reglas que se hacen para cumplir y comportarse de una manera determinada) y los principios que siguen en la ejecución de su directiva. La legislación, por su parte, señala una ley o un conjunto de leyes, promulgadas por el órgano de gobierno de un país, o de una parte de un país. La diferencia clave es que las políticas establecen objetivos y actividades, mientras que la legislación puede ser necesaria para habilitar los marcos legales e institucionales para lograr el propósito de la política.

Barreras administrativas y legislativas

Aparte del hecho de que el tirón combinado de la sociedad y el empuje de organizaciones relevantes está dando lugar a una creciente atención a la economía circular, la legislación y las políticas actuales apoyan en general una economía lineal. Incluso podrían ralentizar la transición circular y provocar cuatro tipos de obstáculos (Steward *et al.,* 2016):

1. Podrían transmitir mensajes poco claros o confusos.
2. Existen múltiples medidas políticas; todas muy complejas y con una normativa cambiante.
3. Las medidas políticas no ejercen una gran presión legislativa y hay falta de control.
4. A veces la legislación o las medidas políticas dificultan la innovación y se convierten en un obstáculo en la transición a la economía circular.

La legislación actual en torno a los residuos y el comercio de recursos secundarios constituye un buen ejemplo de hasta qué punto las leyes y ciertas medidas políticas pueden obstaculizar la transición a una economía circular a escala supranacional. El reglamento europeo sobre el traslado de residuos (UE, 2006) es un cuello de botella en el comercio internacional de residuos, considerados como un recurso secundario valioso. En este caso, los residuos no se consideran un recurso o un insumo para la innovación y la producción circulares, sino un material inutilizable o no deseado. Por lo tanto, se obstaculiza la recogida y el transporte transfronterizo de flujos de residuos homogéneos para su uso circular. Además, la legislación también se centra en la cantidad, en lugar de la calidad del material reciclado. Sin una legislación específica, muchos posibles recursos secundarios acaban siendo flujos de residuos mixtos, en los que los costos de reciclaje de alta calidad son superiores a los ingresos generados por los materiales reciclados, como es el caso de los envases de plástico (UE, 2016). Lo mismo ocurre con el diseño de estrategias en la escalera R: faltan requisitos exigibles y concretos para el diseño de productos. Sin embargo, el cambio está llegando. Por ejemplo, como parte de la nueva agenda de la Unión Europea para el crecimiento sostenible, la Comisión está evaluando las opciones para revisar el reglamento sobre el traslado de residuos.

Además, existen incoherencias entre la legislación y la normativa: por ejemplo, el uso de materiales reciclados como insumos para los procesos de producción se ve perjudicado por algunos aspectos de protección de la salud planteados en la legislación actual, mientras que esto está contemplado en normativas existentes, como los criterios de fin de residuos de la Unión Europea o el Reglamento de registro, evaluación, autorización y restricción de sustancias químicas o REACH (UE, 2016).

En muchos casos, la política —el propósito a largo plazo— está ahí, pero el seguimiento de las directivas de la UE se ve obstaculizado por una legislación difusa o inexistente; tal es el caso de la que hace referencia a la higiene alimentaria con respecto a las donaciones de alimentos o a su uso después de la fecha de caducidad estimada. La publicidad, la presentación y el etiquetado de los productos alimentarios son también una causa muy importante del desperdicio de alimentos, originado por una legislación poco clara. Además de las barreras legislativas y políticas a escala supranacional, que también cuentan a escala nacional, hay otras barreras específicas en el ámbito local, regional o nacional (Het Groene Brein, s.f.), como por ejemplo:

- La interpretación jurídica de la propiedad podría dificultar los acuerdos de arrendamiento o alquiler.
- La normativa sobre el alquiler y la compra de productos estipula la depreciación sin valor residual, mientras que en una economía circular estos productos pueden representar un valor económico.
- Las políticas sobre la competencia podría ser un obstáculo para la cooperación entre empresas para el uso óptimo de los flujos de residuos.
- Falta de incentivos en el uso de materiales biológicos como biocombustibles (incluidos los alimentos).
- Las medidas que conducen a un aumento del consumo y a una disminución de la circularidad, como un IVA más bajo, mientras que un IVA más alto estimularía la economía circular.

EJERCICIO 3.1

El contexto de las barreras administrativas y legislativas que afectan a la circularidad

Explorar

Tomando como referencia tu propio país y una empresa determinada, analiza las políticas gubernamentales o empresariales pertinentes relacionadas con la circularidad y compáralas con la legislación vigente (desde el ámbito local hasta el supranacional).

- ¿Existe una «brecha de circularidad» entre la política y lo que es posible desde un punto de vista legislativo?
- Si tienes la oportunidad de hacerlo, puedes comparar tus conclusiones con las de tus colegas. ¿Cuáles son las diferencias y las similitudes entre las políticas de los distintos países o empresas en relación con la legislación?

- La elevada repercusión de los costos laborales hace que las actividades circulares que requieren mucha mano de obra, como la reparación, sean a menudo demasiado caras.
- Al no internalizar las externalidades de un producto o servicio (costo o beneficio de una actividad económica experimentada por un tercero no relacionado, como los costos medioambientales o sociales) a través de la política, no se pagan sus «verdaderos» costos, lo que no da la señal económica para utilizar los recursos de manera eficiente o para cambiar a un modelo circular.

Externalidades positivas y negativas

Cuando se habla del concepto de economía circular, suele hablarse de «externalidades». Las decisiones de producción, inversión y consumo suelen afectar a personas que no están directamente implicadas en la transacción concreta (Helbling, 2010). Cuando estos efectos indirectos son demasiado grandes, se vuelven problemáticos: el efecto negativo sobre la sociedad es mayor que el beneficio individual para la empresa. Tal es el caso de la contaminación: quien contamina toma sus decisiones basándose en los costos directos y el beneficio que obtiene, y no tiene en cuenta los costos indirectos para las personas perjudicadas por la contaminación. Aunque a veces cuesta determinarlos, esos costos indirectos para la sociedad pueden incluir el aumento de los costos sanitarios, la disminución de la calidad de vida o la pérdida de oportunidades productivas. El «verdadero» precio del producto del contaminador es, por tanto, mucho más alto que el precio por el que se ofrece el producto. Las externalidades positivas se producen cuando la producción, la inversión o el consumo benefician a una tercera persona que no participó en la transacción específica. En este caso, el beneficio para la sociedad es mayor que el beneficio para la empresa. Un ejemplo de externalidad positiva es el beneficio que supone para el medio ambiente el cambio de la agricultura industrial a la ecológica, ya que se utilizan menos productos químicos.

La complejidad de la legislación internacional y el «efecto Bruselas»

Como ya se ha mencionado en el capítulo 1, la legislación internacional es un asunto muy complejo. Aunque las empresas se beneficiarían realmente de unas condiciones equitativas (las legales y de mercado iguales o similares para todas los competidoras), los países tienen sistemas legales diferentes, prioridades distintas y se encuentran en fases muy diferentes de la transición hacia una economía circular. Como se indica en la *World guide to sustainable enterprise*, también se dan muchas diferencias entre países en cuanto al estado de desarrollo de las prácticas sostenibles (Visser, 2017b). Esta imagen se confirma en el *Circular economy handbook*, donde se dedica una breve sección a los distintos continentes (Lacy *et al.*, 2020). Por ejemplo, las tasas de reciclaje de los residuos municipales en los países de Europa central y noroccidental, como Bélgica, Países Bajos, Austria, Alemania y Suiza, superan el objetivo del 50 % de la Unión Europea (con algunas regiones que incluso alcanzan el 80 o el 90 %), mientras que países como Turquía, Rumanía y Bulgaria se acercan a una tasa de reciclaje del 0 %. La tasa de vertido en esos países es del 80 al 100 %, mientras que la tasa de vertido en Suiza y los Países Bajos, por ejemplo, se acerca al 0 % (Reike *et al.*, 2018). Esta división europea supone un doble reto, un acto de equilibrio, para la elaboración de políticas de la Unión Europea en términos de viabilidad y ambición: desafiar a los pioneros para que vayan aún más lejos (y superen los objetivos de la UE), y apoyar a los rezagados para que se pongan al día.

Hay dos dimensiones legislativas que las empresas deben tener en cuenta: el ámbito geográfico, ya sea local, regional, nacional, supranacional o global, y el grado de autonomía que tiene cada uno de estos. La legislación de la Unión Europea es un ejemplo de legislación a escala supranacional, con un grado de autonomía limitado. Supuestamente, la historia demuestra que la Unión Europea ha desempeñado a menudo un papel de liderazgo a la hora de establecer normas para la nueva legislación, que posteriormente son adoptadas también por otras regiones del mundo, un fenómeno que Bradford (2020) denomina «efecto Bruselas». Esto pone de manifiesto la importancia de añadir la dimensión geográfica al punto de gobierno, política y normas. Lo que ocurre en un lugar puede llegar en última instancia a otro, pero mientras no esté allí todavía puede ser de poca utilidad práctica (excepto para aquellas personas o empresas que quieran anticiparse al futuro y ser las primeras, asumiendo el riesgo de adelantarse demasiado).

Factores legislativos y políticos

Existen medidas políticas y legislativas que estimulan la transición hacia una economía circular, tanto a escala nacional como internacional, como son, por ejemplo, la responsabilidad por alargar el fin de la vida útil de los productos, la legislación sobre la recuperación de residuos o los incentivos fiscales a la instalación de paneles solares, ya mencionados en el capítulo 1. A continuación, daremos una visión no exhaustiva de otras políticas y legislaciones.

Para pasar a una economía circular, países como Alemania, Austria, Camboya, China, Eslovenia, Finlandia, Francia, Italia, Japón, Países Bajos y Portugal, o regiones como Flandes, Escocia y Ontario, han desarrollado estrategias nacionales o regionales de economía circular (Backes, 2017; Iles, 2018; AEMA, 2020; PNUD, 2020). Debido a estas estrategias, se han puesto en marcha diversas medidas como la Versnellingshuis Nederland Circulair (Casa de Aceleración Circular de los Países Bajos), la Revolve Reuse Standard de Escocia, destinada a hacer de la reutilización una parte clave de su economía, y la responsabilidad ampliada del productor para grupos de productos específicos. Incluso hay medidas a escala urbana, como las alfombras de la cuna a la cuna para los edificios de la ciudad de San Francisco, que cumplen los objetivos medioambientales y de salud de los materiales dentro de los edificios de la ciudad, o el Plan de Acción de Economía Compartida de la ciudad de Ámsterdam. Puedes encontrar más ejemplos de aplicación y promoción de la economía circular a escala regional y nacional en la base de datos *Institutions, Governments & Cities* de la Ellen MacArthur Foundation.

Además de los gobiernos regionales o nacionales, la Comisión Europea también adoptó un plan de acción para estimular la transición de Europa hacia una economía circular a escala supranacional (UE, 2019). Las medidas políticas abarcan, por ejemplo, un Pacto del Plástico destinado a cambiar la forma en que se diseñan, producen, utilizan y reutilizan los plásticos y los productos de plástico; una plataforma de apoyo a la financiación de la economía circular, y un plan de trabajo de diseño ecológico.

Otra forma de dar margen de maniobra a las iniciativas innovadoras y sostenibles de la sociedad son los *pactos verdes,* acuerdos voluntarios entre organizaciones privadas y organismos gubernamentales (Departement Omgeving, s.f.). Con ello se persiguen objetivos medioambientales que van de la mano de una mayor competitividad y una buena gestión empresarial. El acuerdo mutuo contiene una clara división de funciones y responsabilidades, una descripción de los resultados esperados, acciones relacionadas y un calendario. Ejemplos de pactos verdes son los Acuerdos de Adquisición Circular que se centran en la ampliación de proyectos piloto para crear una fuerte demanda de productos y servicios circulares o el Pacto Verde Europeo que pretende lograr la neutralidad climática en 2050.

Además de las medidas legislativas y políticas mencionadas, hay medidas adicionales necesarias para acelerar la transición a una economía circular. Estas implican una legislación más drástica, como un cambio en los impuestos basado en los principios de sostenibilidad. Aquí se sigue el principio de «quien contamina paga». Se ponen en marcha medidas legislativas que, por ejemplo, gravan los recursos no renovables y la contaminación en lugar de gravar los recursos renovables, y utilizan los ingresos para reducir la elevada presión fiscal sobre el trabajo. Gravar la energía y los materiales promueve soluciones de bajo consumo de recursos y de carbono, lo que, como ya sabemos, implica avanzar hacia una economía circular. Además, un cambio impositivo así crea una economía circular inclusiva, permite la creación de empleo, la reducción de las emisiones de gases de efecto invernadero y preserva el medio ambiente (Ex'tax, s.f.; Stahel, 2013; Wijkman y Skanberg, 2020).

Otro ejemplo vinculado al principio de «quien contamina paga» es la responsabilidad ampliada del productor o RAP, que crea un fuerte incentivo financiero para que las empresas fabricantes eviten los residuos y los costos de responsabilidad de los objetos al final de su vida útil (Stahel, 2019). Stahel también llama a

---

EJERCICIO 3.2

El contexto de las medidas políticas y administrativas relacionadas con la circularidad

Explorar

En el ejercicio anterior analizaste las políticas gubernamentales o empresariales relacionadas con la circularidad y las comparaste con la legislación vigente (desde la escala local hasta la supranacional). Ahora, con los datos en la mano, responde a las siguientes preguntas:

- ¿Existe alguna medida política o legislativa que permita la transición a un modelo circular en tu país de origen o en la empresa que elegiste?
- ¿Hay alguna medida política o legislativa que pueda acelerar la transición a un modelo circular en tu país de origen o en la empresa que has elegido?
- Si tienes la oportunidad de hacerlo, puedes comparar tus conclusiones con las de otros colegas. ¿Cuáles son las diferencias y las similitudes entre las medidas políticas y legislativas de vuestros respectivos países y empresas?

esto «cerrar el bucle de la responsabilidad»: los productos sin valor al final de su vida útil se devuelven a su productor, que es el propietario final responsable. Esto dará a las empresas el incentivo necesario para evitar futuras responsabilidades, diseñando los productos con el máximo valor al final de su vida útil. La RAP podría ser, por tanto, una de las herramientas más poderosas para que los responsables políticos promuevan la transición a una economía circular, y la conviertan en la opción por defecto para la ciudadanía y los agentes económicos.

Colaboración entre empresas

La colaboración interempresarial da buenos resultados, sobre todo a la hora de aplicar la circularidad, ya que aumenta la transparencia, la transferencia de tecnología, el aprendizaje organizativo y las relaciones necesarias para obtener una tecnología más limpia y un uso más eficiente de los recursos utilizados (Mishra *et al.,* 2019). El pensamiento sistémico es esencial para la colaboración interempresarial de múltiples partes interesadas. Miramos la cadena de valor como un todo en el que todos los sistemas y partes están conectados.

Un gran ejemplo, expuesto en el capítulo 1, es la colaboración en toda la industria de la cerveza en los Países Bajos. La industria cervecera es como un juego de Jenga: si se elimina o se sustituye un bloque y se perturba el conjunto, todos los demás bloques sufrirán las consecuencias. Si una empresa decide volver a introducir su propio modelo de botella, yendo así en contra del acuerdo de la industria de utilizar modelos estandarizados para favorecer la recogida y reutilización en circuito cerrado, eso afecta a todo el sistema. Tener en cuenta esa influencia es el pensamiento sistémico. Esto requiere la cooperación dentro y entre empresas productoras, proveedoras, otras organizaciones y la clientela en todo el sistema, ya que dependen unos de otros para el éxito de la cooperación circular. Por ejemplo, implicar a las proveedoras en equipos interfuncionales en las primeras fases del desarrollo de nuevos productos, desde la generación de ideas hasta la revisión posterior al lanzamiento.

Las organizaciones no solo trabajan para su propio beneficio, sobre todo financiero, sino que se centran en mejorar y hacer más sostenible el sistema en el que operan. Dentro de una economía circular, esto significa que los distintos agentes de una cadena de valor trabajan juntos para reducir, frenar y cerrar el bucle. Este fue exactamente el objetivo del Manifiesto Circular de Royal KPN, en el que se pide a todas las empresas proveedoras de equipos de red que hagan que sus equipos sean más duraderos y resistentes, al tiempo que utilicen menos materiales vírgenes, con el objetivo de que cerca del 100 % de los componentes y piezas se reutilicen (KPN, 2017).

La importancia de trabajar de manera colaborativa en la cadena de valor es primordial. Si un determinado recurso de la cadena pierde su valor, todos los agentes de la cadena se ven perjudicados. Un ejemplo de ello es la fabricante de alfombras Interface. Trabaja con Aquafil, que recicla las redes de pesca desechadas para convertirlas en hilo nuevo bajo la marca Econyl. Interface utiliza este hilo para fabricar moquetas en losetas. Si la calidad o la cantidad de las redes de pesca recogidas no están en orden, Aquafil no puede fabricar su hilo y no cumple los acuerdos de entrega a Interface. Por tanto, es esencial que todas las partes implicadas discutan adecuadamente los riesgos, costos y beneficios de la colaboración.

Lograr el éxito de la colaboración entre empresas: la transparencia

Aunque la necesidad de colaboración en la economía circular es evidente, en la práctica suele ser un reto para todas las partes implicadas. Para garantizar la colaboración, de arriba a abajo, es necesario tomar ciertas medidas, ya que los agentes de la cadena de valor tienen diferentes perspectivas y dependencias. La transparencia y la disposición y apertura para compartir información sensible son extremadamente importantes. La transparencia en un proceso de producción y la honestidad en la colaboración generan confianza y permiten intercam-

---

EJERCICIO 3.3
Cadena de bloques y macrodatos en la economía circular

Explorar

¿Qué aplicaciones tienen la cadena de bloques y la inteligencia de datos en la economía circular?

- Investiga un poco en internet para familiarizarte con estos dos conceptos.
- ¿Se te ocurren algunos ejemplos de cómo la cadena de bloques y los macrodatos pueden facilitar la circularidad?
- ¿Qué se necesita por lo que se refiere a la colaboración entre empresas?
- Organiza tus ideas para debatirlas.

biar información, tener en cuenta las perspectivas de los demás, encontrar los socios adecuados para las mejoras y aplicarlas.

Hacer que una determinada cadena de valor sea transparente parece más fácil de lo que realmente es. En las grandes organizaciones suele ser difícil trazar todos los flujos de suministro internos y externos de forma objetiva y correcta. Esto es especialmente cierto cuando estos flujos de suministro cruzan fronteras nacionales y continentes. Además, las partes interesadas no son partidarias de compartir abiertamente la información o confiar en una parte central, ya que puede suponer un riesgo para su ventaja competitiva.

La empresa neerlandesa Circularise ayuda a las partes interesadas de las cadenas de suministro a resolver este problema: rastrea las materias primas desde su origen hasta las piezas y, en última instancia, hasta los productos finales, utilizando una combinación de cadena de bloques, tecnología entre pares y técnicas criptográficas como Zero-Knowledge Proofs —un método por el que la cadena de bloques se hace verdaderamente privada al verificar las cosas sin compartir o revelar los datos sensibles subyacentes— para construir una plataforma descentralizada de almacenamiento de información y comunicación para todos los participantes en una cadena de valor.

Además de la transparencia, una base fundamental para la toma de decisiones informada es el uso de datos, específicamente de macrodatos, en la colaboración entre empresas a lo largo de la cadena de valor (Gupta *et al.,* 2019; Nobre y Tavares, 2020). Esa inteligencia de datos podría, por ejemplo, proporcionar a las ciudades inteligentes los datos adecuados para comprender mejor y, por tanto, gestionar mejor los recursos, los residuos y la contaminación en tiempo real.

EJERCICIO 3.4
Los 14 roles en una colaboración circular

Explorar

Los 14 roles o funciones que se describen en el informe de Circle Economy (2020b) *«Will you be my partner?»* son: iniciador, financiador, educador interno, experto en circularidad, experto en mercado, piloto, extensor de impacto, partidario de la fase de uso, partidario del final de la vida útil, mediador, agente de conocimiento, educador externo, facilitador y promotor.

Busca qué significan esos roles o funciones. ¿Qué rol desempeñarías en tu trabajo actual o futuro? ¿Por qué?

Para guiar a las empresas a la hora de colaborar con múltiples partes interesadas, Circle Economy (2020b) identificó nueve pasos para una relación exitosa, incluyendo cuatro tipos de colaboración, catorce roles o funciones, y nueve características para identificar socios adecuados y atractivos (figura 3.2): en primer lugar, hay que reconocer la necesidad de colaborar, ya que la colaboración facilita el trabajo en la economía circular; comprender el mercado local y los flujos de materiales, incluidos los cuatro tipos de colaboración; crear y alinearse con la visión del proyecto; evaluar los recursos internos y las deficiencias existentes, incluidas las 14 funciones (véase el ejercicio 3.4); formar un equipo interno; ponerse en contacto con los socios potenciales; evaluar y seleccionar a los socios adecuados utilizando las nueve características de los socios; formular acuerdos, e iniciar la colaboración. En el apéndice se da más información sobre los tipos de colaboración, las funciones y las características de los socios.

Otra forma de colaboración entre empresas son los aceleradores corporativos, en los que las estas colaboran con las *startups* para subcontratar capacidades de innovación externas (Weiblein y Chesbrough, 2015). Las empresas establecidas tienden a centrarse en su actividad principal debido a sus sistemas estandarizados y a sus rígidas estructuras organizativas; esto podría limitar las capacidades de innovación necesarias para la transición a un modelo más circular. Para compensar y reforzar sus propias capacidades de innovación, subcontratan estas capacidades colaborando con empresas emergentes, lo que les permite acceder a nuevas tecnologías, industrias, mercados y clientes. Las *startups* obtienen a cam-

---

EJERCICIO 3.5
La colaboración entre empresas en la economía circular

Explorar

Explora la colaboración entre empresas en la economía circular.

- Investiga (en internet) para encontrar más ejemplos de colaboración entre empresas. Por ejemplo, mira tus empresas sostenibles favoritas. ¿Participan en alguna red de colaboración entre empresas?
- Si no participan en este tipo de colaboraciones, ¿puedes hacer alguna recomendación sobre con quién deberían establecer una colaboración interempresarial?
- Organiza tus ideas para debatirlas.

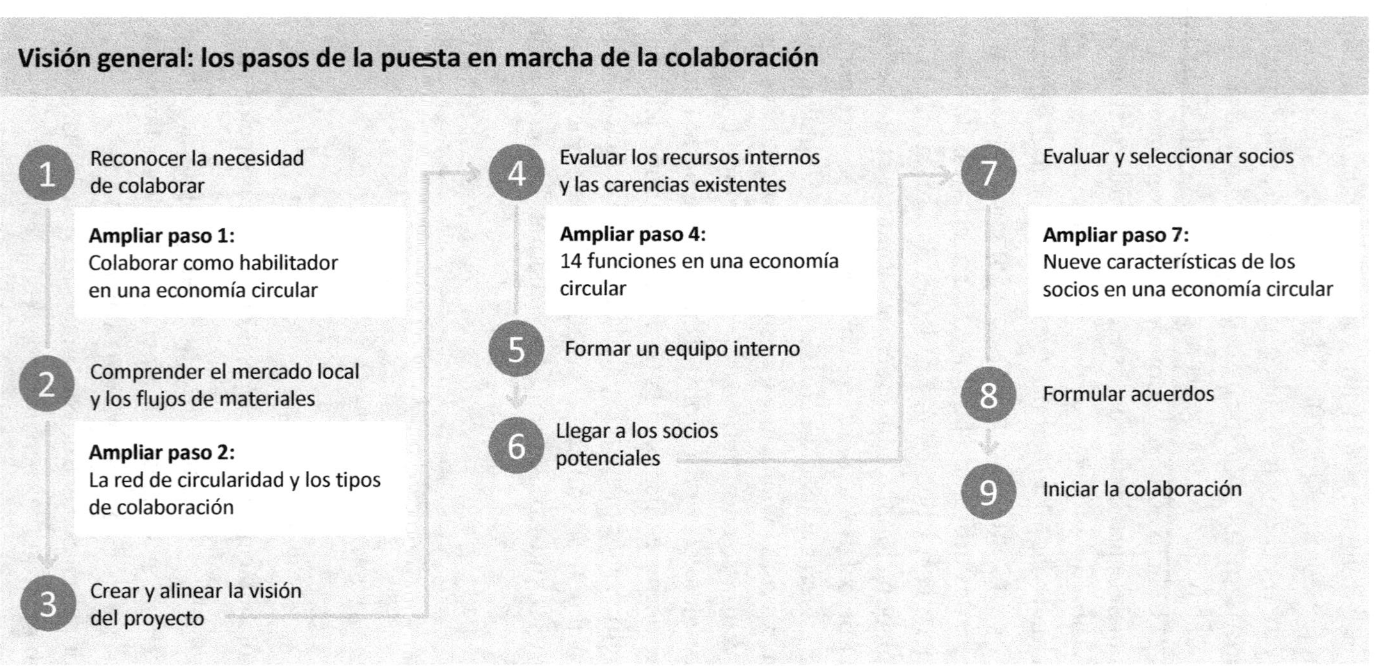

Figura 3.2. Resumen: los pasos de la colaboración en el ecosistema.

bio recursos y experiencia. Grandes ejemplos son la minorista neerlandesa Albert Heijn y el restaurante de prevención de desperdicios alimentarios Instock, que sirve comida hecha con productos no vendidos de (entre otros) Albert Heijn.

Ecosistemas

Probablemente la palabra *ecosistema* nos remitirá a la naturaleza. No en vano, se utiliza para describir un área geográfica en la que los animales, las plantas y otros organismos, así como los paisajes y el clima, funcionan juntos como un sistema, en el que cada elemento depende de todos los demás, ya sea directa o indirectamente. El término *ecosistema empresarial* se introdujo en 1993 y se define como:

> Una comunidad económica apoyada en una base de organizaciones e individuos que interactúan: los organismos del mundo empresarial. En un ecosistema empresarial, las empresas desarrollan conjuntamente sus capacidades en torno a una nueva innovación: trabajan de forma cooperativa y competitiva para apoyar nuevos productos, satisfacer las necesidades de los clientes y, finalmente, incorporar la siguiente ronda de innovaciones (Moore, 1993).

En el capítulo 2 se trataron los modelos de negocio circulares y, como es bien sabido, una sola empresa no puede desarrollar por sí sola un «producto circular» que aproveche plenamente las oportunidades de una o varias estrategias circulares. Se necesita un enfoque sistémico para aplicar la circularidad a lo largo de todas las fases del ciclo de vida de un producto (Takacs *et al.,* 2020). Todas las partes interesadas —cada una con su propio modelo de negocio circular— que colaboran en la misma cadena de valor forman parte de un ecosistema. Como se aclaró en el capítulo 1, incluso el mundo académico y las instituciones gubernamentales pueden añadirse a la ecuación como socios colaboradores siguiendo el concepto de la triple hélice. Todas las partes juntas permiten un flujo circular de recursos en un sistema específico. Un ejemplo de un ecosistema que colabora para impulsar la transformación sostenible es el proyecto Zero Brine de Horizonte 2020 de la Unión Europea (www.zerobrine.eu), en el que un consorcio internacional formado por más de veinte empresas está colaborando para rediseñar la cadena de valor y suministro de agua y minerales en la industria de procesos (Baldassarre *et al.,* 2020).

En este tipo de cocreación, la *innovación colaborativa* tiene una importancia crucial. Se requiere una colaboración intersectorial y multidisciplinaria para inspirar soluciones innovadoras (Bocken y Geradts, 2020). Además, la participación de una amplia gama de partes interesadas externas permite la transformación. Dentro de un ecosistema circular, la colaboración interempresarial de múltiples partes interesadas tiene lugar para crear una propuesta de valor sostenible con bucles de recursos reducidos, ralentizados y cerrados.

Equilibrar la sostenibilidad económica, social y ecológica requiere un enfoque basado en el supuesto de que cada uno de estos tres subsistemas debe ser saludable y viable para que el ecosistema florezca. En este sentido, una cadena de valor circular puede verse como la interacción de modelos empresariales complementarios a lo largo de todas las fases del ciclo de vida en un ecosistema circular (Takacs *et al.*, 2020). La creación de valor es colaborativa: los ecosistemas crean más valor en su conjunto que la suma de los participantes individuales que actúan de forma independiente. Por tanto, es esencial que las empresas creen estos ecosistemas para que la economía circular funcione.

Economía circular de código abierto (virtual)

La mayoría de las organizaciones y empresas que promueven una economía circular tienden a centrarse en sus propias soluciones internas, pero es poco probable que las empresas por sí solas puedan construir procesos circulares perfectos. Podrían ser mucho más eficaces en la transición a una economía circular con una mayor colaboración entre industrias, más normas abiertas y más transparencia entre sectores industriales y países.

Cuando se desarrollen soluciones acertadas, tenemos que ser capaces de utilizarlas, aprovecharlas y mejorarlas. Para ello, sostienen Muirhead (2016) y Raworth (2017), necesitamos una economía circular de código abierto (OSCE, de *open source circular economy*) para liberar todo el potencial de la fabricación circular a través de una red mundial de activistas, con capacidad para diseñar e innovar:

> El código abierto es una metodología que permite a las personas trabajar de forma eficaz e invita a colaborar con otras desconocidas, sean quienes sean y estén donde estén en el mundo. Proporciona un sistema en el que organizaciones e individuos pueden contribuir de forma autónoma y beneficiarse de un ecosistema compartido, abordando diferentes partes de un problema mayor sin perder tiempo en la repetición redundante del trabajo (Muirhead, 2016).

En la práctica, esto significa publicar cómo se crean los bienes o procesos circulares (por ejemplo, los códigos de *software,* los archivos de diseño o los datos de producción y diseño) para que cualquiera pueda estudiar, utilizar y construir a partir de esta información. Esto suele ocurrir a través de la colaboración descentralizada y distribuida en línea: creación de prototipos de soluciones, aportación de comentarios, grupos diversos que discuten ideas de proyectos, corrección de errores y construcción de equipos y sistemas informáticos, herramientas y cultura personalizables y útiles.

Datos que permiten la economía circular

En los capítulos 1 y 2 se ha tratado el tema de las tecnologías destinadas a crear transparencia y analizar los movimientos en las cadenas de valor, como el internet de las cosas (IoT), la cadena de bloques —sobre todo por lo que respecta a la transparencia, como se ha comentado anteriormente—, la identificación por radiofrecuencia, la inteligencia artificial y los datos masivos, que permiten el seguimiento de la base de productos instalada. Cuando hablamos de cómo llevar a cabo con éxito la colaboración entre empresas, hablamos de la transparencia y del papel que tiene la cadena de bloques.

El IoT y los dispositivos inteligentes pueden detectar, comunicar y almacenar información sobre sí mismos (EMF, 2016b). Si tomamos como ejemplo las estrategias de reutilización y reparación circulares, el IoT permitirá la fusión de las tecnologías digitales y de fabricación, creando productos que puedan señalar cualquier problema, determinar cuándo necesitan ser reparados y programar su propio mantenimiento. Sensores económicos podrían instalarse en todo tipo de productos, desde cafeteras hasta taladros, y desde aspiradoras hasta lavadoras, y prolongar su vida útil. Además, los productos habilitados por el IoT podrían ayudar a eliminar el despilfarro si también se fabrican para ser compartidos: las aplicaciones podrían utilizarse para compartir equipos poco utilizados y cobrar un bajo precio por su uso, como la plataforma neerlandesa de uso compartido Peerby, en la que realmente se pueden reservar, localizar y alquilar herramientas y equipos. Para las empresas esto supone nuevas oportunidades. Si, por ejemplo, una fabricante de herramientas produce un cortacésped duradero, equipado con sensores para cobrar por minuto de uso e indicar cuándo hay que sustituir un componente, podría ganar más cobrando por su uso.

Las etiquetas RFID —siglas de *radio-frequency identification,* «identificación por radiofrecuencia»— son un sistema de seguimiento que utiliza códigos de barras inteligentes para, por ejemplo, identificar artículos, medir la cantidad o controlar las existencias (Condemi *et al.,* 2019). Las etiquetas RFID se utilizan para diversos propósitos, como el control de los contenedores de residuos, el seguimiento de la disponibilidad en tiempo real de las mercancías o la mejora de los sistemas de recogida de residuos electrónicos. Los contenedores de residuos inteligentes con RFID, como la etiqueta de cubo de basura de Intellhydro utilizada por muchas empresas de gestión de residuos comerciales en Italia, pueden medir datos como la humedad, el peso, el volumen y la temperatura en eventos específicamente programados, como el momento de la eliminación, o bajo demanda. Dentro de una economía circular, este conocimiento puede optimizar la recogida y clasificación de residuos, y aumentar la reutilización de esos materiales en ciclos adicionales (EMF, 2016).

La inteligencia artificial es un subconjunto de las tecnologías que han permitido la emergencia de la cuarta revolución industrial y podría desempeñar un papel importante para permitir la transición a una economía circular (McKinsey & Company, 2019). La inteligencia artificial se ocupa de sistemas y modelos que se centran en funciones asociadas a la inteligencia humana, como el aprendizaje y el razonamiento. Nos permite aprender más rápido gracias a la retroalimentación, ampliar nuestras capacidades humanas, lidiar más eficazmente con la complejidad, complementar las habilidades de las personas y dar un mejor sentido a los datos que faltan. En una economía circular, podría mejorar el desarrollo de nuevos productos mediante procesos de diseño iterativos asistidos por el aprendizaje de las máquinas, mejorar la logística inversa necesaria para cerrar el ciclo y aumentar la circulación y la utilización de los productos. La plataforma digital EME, siglas

---

EJERCICIO 3.6
Colaboraciones, redes y ecosistemas: ¿cuáles son las diferencias?

Explorar

Quizás estos términos parezcan un tanto borrosos a la hora de aplicarlos a empresas que colaboran, sea en red o en un ecosistema. ¿Sabes cuáles son las diferencias?

- Averigua en internet las diferencias entre colaboraciones, redes y ecosistemas.
- Organiza tus ideas para debatirlas.

de Excess Materials Exchange, utiliza la inteligencia artificial para relacionar los materiales con una nueva opción de reutilización de alto valor. Utiliza pasaportes para los materiales, que denomina «pasaportes de recursos», para dar una idea de la composición, origen, toxicidad o deconstrucción del material o producto. Además, hacen un seguimiento de estos recursos a lo largo de su ciclo de vida, mediante códigos de barras, QR y chips. Su objetivo es liberar el máximo potencial de los materiales, productos y flujos de residuos de una empresa, relacionándolos con una nueva opción de reutilización de alto valor en todas las industrias, utilizando una combinación de inteligencia artificial y experiencia humana.

Elementos de un ecosistema circular

Un ecosistema circular cuenta con un gran número de elementos (Rabello *et al.*, 2015):

- **Agentes.** Mundo académico, industria, gobiernos, instituciones de apoyo, sistemas financieros, personas expertas, empresariado, clientela y sociedad civil, así como los papeles que desempeñan y las relaciones económicas y sociales que establecen en el ecosistema circular.
- **Cultura.** La mentalidad de las organizaciones y las personas involucradas combinada para apoyar las innovaciones circulares y resolver los problemas relacionados.
- **Infraestructura.** Condiciones técnicas y físicas y recursos generales para apoyar el desarrollo de las innovaciones circulares y el propio ecosistema.
- **Regulación y legislación.** Normas, objetivos y leyes que enmarcan el entorno de la innovación y el funcionamiento del ecosistema.
- **Interfaz.** Canales que apoyan la interacción dentro del ecosistema, y fuera del ecosistema con agentes externos.
- **Conocimiento.** Discursos especializados y fundamentos teóricos de apoyo generados y utilizados en la cadena de valor circular.
- **Ideas.** Pensamientos intencionados que desencadenan acciones de innovación circular en torno a las cuales funciona todo el ecosistema.
- **Capital.** Activos financieros aportados por todos los agentes, o una parte de ellos.
- **Principios arquitectónicos.** La forma en que se orquestan y combinan los elementos del ecosistema circular.

Ecosistemas circulares y resiliencia

La crisis de la covid-19 ha afectado a millones de personas en todo el mundo, provocando el distanciamiento social de los países, restricciones y cierres. Es probable que las futuras crisis se produzcan en torno al tema del cambio climático. La palabra *resiliencia* se ha utilizado con frecuencia durante la pandemia. Circular Flanders y VITO (2020) realizaron una encuesta sobre resiliencia entre varias organizaciones, en la que se detallaba cómo habían vivido la crisis y cómo miraban al futuro. La encuesta sobre resiliencia destaca tres factores de éxito que hacen que las empresas sean más resistentes a las perturbaciones:

1. Atención renovada en las actividades empresariales locales y conectadas.
2. Creatividad.
3. Cooperación.

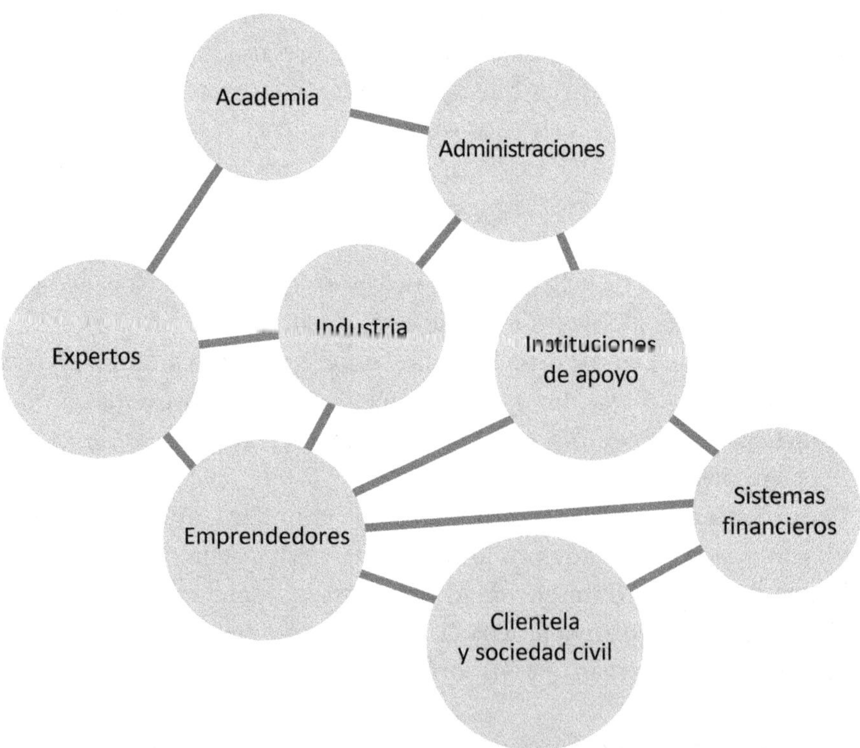

Figura 3.3. Un ecosistema empresarial circular.

Los tres factores de éxito son fundamentales para la transición hacia una economía circular y dentro de ella. Durante la crisis de la covid-19, las empresas circulares experimentaron menos escasez que otras empresas: el 34 % de las primeras experimentaron escasez en comparación con el 98 % de las empresas «normales». Las estrategias circulares que condujeron a menos escasez parecen centrarse principalmente en las cadenas de suministro locales y cortas, y en un menor uso de materiales. Los ecosistemas circulares no solo permiten que las empresas sean más sostenibles: también las hacen más resistentes.

Creación de un ecosistema exitoso

Aunque se reconoce ampliamente que la colaboración más allá de los límites de la empresa es un elemento esencial para el éxito de la aplicación (más amplia) de los principios circulares, en la práctica, la colaboración resulta ser un asunto muy complejo. Para colaborar con éxito, las empresas y otras partes interesadas deben estar alineadas en muchos aspectos. Como indica la investigación de Velter, «la complejidad para la alineación surge a través de los diferentes entendimientos del valor, los intereses divergentes, la división de riesgos y responsabilidades, y los procesos y actividades existentes que limitan la apertura de los agentes para alinearse» (Velter *et al.,* 2020). Como también ha demostrado a lo largo de los años la práctica tradicional de colaboración lineal en la cadena de suministro, el punto de colaboración está razonablemente claro, al igual que las áreas en las que la colaboración puede tener sentido. Pero conseguirlo puede ser una historia totalmente diferente.

Las investigaciones señalan que los obstáculos técnicos en la transición a una economía circular son relativamente pequeños o inexistentes (Takacs *et al.,* 2020). Los obstáculos más importantes son la cultura corporativa y las actitudes hacia el cambio. Además, dentro de una economía circular se produce un cambio del pensamiento individualista al pensamiento de «nosotros». Es una de las primeras veces en nuestra historia reciente que se cuestiona la noción de competencia, y ya no es una opción el comprometerse o no con las partes interesadas. Para conseguir un ecosistema equilibrado e integrado, el reto es más bien cómo comprometerse con éxito. La interacción deliberada, la creación de redes, la asociación y el aprendizaje a partir de la colaboración interempresarial de múltiples partes interesadas son fundamentales. La confianza, el compromiso de las partes interesadas y la innovación del modelo de negocio son algunos de los mayores retos que deben superar las organizaciones. Además, es esencial hacer propuestas específicas que creen valor para todos los participantes en el sistema, ya que tienen diferentes roles y distintas necesidades (Evans *et al.*, 2017).

Educación

Como se ha indicado, la transición a una economía circular requiere el desarrollo y la difusión de conocimientos y la innovación. Si estos son insuficientes, se puede obstaculizar la transición. Dado que la cooperación estructural entre las empresas, las instituciones del conocimiento y los gobiernos no está garantizada, se plantea la cuestión de cómo organizar el desarrollo de conocimientos para una economía circular y cómo comercializar o difundir eficazmente los conocimientos adquiridos (Rli, 2015).

Además de la falta de conocimiento circular, las empresas también tienen una escasa difusión del conocimiento. La falta de confianza entre las empresas y la confidencialidad de la información dificultan el intercambio de conocimientos y, por tanto, la transparencia. Además, el desarrollo de conocimientos en el ámbito del diseño circular y el ecodiseño está todavía en pañales, a pesar del creciente interés que despierta el campo del diseño.

Asimismo, en la actualidad se carece de un enfoque coherente para la educación y el desarrollo de competencias circulares. El desarrollo de conocimientos es necesario para la transición a una economía circular. Sin embargo, hasta la fecha, los enfoques lineales estan todavía muy arraigados.

Oportunidades de educación, capacitación y recualificación

La investigación de Janssens y Kuppens (2018) muestra que el 63 % de las personas encuestadas considera que la educación actual no se centra lo suficiente en las competencias técnicas básicas. Sin embargo, lo que es aún más sorprendente, el 70 % considera que las competencias transversales no reciben suficiente atención y el 77 % percibe una falta de atención a las competencias de valorización. Estos resultados indican que, en general, debería hacerse más en la educación sobre las competencias de valorización y las competencias transversales, aunque las competencias técnicas también siguen siendo importantes. Esto en sí mismo es independiente de la circularidad, pero se puede argumentar que estos tres tipos de competencias son también muy relevantes para la circularidad, como abordaremos más adelante en este capítulo.

Organizaciones promotoras nacionales e internacionales, como Circular Flanders, Sitra o la Fundación Ellen MacArthur, han desarrollado paquetes de recursos para crear conocimientos, proporcionar orientación, ideas y recursos pertinentes, y estimular el diálogo en torno a la economía circular.

Un mercado laboral circular

Como resultado de la transición hacia una economía circular, se espera que desaparezcan algunos puestos de trabajo, por ejemplo, en la industria de los combustibles fósiles, pero en otros sectores se espera un aumento del número de empleos. Los gobiernos nacionales deberían tener un gran interés en acelerar la transición hacia una economía circular, ya que, en total, se producirá una ganancia neta de empleo por la que la proporción de nuevos puestos de trabajo superará a la de los perdidos, según Wijkman y Skanberg (2016).

Esto genera un potencial de creación de empleo local, de recualificación de los mayores de 50 años y de oportunidades de formación profesional para las personas no cualificadas o que han perdido su empleo debido a la aparición de nuevas tecnologías (Stahel, 2019). Como se mencionó en el capítulo 2, mediante la reutilización de productos y piezas, se pueden crear entre 8 y 20 puestos de trabajo por cada 1.000 toneladas de productos no deseados. En comparación, la recuperación de energía y el reciclaje pueden crear entre 5 y 10 puestos de trabajo por cada 1.000 toneladas de productos, y el vertido de 1.000 toneladas de productos no deseados solo crea 0,1 puestos de trabajo (WRAP, 2015).

El mercado de trabajo circular se compone de puestos de trabajo en todo tipo de sectores, desde la gestión de recursos y la fabricación, hasta la gestión de residuos y las industrias creativas. Estos empleos implican una combinación de habilidades tradicionales, como el trabajo manual, y habilidades circulares novedosas, como analista de composición de materiales o diseñador modular. Todos los empleos circulares contribuyen a una de las estrategias de la escalera R. Circle Economy (2020a) ha identificado tres tipos de empleos:

- *Empleos circulares básicos:* estos empleos son el núcleo de una economía circular, ya que garantizan el cierre de los bucles de materias primas y la introducción de ciclos en la economía. Se trata de empleos pertenecientes a los sectores de la gestión de residuos y recursos, las energías renovables y la reparación (de electrodomésticos, operadores de procesos o asesoría agronómica).

- *Puestos de trabajo circulares habilitantes:* forman el armazón de apoyo de una economía circular, ya que permiten la ampliación y aceleración de las actividades circulares básicas. Esto incluye empleos en tecnología digital, ingeniería, diseño o arrendamiento (ingeniería de equipos circulares, gestión de información de edificios, planificación de la demanda o profesionales de la contratación).
- *Puestos de trabajo circulares indirectos:* prestan servicios a las actividades circulares principales y facilitadoras anteriores. Incluye empleos en logística, el sector público o la educación (como profesorado o mensajería).

Según Circle Economy (2020a), la transición hacia una mano de obra circular debe basarse en tres pilares fundamentales: la capacitación y el reciclaje de la mano de obra; empleos de buena calidad que sean seguros, tengan valor social y estén remunerados de forma justa; y un mercado laboral inclusivo que ofrezca oportunidades para todas las personas. A continuación nos centraremos en la *cualificación* y la *recualificación de la mano de obra actual y futura.*

La investigación de Bocken y Geradts (2020) subraya la importancia de la formación (capacitación y recapacitación) y la educación de las plantillas cuando se introduce un nuevo modelo empresarial sostenible o circular. Para las empresas, esto significa que es necesario invertir en el desarrollo de las capacidades de las personas, en relación con los programas de formación y desarrollo que proporcionan al personal las competencias necesarias para una economía circular, y una contratación con mentalidad de sostenibilidad para la transformación.

Competencias para un mercado laboral circular

Para estos nuevos empleos circulares, así como para la transición, se necesitan conocimientos y competencias específicos. La integración de la circularidad en la educación y la formación de la futura mano de obra, así como en la capacitación y el reciclaje de la mano de obra actual, debe garantizar que haya suficientes personas con las competencias adecuadas para un mercado laboral circular. El apoyo de los gobiernos, como la creación de políticas que promuevan las competencias circulares, debe permitir el acceso del conjunto de la población trabajadora.

Es importante en la transición a una economía circular crear un lenguaje, unas definiciones, unas métricas y unas normas comunes para las competencias que, como sabemos por el capítulo 1, todavía no existen (Circle Economy, 2020a).

Volviendo a la investigación mencionada al principio de este apartado sobre educación, las competencias dentro de la economía circular pueden dividirse en tres categorías (Janssóns y Kuppens, 2018):

1. *Competencias técnicas*: las competencias específicamente relacionadas con el funcionamiento de la economía circular (¿qué es la economía circular y cómo funciona?).
2. *Competencias de valorización*: todas las competencias necesarias para transformar eficazmente los conocimientos técnicos y de contenido en valor (cómo hacer realidad la circularidad).
3. *Competencias transversales:* importantes competencias clave para el aprendizaje permanente, las competencias cívicas, la creatividad, la colaboración, el sentido de la responsabilidad y la iniciativa, etc. (por ejemplo, cómo detectar y aprovechar las oportunidades circulares, cómo trabajar juntos, cómo comprometerse con las partes interesadas).

Competencias técnicas

En cuanto a las competencias técnicas, se consideran importantes los conocimientos profesionales y la precisión. La educación actual, generalmente, es sólida en cuanto a la transferencia de conocimientos profesionales y proporciona la precisión necesaria, pero debería complementarse con la educación sobre temas de sostenibilidad y los principios de una economía circular, que es bastante limitada hasta ahora. Además, los conocimientos profesionales difieren de un sector a otro; por esta razón, es importante tener competencias generales STEM (siglas, en inglés, de ciencia, tecnología, ingeniería y matemáticas), aunque a menudo se añade una A para las artes (STEAM), lo que significa que también debe haber un lugar para la creatividad y el pensamiento innovador dentro del ámbito técnico. Otra competencia relevante es el ecodiseño, es decir, una atención más general a la ecología durante el diseño del producto.

Competencias de valorización

Si nos fijamos en las competencias necesarias para transformar eficazmente los conocimientos técnicos y de contenido en valor, las competencias clave son la contextualización de los conocimientos, la capacidad de poner en práctica un proyecto o una idea y la identificación de las interrelaciones entre los problemas sociales, económicos y medioambientales. Además, también son esenciales una actitud positiva hacia la sostenibilidad, la voluntad de aprender sobre la circularidad o la aplicación de los principios circulares profesional y personalmente. Otras competencias importantes en una transición son los conocimientos económicos, financieros o jurídicos, por ejemplo en materia de medio ambiente, ecología, propiedad o competencia.

Competencias transversales

Un pensamiento creativo, un talante abierto e innovador, un espíritu empresarial, una capacidad para resolver problemas y unas habilidades en torno a la cooperación son importantes competencias transversales. En este caso, el espíritu empresarial no consiste únicamente en trabajar como profesional independiente o en crear tu propia empresa, sino que las personas tienen la oportunidad de ser emprendedoras en su trabajo, lo que se denomina intraemprendimiento. La proactividad, la asunción de riesgos, la capacidad de innovación, el reconocimiento y la explotación de las oportunidades y la creación de redes internas y externas son importantes dimensiones del intraemprendimiento (Neessen, 2020).

EJERCICIO 3.7
Autoevaluación de competencias

Autoevaluación

¿Cómo te calificas en cada uno de los tres tipos de competencias circulares?

- Utiliza la plantilla de la figura 3.5 y puntúate en cada una de las competencias desde «nada» hasta «extremadamente».
- Compara tus resultados con el rol circular que elegiste en el ejercicio 3.4. ¿Coinciden tus competencias con el papel que aspiras a desempeñar?

Competencias técnicas	Competencias de valorización	Competencias transversales
• Conocimientos profesionales	• Contextualización del conocimiento	• Pensamiento creativo
• Precisión	• Capacidad para poner en práctica un proyecto o una idea	• Innovación y apertura de miras
• Conocimientos sobre cuestiones relacionadas con la sostenibilidad y los principios de la economía circular	• Identificación de las interrelaciones entre los problemas sociales, económicos y medioambientales	• Espíritu empresarial e intraemprendedor (incluyendo la proactividad, la asunción de riesgos, la capacidad de innovación, el reconocimiento y la explotación de oportunidades, y la creación de redes internas y externas)
• Competencias STE(A)M	• Actitud positiva hacia la sostenibilidad y voluntad de aprender sobre los principios circulares	• Resolución de problemas
• Diseño ecológico y atención a la ecología	• Conocimientos económicos, financieros o jurídicos	• Habilidades de cooperación y creación de redes
		• Flexibilidad

Figura 3.4. Competencias técnicas, transversales y de valorización para una economía circular.

Autoevaluación de las competencias circulares

1.   *Competencias técnicas*

1	2	3	4	5
En absoluto		*Moderadamente*		*Extremadamente*

2.   *Competencias de valoración*

1	2	3	4	5
En absoluto		*Moderadamente*		*Extremadamente*

3.   *Competencias transversales*

1	2	3	4	5
En absoluto		*Moderadamente*		*Extremadamente*

Figura 3.5. Herramienta de autoevaluación para el ejercicio 3.7: ¿cómo te calificarías para cada uno de los tres tipos de competencias circulares?

En una economía circular, el conocimiento y la información se comparten y se estimula la cooperación: uno de los factores de éxito para ello es la capacidad de conectar a los socios de conocimiento y competencia adecuados para construir redes. También la flexibilidad y la creatividad son competencias transversales. Debemos ser flexibles de cara al futuro y ser capaces de pensar y actuar con flexibilidad. Un proyecto puede ser diferente de un día para otro. La creatividad es necesaria para hacer frente a las circunstancias que pueden cambiar rápidamente y a los desafiantes problemas que surgen dentro de la transición a una economía circular.

Los círculos de interés, influencia y control de una empresa

Toda empresa, al igual que toda persona, tiene un *círculo de preocupación* y un *círculo de influencia*, dos términos acuñados por Stephen R. Covey en 1987. Tiempo después se añadió un tercero: el *círculo de control*. En este capítulo nos centramos en cuatro temas que están fuera de los límites de la empresa —la legislación, la colaboración entre empresas, los ecosistemas y la educación—, cada uno con múltiples elementos propios de los círculos de preocupación, influencia y control de una empresa.

Los círculos representan tres áreas en las que una empresa puede concentrar su tiempo y energía:

- **Círculo de preocupación.** Todo lo que pueda afectar a una empresa y sea de interés para el personal.
- **Círculo de influencia.** Elementos en los que una empresa puede realmente influir para mejorar estas preocupaciones.
- **Círculo de control.** Elementos que una empresa puede controlar, resolver o cambiar.

Las empresas proactivas centrarán sus esfuerzos en los elementos de su círculo de influencia y su círculo de control. Al hacerlo, trabajan en cosas en las que pueden influir y crear resultados positivos. Dentro de un círculo de influencia se puede pensar en presionar para que se modifiquen los impuestos o se amplíe la responsabilidad del personal. En el caso del círculo de control, los ejemplos son la recapacitación de la plantilla o la búsqueda activa de colaboración entre empresas para acelerar la transición a una economía circular. Esto conduce a un menor estrés y a un comportamiento proactivo, lo que resulta en la reducción del círculo de preocupación.

Las empresas reactivas centran sus esfuerzos en hacer frente a los elementos de su círculo de preocupación. Cuanta más energía gasten una empresa y su

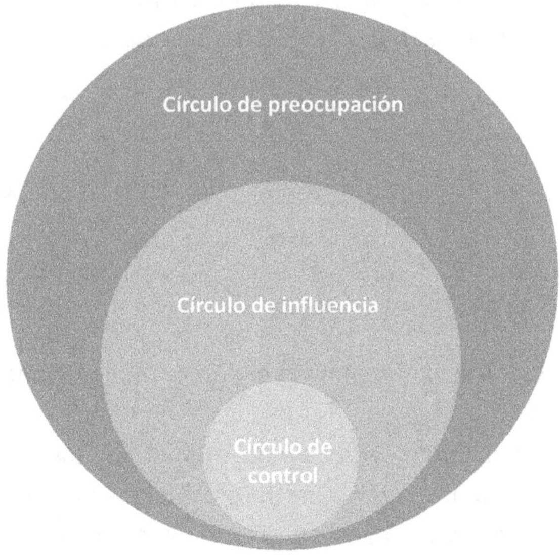

Figura 3.6. **Círculos de preocupación, influencia y control.** *Fuente:* Covey (1987).

EJERCICIO 3.8

Los círculos de preocupación, influencia y control

Explora

Nos gustaría que ayudaras a María, Peter y la tía Joanna en Harrison Moore & Co. ¿Puedes pensar en elementos concretos —que hemos tratado en este capítulo— que estén en los círculos de preocupación, influencia y control de Harrison Moore & Co?

Organiza tus ideas para debatirlas.

---

personal en preocuparse y trabajar sobre presiones sobre las que (perciben) que no tienen control —una crisis económica, las políticas comunitarias (para las que pueden ejercer presión en su círculo de influencia) o la falta de educación específica sobre sus necesidades circulares—, más reactivas y estresadas estarán. Esto se traduce en un lenguaje y unas acciones reactivas, a menudo culpando a los demás de sus circunstancias y descuidando las áreas en las que pueden influir, lo que hace que su círculo de preocupación se amplíe.

Los temas de la legislación, la colaboración interempresarial, los ecosistemas y la educación, tal como se abordan en este capítulo, también volverán a tratarse ampliamente en las partes segunda y tercera del libro, en aplicación directa al juego de simulación empresarial *The Blue Connection.*

Resumen

Las conclusiones de la fase 1, paso 3, del proyecto Circularidad: más allá de los límites de la empresa

Hacia el final de la tarde, la tía Joanna volvió a la oficina, donde María y Peter seguían trabajando.

—Lo siento mucho, chicos —dijo al entrar en la habitación—. No podía rechazar la invitación de ir a ver a nuestra proveedora de plásticos. De hecho, y seguro que esto os gustará a los dos —sonrió misteriosamente—, aproveché la oportunidad y pregunté sobre la circularidad y cómo podía ayudarnos en nuestro camino. Incluso le comenté que tal vez podríamos convertirlo en una condición para ayudarles con su inversión, pero eso ya os lo contaré más adelante. Primero, enseñadme qué habéis descubierto hoy.

—Es realmente impresionante —sentenció la tía Joanna, cuando María y Peter le presentaron sus hallazgos—. Confirma que muchos de los aspectos de la circularidad van más allá de los límites de la empresa. Me imagino que gestionar todo esto adecuadamente nos supondrá un reto enorme. Y más con

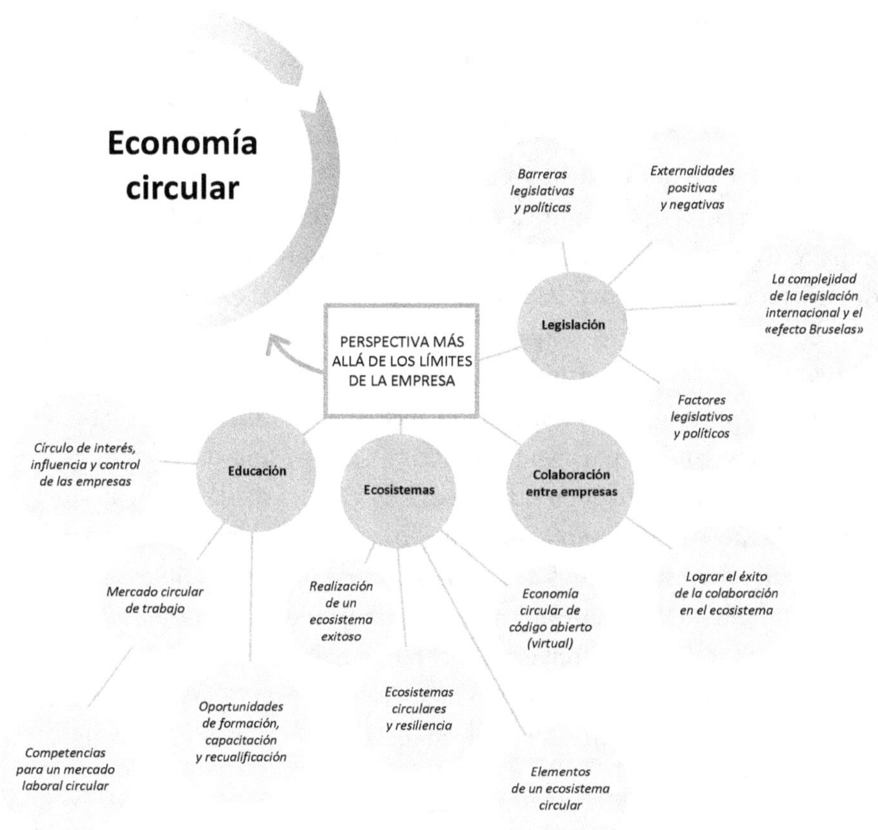

Figura 3.7. Explorar la perspectiva de la circularidad más allá de los límites de la empresa (en detalle).

los limitados recursos que tenemos como empresa de tamaño medio. Incluso llevar la cuenta de todo lo que está ocurriendo nos parece ya una tarea bastante ardua.

»Pero primero veamos nuestro ámbito de control. Ojalá podamos establecer algún tipo de proyecto piloto con nuestra proveedora de plásticos, ya sea para el desarrollo conjunto de materiales, el diseño de productos o el reciclaje. Sería una prueba interesante para conocer todo con más detalle. Y sería un buen escaparate si funciona. Aun así, me gustaría dejar eso de lado hasta el final de nuestro propio viaje, porque creo que todavía no hemos llegado a ese punto.

La tía Joanna continuó:

—También estoy empezando a ver el enorme impacto que puede tener en una empresa el hecho de pasar a estos escenarios circulares y las exigencias que planteará a la dirección de la empresa. El lado positivo es que, como empresa familiar de tamaño medio, es algo en lo que podemos influir y sobre lo que podemos tener control. Aparquemos los resultados por el momento y pasemos a descubrir qué significa realmente la circularidad para mí y para mis compañeros del equipo directivo de Harrison Moore & Co. Me gustaría que explorásemos la *perspectiva del liderazgo* con más detalle en el siguiente paso.

»Creo que deberíamos dedicar algo de tiempo a averiguar *cómo medir la circularidad y el progreso en pos de ese objetivo* —continuó—, así como los aspectos específicos del *alineamiento* entre los diferentes departamentos corporativos, y con las partes interesadas externas, solo para ver si eso será diferente del alineamiento en nuestra actual cadena de valor lineal. Además, me gustaría que os fijaseis en *la innovación, la incertidumbre y la transformación* en general. Lo sé, algunos de estos son temas menos tangibles, pero tengo la impresión de que adquirirán una gran importancia cuando decidamos dar algunos pasos serios para convertirnos en una empresa circular.

»Una vez más, este ha sido un gran día. Creo que hemos avanzado bastante. Os invito a tomar algo antes de que sigamos con el proyecto la semana que viene. ¿Qué os parece?

4

Circularidad y liderazgo

Proyecto Circularidad: fase 1, paso 3, un correo electrónico de la tía Joanna

7 dic 7:28

joanna.harrison.moore <jhm@harrisonmoore.com>
Proyecto Circularidad: información interesante

De: O maria@intern.harrisonmoore.com ; O peter@intern.harrisonmoore.com

¡Hola, queridos sobrinos! ¡Espero que estéis bien!

Aunque sé que nos veremos dentro de unos días, he encontrado este artículo que me gustaría compartir con vosotros. Trata sobre la empresa Unilever y su iniciativa por un "futuro limpio":

https://www.theguardian.com/business/2020/sep/02/unilever-plans-to-remove-oil-based-ingredients-from-all-cleaning-products.

Por supuesto, el artículo no contiene todos los detalles de la iniciativa de Unilever, pero me pareció un ejemplo interesante. Además, y por eso creo que encaja muy bien en el punto en el que nos encontramos, me llevó a pensar en varias cuestiones relacionadas con el liderazgo. En otras palabras: no me interesa tanto lo que Unilever, en este caso, pretende (es decir, su objetivo final) como los requisitos de *liderazgo* para conseguirlo. Estaba pensando en particular en los siguientes temas, que ya hemos discutido:

- ¿Cómo se *mide* realmente la circularidad para saber si hay algún progreso?

- ¿Qué significa la circularidad para la *alineación* entre los departamentos funcionales de nuestra empresa? Acabamos de implementar un proceso de alineación, la planificación de ventas y operaciones (S&OP), y me pregunto si también funcionaría para los asuntos relacionados con la circularidad.

- ¿Qué implicaciones tiene avanzar hacia un futuro más circular en términos de *innovación, gestión del cambio* y *liderazgo?*

Sería estupendo que tuvieseis en cuenta estas cuestiones.

Hablamos pronto. ¡Un fuerte abrazo!

Figura 4.1. El mensaje de la tía Joanna.

Incluso si se entiende lo que la circularidad puede significar para la actividad global de una empresa, y una vez que se han elaborado en detalle la correspondiente estrategia circular, la propuesta de valor y los flujos de ingresos y la estructura de costos, todavía hay otro factor que no se puede ignorar: la perspectiva del liderazgo. Muchos diseños de procesos parecen perfectos, hasta que aparecen las personas; porque las personas vienen con estados de ánimo, opiniones, irracionalidad, motivaciones, antecedentes, situaciones familiares y trastornos de salud, entre otros, que simplemente no se pueden obviar. Esta dimensión del liderazgo y de las personas plantea retos adicionales en la ejecución exitosa de las operaciones de una cadena de valor, más aún si esta debe transformarse de lineal a circular.

¿Y quién tiene que liderar la transformación? ¿Veremos surgir en el futuro el área o departamento de dirección de sostenibilidad y circularidad? ¿Acaso deberían los equipos de RSC tomar la iniciativa y «reposicionarse como colaboradores expertos, no solo como consumidores de datos como parte de sus actividades de información»? (Geoff Kendall, director general y cofundador de Future-Fit, citado en Elkington, 2020). ¿O debería liderarla el departa-

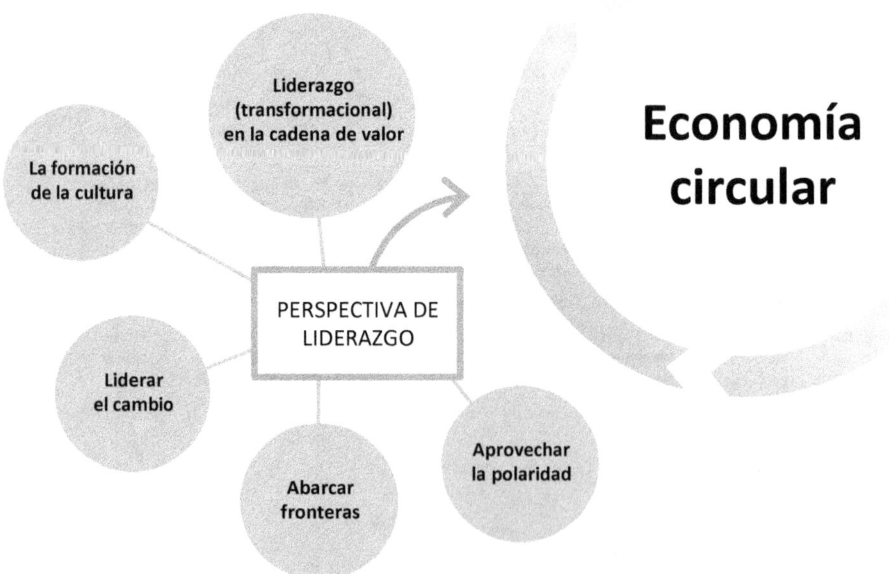

Figura 4.2. Explorar la circularidad desde el liderazgo.

mento de *marketing*, porque esto de la circularidad no deja de ser un área de la actividad empresarial? Probablemente aún es demasiado pronto para saber si realmente están surgiendo nuevos patrones dominantes.[1] Las empresas aún necesitarán tiempo para probar las cosas y experimentar de primera mano lo que funciona y lo que no. Pero está claro que, sea quien sea, alguien tendrá que tomar las riendas para que las cosas sucedan.

En su artículo «Barriers and drivers to sustainable business model innovation: organization design and dynamic capabilities», Bocken y Geradts destacan la importancia de las capacidades dinámicas. Basándose también en el trabajo de otros, afirman:

Las capacidades dinámicas rigen la forma en que se desarrollan, aumentan y combinan las capacidades ordinarias de una empresa (por ejemplo, tácticas de mercadotecnia eficaces; procesos de fabricación eficientes) e incluyen competencias para 1) percibir y evaluar las oportunidades y las amenazas; 2) aprovechar las oportunidades, mitigar las amenazas y capturar el valor de las mismas; y 3) reconfigurar los activos tangibles e intangibles de una empresa para seguir siendo competitiva [...]. Se argumenta que las capacidades dinámicas de percibir, aprovechar y transformar, son aquellas en las que la alta dirección debería centrarse más, ya que se consideran claves para la innovación y la selección de modelos de negocio.

Además, identifican una serie de barreras institucionales, estratégicas y operativas, así como impulsores para el desarrollo de dichas capacidades dinámicas con el fin de lograr una innovación del modelo de negocio sostenible (SBMI, de *sustainable business model innovation)* (Bocken y Geradts, 2020). Muchos de los factores identificados por Bocken y Geradts tienen un claro vínculo con el liderazgo, lo que ilustra una vez más la importancia de este en el contexto de la circularidad.

Hughes *et al.* (2014) sugieren al respecto:

Para alcanzar el potencial de rendimiento duradero de la organización es necesario que los corazones, las mentes y las manos de todos estén comprometidos. Una cosa es que uno mismo tenga ese sentimiento de compromiso. Otra cosa es crear, engendrar y alimentar ese compromiso con los demás [...] Es decir, el liderazgo consiste en involucrar al resto para crear una dirección, una alineación y un compromiso compartidos (DAC).

E endican cuatro capacidades de liderazgo clave, tanto organizativas como individuales, para crear DAC (véase figura 4.3):

- Aprovechar las polaridades.
- Superar las fronteras.
- Liderar el cambio.
- Modelar la cultura.

En los siguientes apartados, tomaremos estas cuatro capacidades sugeridas como inspiración para sumergirnos un poco más en los detalles del liderazgo, a la vez que nos referiremos a otras fuentes relevantes en la literatura.

Aprovechar la polaridad: objetivos y cuadro de mando(s) equilibrados[2]

Las cadenas de valor están llenas de compensaciones: muchas ventajas tienen también inconvenientes. Reducir el inventario puede reducir los costos, pero al mismo tiempo puede aumentar el riesgo de pérdida de ventas por falta de producto. Utilizar componentes más duraderos puede prolongar la vida útil y, por tanto, dar lugar a productos más sostenibles. Sin embargo, los componentes

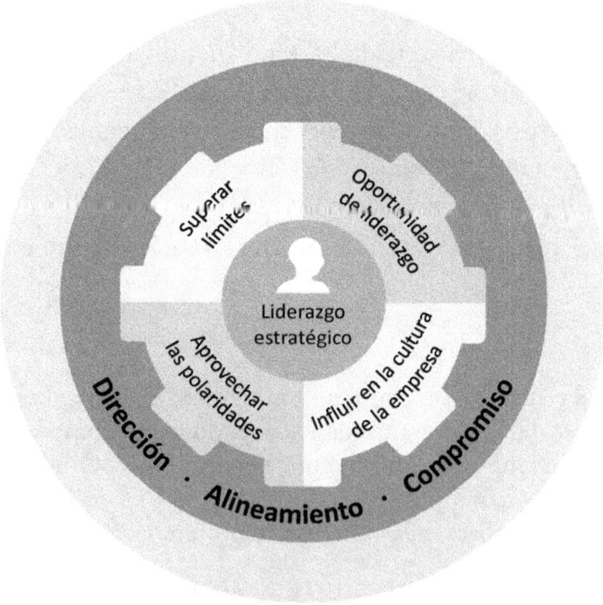

Figura 4.3. **Capacidades de organización y liderazgo indispensables.**
Fuente: Reproducción, cortesía de CCL.

más duraderos pueden ser más caros y, por tanto, aumentar el precio de venta, lo que puede tener un impacto negativo en la cantidad de producto vendido. O bien, perseguir objetivos a largo plazo puede ser a veces difícil de compaginar con garantizar los máximos beneficios financieros a corto plazo.

Además del lado «objetivo» de las compensaciones, es probable que existan muchas opiniones diferentes sobre qué priorizar. La gestión de inventarios puede verlo diferente a la dirección de ventas. El equipo de sostenibilidad de la empresa puede tener una visión diferente a la del área de *marketing*. Pero eso no significa que ninguno tenga más razón o esté más equivocado. Como afirman Hughes *et al.* (2014), no se trata de una cosa o de otra, sino de ambas. El reto del liderazgo es desarrollar competencias para encontrar un equilibrio positivo, productivo y práctico en tales situaciones, es decir, *aprovechar las polaridades.* Aquí es donde una brújula equilibrada podría ser muy útil, para crear una visión multidimensional como punto de partida para la toma de decisiones.

Al final, las empresas están hechas de personas, y la cadena de valor, como parte de ella, no es obviamente una excepción. Dado que, en la mayoría de los casos, las declaraciones de propósito y misión empresarial no son suficientes para que las personas se muevan en la dirección «correcta», las empresas establecen ciertas mediciones y objetivos de rendimiento con el fin de fijar una meta que debe alcanzarse en un plazo determinado. A veces estos objetivos forman parte de los planes anuales individuales, y a veces también están relacionados con incentivos financieros. Aunque muchos consideran que los indicadores de rendimiento y la fijación de objetivos son más bien una cuestión «técnica» (como en el caso de la medición de los resultados del proceso operativo como punto de partida para definir posibles mejoras del proceso), nosotros tratamos los objetivos bajo el paraguas de la dimensión del liderazgo.

Ello se debe a que, en nuestra opinión, la decisión de cómo proceder a la medición del rendimiento y a la fijación de objetivos es una decisión de liderazgo. El papel y la importancia que una persona líder da a los indicadores clave de rendimiento (los conocidos como KPI, siglas de *key performance indicator*) y a los objetivos definen cómo va a trabajar con su gente; será una parte importante y visible del clima de trabajo que se creará. Quien ejerce el liderazgo en cuestión influye en si estos indicadores de rendimiento crean un reto saludable para hacer que las cosas sucedan o ejercen una intensa presión sobre la plantilla, lo que conduce a una situación de estrés. Este es el caso, en particular, cuando dichos indicadores y objetivos están relacionados con las primas individuales (financieras).

Un concepto muy utilizado en el contexto del desarrollo de los KPI es el de *KPI smart,* que alude al hecho de que los indicacores de actuación deben elegirse de forma inteligente. Cada letra de esa palabra representa un aspecto específico que debe tenerse en cuenta (véase el apéndice para una explicación). Además, Kaplan y Norton (1992) ya propusieron hace tiempo su concepto de cuadro de mando integral y en la práctica vemos aparecer cada vez más cuadros de mando de KPI que presentan una colección «equilibrada» de KPI que proporciona una visión multidimensional sobre la situación. En el contexto del valor compartido o del valor integrado, tal como se aborda ampliamente en el capítulo 2, es más probable que estos cuadros de mando incluyan también indicadores orientados a la sostenibilidad.

Un elemento a tener en cuenta a la hora de desarrollar cuadros de mando de KPI significativos es distinguir entre los indicadores que miden los resultados finales deseables y los que miden de alguna manera el camino para llegar al resultado final. Por ejemplo, si quiero perder peso, mi KPI individual para medir el resultado final deseable podría ser mi peso real. El KPI que expresa el camino podría ser expresar el número de pasos que he dado en un período determinado. Obviamente, poder definir ambos tipos de KPI supone una buena comprensión de las relaciones causa-efecto entre los parámetros (en el ejemplo, la suposición sería que caminar un determinado número de pasos ayuda a conseguir un determinado peso).

Evidentemente, una empresa que quiera avanzar en la dirección de la circularidad tendrá que decidir en primer lugar cómo medir su grado de circularidad. Al mismo tiempo, también tendrá que mantener ciertos indicadores que ya utilizaba en la situación lineal, por ejemplo, indicadores financieros como el margen o la rentabilidad. Especialmente compleja puede ser la polaridad específica que aparece durante el período de transición: la empresa aún no es totalmente circular, pero no puede ignorar la(s) parte(s) de su actividad que aún son más lineales, además de rentables.

A lo largo del tiempo ha habido muchas iniciativas para incluir la sostenibilidad en general y la circularidad en particular en el mundo de los cuadros de mando. En primer lugar, a nivel conceptual, está el concepto global de la triple cuenta de resultados, o *triple bottom line,* de Elkington (Elkington, 1997), aunque no especifica qué indicadores concretos deben utilizarse. Otro punto de vista multidimensional muy interesante se encuentra en el marco de los seis capitales (IIRC, 2013a, 2013b), que, como su nombre indica, distingue seis tipos diferentes de capital que agrupa en un informe integrado.

En relación más específica con el tema de la circularidad, ya ha habido muchas iniciativas para crear indicadores significativos con este fin. Una de las primeras fue el indicador de circularidad de los materiales (ICM), desarrollado por la Fundación Ellen MacArthur (EMF, s.f. b). Su principal objetivo, como su nombre

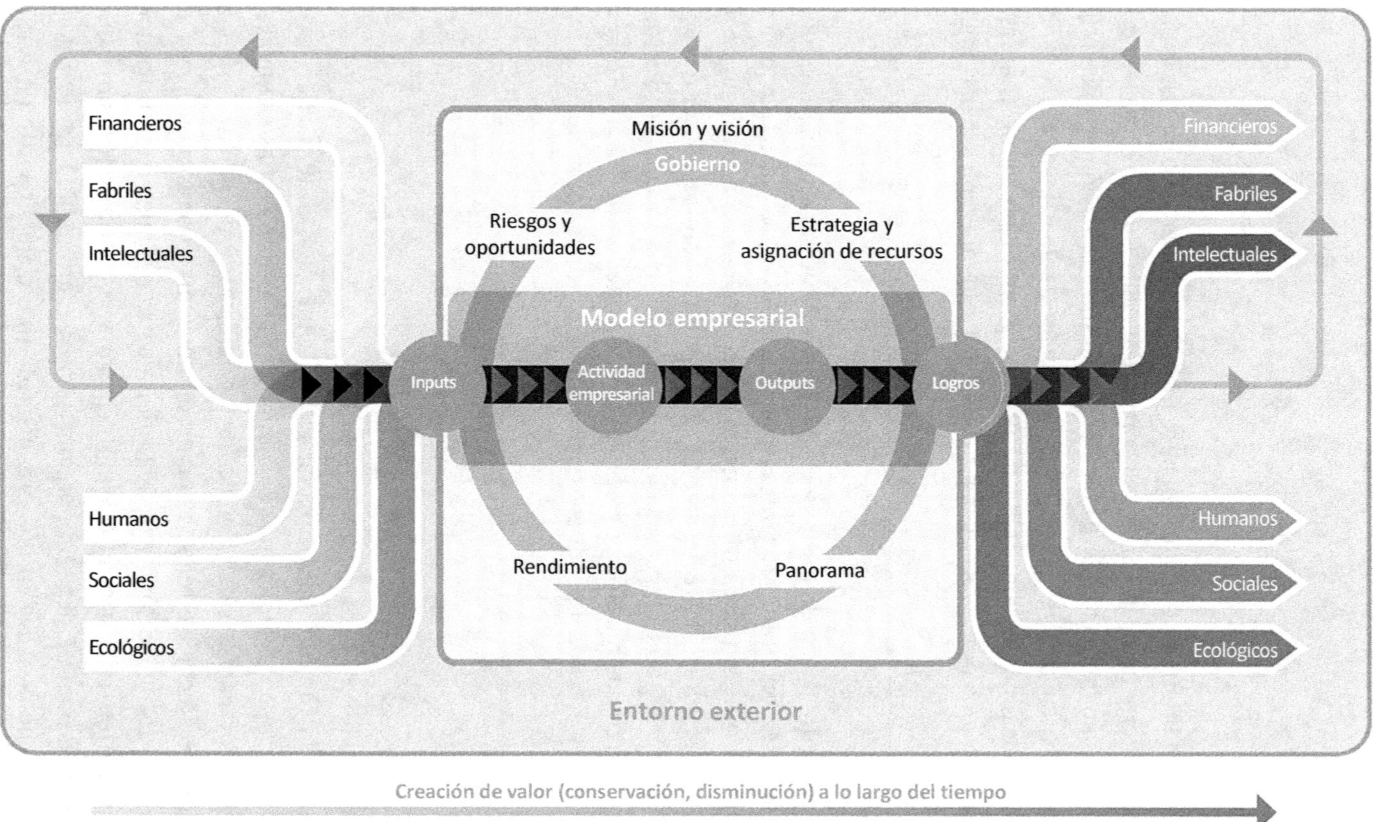

Figura 4.4. **El marco de los seis capitales.**

EJERCICIO 4.1
El marco de los seis capitales

Explora

Navega por internet y averigua un poco más sobre el marco de los seis capitales del IIRC (International Integrated Reporting Council). ¿Cuál de ellos crees que se vería directa o indirectamente afectado por la transformación de una empresa de lineal a circular? ¿De qué manera se verían afectados? ¿En qué medida crees que el modelo proporciona una base útil para identificar y aprovechar las polaridades en una organización, por ejemplo, entre los diferentes departamentos internos?

---

indica, es medir el uso de los materiales. Este indicador combina dos puntos de vista diferentes: en primer lugar, examina la cantidad de materiales utilizados y recuperados, es decir, la cantidad de material virgen como entrada, frente a la cantidad de residuos no recuperables como salida. Esto se denomina *índice de flujo lineal*. En segundo lugar, se hallan la vida útil y el uso del producto, que se expresa midiendo la relación entre la vida útil de este frente a la vida útil estándar del mercado y el uso del producto frente al uso estándar del mercado.

EJERCICIO 4.2
El ICM

Explora

Tomando la fórmula para calcular el ICM como punto de partida, explica cómo afectarían al indicador de circularidad de materiales las siguientes estrategias circulares, es decir, cuáles de los parámetros del ICM se verían principalmente afectados: rediseño de productos y materiales (reducir el bucle), estrategia de ampliación de la vida útil (ralentizar el bucle), refabricación de componentes (ralentizar el bucle), reciclaje de materiales (cerrar el bucle). ¿Hasta qué punto el ICM proporciona una base útil para identificar y aprovechar las polaridades en una organización (por ejemplo, entre los distintos departamentos internos)?

Materias primas vírgenes (kg)

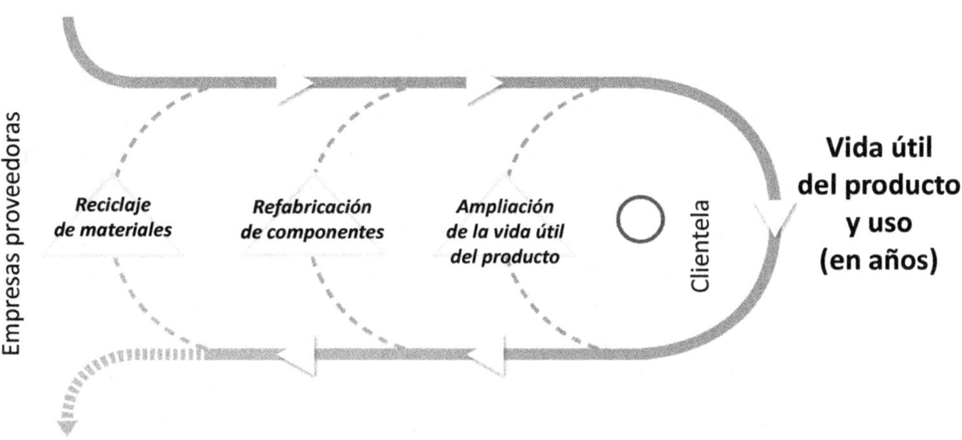

Residuos irrecuperables (kg)

$$ICM = 1 - \left[\frac{IFL \cdot 0{,}9}{FU} \right]$$

Utilización de material virgen en una bicicleta (V)

Residuos irrecuperables de una bicicleta (R)

Peso de la bicicleta (P)

Índice de flujo lineal (IFL) = $\dfrac{(V+R)}{2P}$

Vida útil (VU), Vida útil media (VUm)

Uso (U), Uso medio (Um)

Factor de utilidad (FU) = $\left(\dfrac{VU}{VUm}\right) \cdot \left(\dfrac{U}{Um}\right)$

Figura 4.5. Indicador de circularidad de materiales (ICM).

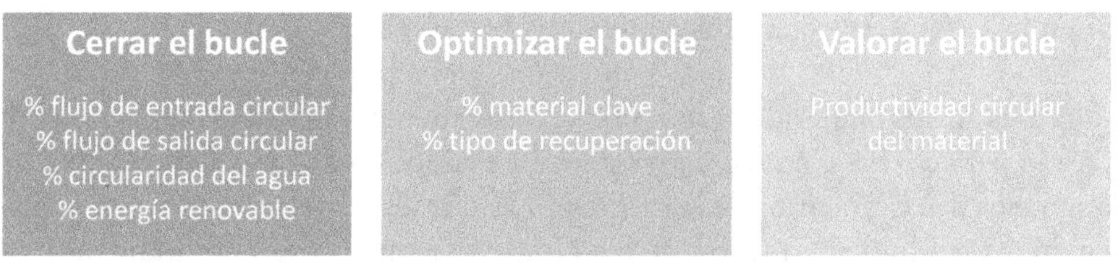

Figura 4.6. Indicadores de transición circular (ITC).

Desde entonces, la Fundación Ellen MacArthur ha desarrollado conjuntos más amplios de indicadores para el seguimiento de la circularidad. El principal resultado de ello hasta ahora es el lanzamiento del marco Circulytics®, que «apoya la transición de una empresa hacia la economía circular, independientemente de su industria, complejidad y tamaño». Más allá de la evaluación de los productos y los flujos de materiales, esta herramienta revela hasta qué punto una empresa ha logrado la circularidad en todas sus operaciones (EMF, s.f. d).

En otra iniciativa interesante para crear más claridad sobre el tema y tratar de establecer un estándar para medir la circularidad, el Consejo Empresarial Mundial para el Desarrollo Sostenible ha realizado un amplio estudio sobre las formas de medir la circularidad y un conjunto de indicadores para medir la transición a la circularidad: los indicadores de transición circular o ITC (WBCSD, 2018, 2020a). Los indicadores distinguen cómo «cerrar el bucle», «optimizar el bucle» y «valorar el bucle», presentando así una visión equilibrada sobre diferentes aspectos de la circularidad, por ejemplo, incluyendo también el uso del agua y de las energías renovables.

Algunos de los indicadores también se utilizan en el juego de simulación empresarial *The Blue Connection,* por lo que volveremos a verlos en la segunda parte del libro.

Con independencia de las decisiones finales que tome una empresa al seleccionar los indicadores, es bastante difícil crear KPI y objetivos correspondientes que provoquen y estimulen la colaboración interna y, por tanto, un instrumento para gestionar las polaridades mencionadas. Desgraciadamente, algunos de los objetivos más utilizados en las cadenas de valor (lineales), definidos en la mayoría de los casos por departamentos funcionales, hacen todo lo contrario: parecen conducir a la polarización entre los departamentos en lugar de la síntesis. Por tanto, tener objetivos puede ser un buen punto de partida, pero hay que tener en cuenta que no garantiza necesariamente grandes resultados: ahí es donde entra en juego un liderazgo eficaz.

Traspasar fronteras: silos y partes interesadas[3]

Tanto da si la «circularidad» se gestiona desde un departamento independiente creado para ese fin o no: las actividades en el ámbito de la circularidad afectan a muchos departamentos de la empresa. Las decisiones relacionadas con la circularidad tendrán en muchos casos un impacto en más de un departamento, lo que implica inmediatamente la necesidad de alineación y gestión de las partes.

Además, existe la noción de la importancia de las partes interesadas más allá de los límites de la empresa, como hemos visto en el capítulo 3.

Taspasar los límites de la organización

Las estructuras organizativas típicas todavía se centran en la mayoría de los casos en torno a departamentos funcionales (ventas, finanzas, recursos humanos, etc.) y, aunque puede ser totalmente comprensible desde el punto de vista de la especialización juntar a los expertos funcionales, también puede tener un efecto secundario algo más complicado. Ashkenas (2015) señala lo siguiente:

> Muchas organizaciones siguen teniendo procesos y culturas jerárquicas, fragmentadas y en silos. Es más, tener que hacer frente a una economía global que cambia rápidamente ha llevado a muchas empresas a crear matrices aún más complejas, en las que cuesta mucho reunir a las personas adecuadas para una rápida toma de decisiones.

Los fuertes silos organizativos refuerzan un sentimiento de «nosotros contra ellos» entre los departamentos, lo que obviamente es una barrera en el camino de la alineación interfuncional. Ashkenas afirma que el planteamiento de Jack Welch, cuando aún era director general de General Electric, seguiría siendo recomendable: crear foros interfuncionales «que reúnan a personas de distintos niveles, funciones y zonas geográficas para resolver problemas y tomar decisiones en tiempo real». Al parecer, esto ha resultado menos fácil para la mayoría de las empresas de lo que parecía. General Electric ya había empezado a hacerlo en la década de 1990 pero parece ser una de las pocas que lo ha conseguido. ¿O es que las demás no lo ven tan importante y ni siquiera lo han intentado?

Sea como sea, aparentemente los silos funcionales van a seguir existiendo durante algún tiempo, y tener plataformas y mecanismos interfuncionales más institucionalizados todavía parece bastante lejano en la mayoría de los casos. Lo que implica que todo lo relacionado con la circularidad requerirá también una gestión activa de las partes interesadas interfuncionales, rompiendo así el efecto silo (Bocken y Geradts, 2020). Esto requiere personas con carácter fuerte que no teman las fronteras funcionales y que tengan sentido de la empatía, capacidad de negociación, etc., a lo que Neessen añade una mentalidad empresarial (Neessen, 2020).

En el momento de escribir este libro, no parece haber un enfoque dominante, ni siquiera emergente, para esa gestión interfuncional de las partes interesadas en el contexto de la circularidad, pero quizá podamos inspirarnos en el caso de las cadenas de valor lineales, donde el proceso de planificación de ventas y operaciones (o S&OP, por *sales and operations planning*) se ha desarrollado a lo largo del tiempo para dar respuesta precisamente a estos retos de alineación interna. Según Tom Wallace, uno de los principales responsables del importante desarrollo inicial de S&OP, «la planificación de ventas y operaciones es un conjunto de procesos de toma de decisiones para equilibrar la demanda y la oferta, para integrar la planificación financiera y la operativa, y para proporcionar un foro que establezca y vincule los planes estratégicos de alto nivel con las operaciones diarias» (Wallace, 2009).

Hoy en día, este proceso se ha convertido en la agenda de alto nivel de la mayoría de las compañías líderes del planeta, aunque muchas empresas siguen luchando por hacerlo bien. Por un lado, esto puede resultar sorprendente, ya que los pasos del proceso no son realmente tan complicados (véase la figura 4.6). Por otro lado, también refleja la combinación de las dimensiones empresarial, técnica y de liderazgo de la cadena de suministro, por lo que quizá no deberían sorprendernos tanto las dificultades de su aplicación.

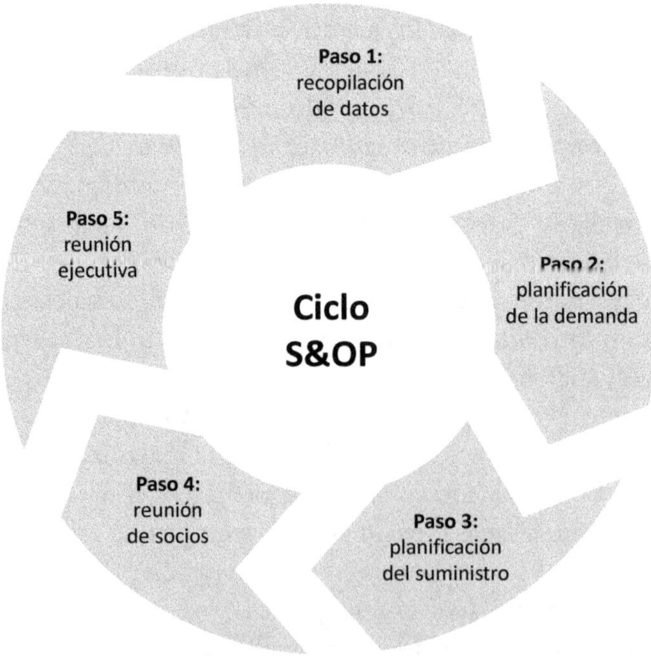

Figura 4.7. **Proceso de planificación de ventas y operaciones (S&OP): secuencia mensual.**
Fuente: Stahl (2009) y Dougherty y Gray (2006).

EJERCICIO 4.3

S&OP, planificación empresarial integrada y sus posibles aplicaciones a la circularidad

Explora

Utilizando los medios que tienes a tu disposición, como internet, bibliotecas, bases de datos, revistas, etc., explora la planificación de ventas y operaciones (S&OP) y la planificación empresarial integrada (IBP). ¿Qué puedes sacar en claro? ¿Hasta qué punto consideras que un proceso de este tipo podría ser aplicable o ajustarse a las necesidades de la circularidad en una empresa? ¿Qué nombre darías a la versión circular de S&OP e IBP?

Traspasar los límites de la organización

Seguramente habrás imaginado que, si ya cuesta traspasar las fronteras de una organización, avanzar fuera de estas es aún más complejo. En esta fase, plantearemos este tema como un ejercicio (4.4).

EJERCICIO 4.4

Más allá de los límites de la empresa

Explora

Elige una empresa que te interese y traza su camino hacia la circularidad:

- Identifica las principales partes interesadas externas relevantes para lograr, mantener y mejorar la circularidad.
- Identifica cómo puede influir cada una de estas partes interesadas externas en la circularidad actual o futura de la empresa.
- Piensa en las personas o departamentos de la empresa que deberían liderar la relación con estas partes interesadas externas.
- Piensa en la mejor manera de establecer y mantener una relación eficaz con cada una de estas partes interesadas externas.
- Evalúa el tiempo y los recursos que requiere el mantenimiento efectivo de estas relaciones con las partes interesadas.

Liderar el cambio: innovación, incertidumbre y transformación[4]

La transformación implica un cambio. Por tanto, lo mismo es válido para la transformación de lo lineal a lo circular. Requerirá innovación y vendrá acompañada de incertidumbre. Gestionar con éxito estos cambios exige altas dosis de capacidad de liderazgo.

Innovación

Aunque en las conversaciones que mantenemos da la impresión de que muchas personas siguen pensando que la innovación tiene que ver principalmente con el desarrollo de nuevos productos, la idea de que en realidad implica a un conjunto mucho más amplio de áreas no es nueva. Markides (1997) ya señaló que una empresa puede innovar en el *quién* (clientela), el *qué* (ofertas) y el *cómo* (procesos). Sawhney *et al.* (2006) en su artículo «The 12 different ways for companies to innovate» añadieron la dimensión del *dónde* (presencia) a la ecuación, llegando así a su concepto de radar de innovación, un gráfico de telaraña con cada una de las doce formas de innovar visualizadas, en relación con el rendimiento de una empresa en cada una de ellas.

Además, siguiendo los elementos básicos del modelo de actividad empresarial, se puede ver que la innovación puede tener lugar, de hecho, en todas las áreas. En la parte de la empresa orientada a la clientela puede haber innovación en la cartera de productos y servicios, en las propuestas de valor, en los canales y en la forma de enfocar la gestión de las relaciones con los clientes. La innovación también puede tener lugar en la parte «productiva» de la empresa: innovación en los procesos, en los recursos clave o en los modelos de asociación. Por último, la innovación también puede tener lugar en la forma de definir la llamada «fórmula de beneficios» de la empresa: los modelos de ingresos y las estructuras de costos (Johnson *et al.*, 2008; Osterwalder *et al.*, 2020). En el capítulo 2 se han expuesto extensamente estos diferentes tipos de innovación en relación con los segmentos y las propuestas de valor, las estrategias circulares y los modelos de ingresos que podrían ser necesarios.

Nada de lo anterior es nuevo ni es exclusivo de la circularidad, pero como la mayoría de las empresas todavía están en el inicio de su viaje para ser más circulares, tendrán que innovar para avanzar. La implicación es que los aprendizajes de la literatura y las metodologías de innovación «básicas» también se aplican en el contexto circular. Por ejemplo, existe el concepto de proceso de innovación que va desde la generación de ideas, a veces también llamada «ideación», a la conversión de ideas en soluciones viables (desarrollo y validación), a la difusión de ideas para establecer su amplia aceptación y su incorporación con éxito en la práctica diaria (implementación). En relación con el proceso de innovación existe la noción de embudo de la innovación, que implica que habrá que generar muchas ideas antes de llegar a la aplicación con éxito de una o varias de ellas (figura 4.8).

Además del mencionado proceso de innovación y del embudo, Hansen y Birkinshaw sostienen que cada una de las etapas del proceso de innovación requiere diferentes capacidades organizativas, por lo que hablan de la cadena de valor de la innovación (Hansen y Birkinshaw, 2007). El liderazgo tendrá que asegurar la presencia de todas las competencias necesarias en el momento adecuado.

Desde un punto de vista práctico, metodologías como Agile/Scrum y Lean Startup han ido evolucionando con el tiempo, con el objetivo de lograr la conversión de ideas en soluciones viables en ciclos cortos e iterativos de innovación (a menudo llamados *sprints),* a través de la construcción de prototipos y maquetas, los denominados *productos mínimos viables,* ya en sus primeras etapas, y llevándolos a la potencial futura clientela para obtener retroalimentación para su mejora (Blank, 2013; Rigby *et al.,* 2016). Estas metodologías también se mencionan en artículos académicos relacionados con la circularidad, sobre todo en el

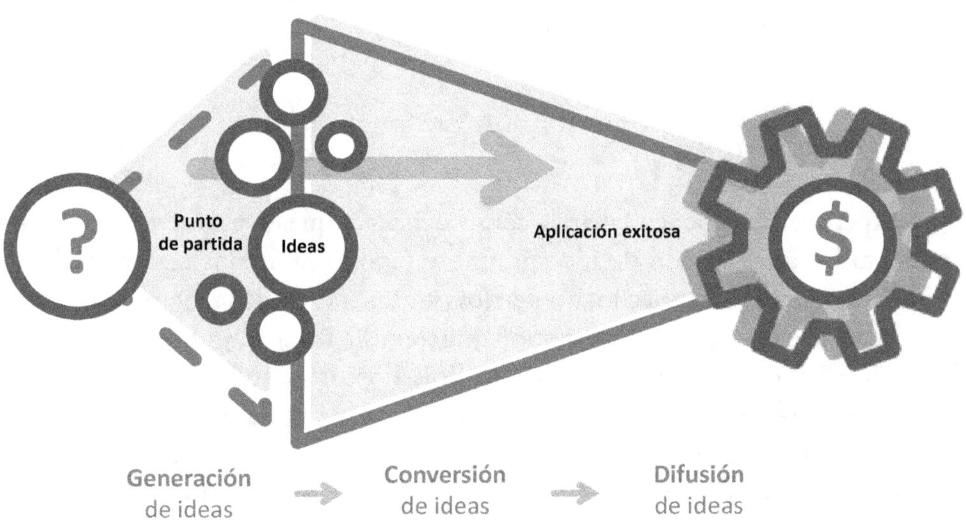

Figura 4.8. El proceso de innovación y el diseño en forma de embudo.

contexto de la innovación de modelos de negocio sostenibles (véase, por ejemplo, Antikainen y Valkokari, 2016; Bocken y Snihur, 2020).

El trabajo académico de Velter indica que la experimentación en modelos empresariales sostenibles también tiene lugar en los límites entre las diferentes partes interesadas, explorando nuevas formas de colaboración en las que la antigua clientela se convierte ahora en socia o las empresas que antes se centraban en la ejecución operativa evolucionan hacia la integración de sistemas (Velter *et al.,* 2020). Dado que las soluciones circulares parecen provocar formas más holísticas de ver las actividades y los mercados de una empresa, es posible que las relaciones lineales existentes entre empresas proveedoras y compradoras ya no sean suficientes para llegar a ser realmente circulares. Es probable que en el futuro veamos muchos intentos de (re)configurar las relaciones entre las empresas y sus partes interesadas externas.

Un elemento central que debe extraerse de lo anterior, también en lo que respecta a la circularidad, es que *la innovación requiere experimentación.* Sin embargo, la experimentación tiene una gran desventaja que supone un enorme reto para el liderazgo: los experimentos pueden fracasar. Si el resultado pudiera conocerse de antemano, entonces el experimento no habría sido necesario para arrancar. Paradójicamente, en las empresas estos fracasos a veces se fomentan explícitamente en las políticas oficiales de I+D+I, pero implícitamente no son fácilmente aceptados por la dirección responsable de los correspondientes presupuestos y resultados. Este es otro buen ejemplo de las polaridades mencionadas anteriormente en este capítulo.

Incertidumbre y riesgo

Si los experimentos pueden fallar, la consecuencia es que en estos entornos siempre habrá un cierto grado de incertidumbre («no lo sabremos realmente hasta que lo intentemos»). De hecho, uno de los puntos fuertes de la metodología *lean startup* consiste precisamente en gestionar mejor esta incertidumbre e intentar reducirla mediante iteraciones de desarrollo rápidas y cortas, en lugar de dar grandes pasos buscando la solución *big bang* de una sola vez (Bocken y Snihur, 2020).

Sin embargo, la incertidumbre no solo surge de la experimentación o del proceso de innovación en general. También puede haber incertidumbre debido a muchas otras razones, incluidos los riesgos empresariales «normales», como el anuncio de una nueva legislación, el descubrimiento de movimientos de la competencia o la aparición de nuevas tecnologías. Además, existe, por supuesto, la incertidumbre debida a la simple (mala) suerte o al descubrimiento continuo a lo largo del tiempo de los supuestos iniciales de una actividad que no se pudieron probar realmente en la fase de diseño.

Por ejemplo, imagina que basas tu modelo de negocios para los patinetes eléctricos compartidos en una vida útil técnica de 2,5 años basada en la vida útil de la batería como uno de los componentes críticos del patinete eléctrico, pero en la práctica resulta que estos patinetes en un entorno compartido solo duran 7,5 meses porque la mayoría de la gente los percibe como algo barato y no los trata bien («no tengas cuidado, es un alquiler»), entonces puedes tener un serio problema de rentabilidad. O que contabas con recuperar el 60 % de tus productos del mercado ofreciendo un precio de recompra, para poder reacondicionarlos y venderlos de segunda mano, pero resulta que el porcentaje es mucho mayor; o mucho menor; o que la aceptación en el mercado de segunda mano es mucho mayor/menor de lo esperado; o que ese mercado «canibaliza» las ventas del producto nuevo. En la literatura, Thierry *et al.* (1995) y Hopkinson (2018), por ejemplo, abordaron estas cuestiones.

Otra incertidumbre específica relacionada con la innovación es la de las diversas curvas de aprendizaje que pueden estar involucradas, por ejemplo, el aprendizaje sobre la aceptación del mercado de los productos circulares, sobre el uso de nuevos materiales, sobre el uso de nuevas tecnologías, sobre la optimización de nuevos modelos de ingresos, sobre el trabajo con nuevos socios de reciclaje, etc. Es especialmente importante pensar en la rapidez con la que se pueden atravesar estas curvas de aprendizaje, así como en los costos de aprendizaje asociados a estas curvas (costo de los errores, del incumplimiento, de la búsqueda o del cambio de socios de la cadena de valor, etc.).

Volveremos a tratar más ampliamente el tema de la incertidumbre y cómo afrontarla en la tercera parte. A continuación, recuperamos algunos de los ejemplos mencionados anteriormente y los situamos en el contexto específico de la transformación basada en la empresa en el juego de simulación empresarial *The Blue Connection*.

Gestión del cambio y la transformación

Como ya se ha dicho, la transformación de lineal a circular implica un cambio que, sin duda, implicará incertidumbre y, por tanto, riesgo. Estos aspectos suponen un reto para el liderazgo, ya que, en primer lugar, tendrán que hacer frente a la incertidumbre y al riesgo ellos mismos. Además, se tendrá que crear un equipo de personas que puedan afrontar eficazmente la misma incertidumbre y el mismo riesgo, así como crear un entorno en el que la transformación pueda prosperar. El proceso para lograrlo se denomina gestión del cambio o liderazgo transformacional y existen muchos enfoques. Aunque utilizan una terminología diferente, en el fondo la mayoría contienen elementos muy similares identificados como los críticos que hay que abordar para que el cambio o la transformación tengan éxito. A continuación se presenta probablemente el primer marco extenso para el cambio, desarrollado por Kotter, quien propuso su famoso proceso de ocho pasos para liderar el cambio (Kotter, s.f.). Como puede leerse en su web:

«Cómo liderar el cambio en ocho pasos:

1. *Crear un sentido de urgencia.* Ayuda a los demás a ver la necesidad del cambio mediante una declaración de oportunidad audaz y con aspiraciones que comuniquen la importancia de actuar inmediatamente.
2. *Construir una coalición orientadora.* Un ejército de voluntariado necesita una coalición de personas eficaces —nacidas de sus propias filas— que lo guíen, coordinen y comuniquen sus actividades.
3. *Formar una visión e iniciativas estratégicas.* Aclara en qué se diferenciará el futuro del pasado y cómo puedes hacer realidad ese futuro mediante iniciativas vinculadas directamente a la visión.
4. *Conseguir un ejército de voluntariado.* El cambio a gran escala solo puede producirse cuando un gran número de personas se unen en torno a una oportunidad común. Deben entenderse como necesarias para impulsar el cambio, moviéndose en la misma dirección.
5. *Facilitar la acción eliminando las barreras.* La eliminación de barreras, como los procesos ineficientes y las jerarquías, proporciona la libertad necesaria para trabajar por encima de los silos funcionales y generar un impacto real.
6. *Generar victorias a corto plazo.* Las ganancias son las moléculas de los resultados. Deben reconocerse, recopilarse y comunicarse —con prontitud y frecuencia— para hacer un seguimiento de los avances y animar a los voluntarios a persistir.
7. *Mantener la aceleración.* Presiona más después de los primeros éxitos. Tu creciente credibilidad puede mejorar los sistemas, las estructuras y las políticas. Sé implacable iniciando un cambio tras otro hasta que la visión sea una realidad.

8. *Instaurar el cambio.* Articula las conexiones entre los nuevos comportamientos y el éxito de la organización, asegurándote de que continúen hasta que sean lo suficientemente fuertes como para reemplazar los viejos hábitos».

Como se ha dicho, la mayoría de los otros enfoques de gestión del cambio contienen elementos similares. Todos ellos, de alguna forma, hacen hincapié en la importancia de la participación, la implicación y el compromiso (del personal). Peter Lacy, basándose en el trabajo de sus colegas de Accenture, también considera que estos elementos son fundamentales para lograr lo que ellos llaman el *pivote inteligente* de una situación existente a una nueva situación deseada. No por casualidad, esto se aborda en su capítulo «Culture and organization» (Lacy *et al.,* 2020).

Aunque los factores críticos mencionados para la gestión del cambio pueden parecer sencillos, la práctica demuestra que aparentemente no es así. Según afirma Ashkenas (2013):

Como disciplina reconocida, la gestión del cambio existe desde hace más de medio siglo. Sin embargo, a pesar de la enorme inversión que las empresas han hecho en herramientas, formación y miles de libros (más de 83.000 en Amazon), la mayoría de los estudios siguen mostrando una tasa de fracaso del 60-70 % en los proyectos de cambio organizativo, una estadística que se ha mantenido constante desde la década de 1970.

Pero, prosigue Askhenas, esto no se debe a que los marcos, las teorías y los enfoques de la gestión del cambio sean erróneos o contengan defectos importantes. Por el contrario, argumenta: «Aunque podría ser admisible concluir que deberíamos replantear los fundamentos, permítanme sugerir una explicación alternativa: el contenido de la gestión del cambio es razonablemente correcto, pero la capacidad de gestión para aplicarlo lamentablemente ha estado poco desarrollada». En otras palabras: hacer un plan de gestión del cambio según el marco elegido es solo un primer paso, nada menos, pero también nada más. No se puede subestimar la capacidad de gestión necesaria para llevarlo a cabo.

Gestión de proyectos y programas

Si bien los enfoques de la gestión del cambio, como el de Kotter, en la denominación de los diferentes pasos se centran principalmente en el resultado («crear un sentido de urgencia», «construir una coalición orientadora», etc.), las metodologías van más allá. La denominación elegida establece el espíritu necesario, pero después hay que ponerlo todo en práctica, traduciendo los objetivos en acciones concretas. De hecho, estamos hablando de los fundamentos de la gestión de proyectos y programas (donde los programas se entienden como un conjunto más amplio de proyectos conectados).

Existen muchos marcos para la gestión de proyectos y programas, como los del Project Management Institute (PMI) o Prince2®. Al igual que ocurre con los numerosos enfoques existentes para la gestión del cambio, los diferentes enfoques para la gestión de proyectos y programas en su esencia son relativamente similares en cuanto a los bloques de construcción críticos que describen. No es el propósito de este libro discutir esto extensamente, pero por ahora, identifiquemos cuáles son estos bloques de construcción (véase también el apéndice para una visión general de las fases y herramientas de gestión de proyectos pertinentes):

- *La noción de ciclo de vida de un proyecto.* La mayoría de las metodologías coinciden en que un proyecto pasa por diferentes etapas, desde la fase de iniciación a la de planificación, pasando por la de ejecución y control, y terminando con la de cierre del proyecto. Cada fase tiene un enfoque diferente y requiere distintas habilidades, desde la planificación hasta la gestión de equipos y personas.
- *Las áreas de gestión de proyectos que deben abordarse.* La mayoría de las metodologías también coincide en que, durante cada una de las fases del ciclo de vida de un proyecto, es necesario abordar los mismos temas de gestión (el PMI los denomina *áreas de conocimiento*). Ejemplos de estos temas son: el alcance del proyecto, el tiempo (planificación y programación), el costo (elaboración de presupuestos y gestión de costos), la calidad (medición y control del rendimiento), el equipo (contratación, gestión de personal y creación de equipos), la adquisición (compra de bienes y servicios), el riesgo (identificación y mitigación de riesgos), la comunicación (estrategia de información y comunicación) y las partes interesadas (internas y externas).

A la hora de definir el enfoque de tu proyecto, piensa en lo que escribió el líder de pensamiento en rediseño de procesos empresariales Michael Hammer al abordar la implementación de cambios en los procesos. Afirmó que «dos principios son fundamentales para el éxito [...]. El primero es "pensar en grande, empezar en pequeño, moverse rápido". [...] El segundo principio es "comunicar sin descanso"» (Hammer, 2001).

Por lo que respecta a la transformación de las cadenas de valor lineales a las circulares, probablemente la propia transformación deba gestionarse mediante proyectos o un programa más amplio. Abordaremos más a fondo este tema en la tercera parte del libro, aplicándolo al contexto de la simulación empresarial de *The Blue Connection*.

Dirigir creando una cultura: organización y dinámicas de equipo[5]

La cultura desempeña un papel fundamental en la eficacia de la empresa, desde el nivel macro de toda la empresa hasta el nivel micro del comportamiento de los equipos e individuos. Por lo tanto, dar forma a la cultura empresarial deseada es una capacidad fundamental, más aún si la empresa ha decidido entrar en un proceso de transformación, por ejemplo, la transformación de lineal a circular.

Cultura corporativa

A nivel macro, la *cultura corporativa* entra en la ecuación. Si las personas de una empresa comparten la misma cultura corporativa (fuerte), los límites entre funciones pierden relevancia, porque hay otro «nosotros» que puede ser más fuerte que el «nosotros» de los departamentos implicados. Como afirma Campbell (2011), citando a James L. Heskett, un famoso profesor de Harvard especializado en servicios y logística, «la cultura efectiva puede suponer entre el 20 y el 30 % de la diferencia en el rendimiento corporativo cuando se compara con competidores «culturalmente poco notables»».

La cultura corporativa puede estar muy guiada por el sentido del propósito, tal como se explica ampliamente en el capítulo 2. Este se define como un conjunto de creencias fundamentales sobre las que se construye la estrategia de la empresa. El reto del liderazgo consiste en asegurarse de que las personas que forman parte de la empresa comparten esas creencias fundamentales, de modo que también se muevan efectivamente en la dirección deseada. Obviamente, esto es más fácil de conseguir en situaciones en las que el objetivo está claro desde el principio, de modo que las creencias compartidas también pueden formar parte de la contratación y la incorporación del nuevo personal. Más complicada es la situación en la que la empresa quiere transformarse, es decir, hacer ajustes en el propósito, por ejemplo, cuando la dirección de una empresa decide incorporar más elementos relativos a la sostenibilidad en su propósito, o cuando decide hacer cambios en las prioridades del mismo. En esos casos, puede que no todo el equipo actual esté convencido en ese momento del nuevo propósito elegido; puede que no compartan las creencias subyacentes, lo que hace que la motivación sea mucho más difícil de gestionar.

La realidad es que ciertamente no todas las empresas tienen culturas «eficaces» en las que las creencias corporativas e individuales están perfectamente alineadas. En esos casos, la alineación interfuncional podría depender más del talento de la persona que realice la gestión de las partes interesadas.

Atributos del equipo: lo que parecen tener en común los equipos de éxito

Incluso en los casos en los que existe una cultura corporativa eficaz, esto no es más que una barrera inferior para establecer la comunicación y la alineación en una empresa en general o, a nivel micro, en el equipo que participa en procesos de toma de decisiones específicos. Una investigación reciente del MIT y la RSM/Universidad Tecnológica de Delft, basada en el juego de los estudiantes con *The Fresh Connection*,[6] un juego de simulación con una dinámica muy similar a la de *The Blue Connection,* destaca dos aspectos muy importantes de las características y el comportamiento de los equipos:

- *La confianza entre los miembros del equipo* parece tener un impacto significativo en el rendimiento del mismo. Los equipos en los que los miembros individuales, independientemente unos de otros, indican altos niveles de confianza percibida entre ellos, crean un buen ambiente de trabajo que conduce a mejores resultados. La investigación del MIT también indica «la naturaleza frágil de la confianza» y, en el caso de los equipos de trabajo virtuales con miembros individuales situados en lugares físicamente diferentes, «una fuerte mejora después de que los miembros del equipo se hayan reunido cara a cara», lo que sugiere que quienes no se conocían previamente y que hasta entonces solo se habían comunicado por correo electrónico, teléfono, videoconferencia o similares, empezaron a trabajar juntos de forma mucho más productiva después de haberse reunido en persona. Según la investigación, el encuentro cara a cara dio un importante impulso a la confianza interpersonal mutua entre los miembros del equipo (Phadnis *et al.,* 2013).

- *Los altos niveles de reflexividad* también parecen tener un impacto positivo en el rendimiento del equipo: «La reflexividad del equipo es la capacidad de un equipo para reaccionar consciente y reflexivamente ante las situaciones cambiantes y fluidas y adaptarse en consecuencia». Según la investigación de RSM/Universidad Tecnológica de Delft, esta capacidad beneficia especialmente a los equipos cuya mezcla de miembros tiende a favorecer la búsqueda de «logros y la obtención de resultados positivos, y en los que los individuos están más dispuestos a explorar todos los medios posibles [para alcanzar] los objetivos que desean». Esto contrasta con los equipos en los que los miembros tienden a centrarse principalmente en evitar resultados negativos en lugar de alcanzar resultados positivos (Schippers *et al.,* 2011).

¿Qué conclusiones podemos extraer de esto? Porque, aunque se diga que las conclusiones mencionadas pueden ser bastante fáciles de entender conceptualmente, por desgracia, la confianza y la reflexividad no pueden ser diseñadas y tampoco pueden ser impuestas. Sin embargo, estos rasgos son definitivamente necesarios, también en el contexto de la innovación circular, en el que la incertidumbre y la ambigüedad están muy presentes y necesitan ser tratadas adecuadamente a escala institucional (de empresa) (Bocken y Geradts, 2020). En un equipo específico, la confianza debe ganarse, debe desarrollarse a lo largo del tiempo, y lo mismo podría decirse de la reflexividad. Parece que hay muy pocos atajos, si es que hay alguno. ¿De qué dependen estos factores? En los siguientes párrafos intentaremos arrojar luz sobre algunos de ellos.

Carácter y personalidad: composición del equipo, roles y dinámica

Antes de continuar, es importante mencionar que la composición de un «equipo» en una empresa, ya sea un equipo formal reunido para un propósito específico, o «simplemente» la mezcla accidental de personas de diferentes departamentos que participan en un proceso específico de toma de decisiones, en la práctica casi nunca es la consecuencia de un análisis exhaustivo de las candidaturas basado en los conocimientos y las habilidades técnicas, ni de los rasgos de carácter y mentalidad. Según nuestra experiencia, en la mayoría de los casos el «equipo» es simplemente la mezcla de personas disponibles en un momento dado.

En primer lugar, está la mezcla de habilidades técnicas y experiencia que las personas aportan, que tiene un impacto en la dinámica que seguirá. La investigación del MIT sobre el rendimiento de los equipos también destaca en este contexto que «la capacidad de los miembros individuales del equipo, es decir, la capacidad de razonamiento analítico y la competencia intelectual general [...] también se atribuyen al rendimiento del equipo» (Phadnis *et al.,* 2013). Sin embargo, hay más dimensiones en juego. Cinco jóvenes relativamente inexpertos que se reúnen con un colega veterano que lleva 20 años en la empresa pueden generar un ambiente muy diferente al de seis directivos que se reúnen para discutir una decisión importante. Por cierto, según nuestra propia experiencia, ni el primer equipo ni el segundo son garantía de mejores resultados.

Otro factor en juego es el del carácter y la personalidad de cada persona. Somos quienes somos, y no todos somos iguales. Eso puede funcionar bien si las personalidades son más complementarias, pero también puede causar conflictos si coinciden en menor medida.

Hay muchos marcos para describir los roles que una persona asume en el seno de un equipo. Belbin (2010), por ejemplo, afirma que, si se analizan en conjunto, pueden evaluarse las fortalezas y debilidades generales del equipo. El enfoque conocido como los seis sombreros para pensar que desarrolló De Bono (1999) también tiene en cuenta esas funciones: cada equipo, ya se haya constituido de manera formal o informal, es una mezcla de personalidades hasta cierto punto aleatoria e independiente del diseño del proceso. Y esa mezcla de personalidades puede desempeñar perfectamente un papel importante en el resultado del proceso del equipo.

Además de los aspectos mencionados de la cultura empresarial, los atributos de los equipos y los caracteres y personalidades, hay otros elementos relevantes, que consideramos que quedan un poco fuera del ámbito de este libro. Nos referimos a aspectos como las etapas del ciclo de vida de los equipos, la motivación y la comunicación. Para saber más sobre estos aspectos puedes consultar el apéndice.

Rendimiento global del equipo: tareas y relaciones

El hecho de que la circularidad esté llena de cuestiones tan potencialmente conflictivas dentro de las distintas áreas funcionales y entre ellas es lo que hace que el liderazgo sea un aspecto tan relevante que hay que analizar. Así que, después de todos los párrafos anteriores en los que se habla de los elementos del rendimiento del equipo, ahora volvemos a la evaluación de la dimensión del liderazgo: ¿lo estamos haciendo bien en este sentido?

Para medir los resultados del proceso de equipo y comprender cómo ha funcionado el «liderazgo», implícito o explícito, podemos, por un lado, observar cómo el equipo ha conseguido realmente los resultados y, por otro, cómo ha sido el ambiente del equipo. Podemos utilizar una metodología como la propuesta por Management Worlds, Inc., que ha desarrollado cuestionarios para mapear dos interesantes dimensiones del rendimiento del equipo: una orientada a las *tareas* (¿estamos haciendo las cosas?) y otra orientada a las *relaciones* (¿estamos bien como equipo?). En cierto modo, todas las dimensiones, como las habilidades técnicas e intelectuales de los individuos, sus caracteres y personalidades y las habilidades sociales, la confianza en el equipo y el grado de reflexividad, las manifestaciones implícitas y explícitas del liderazgo, confluyen en este análisis. Estos cuestionarios volverán a aparecer más adelante, en la segunda parte, conectados con el juego *The Blue Connection* y aplicados al propio equipo.

Los aspectos mencionados de la cultura organizativa y la dinámica de los equipos pueden parecer alejados del tema de la circularidad. Pero no hay que dejarse engañar: el cambio en una organización suele causar mucha agitación y provoca mucho estrés entre la plantilla y la dirección. Una cultura y unos equipos fuertes no son una garantía, pero sin duda constituyen un ingrediente importante para llevar a cabo la transformación con éxito.

EJERCICIO 4.5
La actividad en equipo

Explora

Recurre a tu propia experiencia. Puede tratarse de una experiencia laboral en una empresa, de unas prácticas, de grupos de trabajo en la escuela, de equipos deportivos o de otras aficiones. Intenta recordar hasta qué punto has notado la influencia de los temas tratados anteriormente, como los silos funcionales, la cultura corporativa, los roles que se asumen en un equipo, la comunicación, el rendimiento del equipo en términos de tareas y relaciones. Anota tus observaciones. ¿Cómo las aprovecharías cuando comience el juego?

Liderazgo transformacional en la cadena de valor

Como se ha visto hasta ahora, la transformación de lineal a circular exige una dosis muy alta de liderazgo desde distintos ángulos. ¿Qué significa esto para la figura del líder o la lideresa?

Para intentar captar esos rasgos existen muchos marcos diferentes, que a veces adoptan la forma de cuestionarios de (auto)evaluación. Por ejemplo, Hughes *et al.* (2014) basan sus evaluaciones en las habilidades clave de liderazgo de «crear confianza, gestionar el panorama político, traspasar los límites, implicar a los demás, conectar emocionalmente, y crear y mantener el impulso», características todas ellas que, a nadie sorprenderá, tienen mucho que ver con lo tratado en este capítulo.

Gattorna (2015) se basa en el conocido marco de los estilos de liderazgo individuales de Myers-Briggs, vinculando los diferentes estilos a las distintas estrategias de la cadena de valor, un concepto que, en nuestra opinión, también puede aplicarse a las cadenas y estrategias de valor circulares.

Wilms (2020) destaca dos «extremos» del espectro de estilos: el liderazgo directivo (descendente) en un lado y el liderazgo conectivo (participativo) en el otro. En cierto modo, esto también coincide con el concepto de liderazgo situacional, que subraya la importancia de adaptar el estilo según las circunstancias. Poelmans (2020) afirma al respecto:

> Los directivos de éxito son capaces de equilibrar muchas paradojas, al tiempo que participan en complejas interacciones humanas que implican la resolución de problemas y la creación de relaciones. Para equilibrar los comportamientos paradójicos, los líderes necesitan «flexibilidad cerebral», la capacidad de cambiar sin esfuerzo entre diferentes estados cerebrales o mentalidades, y «resiliencia mental», que es la capacidad de recuperarse de la sobrecarga cognitiva o la agitación emocional.

Otro punto de vista es el concepto de gestión en forma de T, que supuestamente fue acuñado por primera vez por David Guest (1991), posiblemente a partir de ciertos principios aplicados en su momento por McKinsey and Company. Estos principios han sido muy promovidos desde entonces por la famosa firma de diseño IDEO, la empresa que está detrás de gran parte de la escuela del pensamiento de diseño. La idea central de una dirección en forma de T es una persona que combina las ventajas de un conocimiento profundo (técnico) y la capacidad de resolver problemas en un área funcional o empresarial concreta, con una amplia capacidad de comunicación en diferentes áreas, dentro o entre empresas.

Curiosamente, en un artículo de la *Harvard Business Review,* Hansen y Von Oetinger (2001) aportan una interpretación ligeramente diferente, y en nuestra opinión compatible, de esa gestión en forma de T. Para ellos, no se trata tanto de la mezcla de habilidades funcionales profundas y de habilidades transversales amplias, sino de la mezcla de moverse y difundir el conocimiento y la experiencia verticalmente dentro de una unidad de la empresa, y de hacer lo mismo horizontalmente entre unidades de la empresa, un concepto que puede ampliarse a lugares fuera de la compañía para alcanzar una visión de la cadena de suministro de extremo a extremo. En otras palabras, se trata de centrarse un poco más en el comportamiento que en las competencias puras. Desde nuestro punto de vista, ambas perspectivas son muy relevantes para la naturaleza y el carácter de lo que ocurre en la cadena de suministro de extremo a extremo.

Christopher (2016) sitúa la forma de T en el contexto de la cadena de valor desde una perspectiva de muy alto nivel y la empresa de contratación de la cadena de suministro Inspired-Search ha llevado el concepto de la gestión en forma de T un gran paso más allá, creando una versión detallada específica de la cadena de valor (figura 4.9).

Puedes aparcar los resultados del ejercicio anterior por un momento hasta que comience el juego de simulación empresarial *The Blue Connection* en la segunda parte. Allí podrás aplicar tus puntos de vista, ya sea por ser CEO de tu equipo o para equipos autodirigidos.

Por último, en este capítulo nos gustaría volver a Jack Welch, antiguo director general de General Electric durante muchos años. Hay un vídeo maravilloso en el que habla sobre el papel de un líder, centrándose especialmente en

---

EJERCICIO 4.6
Conocimientos y habilidades necesarios para gestionar
la transformación hacia la circularidad

Explora

Fíjate bien en el diagrama de gestión de la cadena de suministro en forma de T de la figura 4.9. Como se ha explicado en el texto, se desarrolló inicialmente para el entorno de las cadenas de suministro «tradicionales y lineales». ¿Qué elementos de la figura considerarías menos relevantes para el caso de quien gestione la transformación de la circularidad en forma de T? ¿Qué añadirías en este caso?

los aspectos relacionados con las personas de ese rol. Según Welch, hay cuatro ángulos vitales en el liderazgo. Como persona líder tienes que ser el jefe de *sentido,* no solo explicando a la gente a dónde quieres ir, sino también mostrando claramente lo que hay para ellos si se unen a ti en el viaje. Además, tienes que ser el jefe de la *escoba,* deshaciéndote del desorden organizativo, eliminando los

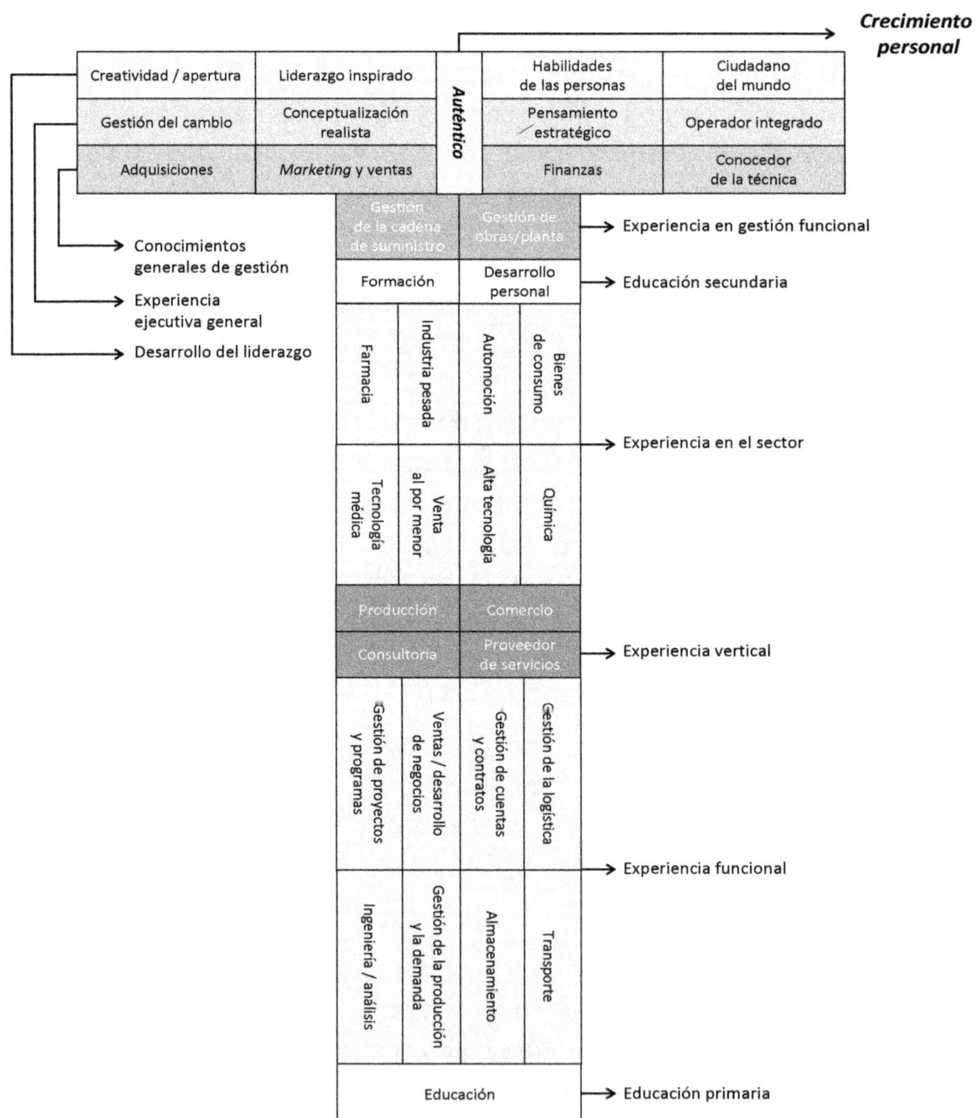

Figura 4.9. **La gestión de la cadena de suministro en forma de T.** *Fuente:* ©Inspired-Search.

silos funcionales. También hay que ser el jefe de la *generosidad,* disfrutar de los éxitos de los compañeros, sin centrarse solo en uno mismo. Por último, Welch distingue el papel del jefe *divertido,* celebrando las pequeñas victorias con el equipo y convirtiéndolas en grandes éxitos, divirtiéndose en el trabajo cada día (JWMI, 2015).

Enlazando de nuevo con el principio central del ciclo de aprendizaje de la experiencia, te invitamos a que hagas un seguimiento de la forma en que aplicas las habilidades mencionadas en este capítulo, por ejemplo durante el juego. Esto te ayudará, en primer lugar, a identificar su aparición y su importancia, además de permitirte evaluar tu propio rendimiento en cada una de ellas.

Resumen

Resultados del proyecto Circularidad: fase 1, paso 3. La perspectiva del liderazgo

—¿Sabéis qué? —dijo la tía Joanna a María y Peter, cuando terminaron de revisar los resultados de la semana pasada—. Desde que comenzó nuestro proyecto Circularidad hemos tratado muchas cosas. ¡Estoy bastante satisfecha con todo lo que hemos descubierto hasta ahora! En primer lugar, establecimos una visión general de la perspectiva histórica de la circularidad y luego investigamos la perspectiva de la empresa con detalles sobre las estrategias circulares y los flujos de mercancías y las finanzas, etc. Después pasamos a mirar más allá de los límites de la empresa y justo ahora hemos terminado nuestro informe sobre lo que significa la transformación para el liderazgo, examinando la medición de la circularidad, las complejidades de la alineación circular y las cuestiones relacionadas con la innovación, la gestión del cambio y el liderazgo.

»Sé que ya se está haciendo tarde, pero si podéis dedicarme un poco más de tiempo —continuó la tía Joanna—, pediré algo de comida y luego daremos un paso atrás para ver con más detalle lo que hemos conseguido hasta ahora y quizá sacar algunas conclusiones preliminares sobre el imperativo circular corporativo. ¿Qué os parece?

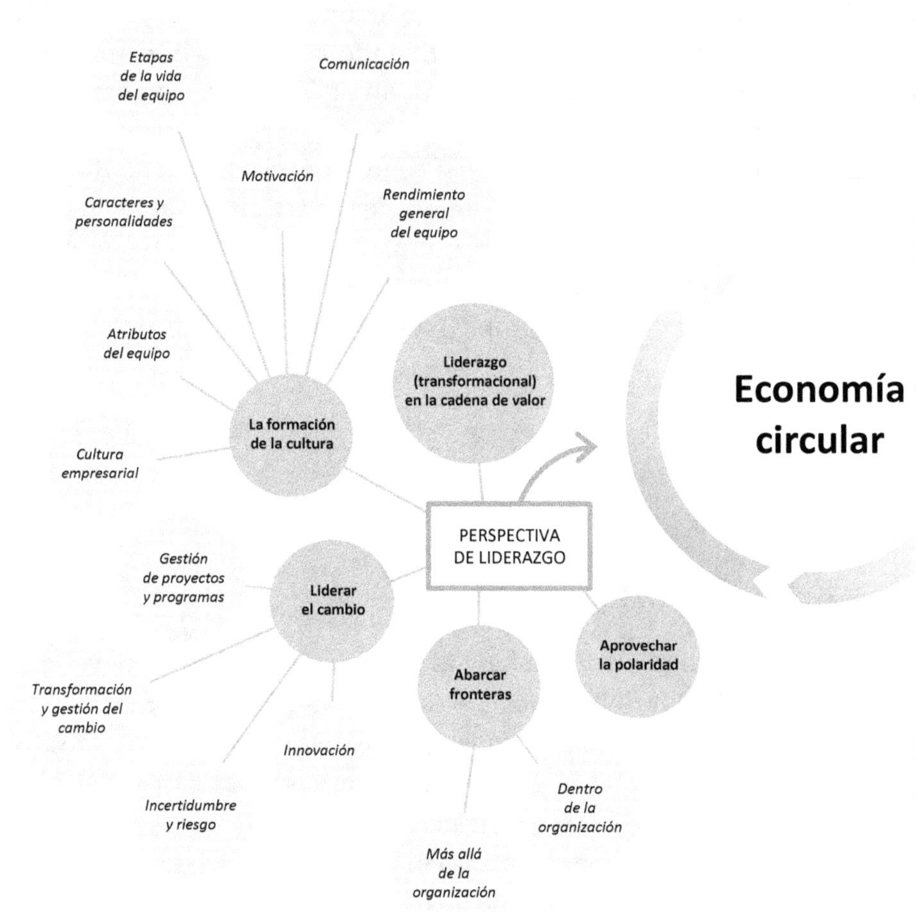

Figura 4.10. Explorar la circularidad desde el punto de vista del liderazgo (en detalle).

Notas

1 En el momento en que se escribía este libro (septiembre-diciembre de 2020).
2 Bocken y Geradts (2020) identifican las métricas de rendimiento y los sistemas de incentivos como posibles impulsores o barreras operativas en el contexto de la innovación del modelo de negocio sostenible.

3 Bocken y Geradts (2020) identifican la estrategia funcional y la innovación colaborativa como posibles impulsores o barreras estratégicas en el contexto de la innovación del modelo empresarial sostenible.

4 Bocken y Geradts (2020) identifican la evitación de la incertidumbre y la aceptación de la ambigüedad como posibles impulsores o barreras institucionales, y las inversiones pacientes como impulsores estratégicos en el contexto de la innovación del modelo empresarial sostenible.

5 Bocken y Geradts (2020) identifican la excelencia funcional y el desarrollo de la capacidad de las personas y las estructuras estándares frente a las más flexibles como posibles impulsores o barreras operativas en el contexto de la innovación del modelo empresarial sostenible.

6 *The Fresh Connection* es otro juego de simulación de la misma empresa que ha creado *The Blue Connection,* que utilizaremos en la segunda y la tercera parte. *The Fresh Connection* se centra en la gestión de flujos físicos y de información complejos en las cadenas de valor. El libro *Cómo gestionar la cadena de suministro,* publicado por Marge Books (Weenk, 2022) gira alrededor de *The Fresh Connection,* al que vincula directamente con las teorías más relevantes en esa disciplina.

5

El imperativo circular corporativo (II): relato y cifras

La primera fase del proyecto Circularidad llega a su fin[1]

—Ya he pedido la comida —dijo la tía Joanna con una sonrisa—. Llegará enseguida. Ahora decidme, ¿qué habéis aprendido hasta ahora con nuestro proyecto Circularidad?

Peter fue el primero en responder.

—Bueno, en primer lugar, me gustaría agradecerte una vez más la oportunidad de trabajar en este proyecto contigo. Hasta ahora, para mí ha sido un viaje increíble. He visto muchos aspectos de la circularidad de los que no era consciente antes. Dicho esto, creo que en realidad no estoy preparado para tener una imagen definitiva. Todavía me resulta un poco borrosa.

—Vale —dijo la tía Joanna—. Entonces, ¿cuál es el rompecabezas con el que estás luchando?

—Bueno, por un lado —continuó Peter—, creo que hemos visto claramente cuál es el contexto de la circularidad y por qué se le presta tanta atención ahora. Además, ya tengo mucho más claro cómo funciona en la empresa, con el vínculo con el propósito, el modelo de negocio con los segmentos y las propuestas de valor, las estrategias circulares que se visualizan a través de la escalera R o la colina de valor, los diferentes flujos de ingresos posibles y la estructura de costos, las finanzas, etc. En abstracto, todo parece tener mucho sentido hasta ahora.

»Pero, por otro lado, me parece que en el campo de la circularidad las cosas se están desarrollando con mucha rapidez. Solo hay que ver cuántas definiciones de circularidad corren por ahí o la gran variedad de sistemas que se usan para medir el progreso circular. Lo mismo ocurre en cierto modo con la legislación que plantea o alivia las barreras, pero que evoluciona rápidamente en algunos lugares y puede cambiar casi sin previo aviso. Y, por cierto, se ha adoptado una legislación en la que las empresas por sí solas tienen muy poca influencia.

»Supongo que mis dudas se deben a que ignoro hasta qué punto estamos ante un panorama "definitivo" o solo ante un paso intermedio de algo que podría ser totalmente distinto dentro de unos años. Pienso que quizá sea demasiado pronto para sacar conclusiones definitivas y que tal vez haya que tener cuidado con dar grandes pasos ahora.

—Hum… Eso es muy interesante… Gracias, Peter —dijo la tía Joanna—. Y tú, María, ¿qué opinas? ¿Estás de acuerdo con Peter en que tal vez sea demasiado pronto para saber cuál es la mejor manera de abordar la circularidad?

—No, no lo estoy —respondió con energía—. Para mí, la urgencia está muy clara. Tenemos una emergencia climática en este planeta y nos encontramos con problemas de recursos, así que no hacer nada ya no es una opción, ni siquiera para las empresas. Para mí, actuar es la única manera de avanzar. Y hay incertidumbre sobre ciertas cosas, por supuesto, pero eso no puede impedirnos avanzar.

—Sí, pero escucha, María —Peter interrumpió a su prima—: en muchos momentos de lo que llevamos de este proyecto no estaba seguro de cómo una sola empresa podría enfrentarse a toda esta incertidumbre y complejidad, e integrarse con éxito en la economía circular y, además, en un plazo razonable. Y, dada la complejidad del contexto, me sigo preguntando algo que creo que es aún más importante: ¿por qué deberían dar ese paso los primeros? Es decir, ¿qué sentido tiene para una empresa entrar en un entorno tan complejo y arriesgado con la ambición de convertirse en circular? —Peter se encogió de hombros.

—¡Pero si está muy claro!— respondió María mientras se levantaba de su asiento—. Las empresas también tienen la obligación moral de contribuir a un mundo mejor, como todo ciudadano. Por eso se inventó la responsabilidad social corporativa, ¿no? Y convertirse en una empresa circular es una de las formas de hacerlo.

—Sí —dijo Peter—. Pero ¿cómo se define entonces la circularidad? Porque, como hemos visto, según los legisladores de algunos países, hacer que tus productos sean «reciclables» ya se considera «circular», mientras que si recurres a la escalera R, solo puedes considerar que eso no es más que un primer paso muy corto y todavía bastante alejado de frenar o cerrar realmente los bucles. Todo sigue siendo muy ambiguo.

»¿Y no ves, María, que lo que dices es simplemente una forma de verlo? El otro día leí una entrevista a un director general que acaba de lanzar con éxito su tercera empresa en diez años. El tipo se ha hecho multimillonario. Y en la entrevista le preguntaron por su truco para salir a Bolsa con tanto éxito. ¿Sabes lo que respondió? «No hay ningún truco; simplemente tenemos una disciplina extrema y no nos distraemos con todas las cosas que están mal en la sociedad. Solo nos interesa construir una empresa de éxito; no lo que pasa en el mundo. Nos centramos; nada de distracciones». Eso dijo, simple y llanamente. Puede que a ti, como persona, no te guste, pero no por eso su punto de vista es menos válido.

—Sí, eso es exactamente lo que quiero decir —María levantó la voz, molesta—. Me parece un punto de vista poco ético. Esa gente acabará destruyendo el planeta mientras se hace multimillonaria. Esa es precisamente la cuestión. No lo entiendo. ¿Por qué querrías ser multimillonario si ya no hay planeta en el que gastar tu dinero? ¿Por qué esta gente no entiende que debemos avanzar hacia una forma más responsable de organizar la economía y la sociedad?

»Además, no estoy sola: eso es también lo que afirman cada vez más economistas. ¿Recuerdas que durante nuestra investigación encontramos el trabajo de Picketty y Raworth y otros? Todos dicen que los actuales motores del capitalismo y el crecimiento implacable no serán, en última instancia, sostenibles para el planeta y las personas que viven en él. Y luego, increíblemente, hay directores generales como el que mencionas a los que simplemente no parece importarles. ¿Acaso a esas personas no les preocupa un poco el futuro de sus propios hijos?

No había forma de detener a María.

—Y luego, para empeorar las cosas, hay otras empresas que, de cara a la galería, sí parecen tomárselo en serio y prometen solemnemente que contribuirán activamente a la sostenibilidad. Pero luego resulta que algunos de esos directores generales que lo hacen en muchos casos simplemente mienten. ¿Os acordáis de la declaración de intenciones de la Mesa Redonda de Negocios? Todo el mundo estaba tan contento de que esa gente se comprometiera a hacer todo lo posible para ser más responsable. Esas empresas apenas han hecho algo desde entonces. La mayoría de los directores generales ni siquiera preguntaron a sus comités ejecutivos si podían firmar la declaración en primer lugar. Y eso no pasa cuando se considera que un asunto tiene una verdadera importancia estratégica. Al parecer, no consideraban que aquello fuese realmente estratégico...

»¿Por qué da la impresión de que a demasiadas empresas no les importa de verdad? —María negaba con la cabeza—. ¿Os acordáis de cuánto nos alegramos cuando conocimos a Elkington y su concepto de *triple cuenta de resultados* precisamente para hacer frente al desequilibrio de las empresas que se centran solo en el dinero? Y que más tarde le siguieron otras iniciativas como la creación de valor compartido, el valor integrado, etc. Y nos alegramos, porque parecía ser exactamente el marco que buscábamos, al reunir la sostenibilidad y las finanzas. Pero ¿qué ha fallado en la práctica desde que se desarrollaron estos conceptos? ¿Qué ha pasado desde entonces?

—Cierto —repuso Peter—. Pero no hay que olvidar que las empresas ganan dinero porque responden a lo que quiere la clientela. ¿Acaso nosotros, los consumidores, no somos parte del problema? Al fin y al cabo, si preferimos seguir comprando cosas baratas que no se pueden reparar o reciclar, y las tiramos y compramos otras nuevas, ¿por qué las empresas deberían darnos algo más? ¿De veras se puede culpar a las empresas por ello, especialmente si se piensa en el entorno competitivo en el que se encuentran? ¿Se puede esperar que las empresas inviertan tanto dinero en educar a la ciudadanía en la circularidad? ¿No es demasiado pedir a una sola empresa?

—No me hables de que las empresas se preocupan tanto por su clientela, Peter. Ya hemos tenido esa conversación antes. ¿Recuerdas? Como sabes, a veces parece que las empresas que ganan dinero están tan preocupadas por hacer felices a sus clientes como por crear burbujas o evitar la ley —la voz de María sonó con un tono sarcástico—. Ya conoces las historias sobre ventas a pérdidas para alcanzar el poder monopolístico. O la forma en que se utilizan los medios de comunicación para inflar las expectativas con el fin de atraer inversión. O la forma en que se emplean los paraísos fiscales.

»No nos desviemos del verdadero tema que nos ocupa —continuó—. ¿No es un hecho que cada vez hay más personas interesadas en los productos circulares y en los modelos de uso compartido o en los modelos de negocios de productos como servicio? ¿Y que cada vez más bancos e incluso empresas están dispuestos a ofrecer condiciones de financiación más favorables para los proyectos y empresas circulares? ¿Y que a causa, por ejemplo, del Pacto Verde Europeo hay cada vez más legislación en marcha a favor de la circularidad?

Peter pensó por un momento.

—Hum… Puede ser. Solo me pregunto si será lo suficientemente grande y llegará con la suficiente rapidez como para que muchas empresas den el paso ahora. Todavía no veo el caso de negocio para la circularidad tan claramente.

—¿Tiene que haber siempre un argumento comercial? ¿No es ese el objetivo del espíritu empresarial? Ya sabes: tienes que lidiar con la incertidumbre todo el tiempo, detectando una oportunidad y lanzándote a ella antes de que lo hagan otros.

—De acuerdo, es un comentario justo —dijo Peter— te lo concedo. El espíritu empresarial también consiste en asumir riesgos y experimentar hacia lo desconocido. Así que seguro que algunas empresas se atreverán a lanzarse con el deseo de ser las primeras y dispuestas a asumir el riesgo del fracaso. Pero, de nuevo, no estoy seguro de si será lo suficientemente grande y rápido. Y también me pregunto si es realista suponer que las empresas establecidas serán capaces de hacerlo. ¿Quizá las más pequeñas o las emergentes deberían ir primero? Y luego una de las preguntas del millón es si llegará a las empresas convencionales o se quedará en la burbuja de pymes y *startups*.

»Por cierto —continuó—, y en referencia a uno de tus puntos anteriores sobre una sociedad más responsable, Piketty y Raworth tienen efectivamente muchos elementos buenos en su trabajo, creo, pero hablan mucho del nivel macro, de la sociedad o de los países en general, lo que me sigue pareciendo difícil de relacionar con el comportamiento individual de las empresas. No sé, los ejemplos que mencionas de lo que consideras como malas prácticas, ¿se trata de simple y llano lavado verde por parte de las empresas con malas intenciones, o la presión del accionariado para obtener mejores resultados financieros a corto plazo en la práctica sigue siendo demasiado fuerte para la dirección general de las compañías? Porque si ese sigue siendo el caso, para ellas tendrá que haber realmente un argumento comercial a favor de la circularidad.

»Y también mencionaste la triple cuenta de resultados. No olvides que Elkington, de hecho, recientemente renegó de su propuesta porque consideraba que las empresas la usaban de manera abusiva, tratando de parecer buenas en lugar de hacer realmente el bien. En la misma línea de razonamiento, otros también han sido críticos con el concepto de «creación de valor compartido». El valor compartido es estupendo y, de hecho, una obviedad si hay una situación en la que todos ganan, por ejemplo, cuando el aumento de la circularidad conduce a un ahorro directo de costos. Nadie estará en contra de eso, ni siquiera los más acérrimos partidarios del capitalismo. Pero ¿qué hacer cuando no hay una situación clara en la que todos salgan ganando? ¿Si más valor para el planeta o las personas significa menos beneficios o más riesgo financiero para la empresa? ¿O al revés? Aparentemente, es muy difícil hacerlo bien.

—Vaya, chicos —dijo la tía Joanna—. Estoy realmente impresionada con todas vuestras reflexiones y observaciones. Comparto muchas de vuestras dudas, sobre todo si lo pienso desde la perspectiva de nuestra empresa. Creo que podríamos seguir hablando durante horas y horas, pero dejadme que os dé algo en lo que pensar y lo discutiremos la próxima vez que nos encontremos, ¿vale?

Continuó:

—Cuando empezamos, os hablé del relato y las cifras. En el contexto de la sostenibilidad en general, el mismo John Elkington al que habéis mencionado escribió hace tiempo un interesante artículo al respecto, titulado «The six ways business leaders talk about sustainability». Habla de los diferentes marcos o relatos *(storylines)* que utilizan los equipos ejecutivos cuando intentan incluir la sostenibilidad en su agenda corporativa. Así, por ejemplo, dice que algunos se centran en la escasez de recursos como principal motor para justificar sus iniciativas de sostenibilidad corporativa. Otros prefieren hacer hincapié en el valor, es decir, en la sostenibilidad como oportunidad de negocio para ofrecer un nuevo valor a determinados segmentos del mercado. Y otros prefieren centrarse en lo moral, destacando que hacen lo correcto.

»Elkington tiene algunos ejemplos más de posibles marcos[2] y, por supuesto, podrían incluso combinarse. Me interesa saber qué pensáis al respecto. ¿Cuál podría ser la narrativa para nosotros? ¿Cuál podría ser nuestra historia acerca de por qué debemos participar en la circularidad y para que nuestra clientela y nuestro personal lo acepten y se adhieran?

»Sabemos que nuestras partes interesadas no son un grupo homogéneo y que debemos tratar con muchas personas diferentes con opiniones distintas. El relato debería satisfacer de algún modo a la mayoría. Sin embargo, hay algo más importante: creo que es absolutamente crucial que nuestro relato nos convenza a nosotros mismos. ¡Debemos ser los primeros en creérnoslo! Después podemos buscar las cifras con que apoyarlo. Tengo un pequeño ejercicio más para vosotros. Luego lo dejaremos por hoy, ¿vale?

Reflexión final sobre la primera parte

EJERCICIO 5.1
El relato sobre el que se basa el imperativo circular corporativo

Volviendo a los temas tratados en la primera parte y visualizados en la figura 5.1, reflexiona ahora sobre la narrativa de la circularidad desde el punto de vista de la empresa: el imperativo circular corporativo. Prepara un discurso convincente, con diez argumentos como máximo, para defender tu postura —y en la que debes creer firmemente— y resultar lo más convincente posible, con persuasión, para que los demás se unan a tu viaje en pos de la circularidad.

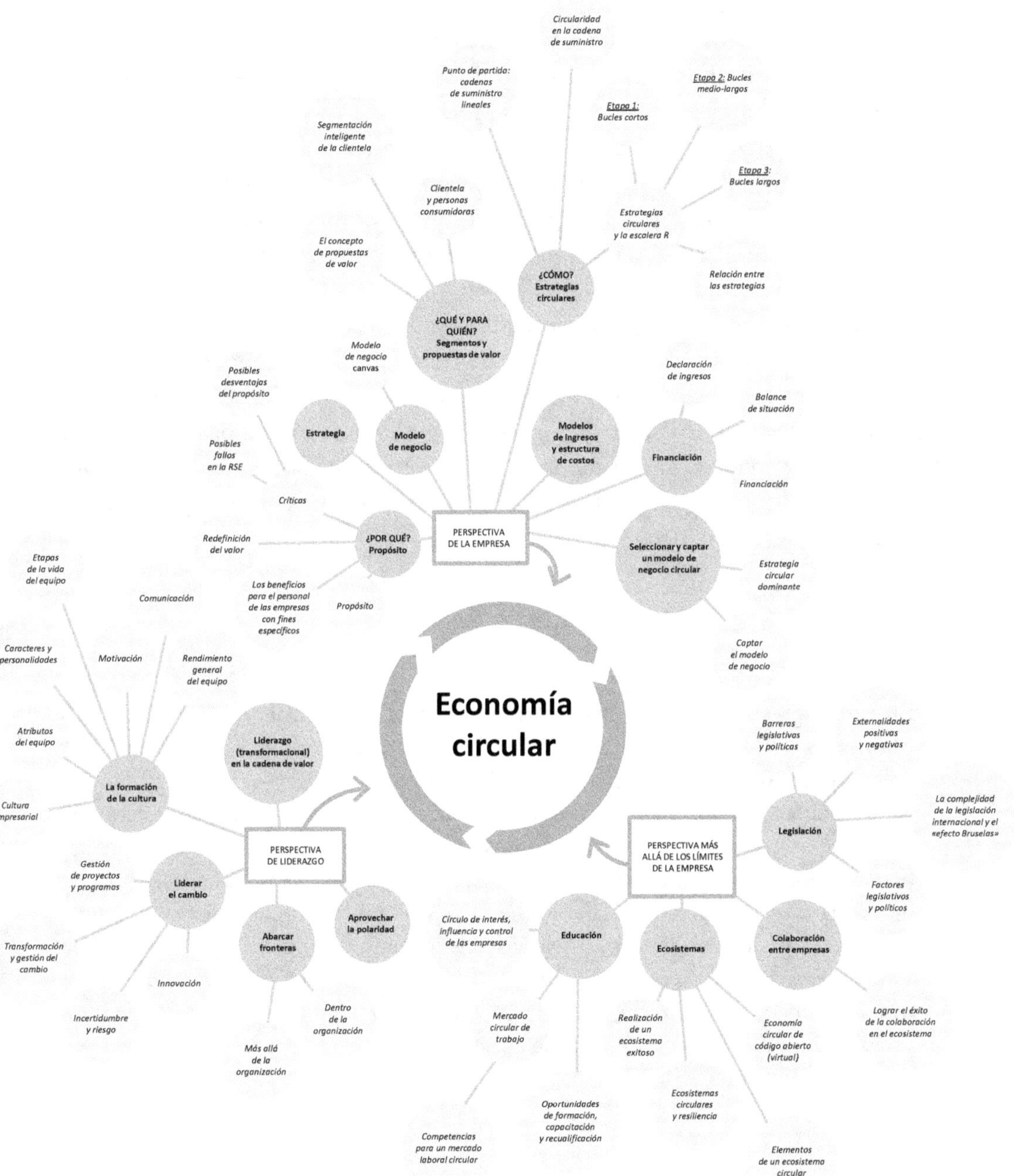

Figura 5.1. Resumen de los temas tratados en la primera parte:
exploración de la economía circular.

Después de presentar sus puntos de vista a la tía Joanna, María y Peter le dieron las gracias por aquella maravillosa velada. Se dirigieron hacia la puerta para volver a casa. Justo cuando estaba a punto de subirse a su bicicleta, María recibió un mensaje en su teléfono y, tras leerlo, dijo:

—¡Qué interesante! Escucha: mi amiga Sarah me dice que ha visto este anuncio de un reto universitario con un juego de simulación empresarial sobre la circularidad. Se juega por equipos y, como sabe que estamos haciendo este proyecto para la tía Joanna, nos pregunta si queremos unirnos al reto. ¿Qué te parece, nos apuntamos?

—Me estás tomando el pelo, ¿verdad? —repuso la tía Joanna—. Tanta coincidencia no puede ser cierta... Bueno, de todos modos, si puedo sugerir algo —añadió con una gran sonrisa—, ¿por qué no os apuntáis? Avisadme si me necesitáis, ¿de acuerdo? Ese juego parece una gran oportunidad para experimentar de primera mano cómo funcionan todos estos temas que hemos explorado hasta ahora y comprobar hasta qué punto resulta fácil o difícil aplicarlos al mundo real. ¿Qué me decís?

Notas

1 En el diálogo se alude a las referencias siguientes: Piketty (2017), Raworth (2017), Elkington (2018), Mikulka (2018), BRT (2019), Doctorow (2019), Bebchuk y Tallarita (2020), NRC (2020a, 2020b), Van Poppel (2020).

2 En particular: el *marco temporal,* que subraya, por un lado, que muchos acontecimientos parecen acelerarse y que estamos llegando a un punto crítico en el tiempo (extinción de especies, emergencia climática, contaminación), mientras que, por otro, una transformación hacia enfoques más sostenibles requiere tiempo; el *marco de diseño,* que subraya que las soluciones más sostenibles empiezan por rediseñar las soluciones existentes (productos, procesos, materiales), y el *marco de abundancia,* que se centra en el desarrollo tecnológico y la movilización de un potencial de innovación cada vez mayor en un mundo conectado.

SEGUNDA PARTE

Gestionar la circularidad

Proyecto Circularidad, fase 2. ¡Juguemos a una simulación empresarial sobre la circularidad!

Figura 6.0. El reto de la simulación empresarial está a punto de comenzar.

6

Comienza *The Blue Connection.* ¡A jugar!

—¡Oye, qué emocionante! —exclamó María—. Mirad cuántos equipos hay, ¡esto es genial!

—Pues sí —dijo Peter—. No esperaba que participase tanta gente. Es genial que podamos unirnos. ¡Muchas gracias por la oportunidad, Sarah!

—No hay de qué —respondió Sarah—. Me alegra que vengáis, sobre todo desde que me enteré de que os estáis convirtiendo en unos expertos en circularidad. Sin duda, os vamos a necesitar... Por cierto, ¿alguien tiene alguna sugerencia para el nombre de nuestro equipo?

—He leído que vamos a estar a cargo de una empresa de bicicletas eléctricas —contestó Peter—. ¿Qué tal equipo SuperBike?

—¡Me gusta! ¡Adelante, equipo SuperBike! —gritó María—. ¡A por el número uno!

—Mirad: ahí está nuestra mesa —dijo Matthew, el amigo de Sarah, que también formaba parte del equipo—. Saquemos nuestros portátiles y veamos de qué va el juego.

Tomaron asiento y empezaron a repasar las instrucciones de *The Blue Connection.*

El juego de simulación empresarial *The Blue Connection*

La empresa neerlandesa Inchainge se halla detrás del desarrollo del juego de simulación empresarial *The Blue Connection*. La firma contaba con una importante trayectoria en el uso de diversos juegos de mesa en sus actividades de formación y consultoría, cuando en 2008 lanzó su primer juego de simulación, *The Fresh Connection*, con el que llevó el *serious gaming* a otro nivel. *The Blue Connection* es el tercer juego de simulación empresarial de esta firma, lanzado a principios de 2019.

El protagonista de *The Blue Connection* es una empresa neerlandesa de bicicletas eléctricas que atraviesa una situación financiera muy delicada. Si quiere ser rentable de nuevo, deberá tomar decisiones estratégicas y tácticas a lo largo de varias rondas de juego. Cada una representa un año de la vida de la empresa. El atractivo de este tipo de juegos de simulación empresarial es que quienes participan pueden jugar en un entorno divertido, competitivo, sin riesgos, pero realista, en el que se puede experimentar una relación directa entre causa y consecuencia (decisiones y resultados).

En comparación con otros juegos de simulación empresarial, *The Blue Connection* se centra claramente en toda la cadena de valor y en el flujo de materiales, desde las empresas proveedoras hasta la clientela, así como en los distintos bucles de retorno posibles para integrarse en una economía circular. Además, al repartir las decisiones deben tomarse entre las áreas de ventas, diseño/compras, cadena de suministro y finanzas, cada una a cargo de una persona del equipo, la experiencia se acerca mucho a lo que sucede en el mundo real, donde la división funcional de las responsabilidades es la norma, en lugar de la excepción.

Más allá de la toma de decisiones estrictamente funcional, esto lleva a la necesidad de encontrar mecanismos eficaces y eficientes para garantizar la alineación interfuncional. Si a esto le añadimos un poco de presión, tenemos una combinación de todos los ingredientes necesarios para una maravillosa experiencia de aprendizaje.

The Blue Connection posee una estructura modular. Cada módulo aporta una complejidad adicional a la experiencia. Por lo general, el juego resulta relativamente sencillo en la primera ronda. La situación cambia con las siguientes. En el contexto de los programas educativos, la decisión sobre qué configuración utilizar la tomaría normalmente el profesorado o formador encargado del curso, teniendo en cuenta el contenido específico y los objetivos de aprendizaje del mismo. En el caso de la formación de profesionales, normalmente será el formador quien lo haga. En esta fase conviene tener en cuenta los siguientes aspectos:

- The Blue Connection es una empresa fabricante de bicicletas eléctricas que atraviesa una situación muy complicada y desea adoptar un modelo de negocio basado en la circularidad.
- El juego se desarrolla en equipos. Cada miembro desempeña una función diferente.
- El juego se desarrolla en varias rondas centradas en la toma de decisiones. Cada una representa un año en la vida de la empresa.
- La persona responsable de la formación o la que lidere el reto establecerá el modo de jugar, la duración de las rondas y otros detalles.

El resto del capítulo se dedicará a las tareas siguientes:

- Explorar el juego.
- Analizar la situación inicial en la que se encuentra la empresa.
- Pensar en un plan para la primera ronda.

Debe tenerse en cuenta que la segunda parte y, en menor medida, la tercera parte del libro, se basan en una configuración del juego que corresponde a lo que la mayoría de las escuelas, universidades y empresas utilizan en la práctica, tanto por lo que respecta al nivel de complejidad como al número y la denominación de conceptos que aparecen. Puede darse el caso de que una persona juegue de un modo distinto al que se muestra en el libro. No hay de qué preocuparse: los temas, los ejercicios y las reflexiones siguen siendo válidos y pueden aplicarse a cualquier configuración del juego.[1]

El equipo SuperBike

Ya has conocido brevemente al equipo SuperBike. Aquí puedes ver al equipo en acción mientras prepara la primera ronda del juego.

A lo largo de la segunda parte encontrarás fragmentos del trabajo realizado por el equipo SuperBike que pueden servir de inspiración para tu propio trabajo.

Catherine McLaren

A Catherine McLaren siempre le había gustado la compleja combinación de sostenibilidad y negocios. Tras especializarse en economía sostenible, trabajó

Figura 6.1. **Equipo SuperBike.**

en una incubadora de *startups* con el propósito de crear un ecosistema local de empresas sostenibles. La administración local, el mundo académico y el empresariado trabajaban juntos. Después de varias experiencias exitosas, se planteó dar el salto a empresas más grandes y consolidadas, como antes habían hecho sus dos hermanos mayores.

Uno de ellos, Bob, había llegado a ser un respetado director general de un grupo de marcas del sector de bebidas. El otro, Anthony, había hecho carrera como gestor de crisis especializado en dar la vuelta a empresas con pérdidas. Catherine siempre se había fijado mucho en ambos y había soñado con seguir sus pasos algún día. Probablemente por eso le entusiasmó tanto la oportunidad de trabajar en *The Blue Connection*. Lo vio como el campo de juego perfecto para demostrar lo que era capaz de conseguir. La empresa contrató a Catherine para dar forma y dirigir su transición a la economía circular. Pero necesitaba un equipo para llevar a buen término el proyecto.

Catherine McLaren ha facilitado unos vídeos para su información. Puedes verlos en el portal del juego.* Te darán una breve visión general de la empresa y su estado actual. Cuando los hayas visto, puedes continuar con la lectura.

---

* *Nota de la editorial:* Consulta en págs. 44-45 cómo acceder al juego de simulación.

Figura 6.2. La gestora encargada de dar a la empresa el giro a lo circular.

The Blue Connection: la compañía, la misión, la experiencia

Empresa y clientes minoristas. The Blue Connection fabrica y ensambla bicicletas. Entrega sus productos a diversos minoristas repartidos por todo el mundo. Como depende mucho de sus existencias, intenta que las entregas se realicen el día siguiente al pedido.

The Blue Connection suministra sus productos a tres minoristas principales:

- *Cheetah.* Una empresa minorista con gran presencia en Francia, especializada en la comercialización de bicicletas de alta calidad a buen precio. La gente confía en que Cheetah les entregue bicicletas para toda la vida y está dispuesta a pagar por ello. Desgraciadamente, la empresa ha pasado por varias manos. El proceso de compra y venta, realizado siempre por entidades de capital privado, ha dado lugar a grandes deudas y a una elevada carga financiera. La calificación crediticia de la empresa lo refleja.
- *HBS.* Una empresa minorista neerlandesa con éxito en un nicho de mercado muy interesante y creciente. Su objetivo es convencer a las personas que se desplazan diariamente al trabajo de que cambien su coche por una bicicleta eléctrica. Su relato sobre el cambio climático y la sostenibilidad resuena cada vez con más fuerza. Su clientela es muy sensible al medio ambiente y trata

de reducir su huella de carbono. También está dispuesta a pagar un precio superior por un producto circular. Pero, por supuesto, el *greenwashing* no es aceptable: la afirmación debe ser real y digna de confianza.

* *Gearshift.* Una empresa minorista con sede en el Reino Unido, centrada en quienes desean adquirir una bicicleta sin mayores complicaciones, algo que daría pie a un negocio rentable si se ofrece a las personas adecuadas en el momento y en el formato adecuados. Gearshift es una empresa muy estable y de confianza, con una larga trayectoria.

Almacenamiento de existencias. Los productos de The Blue Connection se almacenan en el almacén destinado a mercancías terminadas. Permanecen allí hasta que se realiza la entrega a la minorista.

Proceso de producción. The Blue Connection ensambla todas las bicicletas por sí misma. Las líneas de producción y montaje forman parte de su equipamiento. La empresa se enorgullece de tener una línea de reacondicionamiento para renovar aquellos productos que han sido devueltos. Tras pasar por ese proceso, las bicicletas eléctricas pueden venderse en el mercado de segunda mano por el precio vigente en ese momento.

Componentes. Una extensa lista de componentes especifica qué y en qué cantidad se necesita para cada producto terminado. Los componentes pueden incluir el cuadro, las ruedas, la batería, etc. Cada uno tiene sus propias características de remanufacturabilidad, reciclabilidad y reparabilidad.

Materiales. Cada componente cuenta con una lista que especifica qué materiales han utilizado las proveedoras para producir los distintos componentes. Esto puede incluir una variedad de materiales como plástico, acero, papel, etc. Cada material tendrá sus propias características para el reciclaje.

Empresas proveedoras. Los componentes se compran a las proveedoras. Tanto las locales como las globales pueden convertirse en suministradoras de The Blue Connection.

Almacenamiento de componentes. Como no siempre pueden utilizarse de inmediato, la empresa dispone de un almacén específico para guardarlos.

Mantenimiento. The Blue Connection tiene la posibilidad de ofrecer un servicio de mantenimiento directamente a los consumidores finales, por supuesto en colaboración con la minorista. Este servicio mejora la experiencia de compra y la vida útil de los productos.

Proveedora de servicios de reciclaje. The Blue Connection ha decidido subcontratar a una proveedora de servicios especializada en todas las actividades relacionadas con el desmontaje de las bicicletas devueltas, la refabricación de los componentes y el reciclaje de los mismos a sus materiales originales.

Equipo, funciones y responsabilidades. Junto con tus colegas, formarás parte del equipo de gestión de The Blue Connection. Cada miembro tiene una función específica. Todos los miembros del equipo tienen sus propias responsabilidades y pueden tomar decisiones. Sin embargo, como dijo una vez un gran filósofo, «Juntos, pero no en solitario». La cooperación es la clave para evitar que The Blue Connection se hunda. Las funciones son:

- *Dirección de diseño/compras.* Se encarga de adquirir los componentes. Diseña el producto final eligiendo los componentes adecuados al precio correcto. Desempeña un papel crucial en el juego. Al elegir los componentes adecuados, se puede seguir la estrategia circular preferida.
- *Dirección de ventas.* Supervisa la venta de los productos. Negocia con la clientela las condiciones de entrega, así como los servicios adecuados y los niveles de circularidad. También decide el modelo o modelos de ingresos de The Blue Connection. Desempeña un papel muy importante en el juego y su negociación puede establecer un precio de venta o de suscripción elevado siempre y cuando la empresa pueda cumplir su promesa.
- *Dirección de la cadena de suministro.* Mantiene unido al equipo. Al proporcionar la capacidad suficiente y las capacidades adecuadas, desempeña un papel decisivo, ya que gestiona los flujos de retorno en las direcciones correctas en función de la estrategia del equipo.
- *Dirección financiera.* Gestiona la financiación del capital y el flujo de caja de la empresa, negocia las condiciones de los préstamos con los bancos y se asegura de que The Blue Connection disponga de suficiente flujo de caja y de préstamos adecuados para satisfacer sus necesidades. Desempeña un papel fundamental al diseñar los programas de arrendamiento financiero adecuados a cada tipología de cliente para obtener los mejores tipos de interés. Además, puede acordar un nivel de circularidad global de la empresa con el banco que repercutirá en los tipos de interés. Por último, pero no menos importante, decide la intensidad del programa de recompra por cliente.

Estrategia. Cada miembro del equipo puede tomar decisiones individualmente, pero como equipo se necesita una estrategia compartida para conseguir los mejores resultados. Por ejemplo, no querrás que la dirección financiera acepte niveles más altos de arrendamiento a través del banco, mientras que la dirección de ventas está pasando todo a la venta directa. Así que asegúrate de discutir siempre tus decisiones con los demás.

Decisiones. A lo largo del juego deberás tomar un montón de decisiones. Cada una va acompañada de una compensación, por lo que una decisión nunca tendrá solo efectos positivos, sino también negativos. El truco es evaluar estas consecuencias y equilibrarlas. Si reconsideras alguna decisión durante una ronda determinada, se reutilizarán las decisiones tomadas en la ronda anterior.

Impulso para convertirse en circular. El consejo de administración ha indicado que quiere que la empresa sea más circular. En parte, esto se debe a que hay señales claras del mercado de que la clientela minorista están encontrando un valor adicional en la compra a proveedoras más circulares. Además, hay una tendencia en el mercado de que los bancos están ofreciendo mejores condiciones de préstamo a las empresas que alcanzan mejores grados de circularidad.

Puntuaciones. El objetivo del juego es que tú y tu equipo consigáis el mejor rendimiento del material (ROM, de *return on market)*. Este KPI integra su rendimiento en materia de circularidad con su rendimiento en materia de rentabilidad. El ROM se define como el beneficio por kilogramo de material virgen que se utiliza.[2]

En el capítulo 1 hablamos de la falta de un consenso sobre las definiciones en el ámbito de la economía circular. Esto pone de manifiesto la importancia de aclarar la terminología siempre que se trabaje con otras personas para evitar confusiones. En el juego se emplean muchos términos específicos. Algunos resultan muy evidentes y otros, menos familiares. En esos casos, no adivines ni hagas suposiciones sobre lo que podrían significar. Al igual que en la vida real, pide una aclaración. En este caso, bastará que pulses en los símbolos 💡 o ⓘ que encontrarás al lado de esas palabras en la mayor parte de las pantallas.

En el capítulo 2 se tratan las diferentes estrategias circulares, basadas en la escalera R y la colina de valor. También se ha indicado que, para captar un modelo de negocio circular, conviene trazar un mapa de la cadena de valor física para ver con mayor claridad los movimientos de los bienes y las actividades de apoyo necesarias. Al principio del juego, The Blue Connection tiene una configuración lineal estricta, como se ve en la figura 6.3.

Figura 6.3. Cadena de valor lineal de The Blue Connection.

¿En qué ha fallado The Blue Connection?

Un enfoque paso a paso para analizar las líneas básicas

Como se ha indicado, The Blue Connection se enfrenta a graves problemas. Al igual que el resto del equipo, acabas de incorporarte al consejo de administración con el objetivo de dar la vuelta a los resultados financieros y lograr que la empresa vuelva a ser rentable. Este proceso de reconversión empezaría, obviamente, por obtener una visión muy clara de la situación actual, de modo que, a partir de tus observaciones, estés en condiciones de emprender las acciones necesarias para corregir la situación.

En el apartado «Visita guiada, recursos web y juego de simulación empresarial», que precede a la primera parte de este libro, encontrarás el código con el que debes darte de alta en el sistema. Tan solo tienes que seguir las instrucciones y acceder al juego.

Para empezar, analiza toda la información correspondiente al papel que desempeñarás en el equipo (ventas, diseño/compras, finanzas, cadena de suministro). Solo así podrás realizar el paso 1 y el paso 2, que debes resolver de manera individual. A continuación, en el paso 3, tendrás que aportar tus observaciones, conclusiones y sugerencias individuales, y contrastarlas con las de tus compañeros de equipo para definir así un enfoque integrado. Ten en cuenta que la información que encontrarás en los informes de las distintas pantallas representa la situación de un año de funcionamiento de la empresa.

Los tres pasos presentados en este capítulo te ayudarán a establecer un conocimiento profundo de la situación inicial en la que se encuentra The Blue Connection. Ten en cuenta que estos pasos también pueden aplicarse exactamente de la misma manera tras cada ronda de juego. No obstante, conviene tener en cuenta un detalle muy importante: en las diferentes rondas de juego la cadena de valor de la empresa ya no será lineal; pasará a ser circular. En consecuencia, además de

---

Ejercicio 6.1
La situación inicial de The Blue Connection

En las siguientes páginas, presentamos un enfoque paso a paso para la fase de análisis. Además de obtener una primera visión de lo que hay que hacer para cambiar las cosas y convertirse en circular, también conocerás las pantallas de la simulación, así como la información que tienes a tu disposición.

los pasos siguientes, también habrá que analizar los elementos de la circularidad. Más adelante, en el capítulo 7, se tratará la cuestión con mayor amplitud.

Paso 1. Crea un mapa de la cadena de valor lineal referida a los flujos y a la infraestructura

Para aclarar la situación lineal inicial en la que se encuentra The Blue Connection, toma un papel o crea un documento de PowerPoint para trazar un *mapa de flujo* que represente los flujos de materiales de la empresa.

El mapa debe incluir los siguientes elementos:

- Seis materiales con que las proveedoras fabrican los componentes.
- Siete componentes que la empresa compra a las proveedoras.
- Un producto final (una bicicleta eléctrica llamada *Monsoon)*.
- Tres clientes minoristas.
- La clientela final.
- Los vertederos, que en este caso representan todos los posibles destinos donde pueden acabar las bicicletas, sus componentes y los materiales de desecho.

El mapa, al menos en su versión inicial, debería parecerse un poco al que ha realizado el equipo SuperBike, que se muestra en la figura 6.4.

Paso 2. Completa el mapa con información relevante *sobre* The Blue Connection

En el paso 1 hemos creado el diagrama de flujo básico, mostrando los tres tipos diferentes de flujos físicos relacionados con la cadena de valor lineal de la empresa: flujos de materias primas, flujos de componentes y flujos de productos acabados. En el paso 2, cada uno de estos tres tipos de flujos puede analizarse ahora desde tres perspectivas relevantes, aunque muy diferentes: el número de piezas que fluyen, el número de kilogramos que esto representa por flujo y la cantidad de dinero asociada a cada uno de estos flujos. Al igual que en la vida real, es posible que se tenga que combinar la información de distintos ámbitos (funcionales) del sistema de la empresa para crear la visión completa.

Para el paso 2 del mapeo, deberás utilizar la pestaña de información básica *(basic information tab)*, así como los informes históricos *(historical reports)*

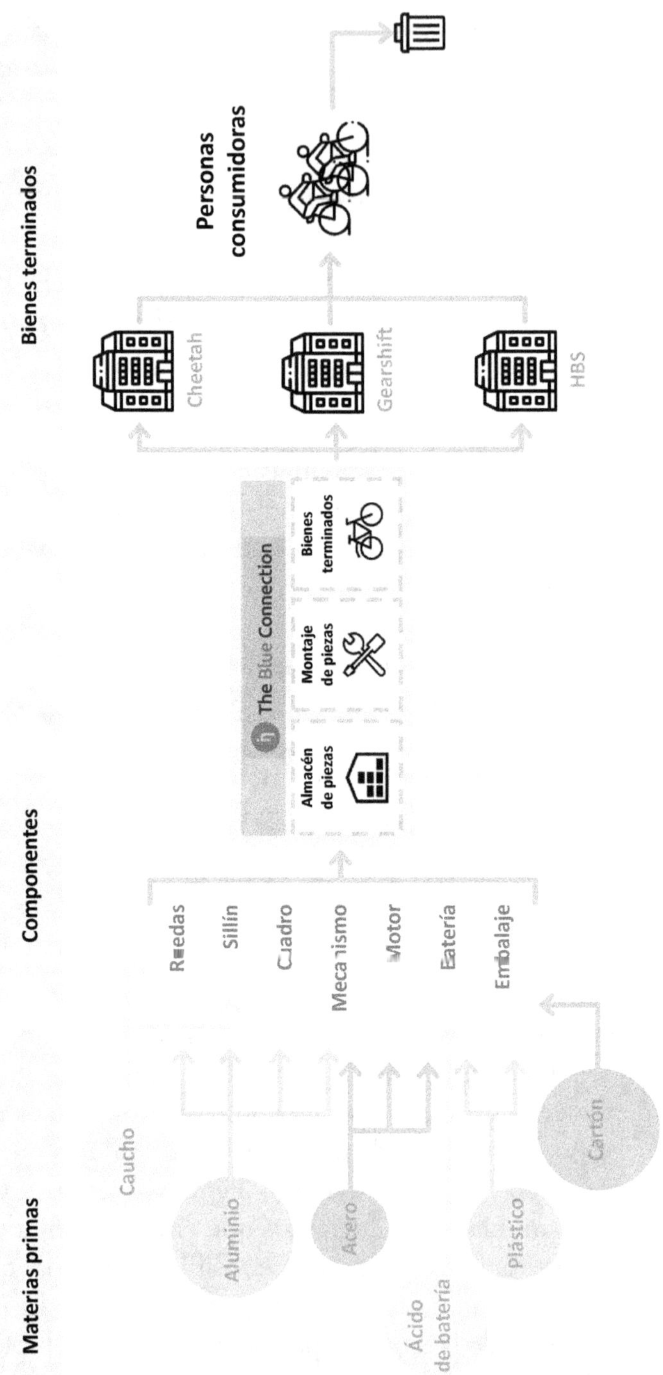

Figura 6.4. **Plantilla de la cadena de valor de The Blue Connection (visión en red).**

referidos a cada una de las funciones del equipo. La pestaña contiene mucha información y muy detallada sobre materiales, productos, precios y entidades de la cadena de valor de The Blue Connection (véase la figura 6.5).

Además de la pestaña de información, que contiene datos básicos independientes de las rondas de juego, los informes históricos referidos a cada función del equipo proporcionan información histórica específica sobre los volúmenes de flujo de mercancías, los totales financieros, etc. (véase la figura 6.6). La información histórica contiene aquellos datos que cambian con el tiempo, en función de las decisiones tomadas por el equipo de gestión. Como solo estamos al principio del juego, en el paso 2 del análisis podemos centrarnos en los informes de la ronda 0, que es el punto de partida del juego de simulación.

Para complementar el mapa creado en el paso 1, puedes buscar información sobre *piezas, kilogramos* y *dinero* (se aconseja trabajar con los totales de un año):[3]

- *Productos terminados.* La información se puede encontrar en los informes históricos de ventas, tanto el general, como los diversos informes detallados, incluidos los referentes al cliente *(customer)* y su estado financiero *(customer [finance])*. En la pestaña de información pueden encontrarse datos adicionales sobre la clientela y la bicicleta en cuestión.
- *Componentes.* El punto de partida es el número de bicicletas vendidas, que luego puede traducirse en la cantidad de cada uno de los componentes necesarios. La información se encuentra en los informes históricos de diseño/compra, sean generales o detallados, como los dedicados a componentes *(component)* y a proveedoras *(supplier)*. Puede encontrarse información adicional sobre los componentes en la pestaña de información.
- *Materias primas.* El punto de partida es la cantidad de componentes utilizados, combinada con información sobre los materiales de los que están hechos estos componentes. Los datos básicos sobre los componentes y las cantidades de materias primas necesarias para cada uno, así como los precios básicos por kilogramo de materia prima se indican en la pestaña de información. Todos esos datos pueden combinarse con las cantidades de los flujos de componentes analizados en el paso anterior.

El mapa debería completarse con información sobre el número de piezas, la cantidad de kilogramos y las cantidades de dinero que fluyen en la cadena de valor lineal inicial de The Blue Connection (figura 6.7).

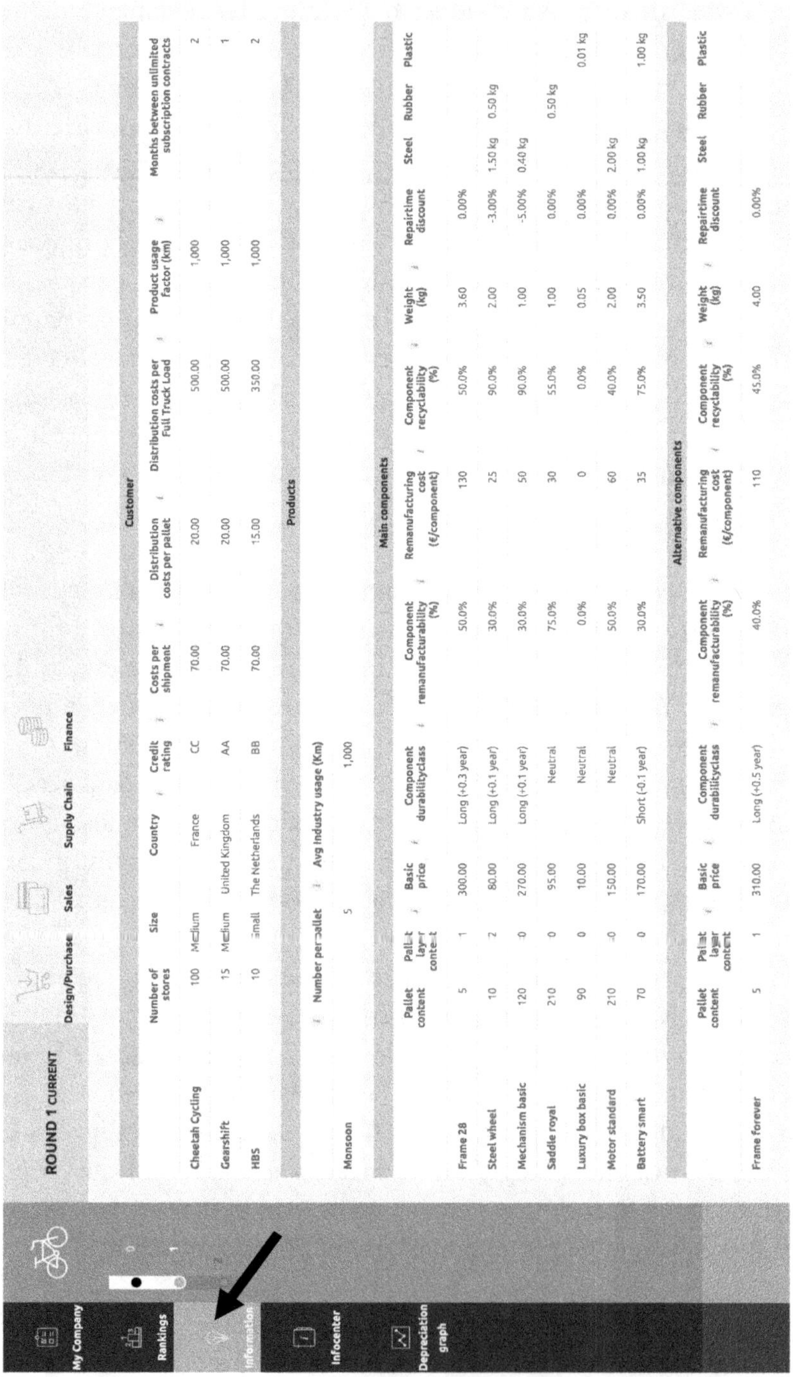

The Blue Connection

ROUND 1 CURRENT   Design/Purchase   Sales   Supply Chain   Finance

My Company · Rankings · Information · Infocenter · Depreciation graph

Customer

	Number of stores	Size	Country	Credit rating	Costs per shipment	Distribution costs per pallet	Distribution costs per Full Truck Load	Product usage factor (km)	Months between unlimited subscription contracts
Cheetah Cycling	100	Medium	France	CC	70.00	20.00	500.00	1,000	2
Gearshift	15	Medium	United Kingdom	AA	70.00	20.00	500.00	1,000	1
HBS	10	Small	The Netherlands	BB	70.00	15.00	350.00	1,000	2

Products

	Number per pallet	Avg industry usage (Km)
Monsoon	5	1,000

Main components

	Pallet content	Pallet layer content	Basic price	Component durabilityclass	Component remanufacturability (%)	Remanufacturing cost (€/component)	Component recyclability (%)	Weight (kg)	Repairtime discount	Steel	Rubber	Plastic
Frame 28	5	1	300.00	Long (+0.3 year)	50.0%	130	50.0%	3.60	0.00%			
Steel wheel	10	2	80.00	Long (+0.1 year)	30.0%	25	90.0%	2.00	-3.00%	1.50 kg	0.50 kg	
Mechanism basic	120	0	270.00	Long (+0.1 year)	30.0%	50	90.0%	1.00	-5.00%	0.40 kg		
Saddle royal	210	0	95.00	Neutral	75.0%	30	55.0%	1.00	0.00%		0.50 kg	
Luxury box basic	90	0	10.00	Neutral	0.0%	0	0.0%	0.05	0.00%			0.01 kg
Motor standard	210	0	150.00	Neutral	50.0%	60	40.0%	2.00	0.00%	2.00 kg		
Battery smart	70	0	170.00	Short (-0.1 year)	30.0%	35	75.0%	3.50	0.00%	1.00 kg		1.00 kg

Alternative components

	Pallet content	Pallet layer content	Basic price	Component durabilityclass	Component remanufacturability (%)	Remanufacturing cost (€/component)	Component recyclability (%)	Weight (kg)	Repairtime discount	Steel	Rubber	Plastic
Frame forever	5	1	310.00	Long (+0.5 year)	40.0%	110	45.0%	4.00	0.00%			

Figura 6.5. Pantalla de *The Blue Connection:* pestaña de información.

Figura 6.6. **Pantalla de** *The Blue Connetion:* informes históricos de cada función del equipo.

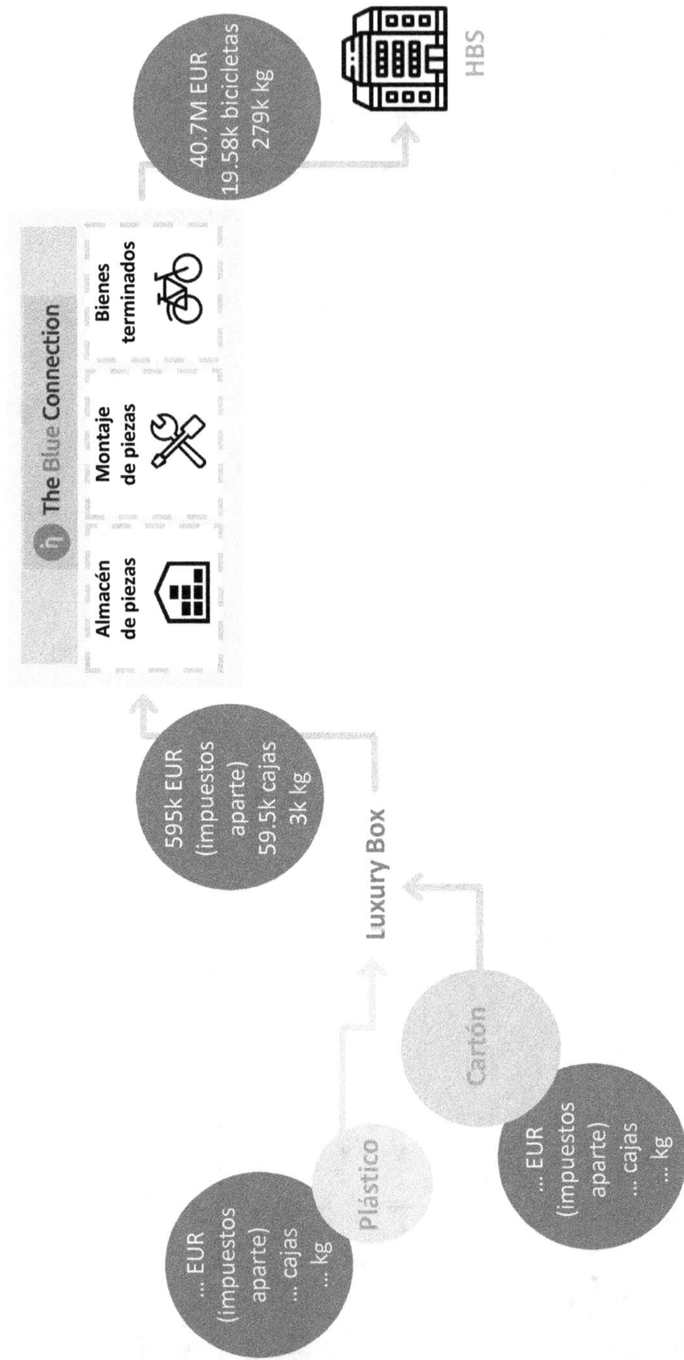

Figura 6.7. **Mapa detallado con datos de la empresa (detalle).**[4]

Además, puedes consultar los informes históricos en el ámbito de las finanzas. En la cuenta de resultados y el resumen de la situación financiera encontrarás los principales elementos de los ingresos y los costos, así como del balance.

Paso 3. Integrar las diversas funciones para obtener una visión más completa

Ahora reúne tus aportaciones, observaciones y sugerencias individuales y combínalas con las que haya aportado el resto del equipo. De este modo, tendrás una visión completa y exhaustiva del rendimiento global de la empresa, de las posibles causas de las pérdidas actuales y, sobre todo, del orden de magnitud de los distintos flujos de la cadena de valor. Repasad juntos el mapa y aclarad cada una de vuestras observaciones y destacad, por ejemplo con color rojo, todos los elementos que os llamen la atención.

El juego: todo lo que debes saber

El primer análisis de la situación inicial de la empresa ya está listo. Ha llegado el momento de empezar. Sin embargo, antes de abordar la perspectiva de la empresa sobre la circularidad aplicada a la cadena de valor de The Blue Connection, echaremos un vistazo al juego. Por lo general, los torneos se realizan con equipos de la misma escuela, universidad o empresa. La persona que instruye el curso decide la configuración exacta del juego —qué decisiones pueden tomar en cada ronda— teniendo en cuenta los objetivos de aprendizaje.

El juego brinda una gran variedad de posibilidades. Unas veces, se desarrolla cara a cara, con la presencia activa del instructor, quien explica los conceptos y está disponible para responder a las preguntas de los equipos. Otras, se realiza en línea y el instructor interviene de vez en cuando para hacer alguna valoración o aclarar dudas. También existen formatos mixtos, cada vez más habituales. De nuevo, la decisión sobre cómo organizar un curso con *The Blue Connection* corre a cargo del instructor en función del tiempo disponible y de los objetivos de aprendizaje, que suelen comunicarse antes de que comience todo.

Sea cual fuere el formato elegido, la secuencia de actividades es bastante similar, siguiendo en gran medida el ciclo de aprendizaje de Kolb, tal como se ha comentado en el prefacio:

1. Análisis profundo de la situación actual por parte del equipo.
2. Toma de decisiones y aplicación de las mismas en la simulación.
3. Cierre de la ronda por parte del instructor para calcular los resultados.
4. Reflexión sobre los resultados de la ronda que se acaba de jugar, normalmente complementada con algunos ejercicios para «conceptualizar» las reflexiones.
5. Vuelta al paso 1: análisis profundo, orientado ya a la siguiente ronda.

Existen ciertos paralelismos entre los pasos anteriores y los pasos que normalmente se realizan según los marcos de mejora continua, como el CAPD (siglas de *check-act-plan-do;* «comprobar-actuar-planear-hacer»). La principal diferencia, muy importante, radica en el paso 4, en el que se realiza una reflexión explícita con el objetivo de analizar las relaciones entre causas y efectos, así como las propias acciones de los agentes. Se invita a dar un paso atrás en la inmersión en el juego y observar lo que ha sucedido realmente, con un cierto distanciamiento. Si se hace bien, esto debería impulsar el aprendizaje basado en una comprensión mucho más profunda de los factores en juego.

Dependiendo del tamaño exacto del grupo de participantes en un curso, es habitual que los instructores te pidan que pongas por escrito tus reflexiones y propuestas, y que las envíes para recibir comentarios. Recuerda que el verdadero aprendizaje se produce al redactar esas ideas y al aplicarlas en una nueva toma de decisiones.

Unas palabras más sobre la toma de decisiones en la simulación empresarial. La simulación dispone de una o varias pestañas dedicadas a las funciones que se reparten los miembros del equipo. Cada una representa una parte distinta del ámbito en el que deben tomarse decisiones. En el caso de que te corresponda más de una pestaña, asegúrate de que tomas todas las decisiones. En cada una de esas pestañas hay que definir uno o más parámetros que puedes modificar y grabar pinchando en el botón *save* o *deal,* según la función que desempeñes. Las decisiones o cambios de parámetros que no se hayan guardado no se implementarán, así que asegúrate y comprueba si las has guardado todas. Ten en cuenta que en las siguientes páginas se mostrarán varias pantallas del juego, pero en algunas ocasiones de forma ligeramente retocada. Esas imágenes sirven para ilustrar conceptos relevantes, pero es posible que, con el paso del tiempo, cambie el diseño de las pantallas.

Por lo que respecta a la dirección de ventas y finanzas, deberán tomar algunas decisiones tras negociar con minoristas y bancos, respectivamente. En ventas, la negociación tiene lugar de forma individual con cada minorista. Para iniciar una negociación, el director tiene que pulsar el botón *yes* en la pantalla donde se lleva a cabo el acuerdo con una determinada minorista o banco para acceder a la pantalla de negociación. En la pantalla de negociación se muestran los parámetros negociables del contrato, así como el precio final en el caso de las negociaciones con clientes minoristas y el tipo de interés propuesto si se trata de un banco (véase la figura 6.8).

Si se decide cambiar un determinado parámetro del contrato, basta con modificarlo en el campo correspondiente de la pantalla de negociación. A continuación, pulsando el botón *calculate*, se mostrará el nuevo precio o tipo de interés, de forma que quede clara la diferencia de precio. Si el nuevo precio es aceptable, se aplicará tras hacer clic en el botón *deal*.

Dos comentarios más antes de pasar al juego real. En primer lugar, ten en cuenta que todas las decisiones pueden cambiarse, rehacerse, anularse, etc., tantas veces como se quiera durante la ronda. Sin embargo, los parámetros que se fijan al cerrar dicha ronda se emplearán para calcular los resultados. En segundo lugar, piensa que, si el juego forma parte de un curso organizado por una escuela, una universidad o una empresa de formación, el instructor te guiará a lo largo de las rondas y te ayudará a definir el enfoque de cada una. Los ejercicios que se incluyen en estos capítulos te serán de gran ayuda. Al igual que en la vida real, la empresa continúa y habrá que actualizar y tomar decisiones constantemente, ajustándose a los resultados anteriores. Catherine McLaren, la directora para la transición hacia el modelo circular de *The Blue Connection*, te dará una autonomía casi ilimitada a la hora de tomar decisiones. No obstante, piensa que, en algún momento, se reunirá contigo para preguntarte por los progresos realizados.

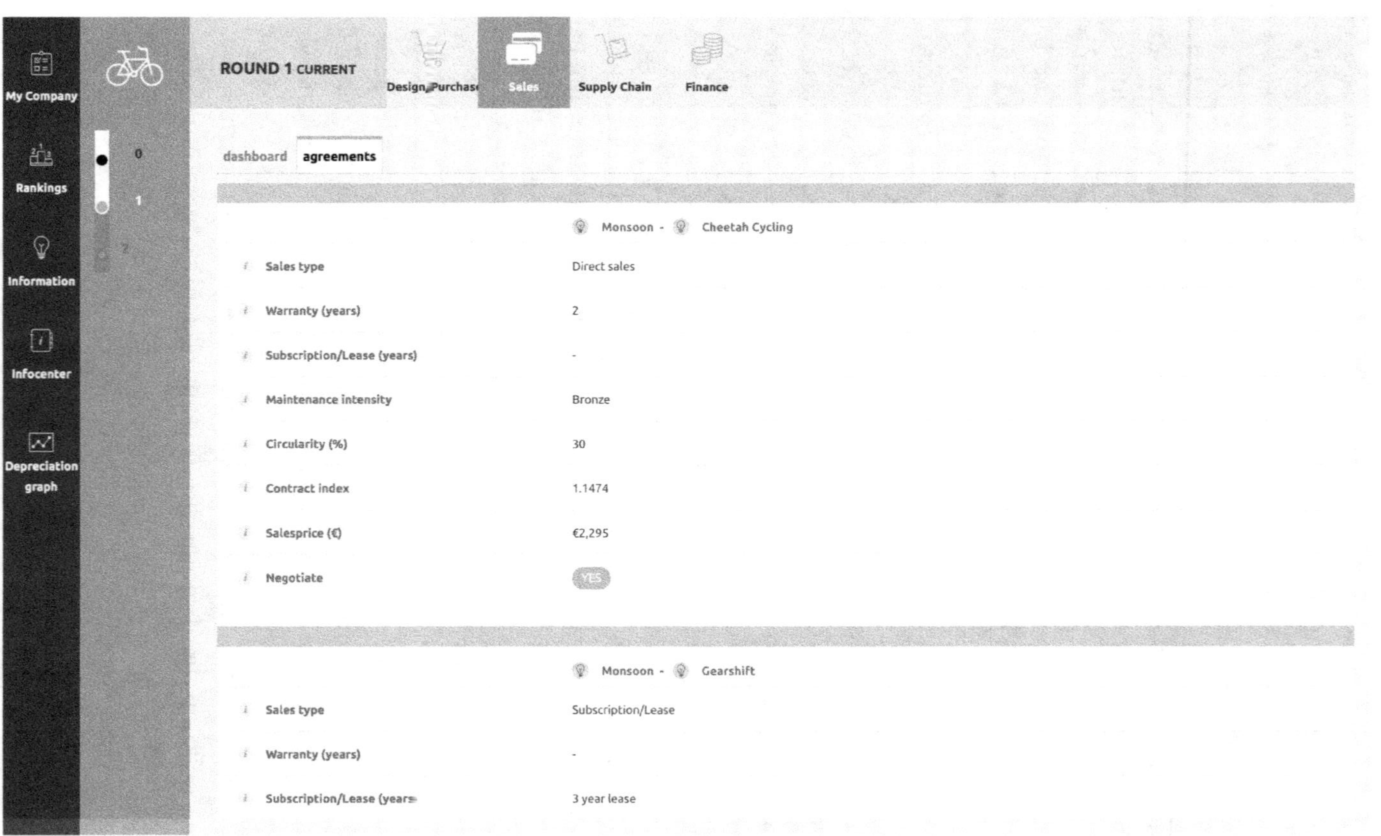

Figura 6.8. **Pantalla de *The Blue Connection:* ventana de negociación (ejemplo tomado de ventas).**

Resumen

Torneo, día 1. Inmediatamente después de haber terminado el análisis

—¡Oh, vaya! —exclamó Sarah, bastante preocupada—. Esto resulta mucho más complicado de lo que pensaba. Y eso que solo hemos visto la cadena de valor lineal actual. Imaginaos cómo será cuando empecemos a introducir la circularidad.

—No te preocupes, Sarah —la tranquilizó Peter—. Seguro que nos hacemos con la situación en cuanto empecemos a jugar. Entonces veremos la relación entre nuestras propias decisiones y nuestros resultados. Al menos, ahora conocemos *The Blue Connection* con mucho más detalle y tenemos una visión más clara de los problemas a los que se enfrenta. Solo hay que darle un poco de tiempo. No se puede esperar que una empresa cambie de rumbo de la noche a la mañana.

—Estoy de acuerdo —añadió María—. Deberíamos hacer lo que sugirió la tía Joanna: tener a mano los puntos que Peter y yo analizamos en nuestro proyecto Circularidad. Ya sabéis, todo eso sobre la perspectiva de la empresa, la del liderazgo y la que va más allá de los límites de la empresa que antes estudiamos en detalle. Nos ayudarán a mantenernos centrados.

—Suena bien. Adelante —asintió Matthew.

—De acuerdo, pasemos a la primera ronda —dijo Sarah—. ¡Vamos, equipo SuperBike!

EJERCICIO 6.2
La manera de trabajar durante el juego

Reflexiona

Como equipo, ya habéis hecho vuestro análisis inicial de la situación y tenéis vuestras primeras conclusiones sobre el estado actual de la empresa y su cadena de valor lineal. Al igual que los pasos 1, 2 y 3 seguidos en este capítulo, el análisis y la toma de decisiones en torno a la mayoría de los temas de los capítulos siguientes (en particular el capítulo 7) serán recurrentes y se repetirán en cada ronda de juego, teniendo en cuenta los resultados de la ronda anterior mientras se preparan las decisiones para la siguiente. Por tanto, también es importante reflexionar de antemano sobre cómo os organizaréis como equipo durante el juego. Hazlo ahora. Quizá luego ya no tengas tiempo.

Notas

1 En el caso de que utilices el libro para aprender por tu cuenta, consulta las indicaciones para acceder a *The Blue Line* que se dan en las primeras páginas.
2 Inchainge, la empresa que está detrás de la simulación empresarial *The Blue Connection*, desarrolló el indicador ROM. Se inspira en el indicador *value the loop* del WBCSD, que forma parte de su CIT (véase el capítulo 4, figura 4.6). Recordemos que el material virgen, o flujo de entrada lineal, se definió en el capítulo 1 como materia prima de nueva creación y utilizada como la llamada materia prima en el proceso de producción y, por tanto, se considera un insumo que debe minimizarse.
3 Rellenar el mapa con las cifras es bastante sencillo. Los datos se encuentran en la pestaña de información o en los informes, o pueden calcularse a partir de la información encontrada. Por ejemplo: el número de ruedas por año es el número de bicicletas por año × la cantidad de ruedas por bicicleta. La cantidad de kilogramos de ruedas = el número de ruedas al año × el peso por rueda. La cantidad de dinero por año gastado en ruedas = la cantidad de ruedas por año × el precio básico por rueda.
4 Ten en cuenta que los nombres y las cantidades del diagrama pueden ser diferentes en la versión de *The Blue Connection* que utilizarás.

7

Gestionar la perspectiva empresarial de la circularidad

Proyecto Circularidad, fase 2: torneo de simulación, día 2. ¡Comienza la primera ronda!

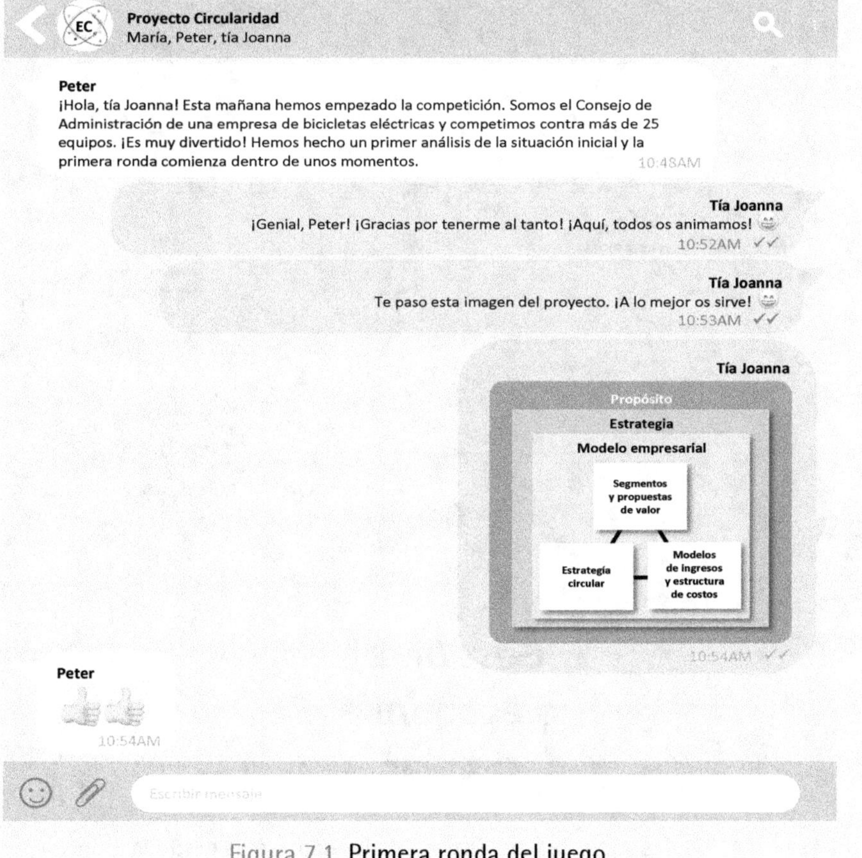

Figura 7.1. **Primera ronda del juego.**

En este capítulo retomaremos los temas principales del capítulo 2, dedicado a la perspectiva empresarial de la circularidad, y los aplicaremos directamente a *The Blue Connection* para disponer de una experiencia real de primera mano y en toda su complejidad. En lugar de presentar aquí un texto extenso, avanzaremos al ritmo de una serie de ejercicios prácticos relacionados con el juego.

Antes de entrar en los detalles de la elaboración de modelos de negocio circulares específicos, veamos primero el proceso de toma de decisiones en el juego.

Figura 7.2. Cuestiones referidas a la circularidad, vistas desde la empresa, aplicadas a *The Blue Connection*.

Decisiones, insumos, base instalada y herramientas de apoyo

Decisiones

Como en una empresa real, en *The Blue Connection* las decisiones deben tomarlas quienes trabajan allí (tú en este caso). Y como en una empresa real, las decisiones se reparten entre los distintos departamentos especializados. Cada departamento debe tomar sus propias decisiones y todos deben buscar la mejor manera de alinear las decisiones para optimizar el resultado global que se desea conseguir.

La figura 7.3 muestra las decisiones que debe tomar cada departamento.

	Ventas	Compras	Finanzas	Cadena de suministro
1	• Promesa de circularidad a la minorista • Intensidad de mantenimiento • Garantía	• Diseño de producto/ selección de empresas proveedoras	• Promesa de circularidad a la entidad bancaria	• Capacidad de mantenimiento
2			• Precio de recompra	• Vida útil máxima tras el reacondicionamiento de la bicicleta
3				• Capacidad para reacondicionar la bicicleta
				• Reciclar/refabricar: sí/no
				• Selección de empresa proveedora de servicios de reciclaje
4	• Alquiler o suscripción		• Contrato de arrendamiento financiero	

Ten en cuenta que la persona que instruye el curso podría desviarse de esta versión estándar y encomendar a alguna dirección de departamento que tome decisiones adicionales. También podría darse el caso de que optase por activar las decisiones a medida que avanza el juego.

Figura 7.3. Decisiones en virtud de la función desempeñada
(versión estándar de *The Blue Connection*).

Insumos

¿Qué fuentes de información puedes utilizar para la toma de decisiones? Algunas ya las has visto en el capítulo anterior, mientras realizabas el mapa: la ficha de información y los informes históricos. A esto podemos añadir el registro de decisiones, sobre todo si ya has jugado alguna ronda. El registro de decisiones se halla en las páginas de los informes históricos.

Evidentemente, también puedes extraer conclusiones por tu cuenta. Tu tarea, en parte, consiste en evaluar qué modelo empresarial circular quieres seguir y qué decisiones corresponden al mismo. En este capítulo lo explicamos con más detalle.

El concepto de base instalada

Como se verá en el juego, hay un concepto muy importante relacionado con la cuantificación de los casos de negocio circular: la *base instalada,* también conocida como *pool* o *pipeline.* En este caso, utilizaremos el primer término.

La base instalada indica cuántos productos —bicicletas en el caso de The Blue Connection— tenemos «ahí fuera», en el mercado, en un momento dado. En cualquier ronda de juego, siempre encontraremos a la empresa en una situación estable. No tendremos que preocuparnos por el período de transición que deberá atravesar la empresa hasta alcanzar una nueva situación estable. En el siguiente apartado se hablará más de dicha transición. Así pues, la base instalada es el número de bicicletas que hay en el mercado. Este número es muy relevante, porque permite realizar varios cálculos importantes.

Por ejemplo, si se considera la posibilidad de vender un paquete de servicios de mantenimiento junto con la bicicleta sobre la base de un servicio anual por cada una, el número de unidades vendidas al año no es suficiente para determinar la capacidad del servicio de mantenimiento que debería ponerse en marcha. A menos que se especifique lo contrario, el servicio de mantenimiento será válido para toda la vida útil de la bicicleta. En otras palabras, se necesita una capacidad suficiente para dar servicio a todas las bicicletas que están «ahí fuera» con un contrato de mantenimiento: al multiplicar el número de bicicletas vendidas al año con un paquete de mantenimiento por la vida media, calculada en años, de una bicicleta obtenemos el tamaño total de la base instalada.

El mismo concepto de base instalada también vale en el caso de considerar la posibilidad de ofrecer un contrato de arrendamiento de cierta duración.

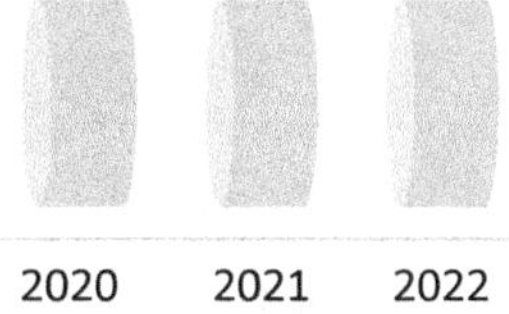

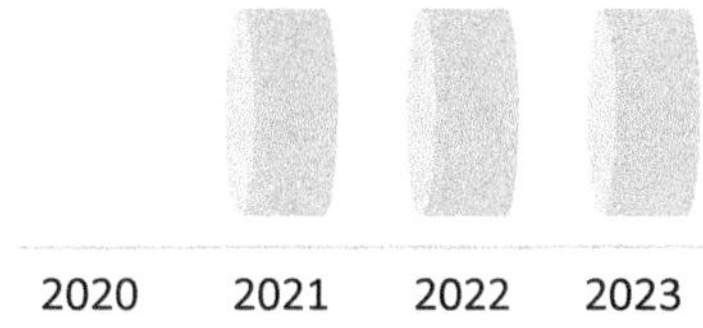

Figura 7.4. Concepto de base instalada.

Por lo que respecta a The Blue Connection, dicho contrato se financiará «fuera de balance»: habrá que celebrar un acuerdo de arrendamiento financiero con un banco. La cuestión es, por supuesto, la cuantía que deberá negociarse con la entidad bancaria. Una vez más, todo depende del tamaño de la base instalada. En el caso de un contrato de arrendamiento por tres años, la base instalada total será la cantidad de nuevos contratos de arrendamiento de bicicletas por año multiplicada por la duración del contrato en años.

El concepto de período de transición

Partiendo del concepto de base instalada, cuando decidamos comenzar con la introducción de algo nuevo, pasará algún tiempo antes de que la novedad alcance una situación estable. Habrá que pasar primero por un período de transición. Por ejemplo, si introducimos un plan de *leasing* de tres años, en el primer año añadiremos un número de bicicletas nuevas a ese plan. En el segundo año, entrarán más y lo mismo en el tercero. Es decir, durante los primeros años, cada año tendremos una mayor base instalada. Pero luego, en el cuarto año, volverán a entrar más bicicletas nuevas, pero al mismo tiempo vencerán los contratos de *leasing* del primer año, por lo que esas bicicletas desaparecerán de la base instalada y entraremos en la nueva situación estable.

Atención: aunque en el juego *The Blue Connection* los informes de cada ronda reflejan los totales de un año, *pasar a la siguiente ronda no implica pasar al siguiente*

Instantánea tomada en 2020,
un año después de adoptar
el programa de alquiler de tres años.
Base instalada = ... Bicicletas?

Instantánea tomada en 2021,
dos años después de adoptar
el programa de alquiler de tres años.
Base instalada = ... Bicicletas?

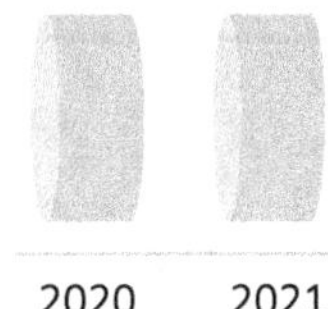

Instantánea tomada en 2022,
tres años después de adoptar
el programa de alquiler de tres años.
Base instalada = ... Bicicletas?

Instantánea tomada en 2023,
cuatro años después de adoptar
el programa de alquiler de tres años
(los contratos suscritos el primero
ya han expirado).
Base instalada = ... Bicicletas?

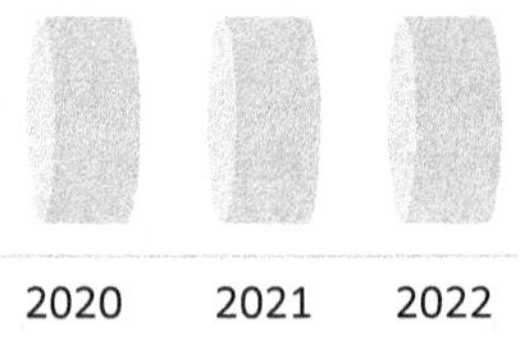

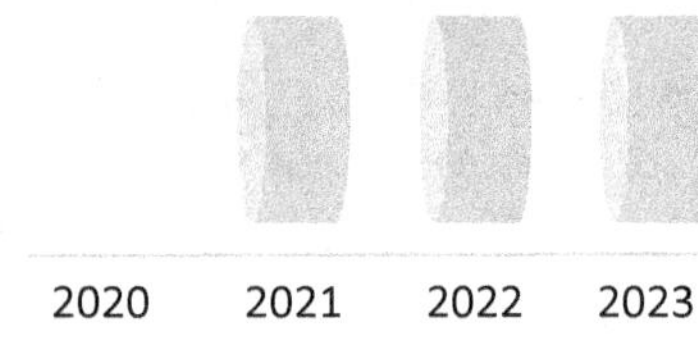

Figura 7.5. Concepto de período de transición.

año. En el juego, pasar de una ronda a la siguiente significa pasar de la «antigua» situación estable a la «nueva» situación estable. En otras palabras, el juego se abre de nuevo después de que el período de transición haya tenido lugar efectivamente.

El período de transición, en todas sus dimensiones y complejidades, será el tema principal de la tercera parte del libro, por lo que volveremos a tratarlo una vez que el juego haya terminado. Por el momento, no tienes que preocuparte por lo que ocurre durante ese período.

Herramienta de apoyo a la decisión: el gráfico de depreciación

Afortunadamente, *The Blue Connection* ha invertido en una herramienta de apoyo a la decisión muy útil: el gráfico de depreciación. Lo encontrarás en la pestaña del mismo nombre *(depreciation graph)*. Se basa, de hecho, en la teoría financiera relacionada con la economía circular (Steeman, 2017) en la que se argumenta que la lógica económica del uso de un producto, componente o material depende en última instancia de su valor. En el momento de la venta, un producto nuevo tiene un valor de mercado que, con el tiempo, disminuye gradualmente hasta que en un determinado momento el valor de mercado de sus componentes es superior al valor de mercado del producto completo. La lógica económica sugiere entonces que debe darse preferencia al uso de los componentes en lugar de seguir centrándose en el producto completo. Una lógica similar puede observarse en algún momento posterior en el tiempo, cuando el valor de los materiales es superior al valor restante de los componentes.

Como se ha dicho, la empresa ha invertido en una herramienta de apoyo a la toma de decisiones basada en el gráfico de depreciación. Está configurada de tal manera que cuando en el sistema de *The Blue Connection* se cambia un parámetro que tendría un impacto en la información del gráfico de depreciación, este cambia. Este cambio puede analizarse antes de tomar una decisión final más informada.

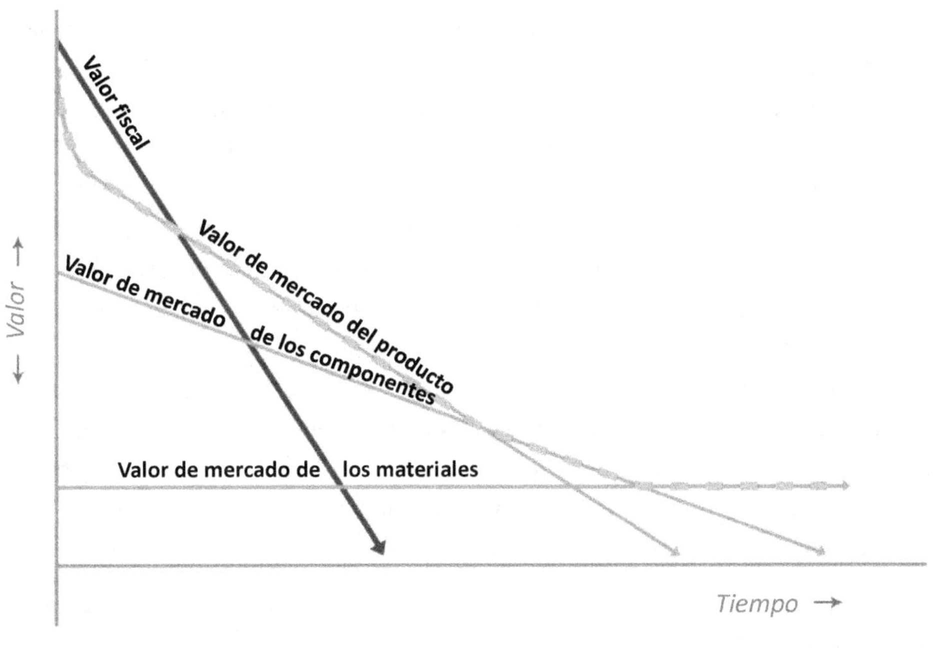

Figura 7.6. **Gráfico de depreciación.** *Fuente:* Steeman (2017).

EJERCICIO 7.1
Uso del gráfico de depreciación

Desarrolla

Indaga en el funcionamiento del gráfico de depreciación. Conviene que lo hagas con todo el equipo. De ese modo, cada miembro comprenderá en profundidad cómo funciona y, además, al hacer el ejercicio juntos, se evita que alguien modifique algún parámetro que tiene un impacto en el mismo gráfico.

En los pasos siguientes, se te pedirá que apliques una serie de decisiones para comprender mejor esta herramienta. No te preocupes demasiado por las decisiones modificadas: todas pueden revertirse sin que se te penalice, aunque solo podrás hacerlo antes de que comience el juego.

Por ejemplo, elige una de las minoristas y fíjate bien en el gráfico de depreciación que le corresponde. Puedes tomar una captura de pantalla del gráfico como referencia. A continuación, pide a la dirección de ventas del equipo que vaya a la página de acuerdos de venta, haga clic en el botón *negotiate* para la minorista elegida, cambie la *maintenance intensity* de *no maintenance* a *gold* (que es el programa de mayor intensidad), pulse en *calculate* y después en *deal* (no os preocupéis por el momento de la negociación en sí).

Ahora vuelve al gráfico de depreciación que corresponde a la minorista y compruébalo. ¿Qué ha cambiado si lo comparas con el inicial? ¿Por qué ha cambiado? ¿Hay algo que te resulte útil durante la toma de decisiones?

Ahora vuelve a la página del acuerdo de venta, entra en la negociación, vuelve a cambiar la intensidad del mantenimiento a *no maintenance* y haz clic en *calculate*, primero, y en *deal*, después. Ahora los ajustes vuelven a ser los iniciales.

Puedes aplicar la misma lógica para las siguientes decisiones (¡una por una y no todas al mismo tiempo!): mira el gráfico de depreciación, implementa la decisión, vuelve al gráfico de depreciación, analiza lo que ha cambiado y trata de entender por qué. Luego vuelve y deshaz la decisión para que vuelvas a la situación inicial:

- Ventas (pestaña de acuerdos): negocia una garantía de cinco años con una de sus minoristas.
- Financiación (pestaña de recompra): aplica un precio de recompra de 1.200 €.

> - Diseño/compra (pestaña de diseño del producto): cambia el marco estándar por la alternativa de mayor clase de durabilidad.
>
> Tras realizar el análisis, asegúrate de recuperar los valores iniciales, a no ser que ya estés jugando una ronda. Si así fuera, puedes decidir si dejas los parámetros como los quieres para la siguiente ronda.

Esperemos que este ejercicio te haya permitido comprender bien cómo utilizar la herramienta de apoyo a la decisión del gráfico de depreciación en tu beneficio durante el juego. Esto nos lleva ahora a los temas del capítulo 2. Veamos cómo podemos aplicarlos.

Propósito

El capítulo 2 comenzó con un análisis exhaustivo de la noción de propósito, entendido como un poderoso principio rector de la estrategia empresarial. Veamos cómo funcionaría esto para The Blue Connection.

Estrategia

Esta cuestión también se trató con brevedad en el capítulo 2. Se definió como un plan a largo plazo que contempla los objetivos que una empresa quiere alcanzar, así como las acciones necesarias para lograrlos. Aunque no se trata de un concepto

> **EJERCICIO 7.2**
> *Establece una declaración de objetivos para* The Blue Connection
>
> Decide
>
> A partir de tu trabajo en torno a los propósitos y las declaraciones de intenciones que llevaste a cabo mientras leías el capítulo 2, elabora otros completamente nuevos para The Blue Connection. Incorpora tus ideas a la plantilla que muestra la figura 7.7. Prepárate para presentarla y defenderla si fuera preciso.

Figura 7.7. Plantilla para detallar el propósito, la estrategia y los indicadores clave de rendimiento o KPI.

exclusivo de la circularidad, aceptemos por el momento que la circularidad se convierta en un elemento importante en la estrategia de The Blue Connection.

A partir de la declaración de propósitos y los objetivos estratégicos para la circularidad que has preparado, elabora los detalles de su modelo de negocio circular. La figura 7.8 muestra la plantilla que destaca los elementos que sugerimos para plasmar un modelo empresarial circular con todos los detalles pertinentes (la figura 2.26 presenta un ejemplo ligeramente más elaborado).

En los ejercicios 7.4-7.11 abordas los temas necesarios para rellenar toda la plantilla de la figura 7.8. Tras terminar el ejercicio 7.11, deberías estar en condiciones de presentar tu plan estratégico completo, combinando las plantillas de las figuras 7.7 y 7.8.

Ten en cuenta que la plantilla de la figura 7.8 plasma el modelo de negocio de una **estrategia circular dominante,** junto con otras de apoyo potencialmente compatibles. Si en el juego quieres probar diferentes estrategias circulares dominantes en rondas posteriores, ya sea por decisión propia o por indicación del formador, puedes preparar una plantilla para cada estrategia dominante.

En *The Blue Connection,* la atención se centra en las estrategias circulares de ralentización y cierre del bucle (etapas 2 y 3, como se explica en el capítulo 2): reparar y mantener, reacondicionar y redistribuir, refabricar componentes y reutilizar y reciclar materiales. En la figura 7.9 se muestran las opciones de estrategias circulares básicas en el juego.

Echemos un vistazo a las diversas áreas de la plantilla en los siguientes apartados.

EJERCICIO 7.3
Objetivos estratégicos relacionados con la circularidad
para The Blue Connection

Decide

Recupera la declaración de propósitos que has preparado y establece los objetivos que deben cumplirse para que The Blue Connection se integre en la economía circular. Aunque todavía no es necesario «traducir» esos objetivos en indicadores clave de rendimiento específicos y en las metas que los acompañan, asegúrate de que son lo suficientemente claros como para orientar las acciones que se definirán más adelante. Incorpóralos a la plantilla de la figura 7.7 y prepárate para presentarlos y defenderlos si fuese necesario.

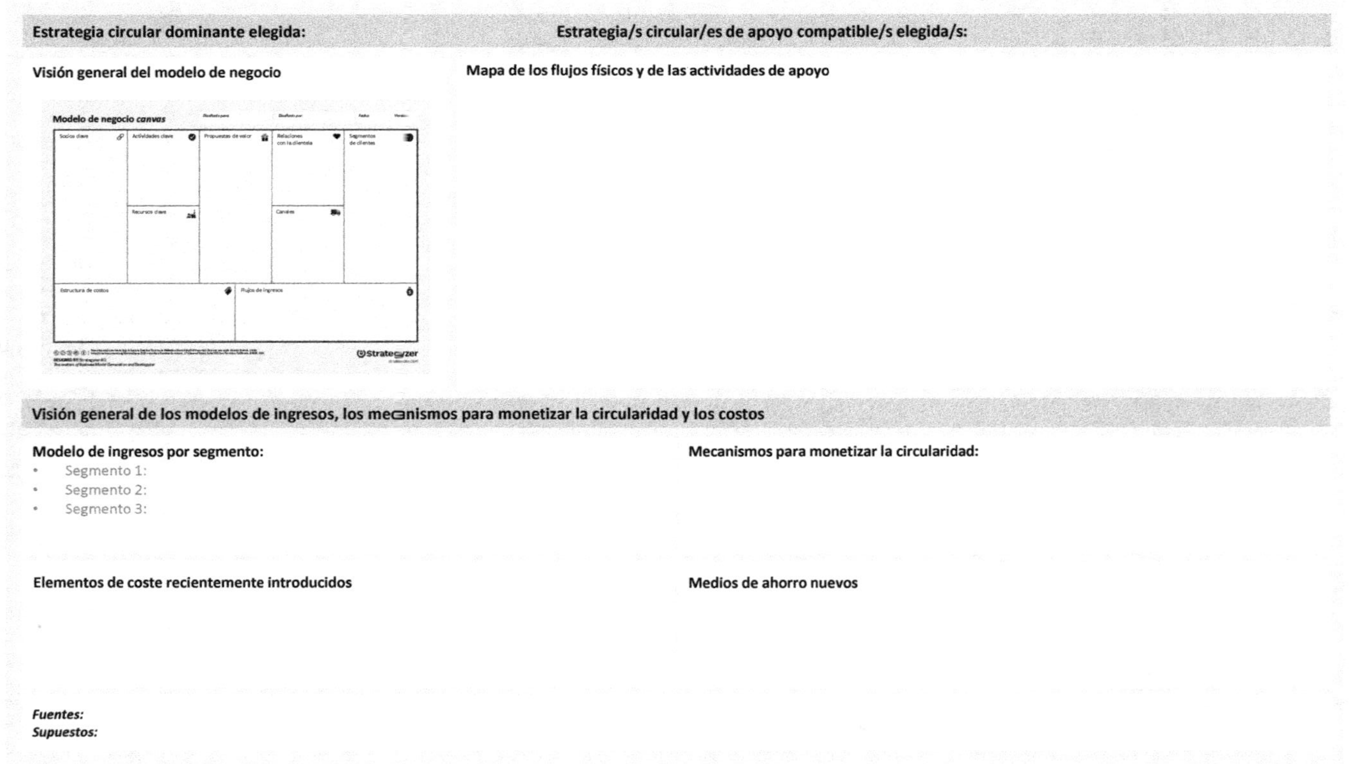

Figura 7.8. **Elementos que deben tenerse en cuenta a la hora de concebir un modelo de negocio circular (plantilla vacía).**

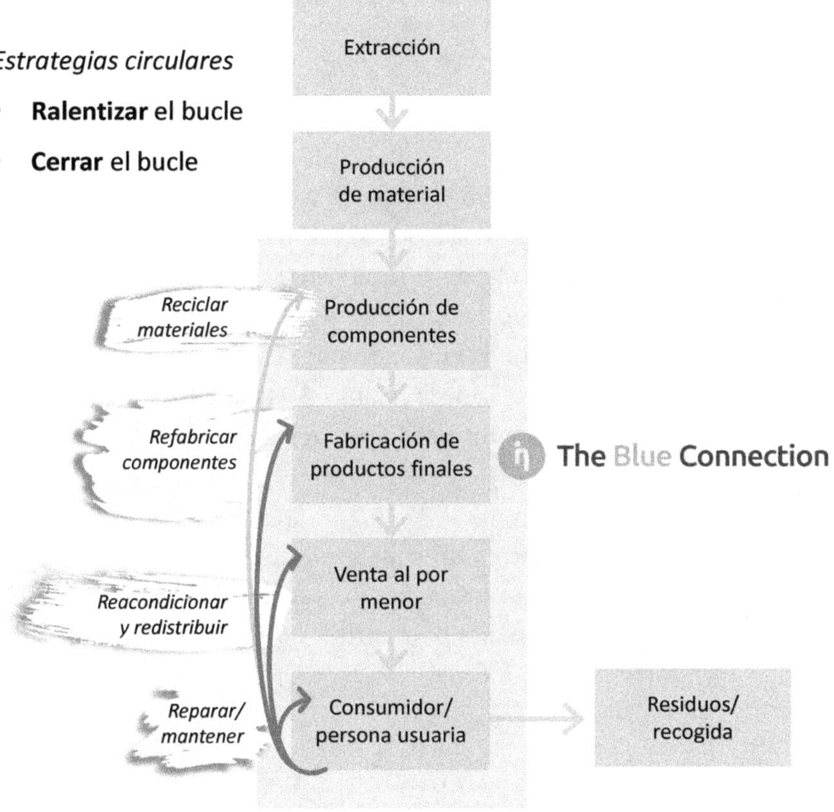

Figura 7.9. **Estrategias circulares en** *The Blue Connection.*

Modelo de negocio *canvas*

Ha llegado el momento de incorporar el modelo de negocio *canvas*. Puedes utilizar el modelo estándar o bien alguna versión orientada a la sostenibilidad o a la circularidad si lo prefieres.

Mapa de estrategias circulares

El paso siguiente consiste en incluir en la plantilla un mapa o diagrama de los flujos de bienes físicos y las correspondientes actividades de apoyo que se desarrollan en la cadena de valor circular, siguiendo el mismo procedimiento que se adoptó en el capítulo 6 para representar la cadena de valor lineal inicial de The Blue Connection.

EJERCICIO 7.4
El modelo de negocio canvas

Desarrolla

A partir del *canvas* elegido —u otra plantilla de modelo empresarial de tu preferencia—, desarrolla una visión general esquemática del modelo de negocio circular, centrándote en la estrategia circular dominante y en la estrategia o estrategias circulares de apoyo que hayas elegido. Refiriéndose al modelo *canvas* estándar, puedes incluir los modelos de ingresos en la definición de las propuestas de valor. Añade tu modelo de negocio a la plantilla de la figura 7.8 y documenta cualquier posible material de apoyo para respaldar tus elecciones. Prepárate para presentar y debatir.

La figura 7.10 puede servirte como base para seleccionar los flujos y actividades que corresponden a la estrategia circular dominante y a las estrategias circulares de apoyo potencialmente compatibles que hayas elegido.

EJERCICIO 7.5
Tu estrategia circular

Desarrolla

Los flujos de bienes opcionales combinados y las actividades de apoyo para *The Blue Connection* pueden verse en la figura 7.10 (el diagrama puede incluir algunos flujos que no sean demasiado compatibles).

Elabora un mapa de los flujos de bienes físicos y de las correspondientes actividades de apoyo en la cadena de valor circular de acuerdo con la estrategia circular dominante elegida y de las posibles estrategias circulares de apoyo. Complétalo con las cifras aportadas en la simulación (unidades, kilogramos, dinero). Puedes utilizar la información básica del juego, así como los informes históricos y los principales supuestos en los que se basa la simulación. Recuerda que también puedes utilizar el gráfico de depreciación para evaluar, por ejemplo, el número de bicicletas que hay en el mercado o el número de bicicletas que vuelven de media en un año, por ejemplo, gracias al precio de recompra que implementaste. Añade el mapa a la plantilla de la figura 7.8 y prepara los materiales de apoyo para respaldar tus decisiones.

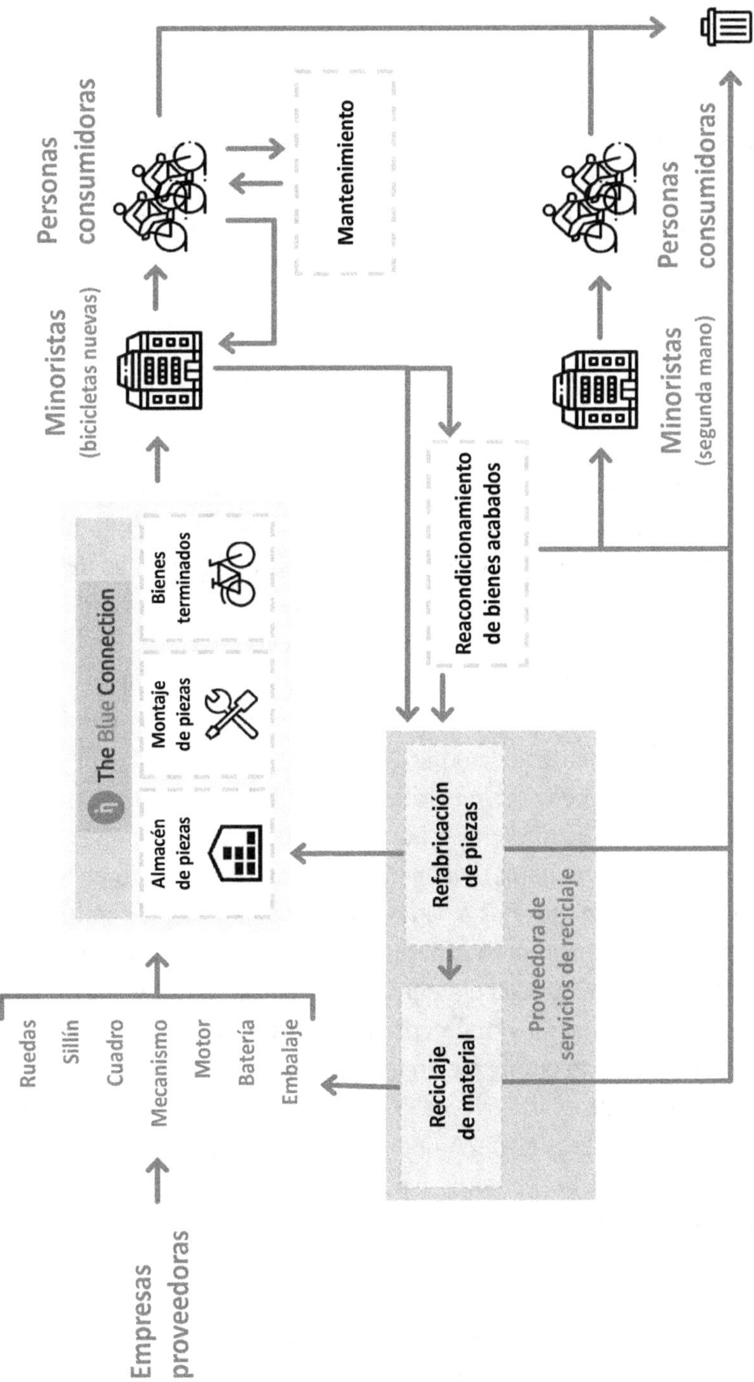

Figura 7.10. **Posibles flujos físicos y actividades de apoyo en** *The Blue Connection.*

Segmentos y modelos de ingresos

The Blue Connection trabaja con tres empresas minoristas diferentes: Cheetah, Gearshift y HBS. En cierto modo, cada una de ellas puede considerarse una representación de segmentos de mercado muy distintos. Por tanto, lo primero que debe analizarse es hasta qué punto son realmente diferentes en cuanto a

---

EJERCICIO 7.6

El perfil de la clientela minorista de The Blue Connection

Analiza

Entra en la pestaña de acuerdos en ventas *(sales)* y averigua más sobre tus tres distribuidoras minoristas. Haz clic primero en el símbolo de la bombilla que aparece junto al nombre de cada minorista. ¿Qué indican las descripciones? ¿Cómo podrías utilizar esta información en tu beneficio? ¿Qué diferenciación en términos de propuestas de valor puedes prever?

En la negociación sobre el acuerdo de venta, la mayoría de los términos del contrato se refiere a los modelos de ingresos. Si bien con cada minorista se negocian los mismos elementos como parte del acuerdo contractual, el valor óptimo de estos elementos puede ser muy diferente entre unas y otras, ya que pueden tener preferencias muy diferentes. Hasta qué punto esas empresas están más o menos satisfechas con una determinada condición del contrato puede deducirse del precio que están dispuestas a pagar, como se explica en el capítulo 6.

Abre una negociación para cada una de las minoristas y cambia uno de los parámetros del contrato. Calcula el nuevo precio de venta y evalúa en cuánto ha cambiado. Céntrate por el momento en los distintos modelos de ingresos, sin tener en cuenta el porcentaje de circularidad. Ya lo trataremos más adelante.

Puedes hacer esto varias veces con diferentes valores para el mismo parámetro y luego pasar a otro. ¿A qué parámetro del contrato es más o menos sensible cada minorista? ¿En qué se parecen o se diferencian las minoristas en este aspecto? ¿Presentan todas la misma sensibilidad a los mismos parámetros o no? ¿Cómo pueden explicarse las diferencias de sensibilidad en función de la descripción del público objetivo de las distintas minoristas? ¿Qué implica esto para la propuesta de valor que ofrecerías a cada una de ellas? ¿Qué enfoque podrías aplicar? Añade tus conclusiones y las opciones subsiguientes a la plantilla de la figura 7.8 y busca materiales de apoyo para respaldarlas.

la clientela con la que tratan, sus preferencias por determinados aspectos del producto de The Blue Connection o los elementos adicionales de la propuesta de valor.

En cuanto a los modelos de ingresos, existen las siguientes opciones (algunas compatibles, otras no):

- Venta directa.
- Garantía, que genera ingresos adicionales.
- Intensidad de mantenimiento (diferentes paquetes), con los consiguientes ingresos adicionales.
- Suscripción (período indefinido).[1]
- *Leasing* (la duración se especifica por adelantado).

Mecanismos para monetizar la circularidad: ingresos adicionales

Circularidad prémium

Los modelos básicos de ingresos respecto a las empresas minoristas son, en principio, independientes de la circularidad. Existen otras formas de monetizar eficazmente la circularidad obtenida.[2] En primer lugar, hay minoristas y clientela final dispuestas a pagar una cierta prima sobre el precio básico de un producto en el caso de que pueda demostrarse un cierto grado de circularidad. La situación

---

EJERCICIO 7.7
El interés de la clientela minorista de The Blue Connection *por la circularidad*

Analiza

Ve a la pestaña de acuerdos de ventas *(sales)* y abre la negociación. Cambia todos los porcentajes de circularidad para cada minorista y evalúa su interés por la circularidad. ¿En qué se parecen o difieren las minoristas en este aspecto? ¿Muestran todas el mismo interés? ¿Qué implica esto para la propuesta de valor que ofrecerás a cada una? ¿Qué enfoque podrías aplicar? Añade tus decisiones y tus conclusiones a la plantilla de la figura 7.8 y cita los materiales de apoyo con los que has trabajado.

es muy similar a la de aquellas personas dispuestas a pagar precios más altos por los productos de comercio justo, los productos bio, etc. The Blue Connection también tiene clientes minoristas sensibles a un cierto grado de circularidad.

Ten en cuenta que, si no cumples tu promesa de circularidad, las minoristas te impondrán una penalización —y bastante elevada— que mermará los ingresos adicionales que estaban dispuestos a pagarte.

De forma similar, también puede haber una prima de circularidad con los bancos. Pero como no se trata de un ingreso adicional sino de un descuento, la trataremos más adelante, cuando abordemos el ahorro de costos.

Ventas en el mercado de segunda mano

Además de la prima mencionada, también hay otras formas de monetizar la circularidad. Las bicicletas reacondicionadas pueden venderse en el mercado de segunda mano. El potencial financiero de esta opción depende de varios factores y el gráfico de depreciación resulta muy útil a la hora de evaluarlo, tal como se explica en los pasos siguientes:

1. En primer lugar, las bicicletas pueden reacondicionarse solo en el caso de que se recuperen. Para conseguirlo, habrá que ofrecer una garantía o una

---

EJERCICIO 7.8

Monetización derivada de la venta de bicicletas reacondicionadas en el mercado de segunda mano

Analiza

Tras elegir una estrategia circular dominante, analiza su potencial de monetización para revender bicicletas reacondicionadas en el mercado de segunda mano aplicando los dos pasos mencionados anteriormente. Ten en cuenta que puedes consultar de nuevo el ejercicio 7.1 sobre el funcionamiento del gráfico de depreciación. Además, puedes utilizar la figura 7.10, sobre todo si rellenas el gráfico con los volúmenes correspondientes a cada uno de los flujos de mercancías pertinentes. Añade tus decisiones y tus conclusiones a la plantilla de la figura 7.8 y cita los materiales de apoyo con los que has trabajado.

promesa de recompra en el caso de un modelo de venta directa, o bien trabajar con planes de suscripción o *leasing,* en cuyo caso las bicicletas seguirán siendo propiedad de The Blue Connection. La empresa las recuperará cuando finalice el contrato o cuando lleguen al final de su vida útil.

2. En segundo lugar, el número de bicicletas que se recuperan efectivamente por la garantía o la recompra depende de la calidad de la bicicleta (solo las que estén rotas pueden acogerse a la garantía) o de la cantidad de dinero que se ofrece por la recompra. De este modo, cuanto más alta sea la cantidad, más probable será que la gente esté interesada en devolver las bicicletas.

Vender los materiales reciclados a proveedoras

Una última opción para monetizar la circularidad está relacionada con los materiales reciclados, aunque solo en el caso de que hayas optado por el reciclaje como estrategia circular dominante o como estrategia de apoyo. Hay que tener en cuenta además varios factores que deben analizarse paso a paso, sin perder de vista el diagrama de flujo de la figura 7.10:

1. En primer lugar, hay que analizar el tamaño del flujo de material que finalmente llegará a la empresa proveedora de servicios de reciclaje. Como puede verse en la figura 7.10, hay dos posibles flujos de materiales: uno directo, compuesto por las bicicletas devueltas, y otro indirecto, formado por residuos o componentes derivados de la actividad de reacondicionamiento. El parámetro de la vida útil máxima tras el reacondicionamiento establecido por el área de gestión de la cadena de suministro define hasta cuándo una bicicleta devuelta se someterá primero al proceso de reacondicionamiento o pasará directamente a la empresa de reciclaje. Como hemos visto antes al hablar de la opción de monetización del mercado de segunda mano, el tamaño total del flujo de bicicletas devueltas depende de las decisiones tomadas sobre la garantía en combinación con la calidad de la bicicleta, cualquier opción de recompra, *leasing* o suscripción.

2. La decisión de si quiere que el reciclaje sea el foco principal de la proveedora de esos servicios o una opción secundaria que solo se aplique al flujo de residuos del proceso de refabricación dependerá de los flujos que

llegan a la misma. La estrategia circular dominante debe tener en cuenta este aspecto. Sin embargo, las características específicas de los componentes y los materiales también desempeñan un papel importante, dadas su remanufacturabilidad y su reciclabilidad. Por tanto, llegado el caso, puedes decidir para cada componente si la estrategia circular dominante debe centrarse en la refabricación o en el reciclaje.

3. En función de las decisiones que hayas tomado sobre los parámetros mencionados en los pasos anteriores, tendrás que analizar cuántos kilogramos de materiales reciclados habrá al final y que podrán venderse de nuevo a la proveedora correspondiente.

Mecanismos para monetizar la circularidad: potencial de ahorro

Ahorro en compras gracias al reacondicionamiento de componentes

También puede haber un ahorro en la compra que no está relacionado con el tipo de componentes adquiridos. Si has optado por la remanufactura como estrategia circular dominante o de apoyo, los componentes que puedan ser remanufacturados con éxito volverán a fluir hacia el propio proceso de montaje de bicicletas nuevas. En otras palabras: esa cantidad de componentes ya no tiene que comprarse, con el ahorro consiguiente.

EJERCICIO 7.9
Monetización derivada de la venta de materiales reciclados a proveedoras

Analiza

Sigue los tres pasos mencionados anteriormente y dentro del contexto específico de la estrategia circular dominante elegida y analiza el potencial de monetización que tiene la venta de materiales reciclados a las empresas proveedoras. Puedes utilizar la figura 7.10 para realizar el análisis, sobre todo si completas el gráfico con los volúmenes correspondientes a cada uno de los flujos de mercancías relevantes. Añade tus decisiones y tus conclusiones a la plantilla de la figura 7.8 y cita los materiales de apoyo con los que has trabajado.

Ahorro por la prima de circularidad con el banco

Como se comentó en el capítulo 2, los mercados financieros ofrecen cada vez más soluciones de «financiación verde». También el banco de *The Blue Connection* es sensible a las iniciativas de sostenibilidad de sus clientes. Está dispuesto a aplicar tipos de interés más bajos a sus préstamos en función del porcentaje de circularidad que prometan.

Sin embargo, si no cumples tu promesa de circularidad, el banco te impondrá una penalización equivalente al descuento adicional que estaba dispuesto a concederte en función de tu promesa.

Estructura de costos: costos introducidos recientemente

Por supuesto, la circularidad no es solo una fuente potencial de ingresos adicionales u opciones de monetización: también hay costos y ahorros potenciales. Veamos algunos. No obstante, ten en cuenta que todo depende de la estrategia circular dominante que hayas elegido y de las posibles estrategias de apoyo compatibles que apliques.

Mantenimiento

En primer lugar, debe contemplarse el posible costo adicional de la actividad de mantenimiento. The Blue Connection ha optado por realizar este manteni-

---

EJERCICIO 7.10
Ahorro potencial

Analiza

En virtud de la estrategia circular dominante elegida, determina el ahorro adicional que podrías obtener. Puedes utilizar la figura 7.10 para realizar el análisis, sobre todo si completas el gráfico con los volúmenes correspondientes a cada uno de los flujos de mercancías relevantes, en particular en todo lo referente a la compra de componentes reacondicionados. Añade tus decisiones y tus conclusiones a la plantilla de la figura 7.8 y cita los materiales de apoyo con los que has trabajado.

miento internamente, con su propio personal. El importe de los costos asociados depende del grado de mantenimiento elegido, es decir, de la cantidad de servicios al año por bicicleta. Como recordarás, puedes decidir la intensidad de mantenimiento que brindarás a cada cliente. No todos deben tener la misma. En segundo lugar, necesitas saber cuánto se utiliza una bicicleta al año por término medio. Ese dato figura en la página de información. En tercer lugar, hay que observar el tamaño de la base instalada. En cuarto lugar, las actividades de mantenimiento se llevan a cabo durante toda la vida útil de la bicicleta, por lo que también necesitarás conocer esa cifra. Por último, está el tiempo medio de servicio para una revisión, que depende del tipo de componentes utilizados en la bicicleta, expresado en el epígrafe *repair discount time* («tiempo de descuento por reparación»).

En el caso de que hayas elegido los planes Silver o Gold, también tendrás que tener en cuenta los costos adicionales del internet de las cosas (IoT). Dado que ambos planes dependen de la distancia recorrida —el servicio se presta en virtud de un número de kilómetros estipulado—, habrá que instalar un pequeño dispositivo en cada bicicleta para hacer un seguimiento de la distancia recorrida, con el consiguiente costo fijo adicional.

Reparación

El segundo costo adicional potencial corresponde a las actividades de reparación. Esto es relevante en el caso de que se hayan elegido los modelos de ingresos de arrendamiento y suscripción para determinados clientes. Dado que en los modelos de alquiler y abono las bicicletas siguen siendo propiedad de The Blue Connection, la empresa también tendrá que asumir la responsabilidad de mantenerlas en forma. La reparación se refiere entonces a la actividad que permite tal situación. The Blue Connection ha decidido externalizar esta actividad de reparación a una empresa externa que factura cada servicio de reparación a un precio fijo. Este precio puede reducirse en caso de que se utilicen componentes más duraderos o más fáciles de reparar.

En el caso del *leasing,* los servicios de reparación abarcan obviamente toda la duración del contrato de arrendamiento. El número previsto de reparaciones que hay que hacer anualmente puede evaluarse utilizando el gráfico de depreciación. En el caso de un abono, hay un servicio de reparación que tiene lugar cada vez que termina un abono y comienza otro. Por tanto, hay que tener en cuenta la vida útil total de la bicicleta, así como la duración media del abono y el tiempo entre los siguientes contratos de abono. Debido a que las diferentes minoristas se dirigen a diferentes segmentos de clientela con distintos perfiles y preferencias, la duración media de la suscripción y el tiempo entre las suscripciones pueden variar entre minoristas.

Costos adicionales debidos a los planes de garantía y recompra

Otro costo adicional podría deberse a la introducción de un programa de garantía o un plan de recompra. En ambos casos, se ofrece dinero a la clientela para que devuelvan las bicicletas; sin embargo, cuando la recompra no tiene condiciones, la garantía solo puede utilizarse en caso de que la bicicleta se rompa. La garantía es siempre un reembolso completo, valorado en el precio básico de la bicicleta (excluyendo el valor de cualquier servicio adicional que se haya pagado)[3]. Habrá que establecer el precio de recompra.

Costo de reacondicionamiento

Si se elige la opción de vender bicicletas en el mercado de segunda mano, las bicicletas que vuelvan de este mercado tendrán que ser reformadas antes de que se consideren lo suficientemente adecuadas como para volver a ser vendidas. La estimación del número de bicicletas que regresan ya se abordó anteriormente. Hay que tener en cuenta que no todas las bicicletas que vuelven del mercado se encuentran en un estado que permita su reacondicionamiento. En ese caso, irán a parar al vertedero o a una proveedora de servicios de reciclaje.

Costo del reciclaje

En el caso de que hayas seleccionado una proveedora de servicios de reciclaje y, sobre todo, que hayas dado instrucciones sobre lo que debe hacer esta (por componente, remanufacturar o reciclar), deberás tener en cuenta el costo de esas operaciones.

Cambios en los tipos de interés pagados tras modificar el contrato de leasing

Si se modifican los planes de *leasing,* tanto los nuevos como los ya establecidos, variará la base instalada de bicicletas y la empresa deberá renegociar el acuerdo con el banco, con el consiguiente cambio en el costo de capital pagado al banco (intereses).

Cambios en el costo de compra por cambios en la elección de componentes

La dirección de diseño/compras toma las decisiones sobre los componentes que van a comprarse y utilizarse. Normalmente, los componentes se ajustarán a la estrategia circular dominante elegida. Como los distintos componentes no tienen el mismo precio, el importe total gastado en la compra de componentes puede variar.

Afinar el modelo de negocio elegido

Tras terminar el ejercicio 7.11, deberías haber completado la plantilla de la figura 7.8. No obstante, antes de presentar tu plan estratégico general, hagamos algunas comprobaciones y veamos qué aspectos podrían ajustarse. En los ejercicios anteriores, hemos examinado por separado los elementos del modelo

---

EJERCICIO 7.11
Costos

Analiza

Determina los costos adicionales en virtud de la estrategia circular dominante que hayas elegido. Evalúa cada una de las partidas de costos adicionales mencionadas anteriormente.

Puedes utilizar la figura 7.10 para realizar el análisis, sobre todo si completas el gráfico con los volúmenes correspondientes a cada uno de los flujos de mercancías implicados. Incorpora tus decisiones y tus conclusiones a la plantilla de la figura 7.8 y cita los materiales de apoyo con los que has trabajado.

de negocio circular elegido para The Blue Connection. A estas alturas, deberías tener una imagen bastante completa de la situación. Tan solo falta cotejar las propuestas de cada miembro del equipo y combinarlas. Ha llegado el momento de hacerlo y presentar la estrategia global definitiva.

A partir del trabajo realizado en los ejercicios 7.4-7.11, y con los conocimientos adicionales que te habrán aportado los ejercicios 7.12-7.15, deberías tener lista una versión «final» del plan estratégico combinando las plantillas 7.7 y 7.8. Aprovecha además cualquier material de apoyo que hayas preparado por el camino.

EJERCICIO 7.12
Modelo de ingresos y estructura de costos

Analiza

El objetivo de este ejercicio es obtener una imagen aproximada de los ingresos netos de por vida *(net lifetime revenue)* obtenidos con cada bicicleta, de modo que podamos ver si nuestras elecciones hasta ahora han sido acertadas o si es necesario ajustarlas. Analiza los siguientes datos de cada uno de tus clientes:

1. Los ingresos brutos de por vida *(gross lifetime revenue)* de cada bicicleta, en el caso de la venta directa, el *leasing* a tres años, el *leasing* a cinco años, el *leasing* a siete años y la suscripción ilimitada. Todos estos datos pueden averiguarse en la pantalla de negociación con cada una de las ventas.
2. Identifica los principales componentes de costo relevantes que acompañan a cada uno de estos modelos de ingresos, como el precio de recompra, las reparaciones, los intereses del préstamo de arrendamiento financiero, etc.
3. Calcula los ingresos netos de por vida *(net lifetime revenue)* restando a los ingresos brutos de por vida los principales componentes del costo correspondientes. Realiza la operación para cada uno de los modelos de ingresos analizados. Indica el resultado en la plantilla de la figura 7.11.

Pese a no ser muy exhaustivo, el gráfico debería darte una visión clara y detallada de los distintos modelos de ingresos y de cómo encajan con cada minorista. Pon estas ideas en común con tu análisis de los ejercicios 7.4-7.11 y ajústalas si fuese necesario.

Figura 7.11. Plantilla para analizar los modelos de ingresos
y las estructuras de costos por cliente minorista.

EJERCICIO 7.13

Base instalada y contratos de arrendamiento financiero negociados con el banco

Analiza

El objetivo de este ejercicio es obtener una respuesta rápida si el contrato de arrendamiento financiero con la entidad bancaria cubre realmente las necesidades de The Blue Connection. También nos remitimos al apartado sobre el concepto de base instalada que aparece anteriormente en este capítulo:

1. Para cada una de las minoristas con este tipo de contrato, define el tamaño de la base instalada de bicicletas en el parque de *leasing* (en la situación estable) tomando como datos el volumen anual y la duración del servicio.
2. Comprueba si el contrato de arrendamiento financiero con el banco cubre la base instalada total de todos los contratos de *leasing*, valorada en el precio nuevo de una bicicleta.

Ahora, combina estas ideas con tu análisis de los ejercicios 7.4-7.11 y ajústalo si es necesario.

EJERCICIO 7.14
Plazo máximo para el reacondicionamiento

Analiza

Nota: Este ejercicio es especialmente relevante si la estrategia circular elegida incluye el reacondicionamiento de las bicicletas para venderlas en el mercado de segunda mano, potencialmente complementado por otras estrategias circulares compatibles. El objetivo de este ejercicio es obtener una respuesta rápida sobre cuál sería la vida útil máxima de reacondicionamiento adecuada. Sería práctico prever dos situaciones distintas (extremas): una sin reacondicionamiento (es decir, con el reacondicionamiento máximo fijado en cero) y otra con una vida útil o plazo máximos de reacondicionamiento muy alta (por ejemplo, diez años), y dibujarlas en el gráfico de la figura 7.12 como dos líneas separadas, que representen los ingresos netos por bicicleta en función de su vida útil:

1. *Ingresos brutos.* Basándote en el gráfico de depreciación, analiza el valor de los ingresos de la bicicleta a lo largo de su vida útil. Añade a esto cualquier otro flujo de ingresos potenciales de los materiales reciclados, en caso de que los hayas aplicado en tu estrategia.
2. *Costos.* A partir de la información disponible y para el número de bicicletas recuperadas en el mercado, identifica los principales costos asociados a reacondicionamiento, refabricación y reciclaje, en caso de que se hayan aplicado como estrategias complementarias. Deduce además el posible ahorro en las compras debido al uso de materiales remanufacturados.
3. *Ingresos netos.* Por cada vida útil potencial de una bicicleta, puedes calcular los ingresos netos por bicicleta, es decir los ingresos brutos menos los principales costos relevantes. Puedes introducir los resultados en la plantilla de la figura 7.12.

Aunque podrían añadirse más componentes de costo a la ecuación, como por ejemplo los de recompra, lo anterior ya debería darte una idea clara del punto de equilibrio asociado a la vida útil o el plazo máximos de renovación, que se encuentra en algún punto entre la previsión a cero años y la previsión a una década. A continuación, combina esta información con el análisis realizado en los ejercicios 7.4-7.11 y realiza los ajustes necesarios.

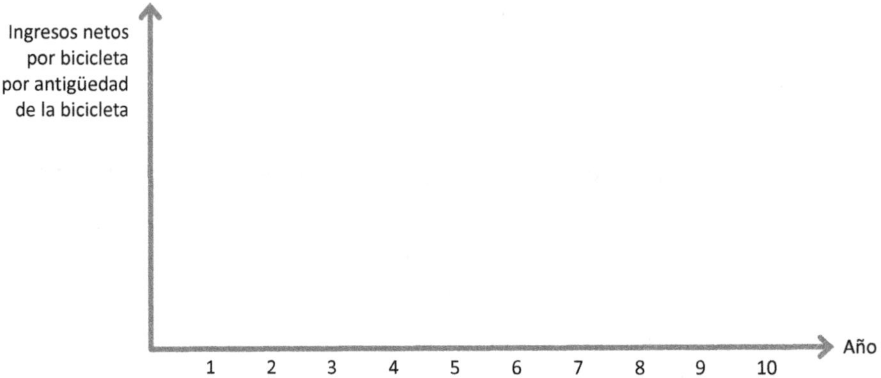

Figura 7.12. Plantilla para calcular el plazo máximo para el reacondicionamiento de bicicletas en el mercado de segunda mano.

EJERCICIO 7.15
Diseño de paquetes de compensación

Analiza

El objetivo de este ejercicio es obtener una respuesta rápida sobre la aplicación adecuada de los principios de diseño. Puedes realizar un análisis por cada componente.

1. *Costos de los componentes* ¿Cuáles son las opciones por componente y en qué se diferencian en el precio de compra?
2. *Ingresos brutos por diseño.* Para cada uno de los componentes, ¿qué potencial de ingresos extra ofrecen en comparación con el componente estándar?
3. *Ingresos netos.* Por cada componente analizado, calcula los ingresos netos por diseño, tomando los ingresos brutos menos los principales costos de los componentes relevantes. Puedes introducir las conclusiones en la plantilla de la figura 7.13.

Aunque podrían añadirse más componentes de costo a la ecuación, lo anterior ya debería darte una idea clara del punto de equilibrio asociado a la aplicación de las compensaciones a los diferentes componentes. Ahora deberías estar en condiciones de decidir dónde tienen más sentido ciertas opciones y dónde menos. Combina esta información con el análisis realizado en los ejercicios 7.4-7.11 y realiza los ajustes necesarios.

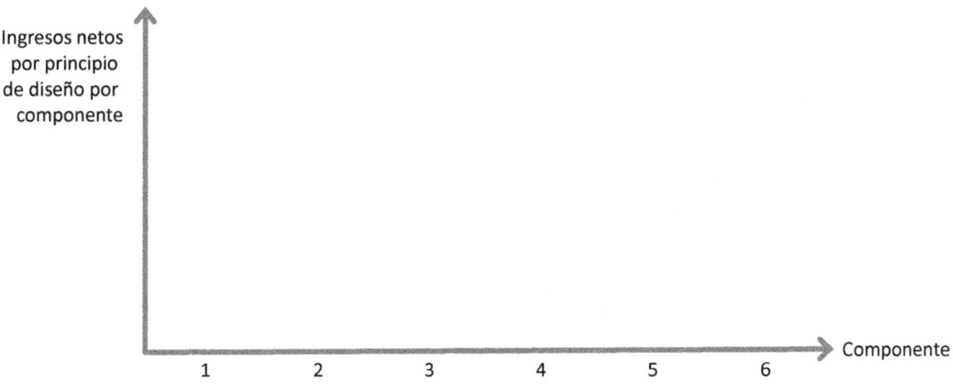

Figura 7.13. **Plantilla para analizar los principios de diseño de cada componente.**

EJERCICIO 7.16

Plan estratégico para The Blue Connection

Decide

Con las plantillas de las figuras 7.7 y 7.8, y los materiales de apoyo que tengas a tu disposición, decide el enfoque que quieres dar a la presentación de tus planes estratégicos para la empresa. Prepara una presentación (menos de cinco minutos) para exponer tus planes de forma convincente. Piensa que deberás defenderlos en un debate posterior.

Resumen

Torneo de simulación, día 2: tras terminar la primera ronda

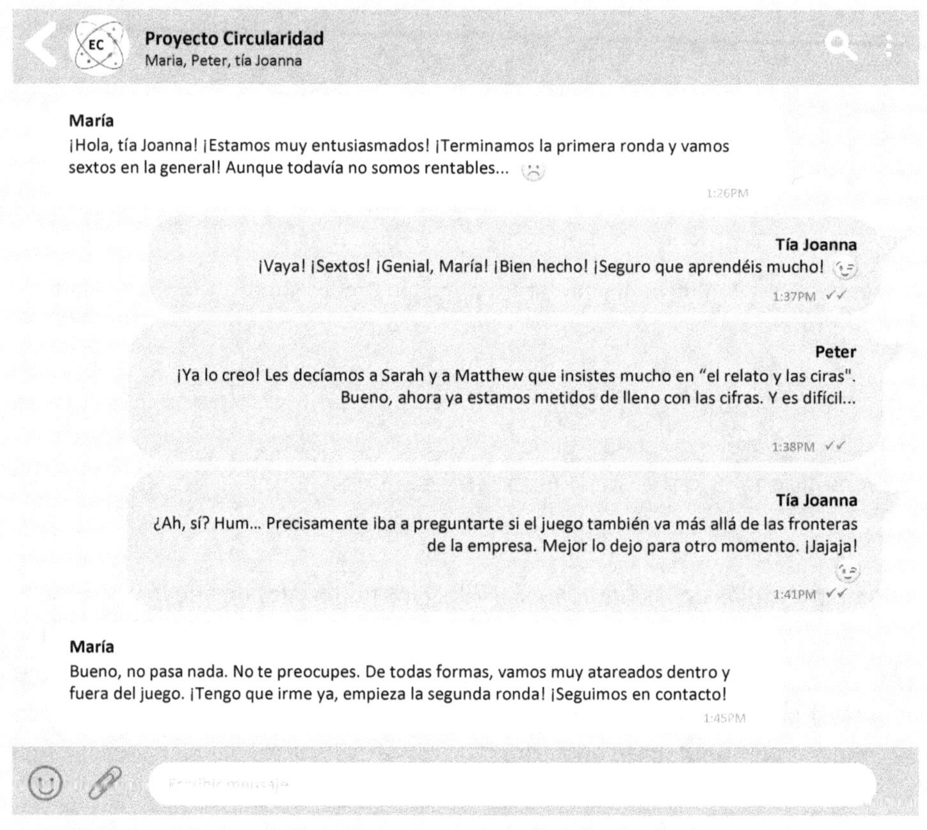

Figura 7.14. Hacia la segunda ronda.

Notas

1 No está de más consultar de nuevo el capítulo 2, en especial al apartado dedicado a los modelos de ingresos y de estructuras de costos, donde se detallan las diferencias entre suscripción y *leasing*.

2 La circularidad, expresada, por ejemplo, en porcentaje. Trataremos la cuestión con más detalle en el capítulo 9 en el contexto específico de The Blue Connection.

3 El precio básico de la bicicleta puede encontrarse en la página de información general.

8

Gestionar la perspectiva más allá de las fronteras de la empresa

Proyecto Circularidad, fase 2: prosigue el torneo de simulación

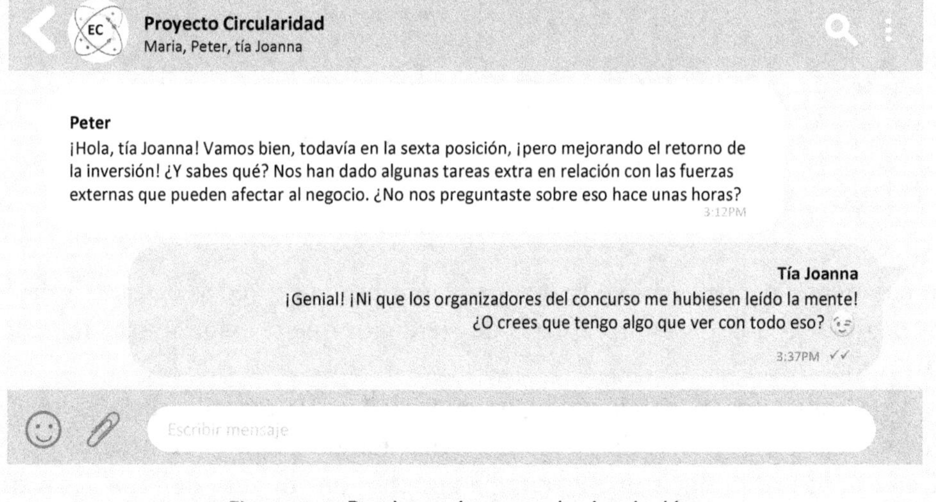

Figura 8.1. Prosigue el torneo de simulación.

Los ejercicios de este capítulo contienen los *minicasos* de los que hablaba María en el mensaje que envió a su tía Joanna. Se refieren a asuntos relacionados con la legislación, la colaboración entre empresas y los ecosistemas, cuestiones

Figura 8.2. La circularidad, más allá de las fronteras de la empresa, aplicada a The Blue Connection.

tratadas en el capítulo 3. No te dejes engañar por la brevedad de este capítulo: las páginas siguientes están repletas de ejercicios que te exigirán una reflexión profunda.

Para realizarlos, te conviene seguir muy de cerca la plantilla de la figura 7.8 que ya usaste en el capítulo 7. No obstante, ten en cuenta que deberás modificarla un poco si eliges una estrategia circular, un modelo de ingresos o una estructura de costos distintos a los que usaste entonces.

Legislación

Los primeros minicasos abordan la legislación desde distintos ángulos.

Minicaso: Incentivos fiscales para estimular el mercado de bicicletas eléctricas

EJERCICIO 8.1

Analiza

Llega la noticia de que el gobierno está a punto de poner en marcha incentivos para promover el uso de la bicicleta eléctrica en los desplazamientos de casa al trabajo y viceversa. En un primer momento, se espera que estos incentivos se dirijan principalmente a las organizaciones más grandes, ya se trate de empresas o administraciones públicas. Para The Blue Connection, esas organizaciones podrían representar un nuevo segmento de clientes además de los ya existentes. Hay tres opciones sobre la mesa. Todavía no está claro cuál se elegirá finalmente: una subvención que cobraría la organización empresarial, al comprar las bicicletas para su plantilla con un descuento (venta directa); una ventaja fiscal que cobraría la organización empresarial para que, mediante arrendamiento, proporcionase las bicicletas para su personal con una ventaja fiscal *(leasing)*, o un tipo de IVA más bajo aplicado a las bicicletas fabricadas por una productora local. De este modo, The Blue Connection podría vender o arrendar las bicicletas a un precio o un interés más bajos siempre y cuando se destinasen a un uso cotidiano.

1. Toma como punto de referencia la plantilla completada de la figura 7.8.
2. Analiza para los elementos de cada una de las casillas si cabe esperar algún cambio en virtud de las opciones presentadas. ¿Cómo quedaría la plantilla si se confirmase una de las tres opciones? Considera que esa nueva situación es estable. Ignora el período de transición.
3. ¿Cuáles son los impactos potenciales más importantes?
4. Organiza tus ideas para presentarlas y, llegado el caso, debatirlas.

Minicaso: Incentivos fiscales para trabajadores mayores de 50 años y la formación de personas desempleadas

---

EJERCICIO 8.2

Analiza

Se sabe que el gobierno está a punto de poner en marcha incentivos fiscales o subvenciones para la inclusión de aquellas personas de la plantilla que estén cercanas a la jubilación, así como para la formación profesional de quienes han perdido su empleo debido a la aparición de nuevas tecnologías.[1] Por otra parte, el gobierno habla de una posible reducción de los impuestos sobre el trabajo. Se espera que las empresas que hacen un uso intensivo de la mano de obra se beneficien de estos incentivos —por ejemplo, las empresas de producción, las de logística y las proveedoras de servicios de reciclaje—, lo que en última instancia conduciría a la creación de más puestos de trabajo, pero también a un menor costo de la mano de obra para las industrias mencionadas.

1. Toma como punto de referencia la plantilla completada de la figura 7.8.
2. Analiza para los elementos de cada una de las casillas si cabe esperar algún cambio en virtud de las opciones presentadas. ¿Cómo quedaría la plantilla si se confirmase una de las tres opciones? Considera que esa nueva situación es estable. Ignora el período de transición.
3. ¿Cuáles son los impactos potenciales más importantes?
4. Organiza tus ideas para presentarlas y, llegado el caso, debatirlas.

Minicaso: Incentivos para estimular el uso de materiales respetuosos con el medio ambiente

---

EJERCICIO 8.3

Analiza

Llega la noticia de que el gobierno está a punto de aplicar medidas que estimulen el uso de materiales más respetuosos con el medio ambiente. Lo que aún no está claro es si estas nuevas medidas adoptarán la forma de sanciones sobre el uso de materiales de alto consumo energético, como el acero y el aluminio, o sobre aquellos basados en combustibles fósiles, como el plástico, o si adoptarán la forma de incentivos para estimular el uso de materiales alternativos.

1. Toma como punto de referencia la plantilla completada de la figura 7.8.
2. Analiza para los elementos de cada una de las casillas si cabe esperar algún cambio en virtud de las opciones presentadas. ¿Cómo quedaría la plantilla si se confirmase una de las tres opciones? Considera que esa nueva situación es estable. Ignora el período de transición.
3. ¿Cuáles son los impactos potenciales más importantes?
4. Organiza tus ideas para presentarlas y, llegado el caso, debatirlas.

Minicaso: Subvenciones que favorecen la reparación de artículos domésticos

EJERCICIO 8.4

Analiza

Se sabe que las administraciones locales están a punto de aplicar medidas como la que se puede ver en la ciudad austríaca de Graz (Graz Repariert, s.f.), donde las familias reciben una subvención anual para gastar en la reparación de determinados productos. De este modo, se alarga la vida útil de estos y se estimula la creación de la infraestructura necesaria a tal efecto, que queda en manos de pequeñas empresas locales.

1. Toma como punto de referencia la plantilla completada de la figura 7.8.
2. Analiza para los elementos de cada una de las casillas si cabe esperar algún cambio en virtud de las opciones presentadas. ¿Cómo quedaría la plantilla si se confirmase una de las tres opciones? Considera que esa nueva situación es estable. Ignora el período de transición.
3. ¿Cuáles son los impactos potenciales más importantes?
4. Organiza tus ideas para presentarlas y, llegado el caso, debatirlas.

Minicaso: Estimular las externalidades positivas con incentivos y reducir las negativas con gravámenes

---

EJERCICIO 8.5

Analiza

Se sabe que cada vez más gobiernos están a punto de aplicar medidas para estimular las externalidades positivas y reducir las negativas (véase el capítulo 3). ¿Qué externalidades positivas y negativas se te ocurren en el caso de The Blue Connection?

1. Toma como punto de referencia la plantilla completada de la figura 7.8.
2. Analiza para los elementos de cada una de las casillas si cabe esperar algún cambio en virtud de las opciones presentadas. ¿Cómo quedaría la plantilla si se confirmase una de las tres opciones? Considera que esa nueva situación es estable. Ignora el período de transición.
3. ¿Cuáles son los impactos potenciales más importantes?
4. Organiza tus ideas para presentarlas y, llegado el caso, debatirlas.

Minicaso: Responsabilidad ampliada de la empresa productora (RAP)

EJERCICIO 8.6

Analiza

Se sabe que la Administración está a punto de aplicar la legislación relativa a la responsabilidad ampliada de la empresa productora, en virtud de la cual la propiedad podrá devolver a la fabricante una bicicleta que haya llegado al final de su vida útil.

1. Toma como punto de referencia la plantilla completada de la figura 7.8.
2. Analiza para los elementos de cada una de las casillas si cabe esperar algún cambio en virtud de las opciones presentadas. ¿Cómo quedaría la plantilla si se confirmase una de las tres opciones? Considera que esa nueva situación es estable. Ignora el período de transición.
3. ¿Cuáles son los impactos potenciales más importantes?
4. Organiza tus ideas para presentarlas y, llegado el caso, debatirlas.

Colaboración entre empresas

Minicaso: Análisis de posibles colaboraciones entre empresas; más allá de la compraventa en condiciones de igualdad

---

EJERCICIO 8.7

Analiza

Como miembro del consejo de administración de The Blue Connection, ¿con qué empresas o instituciones financieras de la cadena de valor establecerías una colaboración que fuese más allá de la mera compra y venta?

1. Toma como punto de referencia la plantilla completada de la figura 7.8.
2. ¿A qué empresas de la cadena de valor darías prioridad en tu empeño por establecer colaboraciones más estrechas?
3. Analiza para los elementos de cada una de las casillas si cabe esperar algún cambio en virtud de las opciones presentadas. ¿Cómo quedaría la plantilla si se confirmase una de las tres opciones? Considera que esa nueva situación es estable. Ignora el período de transición.
4. ¿Cuáles son los impactos potenciales más importantes?
5. Organiza tus ideas para presentarlas y, llegado el caso, debatirlas.

Minicaso: Análisis de posibles colaboraciones entre empresas; intercambio de datos y tecnología

---

EJERCICIO 8.8

Analiza

Las prácticas circulares más complejas impulsan la necesidad de mejorar la colaboración y el intercambio de datos entre los agentes de una cadena de valor. Como miembro del consejo de administración de The Blue Connection, ¿qué postura defenderías respecto al uso de macrodatos, la economía circular de código abierto (véase el capítulo 3), el internet de las cosas, las cadenas de bloques, etc?

1. Toma como punto de referencia la plantilla completada de la figura 7.8.
2. ¿Qué partes de la cadena de valor recibirían un mayor impacto de estas nuevas tecnologías y a qué empresas de la cadena de valor darías prioridad en tu empeño por establecer colaboraciones más estrechas?
3. Analiza para los elementos de cada una de las casillas si cabe esperar algún cambio en virtud de las opciones presentadas. ¿Cómo quedaría la plantilla si se confirmase una de las tres opciones? Considera que esa nueva situación es estable. Ignora el período de transición.
4. Además, para cada colaboración que has identificado, ¿qué objetivos concretos querrías alcanzar? ¿Qué objetivos concretos definirías entre tú, como rvepresentante de la empresa, y los socios potenciales?
5. Organiza tus ideas para presentarlas y, llegado el caso, debatirlas.

Ecosistemas

Minicaso: Análisis de los agentes o partes implicadas en el ecosistema

EJERCICIO 8.9

Analiza

Como miembro de la junta directiva de The Blue Connection, ¿con qué otras entidades o partes interesadas ajenas a la empresa buscarías una colaboración más estrecha?

1. Toma como punto de referencia la plantilla completada de la figura 7.8.
2. Analiza para los elementos de cada una de las casillas si cabe esperar algún cambio en virtud de las opciones presentadas. ¿Cómo quedaría la plantilla si se confirmase una de las tres opciones? Considera que esa nueva situación es estable. Ignora el período de transición.
3. ¿Cuáles son los impactos potenciales más importantes?
4. Organiza tus ideas para presentarlas y, llegado el caso, debatirlas.

Minicaso: Del pensamiento individual al pensamiento colectivo

---

EJERCICIO 8.10

Analiza

1. Toma como punto de partida las partes interesadas identificadas en el ejercicio 8.9.
2. Analiza hasta qué punto The Blue Connection, una pyme, podría impulsar, establecer y mantener una manera de pensar que atienda a los intereses de todas las partes interesadas.
3. Organiza tus ideas para presentarlas y, llegado el caso, debatirlas.

Resumen

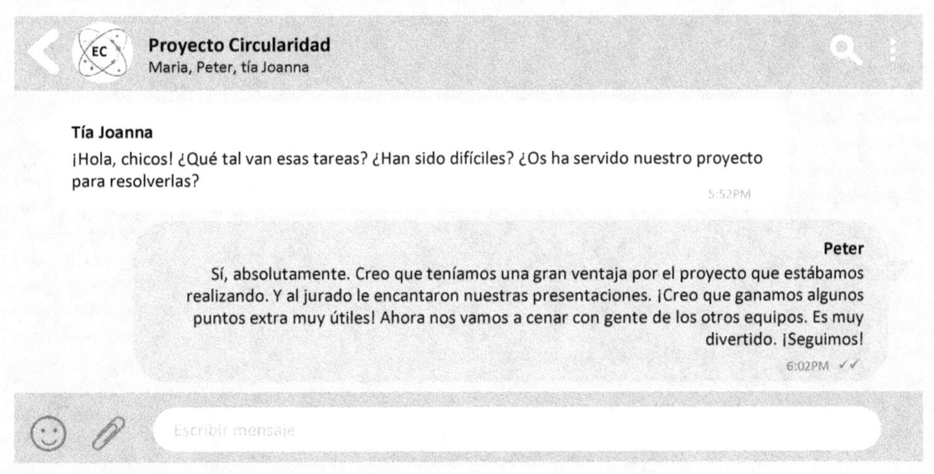

Figura 8.3. **Hacia las rondas finales.**

Notas

1 En relación con Stahel (2019), mencionado en el capítulo 3.

9

Gestionar la circularidad desde la perspectiva del liderazgo

Proyecto circularidad, fase 2: prosigue el torneo de simulación

Figura 9.1. **El torneo continúa.**

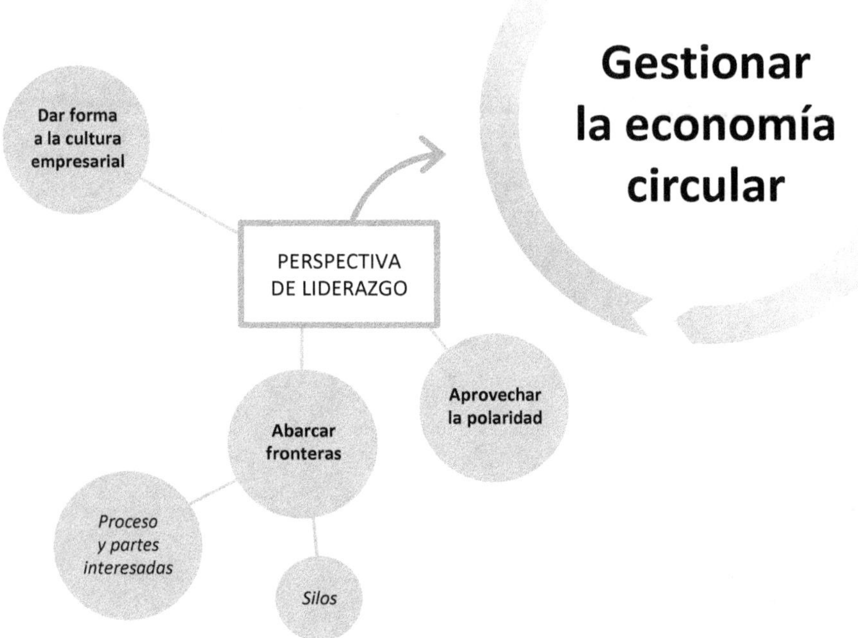

Figura 9.2. Cuestiones referidas a la circularidad, vistas desde el liderazgo, aplicada a The Blue Connection.

Aprovechar la polaridad: el equilibrio entre objetivos y los indicadores clave de rendimiento

Como hemos visto en el capítulo 4, los indicadores y los objetivos se utilizan como un poderoso instrumento para influir en el comportamiento de las personas y lograr que se muevan en la dirección deseada. Por eso abordamos la cuestión desde el punto de vista del liderazgo. Para analizar el rendimiento de la empresa y buscar posibles correcciones —a veces, a cargo de los colaboradores—, es necesario establecer unos indicadores clave de rendimiento (KPI) claros. Dado que muchas decisiones son tomadas por personas expertas en una función concreta, los KPI suelen determinarse por áreas. Más adelante se verá si esa es la forma más adecuada de hacer las cosas. Por ahora vamos a centrarnos en esos KPI funcionales.

Como ya se ha mencionado brevemente, definir los KPI de cada área no garantiza en absoluto que se logre una colaboración eficaz entre estas. Conviene tenerlo en cuenta a la hora de diseñarlos. Hay que hacerlo de manera que se asegure la coordinación de la mejor manera posible. Ahora bien, ¿en qué medida los KPI de estas áreas, entendidos como parte del cuadro de mando global que has definido, estimulan la colaboración y la coordinación y permiten que la empresa en su conjunto avance en la dirección correcta, en lugar de que cada área vaya en una dirección diferente?

Si los KPI están bien diseñados, deberían coordinarse correctamente o, por lo menos, no ocasionar conflictos. Sin embargo, esa coordinación podría llevarse incluso un paso más allá. Como complemento a los indicadores puramente funcionales, que pueden utilizarse para considerar el rendimiento individual, también podría pensarse en algunos KPI interfuncionales que estimulasen la coordinación interna. Algunos de los KPI que acabamos de definir como funcionales ya tienen esas características, pero no necesariamente, ya que esos indicadores deberían relacionarse principalmente con las decisiones que se toman dentro de esa misma área funcional.

EJERCICIO 9.1
Determinar los KPI de cada área y decidir cómo se utiliza esa información

Analiza

De acuerdo con el trabajo realizado en el capítulo 7, toma la declaración de intenciones, los objetivos circulares estratégicos, la estrategia circular dominante y el modelo de ingresos elegido como punto de partida y piensa en tres KPI significativos para cada una de las cuatro áreas: ventas, diseño/compras, cadena de suministro y finanzas (es decir, doce KPI en total).

Además, observe las consecuencias que cada KPI tiene en las decisiones que se toman en cada área. ¿En qué medida esas decisiones son satisfactorias? ¿Hay alguna decisión que quede en el aire por causa de un KPI? Si así fuera, reconsidera los KPI.

Puedes utilizar la plantilla de la figura 9.3.

Decide

Selecciona un conjunto de KPI significativos para cada área.

Estrategia circular dominante elegida:		Estrategia/s circular/es de apoyo compatible/s elegida/s:	
Diseño/compra		**Ventas**	
KPI	Elemento que afecta:	KPI	Elemento que afecta:
1.		1.	
2.		2.	
3.		3.	
Gestión de la cadena de suministro		**Finanzas**	
KPI	Elemento que afecta:	KPI	Elemento que afecta:
1.		1.	
2.		2.	
3.		3.	

Figura 9.3. Plantilla para los indicadores clave de rendimiento (KPI) de cada área.

En el cuadro de mandos de *The Blue Connection*, los indicadores de transición circular (ITC) desempeñan un papel central, tal como se ha comentado en el capítulo 4. Se centran sobre todo en el flujo de entrada y el flujo de salida (figura 9.4) como elementos necesarios para calcular el porcentaje de circularidad global:

1. *Flujo de entrada circular.* Indica el grado de circularidad de los materiales de los que se abastece una empresa. Se determina dividiendo la entrada circular (material no virgen) entre la entrada total.
2. *Flujo de salida circular.* Muestra el grado de circularidad de los materiales que una empresa ha producido. Se determina dividiendo la salida circular (salida recuperable) entre la salida total.
3. *Circularidad (circularity).* El porcentaje muestra hasta qué punto la empresa cumple los requisitos de circularidad material. Se determina calculando la media de los porcentajes del flujo de entrada circular y el flujo de salida circular.

EJERCICIO 9.2
Coordinación de KPI y organización del cuadro de mandos

Analiza

Comprueba todos los KPI de la lista realizada en el ejercicio 9.1. Determina si la consecución de sus objetivos podría ir en contra de alguno de los otros KPI de la lista, en especial de otras áreas funcionales. Si es necesario, reconsidera todos esos indicadores.

Piensa en un valor objetivo para cada uno de los KPI definidos en la lista.

Decide

Elabora el cuadro de mandos para todos los KPI. Incluye tres KPI por cada área funcional y determina sus objetivos correspondientes.

Decide cómo utilizarás los KPI y sus objetivos a lo largo del juego. Si es necesario, actualiza la plantilla de la figura 9.3 con los cambios realizados e intégrala en la plantilla de la figura 7.7, en que se detallan el propósito, la estrategia y los KPI.

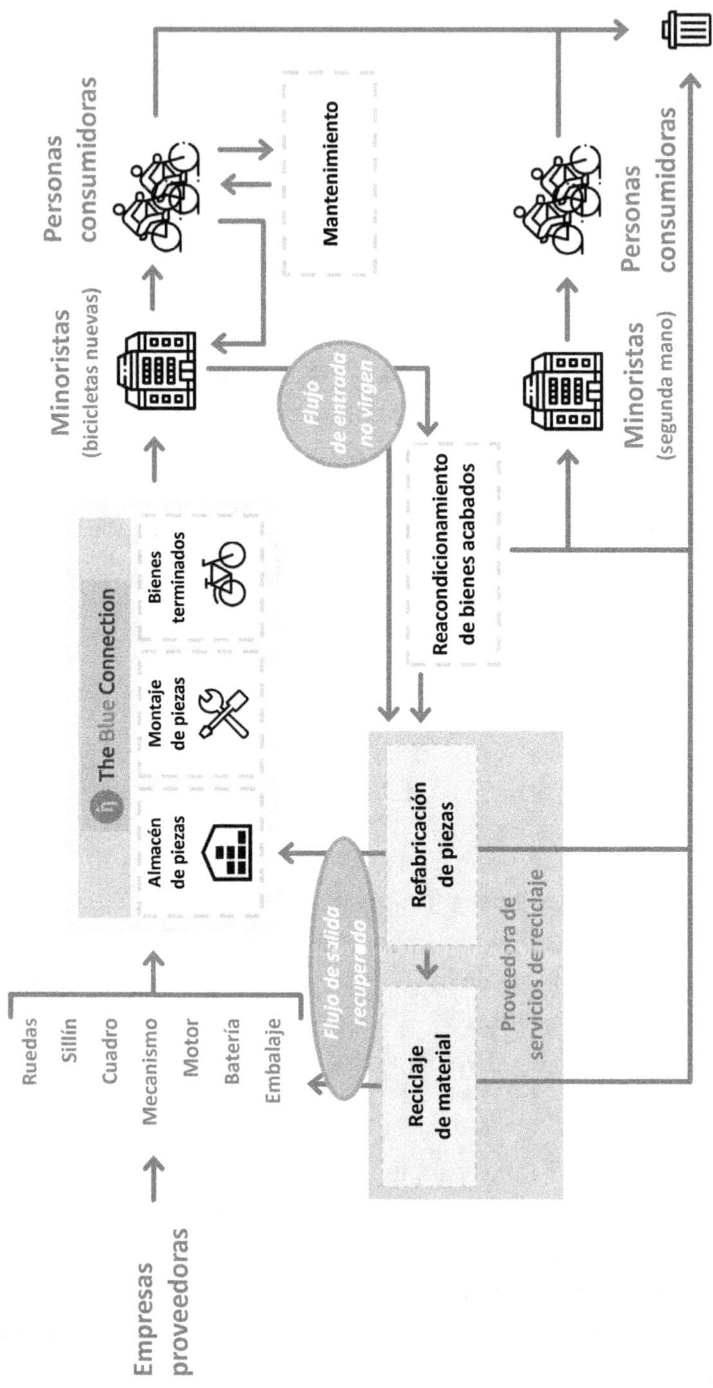

Figura 9.4. **Flujos circulares de entrada y salida de The Blue Connection.**

> ### EJERCICIO 9.3
> ### *Relación entre los indicadores de transición circular y las decisiones específicas de cada área funcional*
>
> Analiza
>
> Centrándote en los KPI referidos a los porcentajes de entradas y salidas circulares, analiza las decisiones que pueden afectarlos. Utiliza la plantilla de la figura 9.5.
>
> Decide
>
> Determina cómo estos dos KPI interfuncionales pueden utilizarse de manera productiva por el equipo directivo a la hora de coordinar todo el juego.

Dirigir superando las fronteras: los silos

Más allá de la mera medición del rendimiento individual de las distintas funciones, en esta fase resulta útil otra reflexión. Cada miembro del equipo ha asumido un cometido distinto en el juego y, a estas alturas, ya tiene cierta experiencia de cómo funciona. Las siguientes reflexiones se refieren a los silos funcionales de los que se habló en el capítulo 4.

Dirigir modelando una cultura: organización y dinámica de equipos

Medir el rendimiento constituye un primer paso necesario para saber dónde se está y tener una base para decidir qué debe hacerse a continuación. Sin embargo, los KPI no harán todo el trabajo. En cuanto las personas empiezan a trabajar juntas en la consecución de resultados, entra en juego la dimensión humana de los equipos. Independientemente de la función y las responsabilidades de cada miembro del equipo, podemos hablar entonces de funciones o roles individuales.

El término *funciones de equipo* se refiere a cómo se comportan las personas cuando se integran en un colectivo. Por ejemplo, algunas serán más propensas a tomar la iniciativa y hacer que avance el equipo; otras actuarán como el «pegamento» que los cohesione, mientras que otras buscarán información relevante y la compartirán con el resto. El carácter de cada persona influye mucho en este

Estrategia circular dominante elegida:	Estrategia/s circular/es de apoyo compatible/s elegida/s:
Entrada circular (%): ¿qué decisiones afectan?	**Salida circular (%): ¿qué decisiones afectan?**
Diseño/compras:	Diseño/compras:
Ventas:	Ventas:
Cadena de suministro:	Cadena de suministro:
Finanzas:	Finanzas:

Figura 9.5. Análisis de indicadores de transición circular.

EJERCICIO 9.4

Especialización funcional y decisión sobre las acciones

Analiza

¿En qué medida el hecho de que cada miembro desempeñe una función deter-minada ha tenido un impacto positivo y ha dado pie a una curva de aprendi-zaje específica para cada función? ¿Ha permitido mejorar la visión y el análisis desde el punto de vista funcional dentro del silo?

¿Hasta qué punto la especialización funcional ha acentuado los silos fun-cionales en el equipo de forma negativa? En algunos casos, se crean tensiones cuando una persona que desempeña una función intenta decir a otra qué decisiones debe tomar o se produce un malentendido porque ninguna de las dos comprende bien qué tarea realiza la otra.

Decide

Determina la mejor manera de aprovechar las ventajas de la especialización fun-cional, limitando además el posible impacto negativo de los silos en el equipo.

---

aspecto y la mezcla que puede darse en el seno del equipo será más o menos equilibrada. Aunque existe un amplio debate académico sobre estos temas —en el que no todo el mundo está de acuerdo—, tiende a aceptarse que, cuanto más equilibrado esté un equipo por lo que a sus funciones respecta, habrá más probabilidades de que el rendimiento sea mejor.

Obviamente, también existe otra dimensión relacionada con los caracteres, que puede dar pie a una mezcla más o menos estable o explosiva en el seno de

---

EJERCICIO 9.5

Tareas de equipo

Analiza

Utilizando la plantilla de la figura 9.6, evalúa el rendimiento de tu equipo desde el punto de vista de la «tarea» en cuestión. Es preferible que cada miembro del equipo lo haga individualmente.

Equipo:	Estrategia dominante:	The Blue Connection

Evaluación del equipo: tareas

T 1: **¿Tiene una dirección y unos objetivos claros?**

| 1 | 2 | 3 | 4 | 5 | 6 | 7 |

Los miembros han entendido bien las metas y los objetivos, y todos los comparten.

Las metas y los objetivos no están claros. Pocos miembros se sienten implicados.

T 2: **¿Comprenden los miembros del equipo lo que debe hacer cada uno?**

| 1 | 2 | 3 | 4 | 5 | 6 | 7 |

Se asignan con claridad las funciones y las responsabilidades. Los miembros las aceptan y hay una buena división del trabajo.

Las funciones y responsabilidades no están claras ni asignadas. El equipo no trabaja plenamente.

T 3: **¿Cómo se organiza y se lleva a cabo el trabajo?**

| 1 | 2 | 3 | 4 | 5 | 6 | 7 |

Los procedimientos de trabajo conjunto son organizados, eficientes. El equipo es creativo y flexible.

Los procedimientos de trabajo son escasos o ineficaces. El equipo es rígido y no experimenta.

T 4: **¿Hasta qué punto planifica y controla los esfuerzos de su proyecto?**

| 1 | 2 | 3 | 4 | 5 | 6 | 7 |

Las acciones y decisiones se planifican con antelación, y se prevén problemas y alternativas. Los datos se organizan y se equilibran los detalles con el panorama general.

El plazo de planificación es limitado y el trabajo está microgestionado. Los datos están dispersos, desorganizados, son demasiado detallados o demasiado vagos.

T 5: **¿Cómo se toman las decisiones en equipo?**

| 1 | 2 | 3 | 4 | 5 | 6 | 7 |

Se busca y se pone a prueba el consenso. Se establece un enfoque para la toma de decisiones y problemas. Se exploran los desacuerdos.

No hay un enfoque acordado para la toma de decisiones o la resolución de problemas. Las decisiones se retrasan, se toman por casualidad o por defecto.

Figura 9.6. Plantilla: análisis de la dimensión «tarea» desde el punto de vista del liderazgo.

EJERCICIO 9.6
Las relaciones y la orientación del equipo

Analiza

Utilizando la plantilla de la figura 9.7, evalúa el rendimiento del equipo desde el punto de vista de la dimensión «equipo (relaciones)». Es preferible que cada miembro del equipo lo haga de manera individual.

Equipo: **Estrategia dominante:** The Blue Connection

Evaluación del equipo: relaciones entre los miembros

R1: **¿Cuál es la calidad de la participación en el equipo?**

| 1 | 2 | 3 | 4 | 5 | 6 | 7 |

Todos los miembros del equipo participan y aportan opiniones e ideas. Se escuchan y valoran opiniones y puntos de vista distintos.

La participación es limitada. Unos pocos miembros deciden. Algunos miembros son pasivos o incluso se muestran apáticos a la hora de aportar opiniones e ideas.

R 2: **¿Cuál es el grado de confianza y apertura entre los miembros del equipo?**

| 1 | 2 | 3 | 4 | 5 | 6 | 7 |

Los miembros del equipo sienten que pueden hablar y discutir con los demás. Los problemas, los conflictos y las preocupaciones se discuten de manera abierta y respetuosa.

Hay poca confianza entre los miembros del equipo. Se evitan los conflictos. La comunicación es reservada, cerrada o diplomáticamente educada.

R 3: **¿Cómo se gestiona el liderazgo del equipo?**

| 1 | 2 | 3 | 4 | 5 | 6 | 7 |

El liderazgo es compartido. Todos los miembros participan y son influyentes.

El liderazgo es autocrático y directo. Dominio de un miembro o de unos pocos miembros.

R 4: **¿Hasta qué punto se tienen en cuenta los sentimientos?**

| 1 | 2 | 3 | 4 | 5 | 6 | 7 |

Los sentimientos son una aportación valiosa. Se comparten entre los miembros del equipo.

Los sentimientos se ocultan o se ignoran y no se tratan como información útil.

R 5: **¿Se divierte el equipo mientras trabaja?**

| 1 | 2 | 3 | 4 | 5 | 6 | 7 |

Los miembros se sienten bien cuando trabajan juntos. El éxito se comparte y se aprende de los errores. Se emplea el sentido del humor para aportar energía.

Los miembros del equipo no disfrutan trabajando juntos. El equipo es demasiado serio y se reduce el contacto.

Figura 9.7. Plantilla: análisis de la dimensión «equipo» desde el punto de vista del liderazgo.

un equipo. La dinámica de equipo evalúa, por ejemplo, el buen ambiente que se respira y la medida en que se avanza en el trabajo. En los siguientes pasos utilizaremos dos cuestionarios cortos y sencillos desarrollados por Management Worlds, Inc., y que se reproducen con la debida autorización.

Si quieres llevar la reflexión más lejos, podrías desafiar a los demás miembros del equipo para que completen los cuestionarios en varias ocasiones, para reflejar lo que sucede en cada ronda del juego. De este modo, podrás ver e interpretar la evolución del proceso a lo largo del tiempo.

EJERCICIO 9.7

Combinar las orientaciones para las tareas, el equipo y la relación entre sus componentes, y decidir las acciones para mejorar el rendimiento común

Analiza

Utilizando la plantilla de la figura 9.8, expresa ahora los resultados de los dos cuestionarios en un gráfico combinado, mostrando las evaluaciones individuales.

Si has rellenado los cuestionarios anteriores varias veces por cada miembro del equipo para expresar la evolución a lo largo del tiempo, también puede incorporarse al gráfico.

Decide

¿Cuáles son las conclusiones que tú y tu equipo podéis sacar de esto? Basándote en tus observaciones como equipo, ¿qué podéis hacer a continuación?

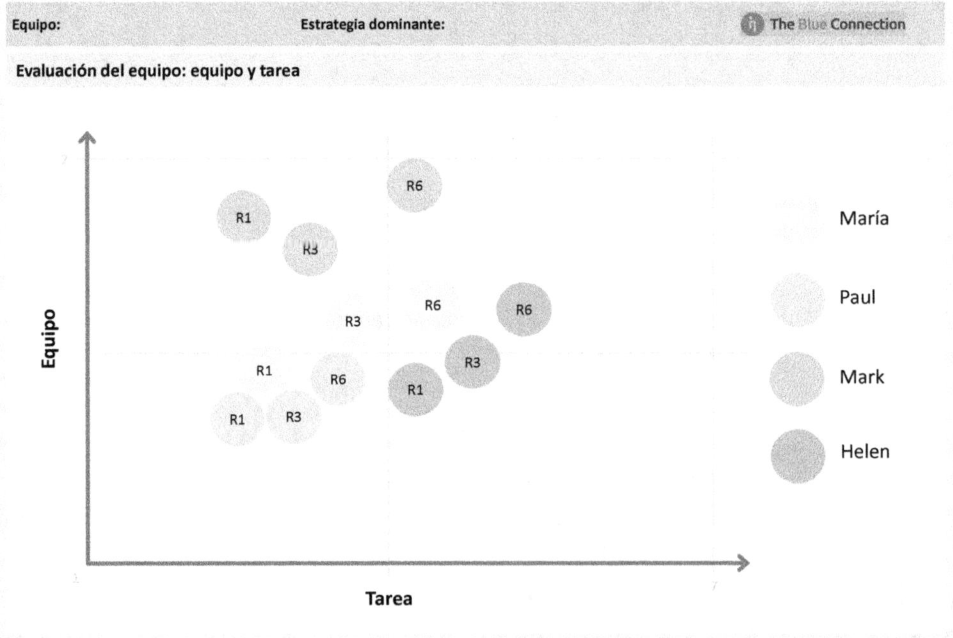

Figura 9.8. Plantilla: análisis de las dimensiones «tarea» y «equipo» desde el punto de vista del liderazgo.

Dirigir traspasando fronteras: proceso y partes interesadas

El proceso de coordinación «transfronteriza» entre las diversas áreas funcionales

Para coordinar eficazmente las decisiones, hay que traspasar los límites entre los distintos departamentos implicados. Como hemos visto en el capítulo 4 y en este, pueden existir posibles conflictos entre departamentos debido a las diferencias de objetivos, prioridades, etc. Los cuadros de mando de los KPI que has desarrollado deberían ayudarte a determinar esos posibles conflictos. Sin embargo, la transparencia en sí misma no resuelve nada. Además, puedes examinar el propio proceso de toma de decisiones y ver si se puede implementar un proceso que facilite una mejor alineación. En el capítulo 4, se dio el ejemplo del proceso de planificación de ventas y operaciones (S&OP) referido a la cadena de suministro (lineal). Veamos si se puede aplicar una lógica similar en la toma de decisiones de The Blue Connection.

EJERCICIO 9.8
Una toma de decisiones bien coordinada

Desarrolla

Al igual que el equipo SuperBike, utiliza la plantilla de la figura 9.9. Contiene una columna por área funcional *(swimming lane diagram,* «diagrama de carril de natación»). Los participantes utilizaron notas adhesivas para facilitar la actividad. La figura 9.9 muestra su diagrama poco después de que comenzasen a usarlo.

Haz una lista de todas las decisiones por área funcional que has visto hasta ahora en el juego. Puedes escribir cada decisión en una nota adhesiva distinta. Luego, crea un diagrama de flujo global. Piensa siempre en las decisiones que llevan a otras decisiones. Ten en cuenta además que el diagrama de flujo no tiene que ir necesariamente en una sola dirección: son posibles los bucles de retroalimentación, ya que algunas decisiones tienen un carácter iterativo en lugar de lineal. También puede ocurrir que haya decisiones que no tengan una relación clara con otras decisiones, es decir, que no requieran la entrada de otra decisión, ni proporcionen ellas mismas una entrada a otras decisiones.

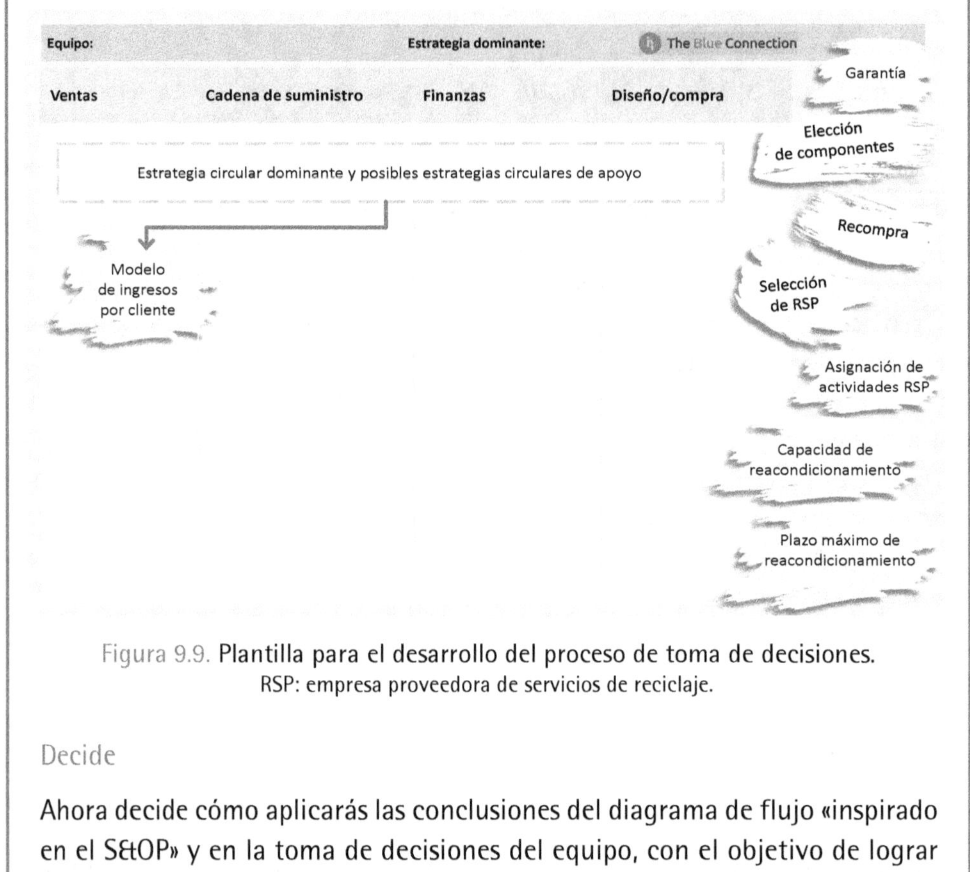

Figura 9.9. **Plantilla para el desarrollo del proceso de toma de decisiones.**
RSP: empresa proveedora de servicios de reciclaje.

Decide

Ahora decide cómo aplicarás las conclusiones del diagrama de flujo «inspirado en el S&OP» y en la toma de decisiones del equipo, con el objetivo de lograr una respuesta más rápida, eficiente, exhaustiva e integrada.

Agentes y partes interesadas

En el caso específico de The Blue Connection, los agentes y las partes implicadas intervienen directamente en la gestión de la empresa y del flujo circular de mercancías. Es más: forman el equipo que participa en el juego. Sin embargo, hay otra parte interesada muy importante a la que tendremos que dirigirnos y a la que no hemos prestado mucha atención desde el principio de este capítulo: Catherine McLaren. La jefa ha vuelto y quiere algunas respuestas.

Informar bien es una habilidad importante a la hora de garantizar una gestión eficaz de todos los aspectos del proceso. La manera de hacerlo, lo que cuentas y cómo lo cuentas, creará un punto de partida para los siguientes pasos

Figura 9.10. ¡Catherine McLaren ya está de vuelta!

del proceso. Se requiere una buena dosis de empatía para entender qué información le interesa a tu público, así como un poco de creatividad para que tu informe sea atractivo y fácil de entender. Ten en cuenta que las personas que lo leerán probablemente tengan poco tiempo; deben captar el mensaje rápidamente. Además, piensa que tal vez no estés con ellos cuando lo vean, así que no tendrás la oportunidad de explicar nada hasta que te lo pidan.

EJERCICIO 9.9

Examen de lo sucedido hasta el momento e informe para la responsable del proyecto de transformación de la empresa

Analiza

Utilizando la plantilla que aparece a continuación, desarrollada por el equipo SuperBike, repasa las experiencias de las rondas disputadas hasta el momento y crea un informe de gestión para Catherine McLaren.

Decide

Elige los elementos que analizarás para crear el informe. Asegúrate de que el informe es claro, preciso y directo, y no requiere explicaciones posteriores.

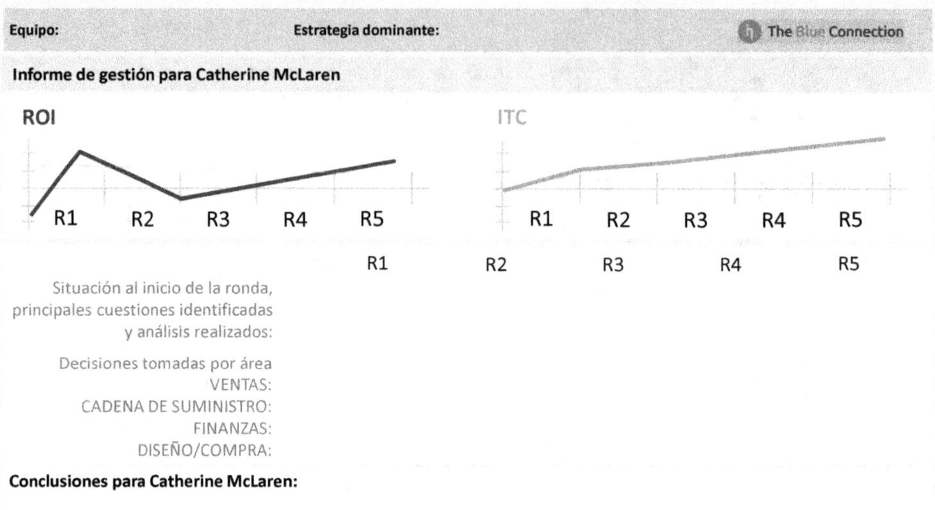

Figura 9.11. Plantilla: informe para Catherine McLaren.

Resumen

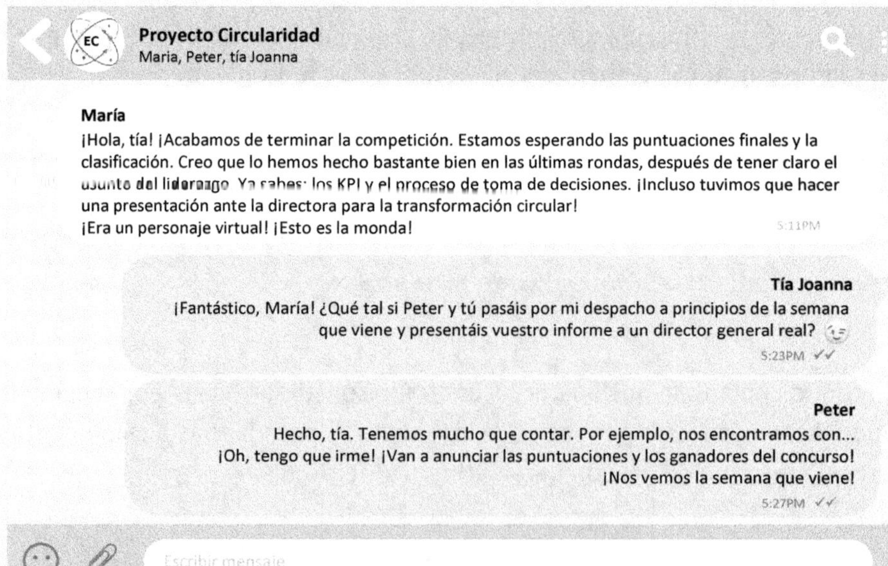

Figura 9.12. Fin del torneo de simulación.

En el próximo capítulo terminaremos nuestro viaje en pos de la economía circular. Volveremos a tratar la complejidad que nace al combinar las tres perspectivas ya mencionadas: la de la empresa, la que se sitúa más allá de los límites de esta y la del liderazgo, así como todos los elementos implicados, y la correspondiente necesidad de coordinación.

10

El imperativo circular corporativo (III): relato y cifras

La primera fase del proyecto Circularidad llega a su fin[1]

—¡Vaya experiencia! —exclamó la tía Joanna al recibir a María y a Peter en su despacho. ¿Qué tal una deliciosa tarta de manzana casera para celebrar que habéis quedado entre los tres primeros equipos? ¡Estoy muy orgullosa de vosotros!

—Sí, tía, ha sido toda una experiencia —comentó Peter—. No sabíamos dónde nos metíamos cuando nos presentamos al torneo. En cualquier caso, nos hemos divertido mucho con el equipo y el resto de participantes.

—Estoy de acuerdo —afirmó María—. Ha sido más complicado de lo que pensaba, pero ha merecido la pena. Aunque al final no hayamos ganado, he aprendido mucho ¡y en solo un par de días!

EJERCICIO 10.1

Gestionar la perspectiva empresarial de la circularidad

Reflexiona

¿Qué has aprendido sobre las estrategias circulares del capítulo 2 y su aplicación práctica en situaciones de la vida real tal como se muestra en el capítulo 7? ¿Hasta qué punto están claros los conceptos? ¿Te has dado cuenta de su complejidad? ¿Qué cambiarías la próxima vez?

—Decidme. ¿Qué habéis aprendido exactamente? —les preguntó la tía Joanna—. Todavía tenemos aquí las anotaciones del proyecto. Tengo curiosidad por saber cómo las pusisteis en práctica durante el juego.

»A ver… —prosiguió—. Hemos explorado la perspectiva empresarial de la circularidad y hemos hablado mucho de las estrategias circulares, los modelos de ingresos y los costos. ¿Cómo habéis aplicado todo eso en el juego?

—Es realmente interesante. Muy buenas observaciones, chicos. Gracias —dijo la tía Joanna—. Ahora que ya hemos visto la circularidad desde la perspectiva de la empresa, examinémosla yendo más allá de los límites de esta. Hablemos de la legislación, los ecosistemas, la educación, etc. María, recuerdo que en uno de tus mensajes me contabas que te pidieron que prepararas algunas tareas sobre esas cuestiones durante el torneo. ¿Qué hiciste?

—Muy bien visto —dijo la tía Joanna—. Estoy impresionada. Pasemos a la perspectiva del liderazgo y los KPI, el rendimiento del equipo, el proceso de toma de decisiones, etc. ¿Cómo lo habéis aplicado en el juego?

—¡Qué maravilla! Ya veo por qué decís que habéis aprendido mucho con ese juego de simulación —concluyó la tía Joanna.

Se detuvo un momento.

—Muy bien —prosiguió—. Intentemos relacionar todo esto con nuestro proyecto Circularidad y, en particular, con el relato y las cifras.

»María, antes de participar en el torneo, estabas completamente convencida de la línea argumental que debíamos aplicar. Me refiero al relato en favor de la circularidad. Lo recuerdo claramente. Veías la circularidad como una urgencia ineludible y un paso evidente que debían dar todas las empresas. Pero ¿qué hay de las cifras que deben acompañar a eso? ¿El juego te ha aportado nuevas ideas al respecto?

EJERCICIO 10.2

Gestionar la perspectiva más allá de los límites de la empresa

Reflexiona

¿Qué has aprendido acerca de las repercusiones que pueden tener la legislación, los ecosistemas y la colaboración entre empresas —asuntos tratados en el capítulo 3— en la economía circular? ¿Qué aplicación práctica tendría todo ello en situaciones reales, según lo que se indica en el capítulo 8? ¿Hasta qué punto están claros los conceptos? ¿Eres consciente de su complejidad?

—Sí, tía, lo hizo. Y todo sigue estando muy claro para mí —respondió María—. Sigo convencida de por qué las empresas deben empezar a ser circulares. Ahora más. Creo que con ese juego hemos demostrado que alcanzar cierto grado de circularidad es factible, puede ser bueno y, además, rentable. Al fin y al cabo, hemos mejorado mucho nuestra circularidad y, además, hemos conseguido que la empresa volviese a tener beneficios, con un retorno de la inversión positivo muy decente. Así que no tengo nada que objetar, señoría —concluyó con una gran sonrisa.

—Gracias, María, eso está muy claro, aprecio tu entusiasmo y tu convicción sobre el camino que has elegido —dijo la tía Joanna—. ¿Y qué hay de ti Peter? Porque recuerdo que antes de empezar el juego aún tenías bastantes dudas. Y si no me equivoco, tus dudas no eran tanto sobre las razones de la circularidad, sino más bien sobre la rentabilidad. Dudabas de que fuese posible. Imagino que, al menos, el juego te ha demostrado que, como acaba de decir María, la circularidad y la rentabilidad pueden ir juntas.

—Bueno, ¿qué puedo decir, tía Joanna? —empezó Peter—. En primer lugar, me han confirmado que el relato de la circularidad es la parte fácil. Es decir, si al «ser circulares», como dice María, las empresas pueden hacer algo bueno por el planeta, ¿a quién le parecería mal? Pero aunque efectivamente alcanzamos la rentabilidad, en el juego he visto que conseguirla no es nada fácil. Hay que

---

EJERCICIO 10.3
Gestionar la perspectiva de liderazgo

Reflexiona

¿Qué has aprendido sobre los indicadores clave de rendimiento o KPI centrados en la circularidad? ¿En qué medida te ha resultado fácil o difícil gestionar el proceso de toma de decisiones basado en esos KPI?

¿Cómo has organizado el proceso de toma de decisiones? ¿Hasta qué punto estaba clara la secuencia de decisiones? ¿En qué medida el proceso ha sido eficiente y se ha perdido tiempo en discusiones que no eran estrictamente necesarias?

¿Qué has aprendido al relacionarte con tu equipo? ¿Opinas lo mismo que tus compañeros y compañeras al respecto? ¿Por qué? ¿Qué cambiarías la próxima vez?

coordinar muchos elementos. Y además, en la empresa virtual del juego, solo teníamos un producto y tres clientes con los que tratar. Y algunos clientes eran favorables a la circularidad, al igual que el banco. ¿Es realmente así en la vida real? En el proyecto hemos visto que, en algunos casos, empresas minoristas, clientela y bancos son favorables, pero ¿siempre es así?

»Además —prosiguió Peter—, en el juego teníamos mucha información disponible. Me pregunto si una empresa real también la tendría. Por si fuera poco, todo lo que se planificó e implementó funcionó como estaba previsto, sin sorpresas. No tuvimos que preocuparnos por el período de transición entre la situación inicial y la nueva tras la implantación, que se nos ofrecía completamente estabilizada. En otras palabras, los supuestos con los que tomamos nuestras decisiones funcionaban porque provenían de la información del propio juego. Me pregunto si en la vida real una empresa tendría todo eso disponible. Y si no es así, ¿de dónde proceden la información y los supuestos? ¿Y qué riesgos corre si esos supuestos resultan erróneos? Sí, hemos demostrado que la rentabilidad y la circularidad pueden ir de la mano y me alegro mucho de haberlo visto porque, como has dicho, no las tenía todas conmigo. Pero aun así, me da la impresión de que hay muchas otras preguntas por responder, sobre todo si se trata de una empresa ya existente que parte de una configuración lineal de la cadena de valor. En esos casos, la empresa tiene por delante una transición compleja e incluso arriesgada. Eso es, por supuesto, muy diferente de una empresa circular de nueva creación.

Reflexión final sobre la segunda parte

—Tienes toda la razón, Peter —dijo la tía Joanna—. No hemos analizado realmente los supuestos, la implementación y la transición. Pero primero, veamos si podemos llevar la fase 2 de nuestro proyecto a un final productivo antes de seguir adelante. ¿Recordáis que antes del juego os pedí que me preparaseis una presentación? En aquel momento todo se centraba en el relato. ¿Por qué no volvemos a hacerlo, pero ahora incluimos también las cifras basándonos en vuestra experiencia en el torneo?

—Buen trabajo, chicos —dijo la tía Joanna—. Me gustan vuestros argumentos. Veo que hemos avanzado mucho, sobre todo si lo comparamos con lo que teníamos antes. Me alegro de que hayáis participado en ese torneo. Os ha ayudado a perfeccionar el relato y las cifras.

Figura 10.1. Resumen de los temas tratados en la segunda parte:
gestionar la economía circular.

EJERCICIO 10.4

El relato y las cifras con que respaldar el imperativo circular corporativo

Volviendo a los temas tratados en la segunda parte y que se representan en la figura 10.1, reflexiona sobre el relato de la circularidad desde el punto de vista de la empresa, apoyándote en tu experiencia con el juego. Las cifras te permitirán perfilar aún más el imperativo circular corporativo. Prepara una exposición en la que, con tan solo diez frases o argumentos —en los que creas sinceramente—, deberás convencer a otras personas para que te acompañen en tu viaje en busca de la circularidad.

»No obstante, me gustaría volver a lo que Peter mencionó hace un momento, cuando habló de las suposiciones, la disponibilidad de información y lo complejo que resulta llevar a cabo esa transición. Tengo la sensación de que profundizar en esos detalles completará nuestro panorama.

»Habéis aplicado muchos de los temas tratados en la primera fase del proyecto al torneo que se ha desarrollado en la segunda. Podemos llevarlos directamente a la tercera fase. Sin embargo, creo que hay otras cuestiones que abordamos también en la primera fase y que no se han tocado en el juego, como la educación, la innovación y la gestión del cambio. Quizá me haya dejado alguno más. Podríamos tratarlos en la tercera fase del proyecto Circularidad.

Notas

1 Esta conversación se basa en el intercambio de WhatsApp que mantuvieron la tía Joanna, María y Peter durante el torneo (capítulos 6-9), así como en la conversación que se desarrolló en el capítulo 5, poco antes de que terminase la primera parte.

TERCERA PARTE

Imaginar la transformación: de las cadenas de valor lineales a las cadenas de valor circulares

Despacho de la tía Joanna: proyecto Circularidad, inicio de la fase 3

—Bien, chicos —dijo la tía Joanna—, en la fase 1 del proyecto Circularidad iniciamos una exploración general de los muchos y diversos aspectos de la circularidad. Posteriormente, en la fase 2, tuvisteis la oportunidad de aplicar directamente muchos de esos conceptos en el juego *The Blue Connection,* centrándonos en las habilidades para gestionar el funcionamiento de una cadena de valor circular relativamente estable.

»Ahora, en la fase 3, y basándonos en lo que Peter decía antes, deberíamos *imaginar la transformación de una cadena de valor lineal a una circular,* así que miraremos más allá de una situación circular estable e imaginaremos la transformación necesaria entre el punto de partida lineal y la solución circular. Si os parece bien, podríamos tomar vuestras experiencias con The Blue Connection como referencia y utilizar la situación de la empresa del juego como una especie de caso de estudio. Así, en la medida de lo posible, dispondremos de datos relevantes para apoyar nuestro análisis.

»Como nos ha explicado Peter, y me parece una buena observación, el juego reproduce una situación demasiado sencilla. No obstante, creo que contiene todas las características relevantes que necesitamos. Y creo que deberíamos retomar los puntos de vista que hemos visto a lo largo del proyecto: la perspectiva de la empresa, la perspectiva que va más allá de la empresa y la perspectiva del liderazgo, y examinar cada una desde el prisma de la «transformación de lo lineal a lo circular». Estoy segura de que estas tres perspectivas tan distintas aplicadas a la transformación de lo lineal a lo circular nos darán una visión muy acertada de las acciones específicas que deben llevarse a cabo para que la transformación se produzca realmente.

La tía Joanna aún no había terminado.

—Estoy convencida de que necesitaremos mucha *imaginación*. De hecho, así pasa en cualquier consejo de administración de una empresa real cuando se barajan diversas opciones para llevar a cabo la transformación requerida. Pero tened en cuenta, como yo misma he aprendido a lo largo de los años, que la imaginación no es en absoluto lo mismo que la pura especulación. A partir de ideas imaginativas pueden desarrollarse y evaluarse escenarios y planes muy concretos. Eso es precisamente lo que me gustaría que hicieseis. Y me gustaría que os aseguraseis de que vuestros proyectos no se convertirán en iniciativas independientes y aisladas. *Vuestros planes de cambio deben integrarse en el plan general del proyecto. No debéis aplicarlos por separado o en paralelo. Debéis aseguraros de que la gestión del cambio formará parte de los planes y no sea un mero añadido que gestionaríais de forma independiente.* Ese es el reto.[1]

»Una vez conseguido, solo quedará una cosa por hacer —la tía Joanna esbozó una sonrisa mientras se disponía a presentar sus planes sobre los próximos pasos que debían darse—: integrar todos esos proyectos en una gran visión general. Eso nos permitirá llegar por fin al relato y a los números. ¿Qué os parece?

—Venga, no hay tiempo que perder. Empecemos —respondió María—. ¡Vamos, Peter! ¡Tenemos mucho trabajo por delante!

11

El paso de lo lineal a lo circular[2]

—Muy bien, Peter —dijo María—. Empecemos por crear un punto de partida claro para analizar el paso de lo lineal a lo circular. Durante el juego hemos comparado principalmente un modelo estacionario con otro, pero no nos hemos preocupado realmente de lo que ocurre entre esos dos modelos estacionarios entre dos rondas del juego. Hemos trabajado mucho en la circularidad, pero creo que también conviene imaginar el punto de partida lineal de *The Blue Connection*. Así podremos ver realmente el viaje de transformación que los jugadores tienen por delante.

—Buena idea —asintió Peter—. Ya tenemos el flujo lineal de materiales de *The Blue Connection*. Lo hemos visto antes. Sin embargo, siguiendo el flujo lógico de temas hasta ahora, tenemos que hablar también de la finalidad, los objetivos estratégicos, los KPI y el modelo de negocio lineal. Empecemos por ahí, ¿vale? Voy a por más folios. ¿Quieres traer café y té?

Visualización de la cadena de valor lineal inicial: propósito, estrategia, KPI

En la segunda parte —concretamente en el capítulo 7— se ha preparado una declaración de propósitos para The Blue Connection que favoreciera la circularidad y se han desarrollado varios objetivos estratégicos relacionados con tal fin. En el capítulo 9, se incorporaron varios indicadores que nos diesen claves sobre el rendimiento. Para contemplar también estos aspectos desde la perspectiva de la transición y la

> ## EJERCICIO 11.1
> *Propósito, objetivos estratégicos y KPI iniciales de* The Blue Connection
>
> Imagina
>
> Observa detenidamente la declaración de propósitos, los objetivos estratégicos y los KPI que el equipo SuperBike había desarrollado para la empresa The Blue Connection antes de que diese el paso a lo circular, tal como se muestra en la figura 11.1. A partir del trabajo realizado, imagina cómo podría haber sido. Haz los ajustes que consideres oportunos.

transformación, necesitamos establecer un punto de partida lineal. El equipo Super-Bike, basándose en la plantilla del capítulo 7, ha realizado su propia interpretación.

Visualización de la cadena de valor lineal inicial: modelo de negocio *canvas*

Para evaluar las posibles repercusiones de las tendencias y la evolución que estudiaremos, debemos crear una visión clara de la situación existente, el *statu quo*.

> ## EJERCICIO 11.2
> *Un modelo de negocio lineal para* The Blue Connection
>
> Imagina
>
> El equipo SuperBike ha accedido a www.strategyzer.com/canvas para descargar una copia del modelo de negocio *canvas*. Todo el mundo puede hacerlo, siempre que respete las condiciones exactas de la licencia Creative Commons para su uso. También puedes consultar algunos de los otros recursos de apoyo que se dan en el sitio web.
>
> El equipo SuperBike ha utilizado notas adhesivas, un elemento tan ágil como flexible, para desarrollar el siguiente *canvas*, que expresa el punto de partida lineal para la empresa The Blue Connection. A partir del trabajo realizado por SuperBike, imagina cómo podría haber sido el modelo de negocio lineal inicial. Realiza los ajustes que consideres oportunos.

EstrategiA: *Lineal – Team SuperBike*

Declaración de intenciones

Somos una firma fabricante de bicicletas neerlandesa dedicada al desarrollo

y la producción de bicicletas eléctricas de calidad para un público amplio e internacional.

Cada día nos esforzamos por llevarte del punto A al B: ¡a la manera neerlandesa!

Te proporcionamos una circulación placentera, sin preocupaciones, con una comodidad,

una velocidad y una seguridad óptimas.

Objetivos estratégicos

- *Aumentar el valor para el accionariado*
- *Garantizar la sostenibilidad financiera*
- *Aumentar los ingresos*
- *Ampliar las ventas a la clientela existente*
  - *Ampliar el volumen de distribución*
  - *Introducir los productos existentes en nuevos mercados*
  - *Mejorar el enfoque del servicio a la clientela*
- *Gestionar los costos*
  - *Reducir el costo en una cantidad determinada anualmente*
  - *Racionalizar los procesos empresariales básicos*
  - *Aprender continuamente y adoptar las mejores prácticas*
- *Asegurarse de que todos los productos de la empresa cumplan las directrices del estándar de excelencia*
- *Mejorar las relaciones con las empresas distribuidoras y proveedoras*
- *Promover la cultura y los valores de la empresa*
- *Mejorar la satisfacción del personal*

Tablero de mandos (KPI)

TABLERO DE MANDOS (KPI)

- *KPI globales*
  - *Retorno de la inversión (ROI)*
  - *Rendimiento del servicio de entrega puntual*

- *Ventas*
  - *Total de ingresos anuales alcanzados (€)*
  - *Aumento de la cuota de mercado (%)*

- *Diseño/compras*
  - *Gasto total en componentes (€ respecto al presupuesto)*
  - *Obtención de descuentos en las proveedoras (% respecto al presupuesto)*

- *Gestión de la cadena de suministro*
  - *Importe de las existencias de productos acabados (€ respecto al presupuesto)*
  - *Cantidad de inventario de componentes (€ respecto al presupuesto)*

- *Finanzas*
  - *Posición de tesorería (€)*
  - *Préstamo de emergencia (€)*

NOTA: los KPI funcionales están conectados a bonus individuales.

Figura 11.1. Plantilla para plasmar el propósito, los objetivos estratégicos y los indicadores clave de rendimiento.

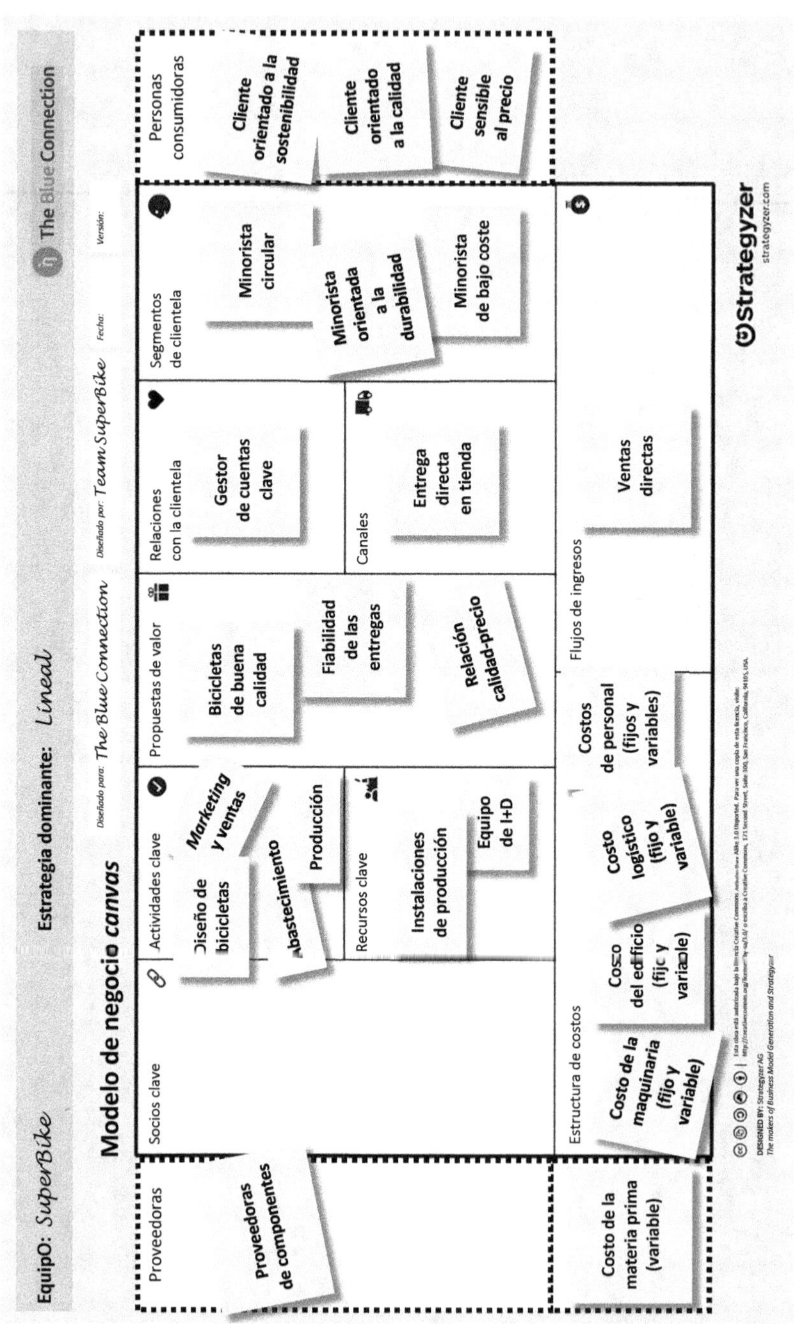

Figura 11.2. Plantilla: modelo de negocio *canvas* lineal del equipo SuperBike. *Fuente:* Plantilla de negocio *canvas* de Osterwalder y Pigneur (2010), tomada de www.strategyzer.com, con las enmiendas y los datos del equipo SuperBike.

Basándonos en la experiencia obtenida con el juego en la segunda parte de este libro, supondremos que se conocen los entresijos de la cadena de valor lineal inicial. Sin embargo, no hemos analizado realmente el modelo de negocio inicial de The Blue Connection. Para establecer una visión clara al respecto, retomaremos el concepto del modelo de negocio *canvas,* tal como se detalló en el capítulo 2.

Ten en cuenta que, dado el carácter experimental del juego, el equipo SuperBike se ha tomado la libertad de realizar algunas modificaciones en el *canvas* estándar:

- En primer lugar, se ha añadido una columna *(consumidores)* a la derecha para expresar claramente la distinción entre los clientes de pago de The Blue Connection y las personas consumidoras que utilizan las bicicletas. Aunque el mercado actual de la empresa es claramente el B2B *(business to business),* los miembros del equipo SuperBike consideran que el consumidor no puede quedar fuera del modelo de negocio, ya que al fin y al cabo la empresa produce productos de consumo. Para evitar confusiones —por ejemplo, entre la propuesta de valor hacia la clientela y hacia los consumidores—, se añadió la columna extra.
- En segundo lugar, el equipo ha añadido una columna en el lado izquierdo *(proveedores)* para indicar claramente la distinción entre los socios clave con los que se establecería una relación estratégica y los proveedores «convencionales», que se hallan en igualdad de condiciones y con los que se mantendría una relación de compraventa en los términos habituales. De este modo, podrían incorporarse, por ejemplo, las empresas proveedoras de materias primas a las que The Blue Connection adquiriría materiales. Aunque el desembolso tendría un gran impacto en la estructura general de costos, esas proveedoras no se considerarían socios clave, ya que las materias primas pueden comprarse prácticamente en cualquier parte. En consecuencia, el recuadro con la estructura de costos se ha ampliado para incluir también a las proveedoras en condiciones de mercado.

Si lo consideras oportuno, puedes probar las enmiendas del equipo Super-Bike para ver si te sirven. Si no, sigue con el *canvas* original. Ten en cuenta que, al crearlo, no debes fijarte únicamente en los aspectos operativos y de la cadena de suministro: debes considerar todos los elementos de la empresa.

Al elaborar el *canvas,* ten en cuenta las siguientes comprobaciones:

- ¿Están todos los elementos del lado del «qué» del *canvas* (segmentos, propuestas de valor, canales, relaciones con los clientes) respaldados por uno o más elementos del lado del «cómo» (actividades clave, recursos clave, socios clave, proveedores)? Si la respuesta es negativa, hay dos opciones: o bien se ha pasado algo por alto, o bien has descubierto una laguna en la coherencia del modelo de negocio.

- ¿Son todos los elementos del lienzo estrictamente necesarios? En otras palabras, si se elimina un elemento, ¿se debilita realmente la coherencia del modelo de negocio? Si encuentras algo que no es tan necesario, entonces podrías haber descubierto algo que es redundante, es decir, que podría eliminarse de la empresa sin perjudicar la solidez del modelo de negocio.

Ambas comprobaciones pueden hacerse de forma bastante mecánica. Basta con comprobar cada una de las notas adhesivas.

En el ejercicio 11.1, has realizado el equivalente lineal de la plantilla circular creada a partir de la plantilla de la figura 7.7 y basada en el trabajo del equipo SuperBike. Después de terminar el modelo de negocio *canvas,* ya dispones de todos los elementos para crear el equivalente lineal de la plantilla circular a partir de la plantilla de la figura 7.8.

Resumen

—Listo. Ha sido bastante rápido —comentó María—. Creo que ahora tenemos un punto de partida sólido para evaluar cómo sería el paso de lo lineal a lo circular. Como dijo la tía Joanna, tenemos que ver esta transformación desde cada uno de los puntos de vista que hemos tratado hasta ahora: la perspectiva de la empresa, la perspectiva que va más allá de la empresa y la perspectiva del

---

EJERCICIO 11.3
Captar el modelo de negocio lineal de The Blue Connection

Imagina

Consulta las respuestas de los ejercicios anteriores. A continuación, imagina el modelo de negocio lineal completo de The Blue Connection basándote en el trabajo del equipo SuperBike y en las modificaciones y ajustes que hayas considerado oportunos. Puedes utilizar la plantilla de la figura 11.3.

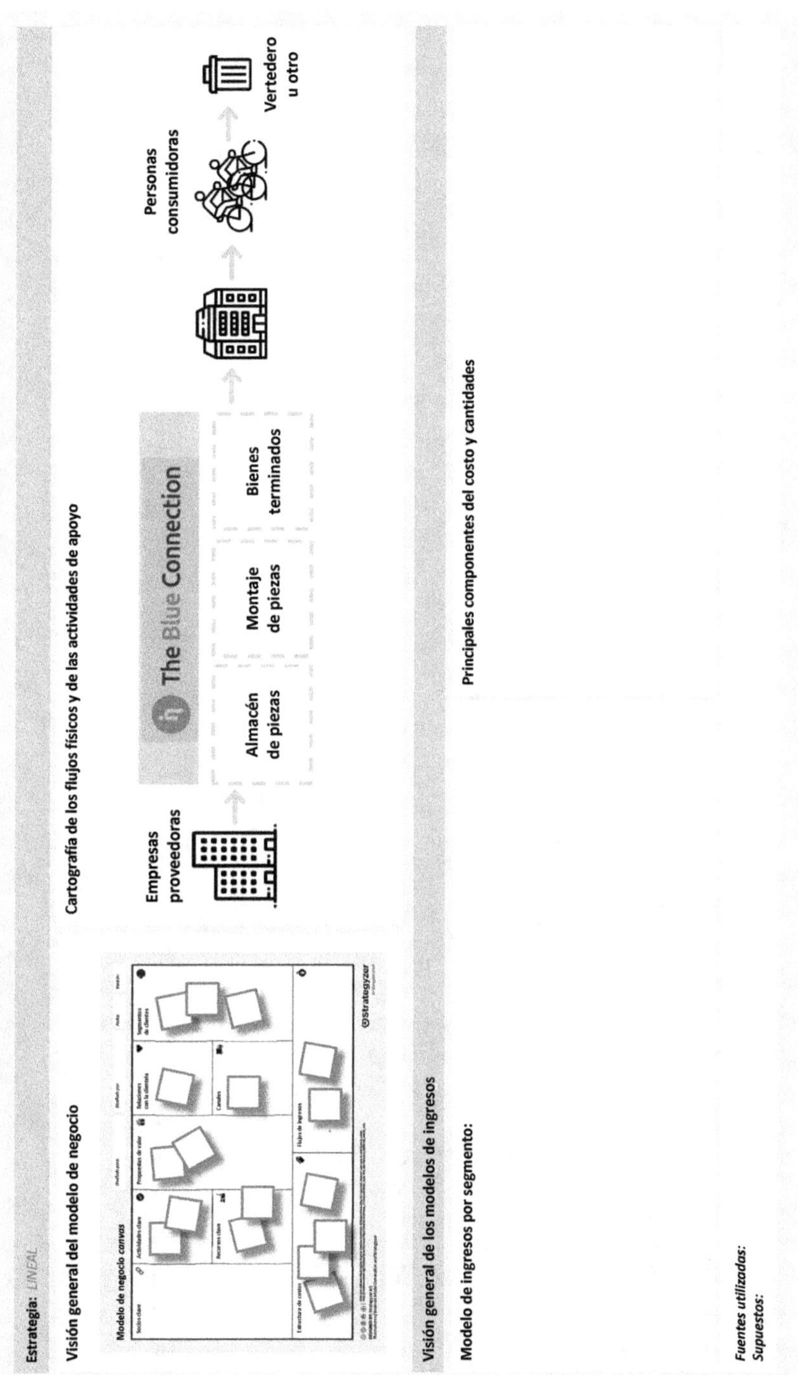

Figura 11.3. **Plantilla para plasmar el modelo de negocio lineal de The Blue Connection.**

Nombre del proyecto de transformación:

Equipo:

Estrategia circular dominante elegida: Estrategia/estrategias circulares de apoyo elegidas:

The Blue Connection

Desencadenante de la actividad (¿por qué este proyecto?)	Enfoque y solución propuestos	Costo-beneficio de alto nivel
Objetivos e indicadores principales	Resultados principales	Riesgos y atenuantes
Planificación e hitos de alto nivel		Equipo y principales interesados

Figura 11.4. **Plantilla para el anteproyecto.**

liderazgo. Recuerda que nos pidió que convirtiésemos todos los puntos que encontramos en proyectos de transformación específicos basados en la plantilla que nos dio. Así que imagino que utilizaremos mucho esta plantilla en nuestras próximas actividades.[3]

»¿Quieres traer un poco de agua? Voy a por papel para anotaciones.

Notas

1 Cita del artículo de Ashkenas (2013) «Change management needs to change».
2 Que no te desconcierte la brevedad de este capítulo. Hay mucho que pensar y un buen número de proyectos que elaborar.
3 La plantilla se muestra en la figura 11.4.

12

La transformación desde la perspectiva de la empresa[1]

—Mira, Peter —dijo María—: echa un vistazo a la pizarra. He preparado un resumen del trabajo que la tía Joanna nos ha pedido. Así podremos hacer un seguimiento y asegurarnos de que lo cubrimos todo.

—Me parece bien —comentó Peter—. La tía Joanna dijo que vendría a vernos al final de la tarde. Vamos a empezar con el primer bloque de temas: el propósito, la estrategia y el modelo de negocio.

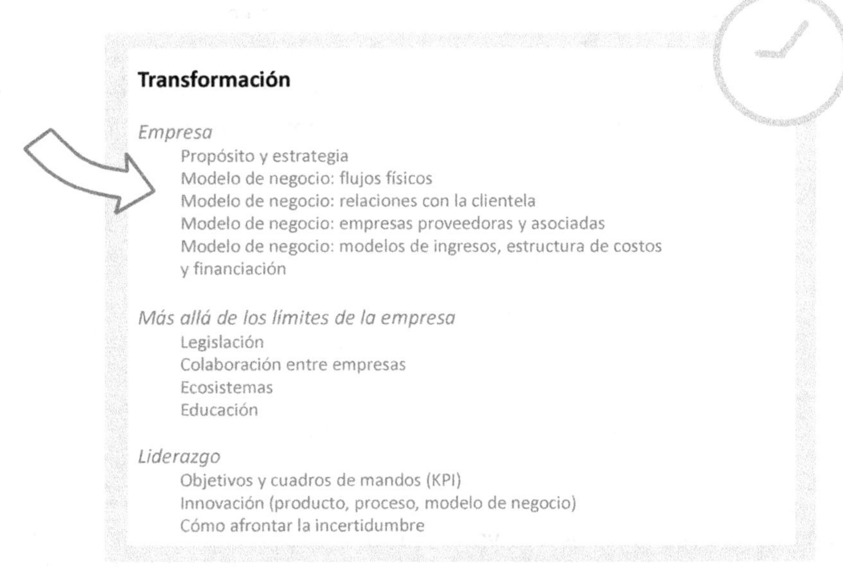

Figura 12.1. **Planificación de la transición de lo lineal a lo circular.**

Propósito y estrategia

Partiendo de los ejercicios del capítulo 7, nos centraremos en la transformación necesaria para lograr la transición de los propósitos y los objetivos estratégicos lineales a los circulares.

EJERCICIO 12.1
La transformación del propósito y los objetivos estratégicos

Imagina

1. Compara tus versiones finales de las plantillas 7.7 y 11.1. De momento, céntrate en las declaraciones de intenciones y los objetivos estratégicos definidos.
2. Imagina los pasos que debería dar la empresa para aplicar con éxito la «nueva» declaración de propósitos, ya acordes con la economía circular, y los objetivos estratégicos que la acompañan. Piensa no solo en cómo debería organizarse en la práctica este proceso de formulación de la nueva declaración de propósitos y objetivos, sino también, en particular, en cómo conseguir que se acepten, difundan y adopten efectivamente entre las partes interesadas (consejo de administración, personal, etc.).
3. Para lograr los cambios necesarios, identificados en el paso 2, desarrolla un anteproyecto de alto nivel (véase la figura 12.2, basada en la plantilla de la figura 11.4) y la información de apoyo a la gestión del proyecto que figura en el apéndice. Describe la transformación desde la configuración lineal básica hasta la preparación de los elementos necesarios para abordar el paso a lo circular.
4. Guarda los resultados.

La estrategia circular

EJERCICIO 12.2
La transformación de la estrategia circular: flujos físicos

Imagina

1. Compara tus versiones definitivas de las plantillas 7.8 y 11.3, centrándote en los flujos físicos de productos, componentes y materiales, y en las actividades implicadas.

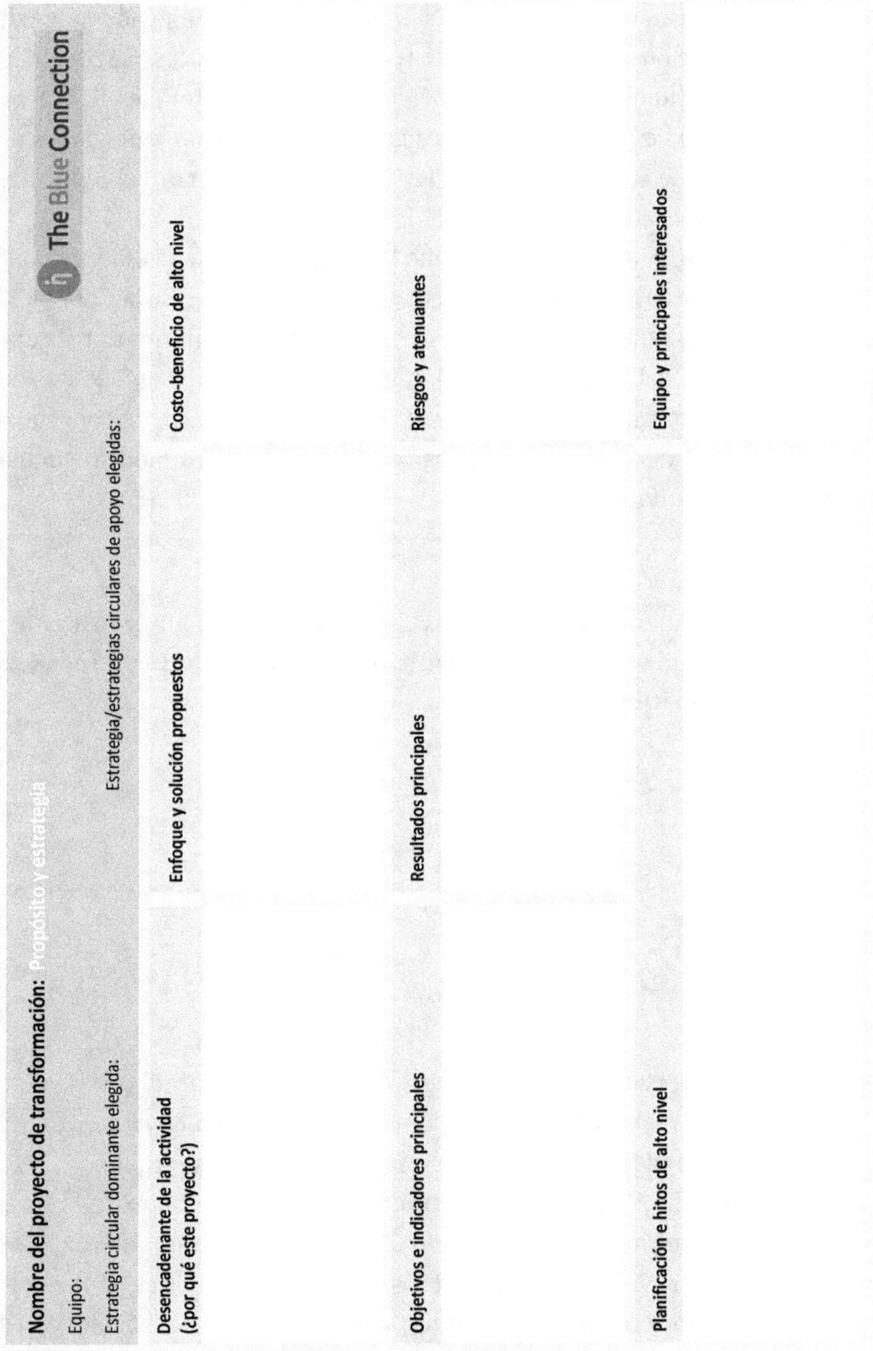

The Blue Connection

Nombre del proyecto de transformación: Propósito y estrategia

Equipo:

Estrategia circular dominante elegida:

Estrategia/estrategias circulares de apoyo elegidas:

Desencadenante de la actividad (¿por qué este proyecto?)	Enfoque y solución propuestos	Costo-beneficio de alto nivel
Objetivos e indicadores principales	Resultados principales	Riesgos y atenuantes
Planificación e hitos de alto nivel		Equipo y principales interesados

Figura 12.2. Plantilla para el anteproyecto: propósito y estrategia.

2. Imagina los pasos que debería dar la empresa para llevar a cabo con éxito la transformación en la nueva red circular de flujos físicos y actividades. ¿Qué nuevos flujos de productos, componentes y materiales habrá que gestionar? ¿Cuáles serían sus implicaciones? ¿Qué nuevas actividades deben introducirse o desarrollarse? ¿Qué implicaciones operativas, logísticas y administrativas tendría tal decisión?[2]

3. Para asegurarte de que se llevan a cabo los cambios necesarios, identificados en el paso 2, desarrolla un anteproyecto muy detallado (véase la figura 12.3, basada en la plantilla de la figura 11.4) e incluye toda la información de apoyo a la gestión del proyecto que figura en el apéndice. Ten en cuenta todo el proceso de transformación, desde la configuración inicial, de concepción lineal, hasta la adopción de medidas para pasar al futuro modelo circular.

4. Guarda los resultados.

Si lo deseas, puedes repetir los pasos 2-4 mencionados anteriormente para cada posible estrategia circular dominante, combinada con una o más estrategias de apoyo compatibles.

Las relaciones con la clientela

EJERCICIO 12.3

La transformación de la estrategia circular: las relaciones con los clientes

Imaginar

1. Compara las versiones finales de tu trabajo con las plantillas 7.8 y 11.3. Céntrate en las relaciones con la clientela que aparecen en el *canvas* y en los modelos de ingresos por cliente minorista que hayas elegido.

2. Imagina qué pasos debería dar la empresa para aplicar con éxito la transformación en los nuevos acuerdos circulares por cliente minorista. ¿De qué manera afectará la introducción de las estrategias circulares y los nuevos modelos de ingresos a las relaciones, cotidianas o a largo plazo, con tu clientela minorista? ¿Cómo serán los nuevos contratos?

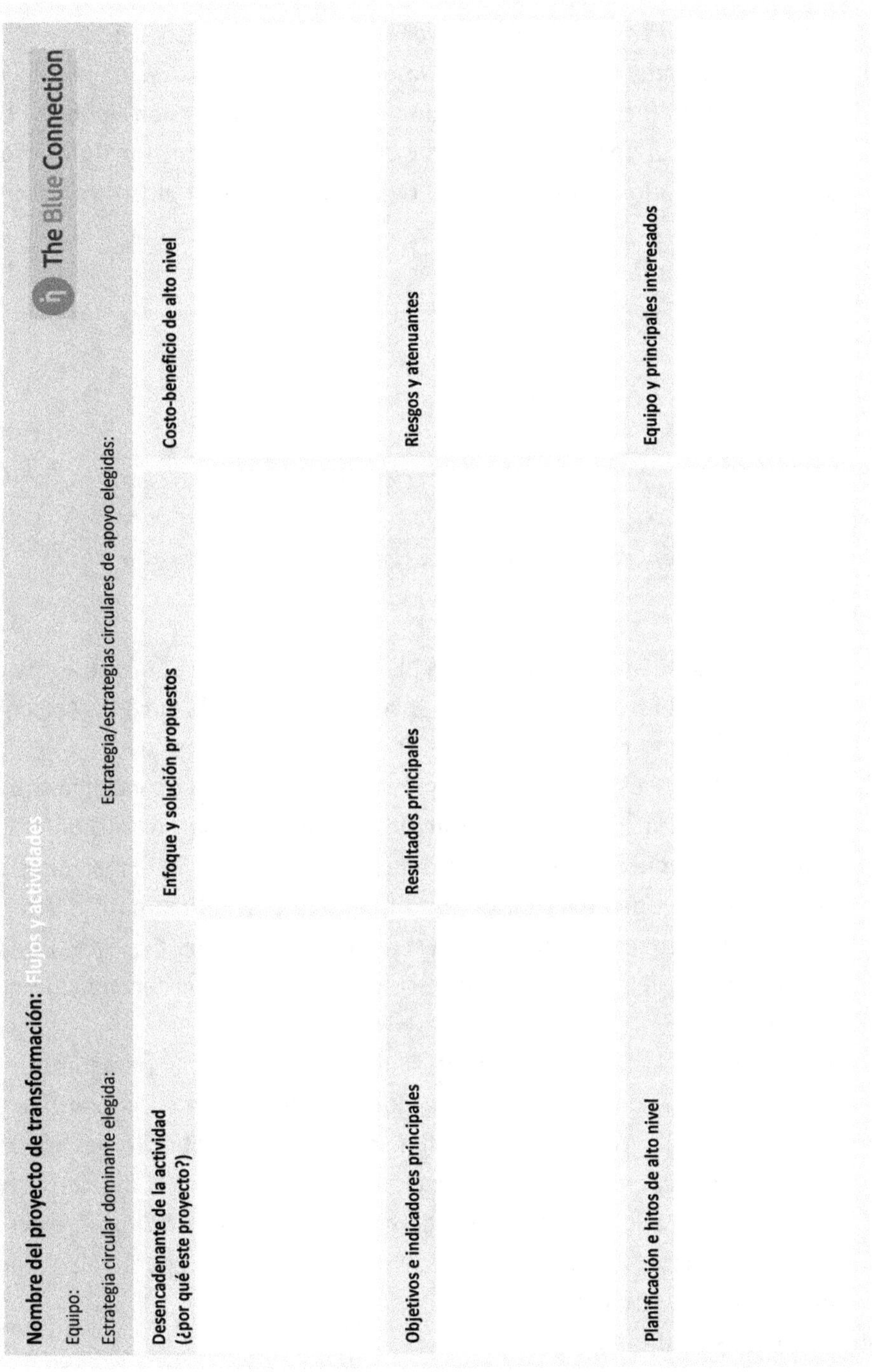

Figura 12.3. **Plantilla para el anteproyecto: flujos y actividades.**

3. Para lograr los cambios necesarios, identificados en el paso 2, desarrolla un anteproyecto muy detallado (véase la figura 12.4, basada en la plantilla de la figura 11.4). Incluye la información de apoyo a la gestión del proyecto que figura en el apéndice y describe todo el proceso de transformación, desde la configuración lineal hasta la preparación para el futuro modelo circular.
4. Guarda los resultados.

Empresas socias y proveedoras

EJERCICIO 12.4

La transformación de la estrategia circular: socios y proveedoras

Imagina

1. Compara tus versiones finales de las plantillas 7.8 y 11.3. Céntrate ahora en la información referida a empresas socias y proveedoras que aparece en el *canvas*, así como en las actividades de la red de flujos físicos.
2. Imagina qué pasos debe dar la empresa para culminar con éxito la transformación en la nueva configuración circular. Piensa no solo en cómo cambiar de empresas socias y proveedoras. También deberás tener en cuenta si los contratos han de modificarse o rescindirse para ajustarse a la nueva situación. Considera también los procesos de selección de proveedoras que puedan ser necesarios, las curvas de aprendizaje con cada una, etc.[3]
3. Para lograr los cambios necesarios, reunidos en el paso 2, prepara un anteproyecto muy detallado (véase la figura 12.5, basada en la plantilla de la figura 11.4) y recopila la información necesaria sobre la gestión del proyecto de acuerdo con las indicaciones que se dan en el apéndice. Ten en cuenta que deberás describir todo el proceso de transformación, desde la configuración inicial, de carácter lineal, hasta la preparación para el futuro modelo circular.
4. Guarda los resultados.

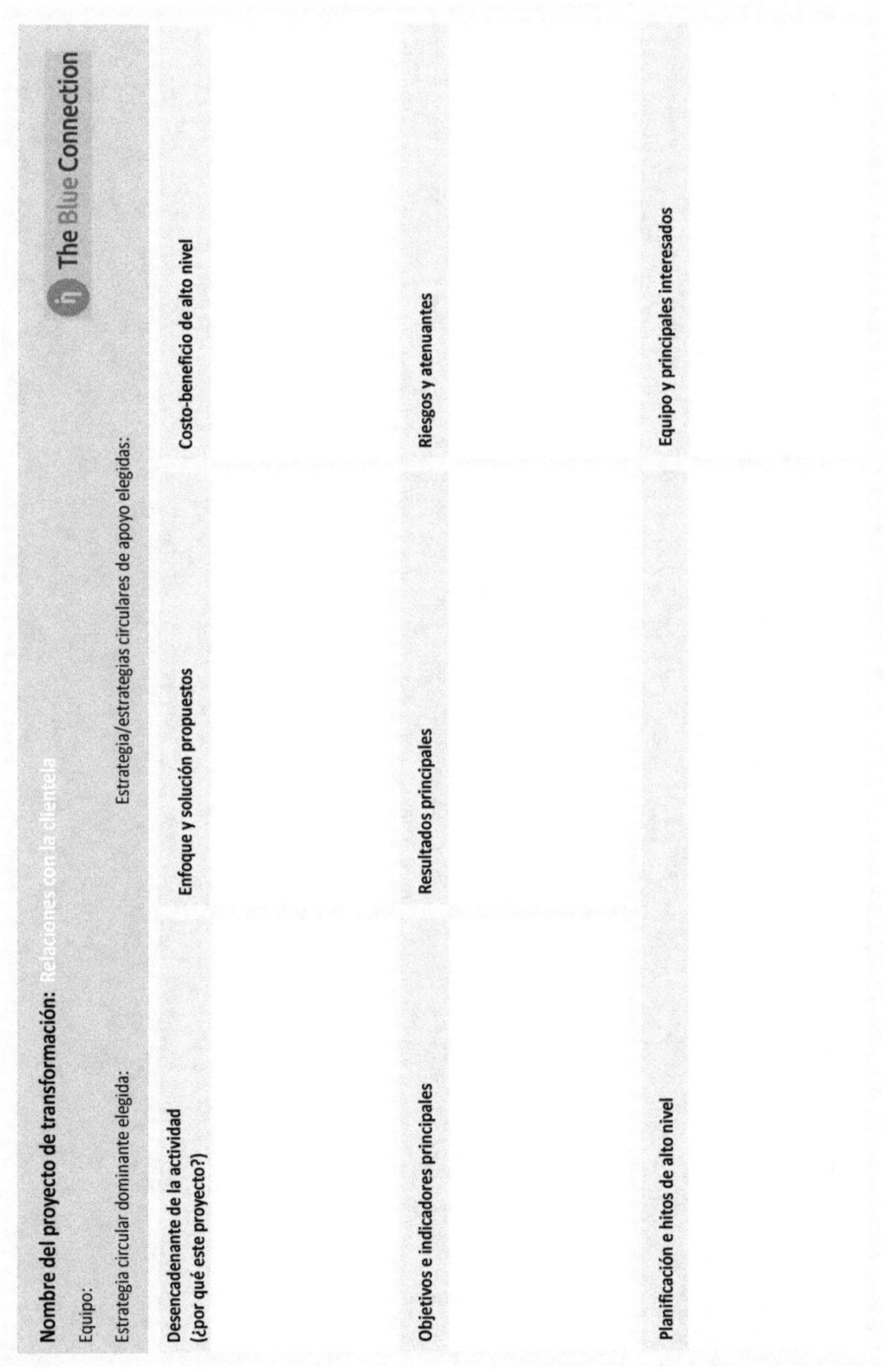

Nombre del proyecto de transformación: Relaciones con la clientela

The Blue Connection

Equipo:

Estrategia circular dominante elegida:

Estrategia/estrategias circulares de apoyo elegidas:

Desencadenante de la actividad (¿por qué este proyecto?)	Enfoque y solución propuestos	Costo-beneficio de alto nivel
Objetivos e indicadores principales	Resultados principales	Riesgos y atenuantes
Planificación e hitos de alto nivel		Equipo y principales interesados

Figura 12.4. Plantilla para el anteproyecto: relaciones con la clientela.

Nombre del proyecto de transformación: Empresas proveedoras y asociadas

The Blue Connection

Equipo:

Estrategia circular dominante elegida:

Estrategia/estrategias circulares de apoyo elegidas:

Desencadenante de la actividad (¿por qué este proyecto?)	Enfoque y solución propuestos	Costo-beneficio de alto nivel
Objetivos e indicadores principales	Resultados principales	Riesgos y atenuantes
Planificación e hitos de alto nivel		Equipo y principales interesados

Figura 12.5. Plantilla para el anteproyecto: empresas socias y proveedoras.

Ingresos, estructura de costos y financiación

EJERCICIO 12.5

La transformación de la estrategia circular: modelo de ingresos, estructura de costos y financiación

Imagina

1. Compara el trabajo que has realizado con las plantillas 7.8 y 11.3. Presta atención a los cambios en los flujos financieros, sobre todo en los modelos de ingresos, la estructura de costos y los correspondientes cambios en los requisitos de financiación.

2. Imagina los pasos que debería dar la empresa para aplicar con éxito la transformación en la nueva configuración circular. Por ejemplo, ¿qué tipo de implicaciones podría haber en la forma en que deberemos organizarnos para facturar adecuadamente, comprobar los pagos, prevenir o gestionar el riesgo de los deudores incobrables, etc.? ¿Cuáles son los principales cambios previstos en la estructura de costos en términos de costos fijos frente a costos variables? ¿Cuáles son las implicaciones para nuestros acuerdos de financiación con el banco y otras posibles entidades inversoras?

3. Para asegurarse de que se llevan a cabo los cambios necesarios, identificados en el paso 2, prepara un anteproyecto muy detallado (véase la figura 12.6, basada en la plantilla de la figura 11.4). Incluye toda la información que consideres útil para la gestión del proyecto y que figura en el apéndice. Describe el proceso de transformación desde la configuración inicial, de concepción lineal, hasta la adopción de medidas para pasar al futuro modelo circular.

4. Guarda los resultados.

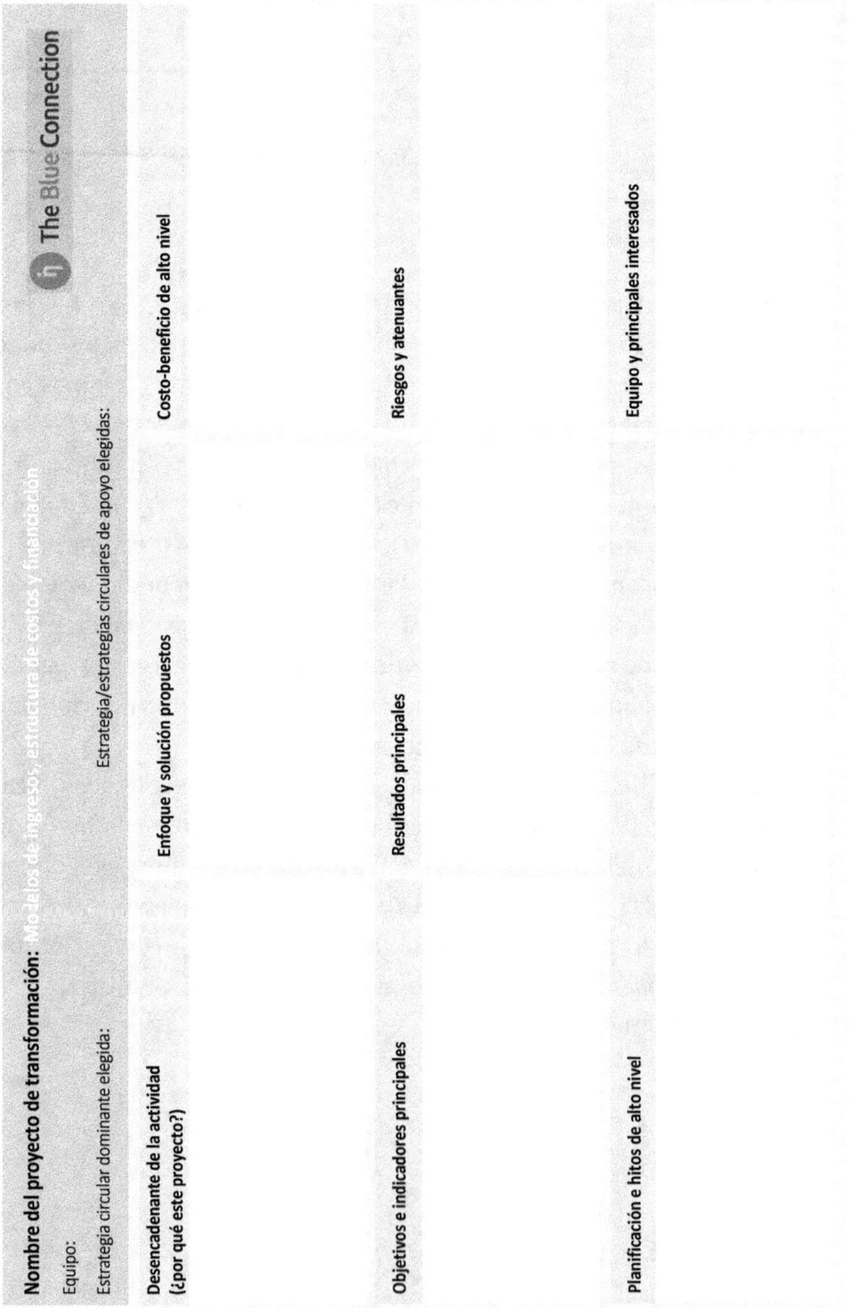

Nombre del proyecto de transformación: Modelos de ingresos, estructura de costos y financiación

The Blue Connection

Equipo:

Estrategia circular dominante elegida:

Estrategia/estrategias circulares de apoyo elegidas:

Desencadenante de la actividad (¿por qué este proyecto?)	Enfoque y solución propuestos	Costo-beneficio de alto nivel
Objetivos e indicadores principales	Resultados principales	Riesgos y atenuantes
Planificación e hitos de alto nivel		Equipo y principales interesados

Figura 12.6. Plantilla para el anteproyecto: modelos de ingresos, estructura de costos y financiación.

Resumen

—Ya tenemos la primera parte. Buen trabajo —comentó Peter mientras marcaba la pizarra—. Ha llegado el momento de ir más allá de los límites de la empresa.

Transformación

Empresa
☑ Propósito y estrategia
☑ Modelo de negocio: flujos físicos
☑ Modelo de negocio: relaciones con la clientela
☑ Modelo de negocio: empresas proveedoras y asociadas
☑ Modelo de negocio: modelos de ingresos, estructura de costos
 y financiación

Más allá de los límites de la empresa
 Legislación
 Colaboración entre empresas
 Ecosistemas
 Educación

Liderazgo
 Objetivos y cuadros de mandos (KPI)
 Innovación (producto, proceso, modelo de negocio)
 Cómo afrontar la incertidumbre

Figura 12.7. Planificación de la transición de lo lineal a lo circular,
vista desde la empresa.

Notas

1 Atención: no te dejes engañar por la brevedad de este capítulo. Como verás, hay mucho que pensar y un número considerable de proyectos que poner a punto.
2 En cuanto a las actividades administrativas, es posible que debas pensar en aquellas relacionadas con el mantenimiento y la reparación (gestión de contratos, contacto con las personas para citas de servicio de mantenimiento, gestión de los datos del IoT en el caso de los paquetes de mantenimiento Silver y Gold, etc.).
3 En cuanto a las empresas proveedoras, no te centres solo en las más obvias, relacionadas con los flujos de materiales físicos: piensa también en cualquier posible proveedora de tecnología (IoT, cadena de bloques, etc.).

13

La transformación más allá de las fronteras de la empresa[1]

—Bien —prosiguió María—. Ha llegado el momento de estudiar los aspectos de la transformación relacionados con la legislación, la colaboración entre empresas, los ecosistemas y la educación. ¿Seguimos, Peter?

Figura 13.1. **Planificación de la transformación de lo lineal en lo circular: más allá de los límites de la empresa.**

En este capítulo, analizaremos con más detalle lo que podría ocurrir durante el período de transición de una economía lineal a otra circular en función de los temas tratados en el capítulo 3 (legislación, colaboración entre empresas, ecosistemas y educación) y los correspondientes supuestos que se han descrito en el capítulo 8. A la hora de realizar los ejercicios, puedes utilizar la figura 13.2 para describir los círculos de preocupación, influencia y control de la empresa. En este caso, deberás averiguar qué pueden hacer dentro del período de transición para prepararse adecuadamente para una economía circular.

La legislación

Consulta de nuevo los casos de legislación que se describen en el capítulo 8, centrados en los incentivos fiscales, el fomento del uso de materiales respetuosos

---

EJERCICIO 13.1
La transformación desde la dimensión legal

Imagina

1. Examina los supuestos legales *(what-if)* del capítulo 8 en relación con los incentivos fiscales, la promoción de materiales respetuosos con el medio ambiente, la imposición de externalidades negativas, las subvenciones a favor de la reparación y la responsabilidad ampliada de la empresa productora (ejercicios 8.1-8.6).
2. Imagina qué debería hacer la empresa en torno a estos posibles cambios legales o qué debería cambiar. ¿Cómo podrán vigilar y estar preparados para esas posibles coyunturas legales sabiendo que todas resultan bastante inciertas? Para responder a estas preguntas, la figura 13.2 te permitirá visualizar el círculo de preocupación, el círculo de influencia y el círculo de control.
3. Para abordar eficazmente las posibles implicaciones de estos cambios, tal como se identificó en el paso 2, desarrolla un anteproyecto muy completo (véase la figura 13.3, basada en la plantilla de la figura 11.4) y usa la información de apoyo para la gestión de proyectos que se da en el apéndice para describir el proceso de transformación, desde su configuración inicial, de carácter lineal, hasta el momento en que se adopta el esquema circular.
4. Guarda los resultados.

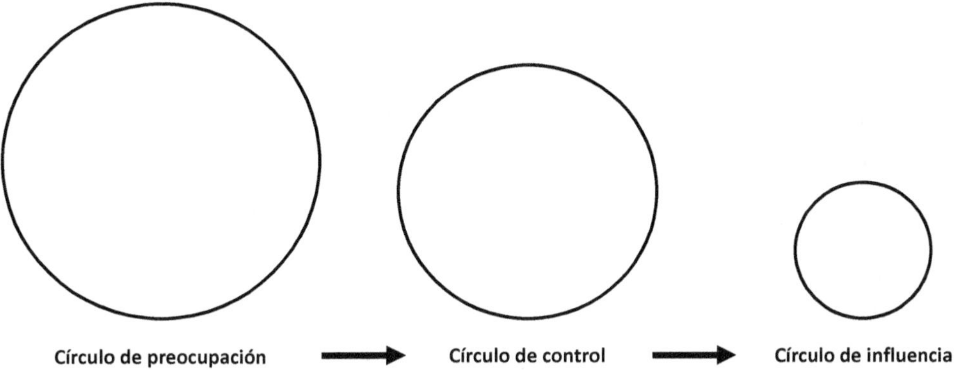

Figura 13.2. Círculos de interés, influencia y control.

con el medio ambiente y la reducción de las externalidades negativas, las subvenciones a favor de la reparación y la responsabilidad ampliada de la empresa productora. Si es necesario, vuelve al capítulo 3 para buscar la información correspondiente. Si una empresa solo actúa cuando se anuncia, por ejemplo, la aplicación de diversos incentivos fiscales para promover un comportamiento sostenible o permitir la recualificación de las personas que han perdido su empleo debido a las nuevas tecnologías, habrá perdido un tiempo precioso y seguramente reaccione tarde y mal. Las empresas deben adelantarse al futuro, aun cuando no se tenga la certeza de que las posibles situaciones que se barajan acaben por hacerse realidad.

Colaboración entre empresas

Como se mencionó en el capítulo 3, la colaboración entre empresas, y más cuando hay múltiples partes interesadas, resulta más eficiente cuando se aplica el modelo circular, ya que este propicia la transparencia, la transferencia de tecnología, el aprendizaje organizativo y los contactos entre las partes, sobre todo cuando se busca una tecnología más limpia y un mejor uso de los recursos (Mishra *et al.,* 2019). Para este tipo de colaboración es esencial el pensamiento sistémico: hay que considerar la cadena de valor como un todo en el que todos los sistemas y todas las partes interesadas se hallan conectados.

Figura 13.3. **Plantilla para el anteproyecto: legislación.**

EJERCICIO 13.2

La transformación desde la colaboración entre empresas

Imagina

1. Examina el ejercicio de colaboración entre empresas que aparece en el capítulo 8 y reflexiona sobre la relación entre las partes que intervienen en la cadena de valor, más allá de una simple relación de compraventa (ejercicio 8.7).
2. Imagina qué debería hacer la empresa para estar atenta a los posibles socios colaboradores y a su evolución en la cadena de valor. ¿Cómo prepararías a la empresa para esas nuevas formas de colaboración? Piensa en la relación que pueden mantener las partes interesadas, en la existencia de aceleradores corporativos o el intercambio de datos de la empresa mediante cadenas de bloques, la implementación del IoT o el uso de macrodatos para impulsar la toma de decisiones. Para responder a todas esas cuestiones, utiliza la figura 13.2 para visualizar el círculo de preocupación, el círculo de influencia y el círculo de control. Además, puedes consultar el informe del Circle Economy (2020b) «Will you be my partner?» que se menciona en el capítulo 3 y del que se incluye un esquema muy general en el apéndice («Colaboración»).
3. Para asegurarse de que se han captado bien las implicaciones de todos los cambios que se mencionan en el paso 2, desarrolla un anteproyecto muy detallado (véase la figura 13.4, basada en la plantilla de la figura 11.4) e incluye la información sobre la gestión del proyecto que figura en el apéndice. Ten en cuenta todo el proceso de transformación, desde la configuración inicial, de concepción lineal, hasta la adopción de medidas para pasar al futuro modelo circular.
4. Guarda los resultados.

Ecosistemas

Dentro de un ecosistema circular, la innovación colaborativa es esencial. Se requiere una colaboración intersectorial y multidisciplinaria que inspire soluciones innovadoras (Bocken y Geradts, 2020). Como se mencionó en el capítulo 3, este tipo de colaboración da pie a la creación de propuestas de valor sostenibles con bucles cerrados y ralentizados en los que se emplean pocos recursos.

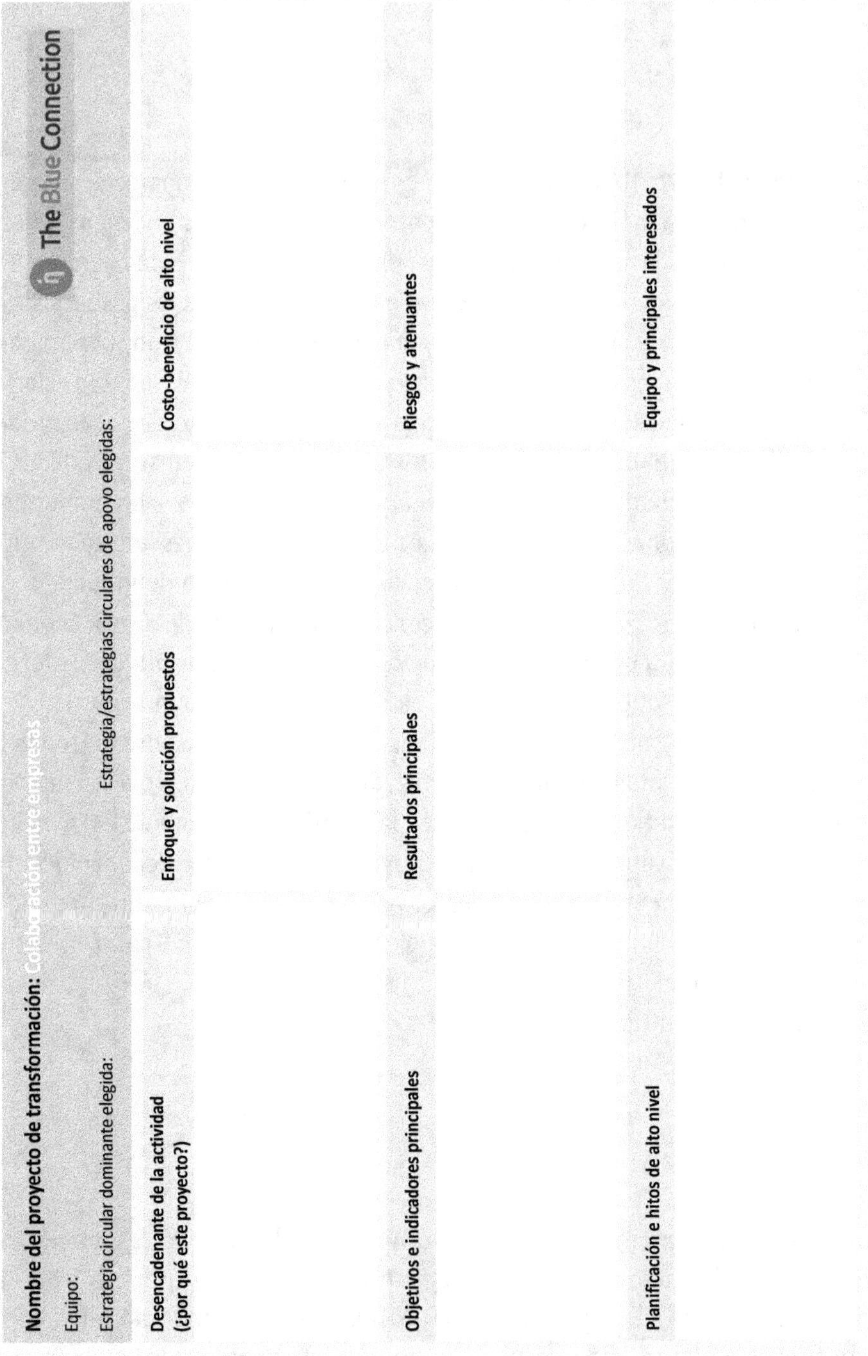

Figura 13.4. Plantilla para el anteproyecto: colaboración entre empresas.

EJERCICIO 13.3

La transformación desde la dimensión del ecosistema

Imagina

1. Examina el ejercicio sobre el ecosistema del capítulo 8. Fíjate en las partes interesadas del ecosistema y en el cambio del pensamiento individualista (corporativo) al pensamiento comunitario (ejercicio 8.9).
2. Imagina qué debería hacer la empresa para adoptar ese pensamiento comunitario de manera adecuada, colaborar con el ecosistema y ser más resistente, sabiendo que hay un buen grado de incertidumbre a su alrededor, por ejemplo, debido a las políticas de competencia o a una economía circular de código abierto (virtual). Para responder a estas preguntas, utiliza la figura 13.2 que visualiza el círculo de preocupación, el círculo de influencia y el círculo de control. Además, puedes utilizar los elementos de un ecosistema circular (véase la figura 3.3) para preparar el paso 3.
3. Para cerciorarte de que se comprende bien qué implican los cambios que se mencionan en el paso 2, desarrolla un anteproyecto muy detallado (véase la figura 13.5, basada en la plantilla de la figura 11.4) e incluye la información sobre la gestión del proyecto que figura en el apéndice. Ten en cuenta todo el proceso de transformación, desde la configuración inicial, de concepción lineal, hasta la adopción de medidas para pasar al futuro modelo circular.
4. Guarda los resultados.

En esos casos, la creación de valor siempre es colaborativa: los ecosistemas crean más valor en su conjunto que la suma de los participantes individuales que actúan de forma independiente. Por tanto, es esencial que las empresas creen estos ecosistemas para que la economía circular funcione.

Educación

Como ya se comentó en el capítulo 3, la transición a una economía circular requiere el desarrollo de conocimientos, así como una enorme actividad de

Figura 13.5. **Plantilla para el anteproyecto: ecosistemas.**

difusión e innovación. Si estos elementos fuesen insuficientes, la transición podría descarrilar. Dado que, de momento, no hay nada que garantice la cooperación estructural entre las empresas, las instituciones del conocimiento y las administraciones públicas, hay que plantearse cómo una empresa va de A a B. ¿Cómo puede organizarse el desarrollo del conocimiento para una economía circular y cómo se puede comercializar o difundir eficazmente el conocimiento adquirido?

EJERCICIO 13.4
La transformación desde la dimensión educativa

Imagina

1. Consulta la parte dedicada a la educación en el capítulo 3. Revisa el contenido sobre el mercado laboral circular, las competencias necesarias y las oportunidades en materia de educación, cualificación y recualificación. Repite el ejercicio 2.14, dedicado a explorar las estrategias circulares dominantes y compatibles de apoyo. Al realizar este ejercicio, ten en cuenta la experiencia atesorada al jugar a *The Blue Connection* y la transformación de lo lineal a lo circular que plantea.

2. Imagina qué debería hacer la empresa para cada una de las estrategias circulares dominantes, prepararse adecuadamente y formar a su plantilla. Ten en cuenta, además, que tanto esas estrategias como los procesos de formación aún no están claros. Utiliza los tres tipos de competencias identificadas en el capítulo 3 (técnicas, de valorización y transversales) para describir la preparación educativa necesaria.

3. Para abordar de una manera más eficaz las implicaciones que estos cambios pueden traer, tal como se identificó en el paso 2, desarrolla un anteproyecto muy completo (véase la figura 13.6, basada en la plantilla de la figura 11.4) y aprovecha la información de apoyo para la gestión de proyectos que se da en el apéndice para describir el proceso de transformación, desde su configuración inicial, de carácter lineal, hasta el momento en que se adopta el esquema circular.

4. Guarda los resultados.

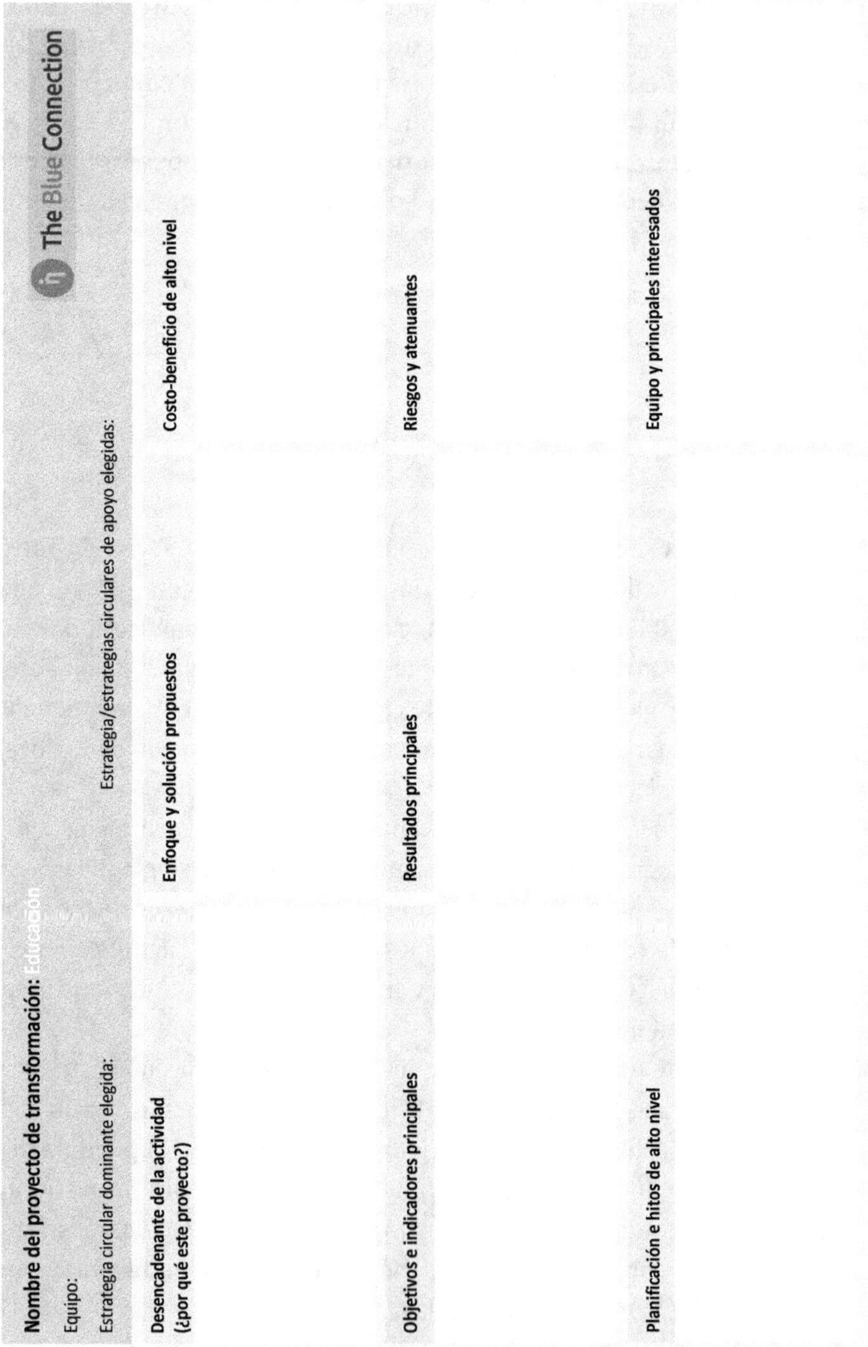

Figura 13.6. **Plantilla para el anteproyecto: educación.**

Resumen

—¡Ya casi lo tenemos, María! —exclamó Peter—. Hemos completado dos puntos. Vamos a por el tercero.

Transformación

Empresa
- ✓ Propósito y estrategia
- ✓ Modelo de negocio: flujos físicos
- ✓ Modelo de negocio: relaciones con la clientela
- ✓ Modelo de negocio: empresas proveedoras y asociadas
- ✓ Modelo de negocio: modelos de ingresos, estructura de costos y financiación

Más allá de los límites de la empresa
- ✓ Legislación
- ✓ Colaboración entre empresas
- ✓ Ecosistemas
- ✓ Educación

Liderazgo
- Objetivos y cuadros de mandos (KPI)
- Innovación (producto, proceso, modelo de negocio)
- Cómo afrontar la incertidumbre

Figura 13.7. Planificar la transición de lo lineal a lo circular: más allá de las fronteras de la empresa (hecho).

Notas

1 Ya lo sabes: no te dejes engañar por la brevedad de este capítulo. Al igual que en el anterior, hay mucho que pensar y tendrás que poner a punto un número considerable de proyectos.

<h1 style="text-align:center">14</h1>

Imaginar la transformación desde la perspectiva del liderazgo[1]

—María, Peter, ¿cómo va? ¿Habéis avanzado mucho? —preguntó la tía Joanna desde un rincón de la sala de reuniones—. ¿Creéis que podremos vernos al final de la tarde para explicarme dónde estáis?

—Hola, tía Joanna —respondió María—. Estamos a punto de encargarnos de los últimos elementos de la lista. Creo que hoy podremos entregarte todo el trabajo. ¿Qué te parece a eso de las cuatro y media?

—¡Fantástico! —dijo la tía Joanna mientras se marchaba.

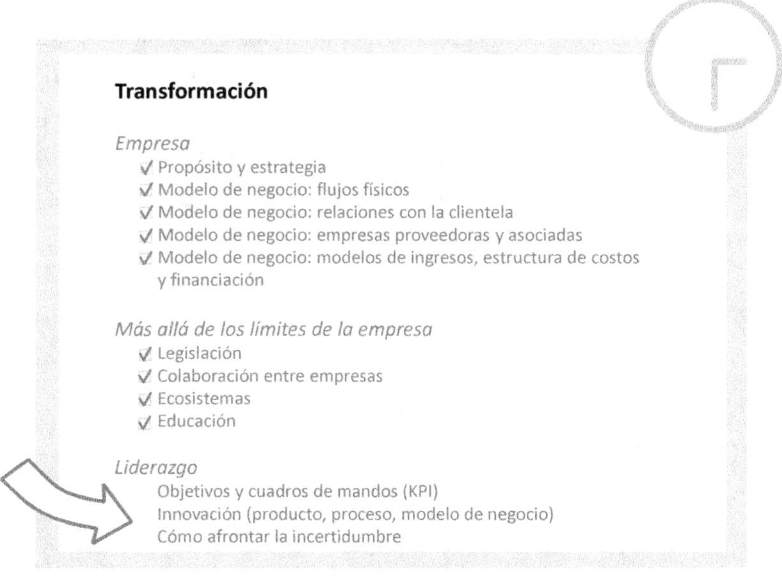

Figura 14.1. **Planificación de la transición de lo lineal a lo circular: el liderazgo.**

Partiendo de los asuntos tratados en el capítulo 4 así como de algunos ejercicios del capítulo 9, nos centraremos en cómo asumir el liderazgo durante el proceso de transformación que lleva de lo lineal a lo circular.

Objetivos y sistemas de evaluación

EJERCICIO 14.1

La transformación: los KPI

Imagina

1. Compara las versiones finales de las plantillas 7.7 y 11.1 centrándote en la parte de los KPI, los indicadores clave de rendimiento.
2. Imagina los pasos que debe dar la empresa para aplicar con éxito los «nuevos» KPI circulares. Piensa no solo en el proceso de formulación de los nuevos KPI, sino sobre todo en la manera de convencer a las partes interesadas (consejo de administración, personal, etc.) para que los acepten, los difundan y, sobre todo, los adopten de manera eficaz. Tal vez tengas incluso que abordar la transformación de esos KPI si estuvieran relacionados con los acuerdos de bonificación individuales de la plantilla.
3. Para lograr los cambios necesarios, identificados en el paso 2, desarrolla un anteproyecto de alto nivel (véase la figura 14.2, basada en la plantilla de la figura 11.4) y la información de apoyo a la gestión del proyecto que figura en el apéndice. Describe la transformación desde la configuración lineal básica hasta la preparación de los elementos necesarios para abordar el paso a lo circular.
4. Guarda los resultados.

Innovación

EJERCICIO 14.2

La transformación: innovación de producto

Imagina

1. La empresa podría innovar en el desarrollo de productos más acordes con la economía circular.

Nombre del proyecto de transformación: KPI

The Blue Connection

Equipo:

Estrategia circular dominante elegida:

Estrategia/estrategias circulares de apoyo elegidas:

Desencadenante de la actividad (¿por qué este proyecto?)	**Enfoque y solución propuestos**	**Costo-beneficio de alto nivel**
Objetivos e indicadores principales	**Resultados principales**	**Riesgos y atenuantes**
Planificación e hitos de alto nivel		**Equipo y principales interesados**

Figura 14.2. Plantilla para el anteproyecto: indicadores clave de rendimiento (KPI).

2. Imagina qué debería o qué podría hacer la empresa para estar atenta a los avances tecnológicos relevantes y estimular sus capacidades de innovación de productos circulares. ¿Qué cambios implicaría esto en la forma lineal inicial de su actividad empresarial?

3. Para lograr los cambios necesarios, identificados en el paso 2, desarrolla un anteproyecto de alto nivel (véase la figura 14.3, basada en la plantilla de la figura 11.4) y la información de apoyo a la gestión del proyecto que figura en el apéndice. Describe la transformación desde la configuración lineal básica hasta la preparación de los elementos necesarios para abordar el paso a lo circular.

4. Guarda los resultados.

EJERCICIO 14.3
La transformación: innovación de procesos

Imagina

1. La empresa también puede innovar en procesos, preparándose para una producción más circular.

2. Imagina qué debería o podría hacer la empresa para estar atenta a los avances tecnológicos pertinentes y estimular sus capacidades de innovación, haciendo que los procesos internos de producción y logística sean más circulares. ¿Qué cambios implicaría esto en la forma lineal de su actividad empresarial?

3. Para lograr los cambios necesarios, identificados en el paso 2, desarrolla un anteproyecto de alto nivel (véase la figura 14.4, basada en la plantilla de la figura 11.4) y la información de apoyo a la gestión del proyecto que figura en el apéndice. Describe la transformación desde la configuración lineal básica hasta la preparación de los elementos necesarios para abordar el paso a lo circular.

4. Guarda los resultados.

Figura 14.3. **Plantilla para el anteproyecto: innovación en productos circulares.**

Nombre del proyecto de transformación: Innovación de procesos

The Blue Connection

Equipo:

Estrategia circular dominante elegida:

Estrategia/estrategias circulares de apoyo elegidas:

Desencadenante de la actividad (¿por qué este proyecto?)	Enfoque y solución propuestos	Costo-beneficio de alto nivel
Objetivos e indicadores principales	Resultados principales	Riesgos y atenuantes
Planificación e hitos de alto nivel		Equipo y principales interesados

Figura 14.4. Plantilla para anteproyectos: innovación del proceso circular.

EJERCICIO 14.4

La transformación: innovación de modelos de negocio

Imagina

1. La empresa también podría innovar impulsando nuevos modelos de negocio basados en la economía circular.
2. Imagina qué debería o podría hacer la empresa para estimular sus capacidades de innovación en el modelo de negocio circular. ¿Qué cambios implicaría esto en la forma lineal de su actividad empresarial?
3. Para lograr los cambios necesarios, identificados en el paso 2, desarrolla un anteproyecto de alto nivel (véase la figura 14.5, basada en la plantilla de la figura 11.4) y la información de apoyo a la gestión del proyecto que figura en el apéndice. Describe la transformación desde la configuración lineal básica hasta la preparación de los elementos necesarios para abordar el paso a lo circular.
4. Guarda los resultados.

Afrontar la incertidumbre

La innovación, el cambio y la transformación conducen a la incertidumbre. El paso de lo lineal a lo circular no es una excepción. Durante el juego de *The Blue Connection* se han dado varios elementos, por ejemplo, a través de la información disponible, el gráfico de depreciación u otros supuestos implícitos. Evidentemente, cabe preguntarse si una empresa dispondrá siempre de estas fuentes y cómo se enfrentará a la incertidumbre resultante. Veamos algunas situaciones en las que evaluar el grado de incertidumbre y las posibles mitigaciones.

EJERCICIO 14.5

La transformación: incertidumbre en el mercado

Imagina

1. Durante el juego, se conocía perfectamente el comportamiento del mercado en términos de volumen de ventas y preferencias de los clientes minoristas.

Figura 14.5. Plantilla para el anteproyecto: innovación en el modelo de negocio.

2. Imagina qué incertidumbres podrían existir sobre el comportamiento del mercado. Piensa sobre todo en los volúmenes de venta y en la sensibilidad de las empresas minoristas y los consumidores a la circularidad. Tomando la situación del juego como punto de partida «neutro», añade un escenario positivo y otro negativo. ¿Qué implicación tendrían estos dos escenarios para la empresa? ¿Qué podría hacer la empresa para afrontar la incertidumbre resultante o para incorporar la flexibilidad o la resistencia necesarias?

3. Para lograr los cambios necesarios, identificados en el paso 2, desarrolla un anteproyecto de alto nivel (véase la figura 14.6, basada en la plantilla de la figura 11.4) y la información de apoyo a la gestión del proyecto que figura en el apéndice. Describe la transformación desde la configuración lineal básica hasta la preparación de los elementos necesarios para abordar el paso a lo circular.

4. Guarda los resultados.

EJERCICIO 14.6

La transformación: incertidumbre en la estrategia de la circularidad

Imagina

1. Durante el juego, las consecuencias de las estrategias circulares eran perfectamente conocidas. Mediante el gráfico de depreciación podía analizarse la respuesta del mercado a los precios de recompra o las tasas de reparación en los esquemas de arrendamiento financiero. En la práctica, esta información no suele estar disponible o ser muy incierta o incluso ambigua, sobre todo al principio del proceso de transformación.

2. Piensa en las incertidumbres que pueden darse en estas estrategias circulares. En particular, reflexiona sobre la respuesta a los precios de recompra en términos de la cantidad de bicicletas que se espera devolver o la cantidad de reparaciones que se harán a lo largo del año, como parte del plan de arrendamiento. Tomando la situación del juego como punto de partida «neutral», imagina una situación positiva y otra negativa. ¿Qué consecuencias tendría cada una para la empresa? Imagina qué podría hacer la empresa para afrontar la incertidumbre resultante o para disponer de la flexibilidad o la resistencia necesarias.

Nombre del proyecto de transformación: Incertidumbre del mercado

The Blue Connection

Equipo:

Estrategia circular dominante elegida:

Estrategia/estrategias circulares de apoyo elegidas:

Desencadenante de la actividad (¿por qué este proyecto?)	Enfoque y solución propuestos	Costo-beneficio de alto nivel
Objetivos e indicadores principales	Resultados principales	Riesgos y atenuantes
Planificación e hitos de alto nivel		Equipo y principales interesados

Figura 14.6. Plantilla para el anteproyecto: incertidumbre en el mercado.

3. Para lograr los cambios necesarios, identificados en el paso 2, desarrolla un anteproyecto de alto nivel (véase la figura 14.7, basada en la plantilla de la figura 11.4) y la información de apoyo a la gestión del proyecto que figura en el apéndice. Describe la transformación desde la configuración lineal básica hasta la preparación de los elementos necesarios para abordar el paso a lo circular.
4. Guarda los resultados.

EJERCICIO 14.7

La transformación: incertidumbre en la elección del diseño

Imagina

1. Durante el juego, las consecuencias de ciertas elecciones de diseño de componentes se conocían perfectamente y podían evaluarse mediante el gráfico de depreciación (piénsese, por ejemplo, en la elección de componentes más duraderos y su impacto en la vida útil de la bicicleta). En la práctica, sin embargo, no se suele disponer de esa información o bien resultar incierta o incluso ambigua, especialmente al principio del proceso de transformación.
2. Reflexiona sobre las incertidumbres que podrían darse al tratar el diseño, sobre todo en el impacto que una elección podría tener en la vida útil del producto. Tomando la situación del juego como punto de partida «neutral», plantea una situación positiva y otra negativa. ¿Qué consecuencias tendría cada una para la empresa? Imagina qué se podría hacer para afrontar la incertidumbre resultante o incorporar la flexibilidad o la resistencia necesarias.
3. Para lograr los cambios necesarios, identificados en el paso 2, desarrolla un anteproyecto de alto nivel (véase la figura 14.8, basada en la plantilla de la figura 11.4) y la información de apoyo a la gestión del proyecto que figura en el apéndice. Describe la transformación desde la configuración lineal básica hasta la preparación de los elementos necesarios para abordar el paso a lo circular.
4. Guarda los resultados.

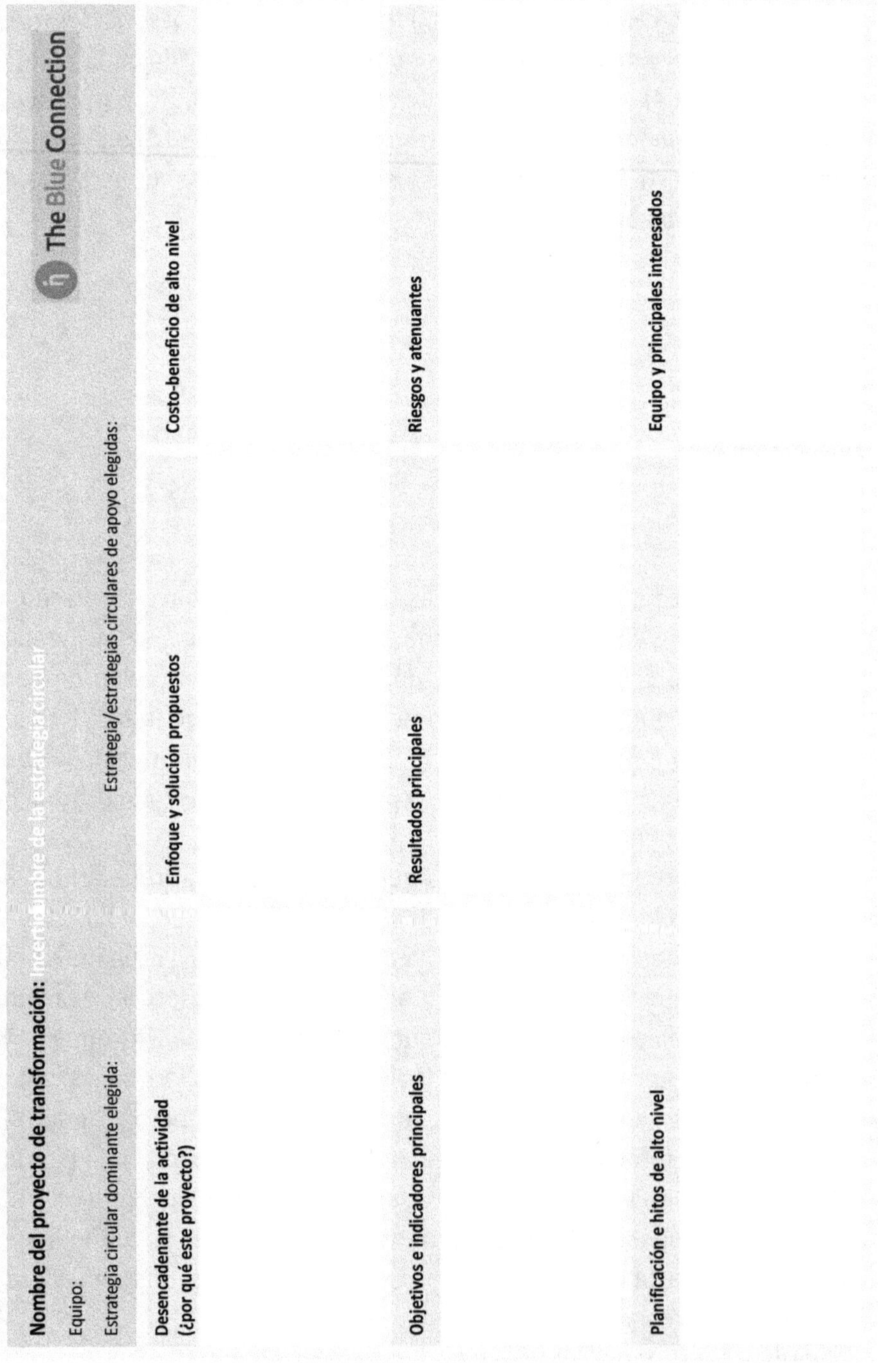

Figura 14.7. Plantilla para el anteproyecto: incertidumbre en la estrategia circular.

Nombre del proyecto de transformación: Incertidumbre en la elección del diseño

Equipo:

Estrategia circular dominante elegida:

Estrategia/estrategias circulares de apoyo elegidas:

The Blue Connection

Desencadenante de la actividad (¿por qué este proyecto?)	**Enfoque y solución propuestos**	**Costo-beneficio de alto nivel**
Objetivos e indicadores principales	**Resultados principales**	**Riesgos y atenuantes**
Planificación e hitos de alto nivel		**Equipo y principales interesados**

Figura 14.8. **Plantilla para el anteproyecto: incertidumbre en la elección del diseño.**

EJERCICIO 14.8

La transformación: incertidumbre sobre el valor en el mercado de segunda mano

Imagina

1. Durante el juego, el valor en el mercado de segunda mano de las bicicletas se conocía perfectamente y podía evaluarse mediante el gráfico de depreciación. Sin embargo, en la práctica, esta información probablemente no esté disponible, sea muy incierta o incluso ambigua, sobre todo al principio del proceso de transformación.
2. Piensa en las incertidumbres que pueden darse en el mercado de segunda mano. Tomando la situación del juego como punto de partida «neutro», imagina una situación positiva y otra negativa. ¿Qué implicaciones tendría cada una para la empresa? Imagina cómo podría afrontarse la incertidumbre resultante o incorporar la flexibilidad o la resistencia necesarias.
3. Para lograr los cambios necesarios, identificados en el paso 2, desarrolla un anteproyecto de alto nivel (véase la figura 14.9, basada en la plantilla de la figura 11.4) y la información de apoyo a la gestión del proyecto que figura en el apéndice. Describe la transformación desde la configuración lineal básica hasta la preparación de los elementos necesarios para abordar el paso a lo circular.
4. Guarda los resultados.

Algunas de las cuestiones mencionadas tienen que ver con el gráfico de depreciación. Durante el juego, habrás comprobado cuán poderoso resulta este instrumento a la hora de tomar decisiones circulares.

Figura 14.9. **Ficha para el anteproyecto: incertidumbre sobre el valor del mercado de segunda mano.**

EJERCICIO 14.9

La transformación: gráfico de depreciación

Imagina

1. Evalúa la información de la que disponías a través del gráfico de depreciación.
2. Imagínate dónde estaría disponible esta información ya en la práctica, dónde podrías encontrarla o cómo deberías construir las hipótesis en caso de que no hubiera información disponible. ¿Cómo tendría que afrontarlo la empresa?
3. Para lograr los cambios necesarios, identificados en el paso 2, desarrolla un anteproyecto de alto nivel (véase la figura 14.10, basada en la plantilla de la figura 11.4) y la información de apoyo a la gestión del proyecto que figura en el apéndice. Describe la transformación desde la configuración lineal básica hasta la preparación de los elementos necesarios para abordar el paso a lo circular.
4. Guarda los resultados.

Gestión del cambio

Aunque en el próximo capítulo reuniremos todos los materiales que hemos preparado hasta ahora, este puede ser un buen momento para repasar los ocho pasos de la gestión del cambio que formuló Kotter y que se enumeran en el capítulo 4. Serán muy útiles a la hora de elaborar el enfoque general de la transformación.

Nombre del proyecto de transformación: Gráfico de depreciación

The Blue Connection

Equipo:

Estrategia circular dominante elegida:

Estrategia/estrategias circulares de apoyo elegidas:

Desencadenante de la actividad (¿por qué este proyecto?)	Enfoque y solución propuestos	Costo-beneficio de alto nivel
Objetivos e indicadores principales	Resultados principales	Riesgos y atenuantes
Planificación e hitos de alto nivel		Equipo y principales interesados

Figura 14.10. Plantilla para el anteproyecto: gráfico de depreciación.

Resumen

—¡Ya lo tenemos, María! —exclamó Peter con una enorme sonrisa de satisfacción—. Llama a la tía Joanna. Que se pase por aquí y le informaremos de lo que hemos hecho, ¿vale?

Transformación

Empresa
- ✓ Propósito y estrategia
- ✓ Modelo de negocio: flujos físicos
- ✓ Modelo de negocio: relaciones con la clientela
- ✓ Modelo de negocio: empresas proveedoras y asociadas
- ✓ Modelo de negocio: modelos de ingresos, estructura de costos y financiación

Más allá de los límites de la empresa
- ✓ Legislación
- ✓ Colaboración entre empresas
- ✓ Ecosistemas
- ✓ Educación

Liderazgo
- ✓ Objetivos y cuadros de mando (KPI)
- ✓ Innovación (producto, proceso, modelo de negocio)
- ✓ Cómo afrontar la incertidumbre

Figura 14.11. Planificación de la transición de lo lineal a lo circular: el liderazgo (hecho).

Notas

1 No te dejes engañar por las apariencias. Pese a la brevedad de este capítulo, y al igual que en el anterior, hay mucho que pensar y tendrás que retocar bastantes proyectos.

Conclusión. El imperativo circular corporativo (IV): relato y cifras

El proyecto Circularidad llega a su fin

—Qué gran trabajo, chicos. Qué lista de proyectos tan extensa —dijo la tía Joanna—. No sé si estaba preparada para esto. Pero habéis respondido a mi pregunta sobre *cómo podría ser la transformación estratégica que lleve de lo lineal a lo circular.*

»¿Os acordáis de lo que os expliqué antes? El reto estriba en conseguir que la gestión del cambio forme parte del plan y no sea un añadido que se gestione de manera independiente.[1] Ahora tenemos que dar un paso más: asignar algunas prioridades a estas numerosas iniciativas y desarrollar un enfoque de gestión del cambio global que resulte convincente, coherente y completo.

EJERCICIO 15.1

Un plan estratégico para la transformación que lleve de lo lineal a lo circular: mapa de calor del proyecto

Imagina

Elabora una lista de prioridades estratégicas para la empresa The Blue Connection para los próximos tres o cinco años. ¿Qué incluiría? Sigue los pasos 1, 2 y 3, y formula la respuesta con las plantillas que se muestran a continuación.

Paso 1. Revisa todas las acciones, propuestas e iniciativas que enumeraste en los capítulos 12-14. Asume que todos los retos con los que están relacionados son reales y relevantes. A modo de recordatorio, se han tratado los siguientes retos:

- Visión de la circularidad desde la empresa:

    - Propósito y objetivos estratégicos.
    - Flujos físicos.
    - Relaciones con la clientela.
    - Empresas socias y proveedoras.
    - Modelos de ingresos, estructura de costos y financiación.

- Visión de la circularidad más allá de la empresa:

    - Legislación.
    - Colaboración entre empresas.
    - Ecosistemas.
    - Educación.

- Visión de la circularidad desde el liderazgo:

    - KPI.
    - Innovación de producto.
    - Innovación de proceso.
    - Innovación en el modelo de negocio.
    - Incertidumbre en el mercado.
    - Incertidumbre en la estrategia de circularidad.
    - Incertidumbre en la elección de diseño.
    - Incertidumbre del valor del mercado de segunda mano.
    - Gráfico de depreciación.

Paso 2. Define las prioridades con la ayuda de la plantilla del mapa de calor del equipo SuperBike que se reproduce en la figura 15.1. El mapa de calor muestra la «puntuación» de los proyectos en un eje de coordenadas: en el vertical, o de ordenadas, se indican el impacto y la importancia, y en el horizontal, o de abscisas, el esfuerzo requerido. Tómate tu tiempo para colocar bien los proyectos individuales. Asegúrate de que posees los argumentos necesarios para justificar tus decisiones.

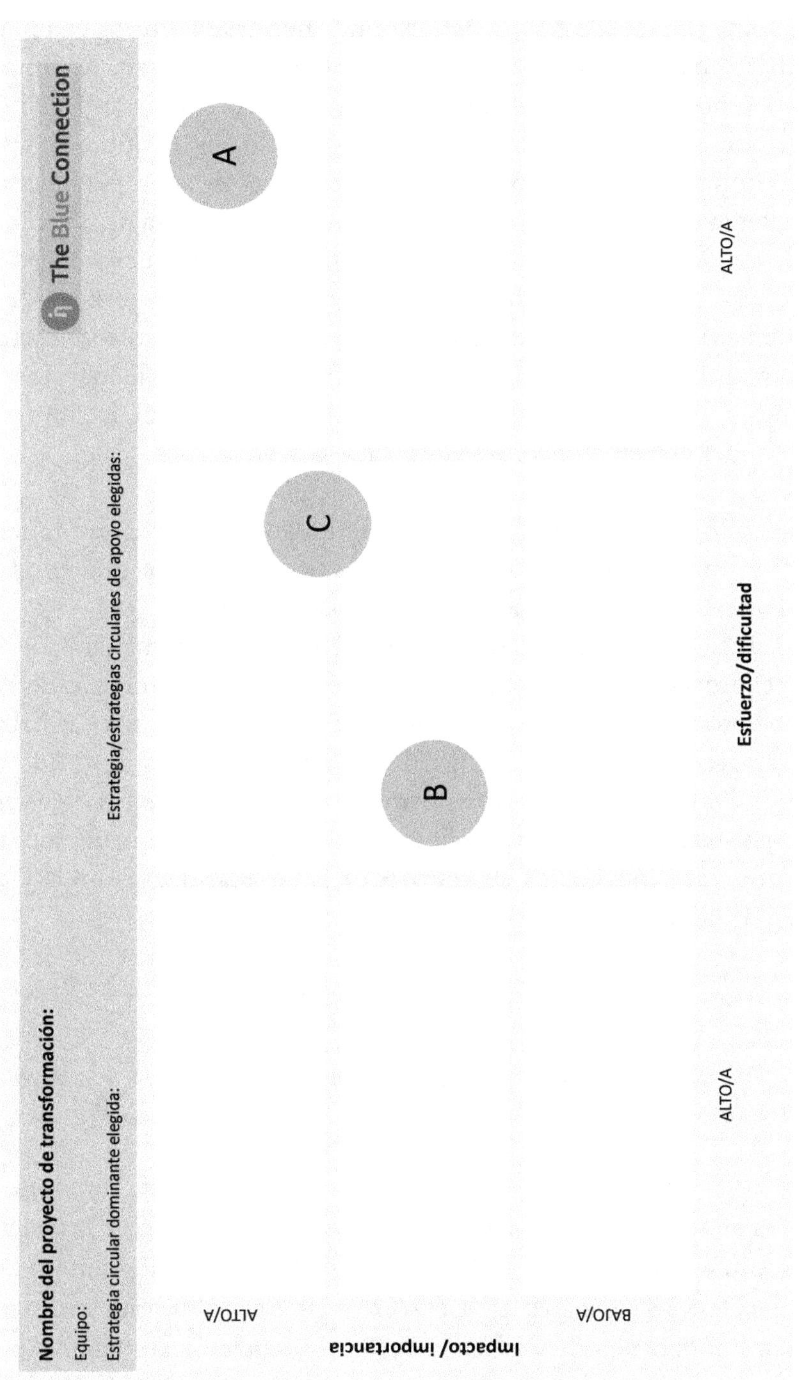

Figura 15.1. **Plantilla: mapa de calor para el proyecto.**

Paso 3. Toma el mapa de calor y define dónde pondrías las prioridades, desde el bajo impacto/bajo esfuerzo hasta el alto impacto/alto esfuerzo. ¿Cuántas acciones podrías incluir en la lista de prioridades para los próximos tres o cinco años, dependiendo de las estrategias circulares elegidas y del período de transición que estas impliquen? ¿Cuántos recursos reales se necesitarían para conseguirlo? Ten en cuenta que The Blue Connection, al ser una empresa de tamaño medio, probablemente no disponga de un departamento de proyectos específico. La tarea recaería, pues, en personas que deben cumplir con su jornada de trabajo o bien obligaría a contratar recursos externos, con el consiguiente costo. Utilizando la plantilla de la figura 15.2, intenta programar un calendario razonable, asegurándote de obtener un enfoque general viable para que la empresa abandone el modelo lineal en favor del circular.

—Caramba, me parece que deberemos hacer algo con Harrison Moore & Co. Tendremos que contrataros —comentó la tía Joanna con una enorme sonrisa—. Por cierto, me gustaría haceros algunas preguntas.

»Pero antes, tengo curiosidad por saber algo más, ahora que estamos llegando al final del proyecto Circularidad. Quería preguntaros por vuestras experiencias en el proyecto. Recuerdo que, hace algún tiempo, hablamos de las habilidades específicas necesarias para la circularidad y también del gestor en forma de T. ¿Cómo os evaluaríais a vosotros mismos en cada uno de los elementos del gráfico, por ejemplo, en una escala del 1 al 5? ¿Consideráis que reunís todo lo necesario para convertiros en gestores de la circularidad como la Catherine McLaren de la que me hablasteis?

EJERCICIO 15.2
Conocimientos y habilidades necesarios para gestionar la transición a lo circular

Imagina

Observa de nuevo el diagrama de responsable de la gestión de la cadena de suministro en forma de T de la figura 4.9, así como el ejercicio anterior sobre las competencias circulares (ejercicio 3.7). ¿Cómo te calificarías, ahora que se aproxima al final de este viaje en el que has aprendido a gestionar la economía circular y proyectar el paso de los modelos lineales a los circulares?

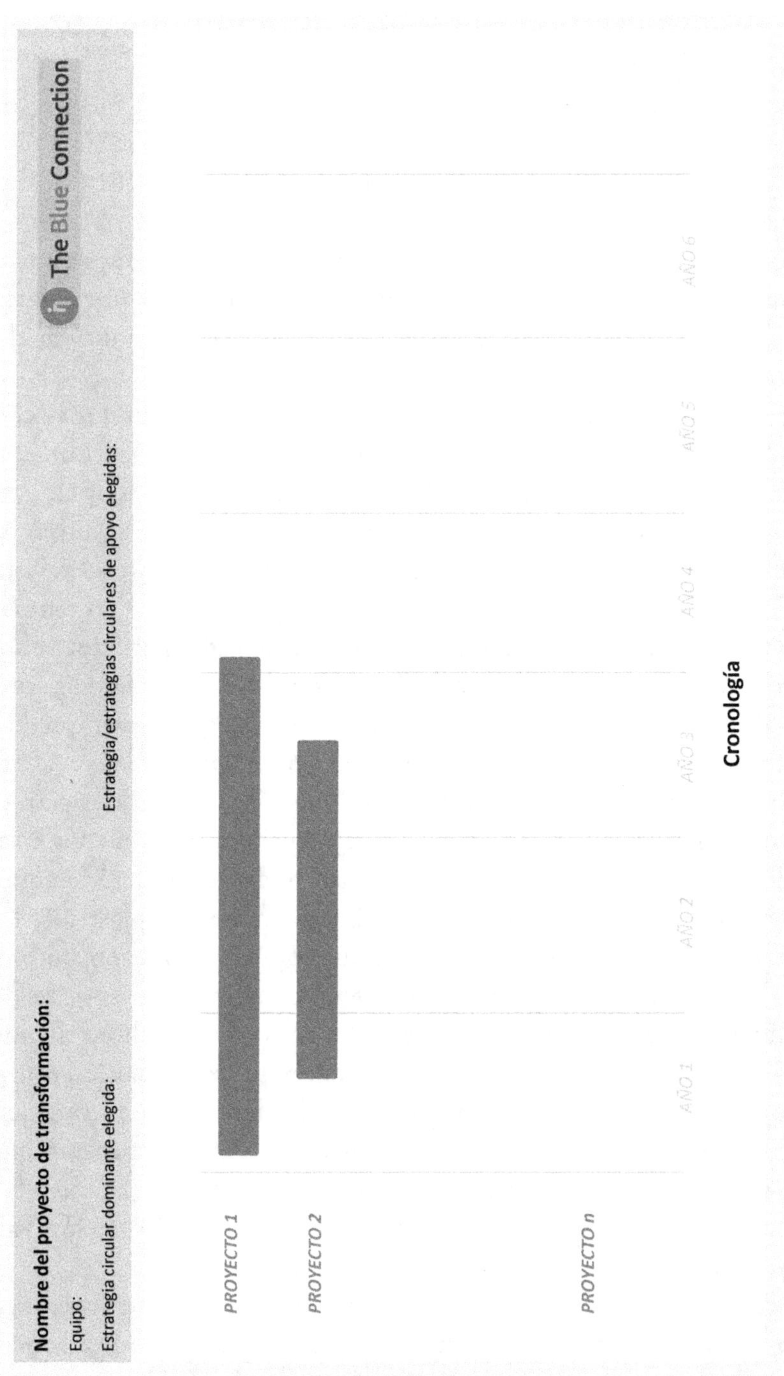

Figura 15.2. **Calendario del proyecto.**

—Hum, eso suena muy bien, chicos —dijo la tía Joanna—. Como os comenté antes, voy a pensar seriamente en traeros a bordo.

»En cualquier caso, he aprendido mucho con vosotros. Y me alegro mucho de que también hayáis aprendido mucho del viaje. No solo se trata de la experiencia: habéis reflexionado sobre lo ocurrido, habéis extraído consecuencias de los hechos y los habéis llevado más allá en el viaje. Tened en cuenta además que el aprendizaje no termina aquí. Incluso diría que aquí empieza realmente. Ahora tenéis la base y podéis haceros una idea de hacia dónde podría ir. Ha llegado del momento de que le deis forma y defináis cómo continuar el proceso de aprendizaje.

»Y lo digo muy en serio. El aprendizaje no se detiene aquí. De hecho, acaba de comenzar. Os toca definir vuestro propio camino y emprender un aprendizaje continuo, dentro ya de la cadena de valor circular. Debéis adoptar la solución que más os convenga: formaros con libros, buscar recursos en internet, como sitios de organizaciones y asociaciones de expertos, suscribiros a revistas y boletines, manteneros en contacto con grupos de profesionales en redes sociales, buscar mentores, leer prensa económica o especializada, participar en diversos proyectos, etc. Hay una gran cantidad de posibilidades que podéis aprovechar.

»¿Y sabéis qué? ¡Creo que todo esto también vale para la empresa! Incluso podría considerar la posibilidad de jugar a *The Blue Connection* con algunas personas clave de Harrison Moore & Co para que adopten una posición concreta respecto a la circularidad y conseguir que la plantilla se interese por la cuestión. De hecho, como bien apunta María, incluso podría involucrar a algunas empresas proveedoras, como la que nos suministra materiales plásticos.

»¿Os acordáis de cómo, hace un tiempo, comparábamos en un blog la actividad diaria de nuestro gestor de la cadena de suministro con un decatlón[2] y afirmábamos que la experiencia resultaba muy útil a la hora de adoptar la circularidad? Decía así: "[…] los gestores tienen que ser versátiles, polivalentes, camaleónicos en cierto modo. Al igual que el atleta del decatlón, tienen que rendir bien en muchas disciplinas diferentes. No debe ser necesariamente los mejores en cada una, pero sí lo suficientemente buenos para aspirar a la victoria en el torneo". Me parece, por sus conclusiones, que la afirmación vale igualmente para alguien que gestione la transición a lo circular.

»En resumen: me alegra ver que nuestro proyecto Circularidad haya despertado vuestra curiosidad y os brinde la posibilidad de pasar a la acción. En cierto modo, me parece que os invita a plantearos muchas preguntas, que habéis descubierto nuevas ideas y que, al igual que yo, os habéis dado cuenta de la amplitud y la apasionante complejidad que encierra la gestión de la cadena de valor circular.[3]

»Así que enhorabuena por acompañarme en nuestro viaje a lo largo de las diferentes perspectivas desde las que puede abordarse la circularidad, ya sea desde la empresa, más allá de los límites de esta o desde el liderazgo. Confío en que también haya merecido la pena y, sobre todo, que os haya inspirado para avanzar en este fascinante campo de trabajo. Los retos son numerosos y estoy convencida de que en el futuro se requerirá un gran esfuerzo intelectual. En nuestro proyecto nos hemos enfrentado a muchos retos de ese calado y seguro que aparecerán muchos más allí donde vayáis. Pero, con seriedad y predisposición a trabajar, estaréis muy bien preparados para todo lo que venga después. No se trata de saberlo todo, sino de saber hacer las preguntas adecuadas.

»Y mirad qué tengo aquí —sacó un posavasos del bolsillo de su chaqueta—. Parece que hemos completado las fases que tenía en mente antes de empezar.

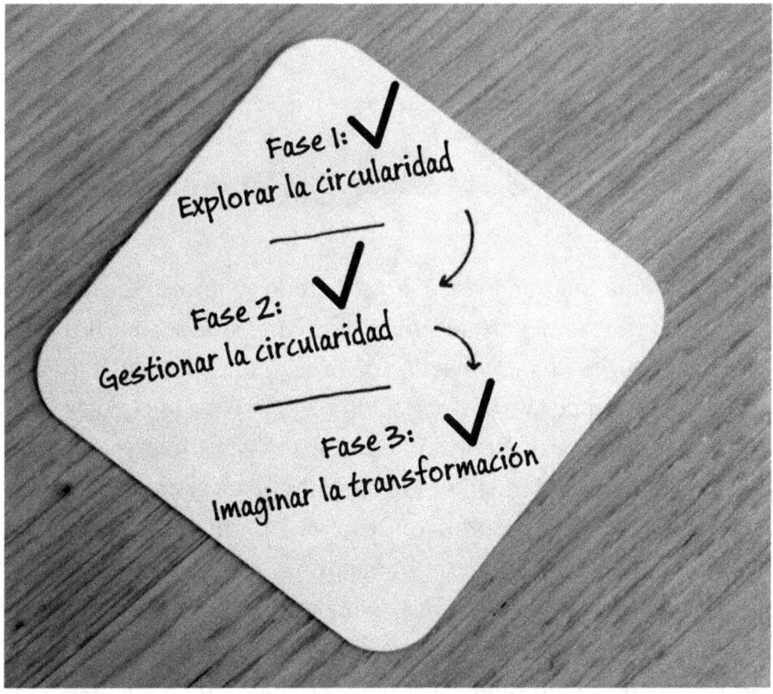

Figura 15.3. **El posavasos de la tía Joanna, revisado.**

El imperativo circular corporativo: relato y cifras

—Y eso me deja con la última pregunta y quizá la más importante del proyecto: ¿qué es realmente el imperativo circular corporativo? ¿Cuál es vuestra opinión «final» sobre el relato y las cifras? ¿Qué recomendaríais para Harrison Moore & Co y por qué? ¿Podríais aventurarme algo más? Solo para que me queden claras vuestras ideas al final de este viaje.

—Bueno, tía Joanna —contestó María con firmeza—. Peter y yo nos esperábamos tu pregunta. ¿Y sabes lo que decidimos?

—Decidimos —continuó Peter— que te responderíamos juntos. Sabes que María y yo hemos discutido mucho a lo largo del proyecto. Ha habido bastantes cuestiones en las que no nos poníamos de acuerdo.

»Bueno, como siempre… —añadió mientras lanzaba a María una sonrisa y una mirada burlonas—. Da igual. Hemos descubierto que, para Harrison Moore & Co, no importaba realmente si estábamos en desacuerdo o no en esos muchos aspectos de la circularidad. Coincidimos en el fundamental: la circularidad puede ser algo positivo para la empresa. Pero permíteme que no diga más antes de enseñarte algo.

»¿Estás preparada, tía Joanna?

EJERCICIO 15.3

El relato y las cifras en los que se apoya el imperativo circular corporativo

Volviendo a los temas abordados a lo largo de todo el libro, desde el contexto de la circularidad hasta las tres perspectivas diferentes que se han tratado, añade tu experiencia con *The Blue Connection* de la segunda parte del libro y los ejercicios sobre la gestión de la transformación de lo lineal a lo circular que se han incluido en la tercera parte. Reflexiona una vez más sobre el relato y las cifras que acompañan a la circularidad desde el punto de vista de la empresa. Piensa en el imperativo circular corporativo. Desarrolla un discurso convincente que no se alargue más de cinco minutos. Defiende las ideas en las que crees y hazlo de manera persuasiva para que otras personas se decidan a acompañarte en el viaje que emprenderá la empresa en pos de la circularidad. Habla de las razones para hacerlo, del resultado final y del modo en que se hará realidad.

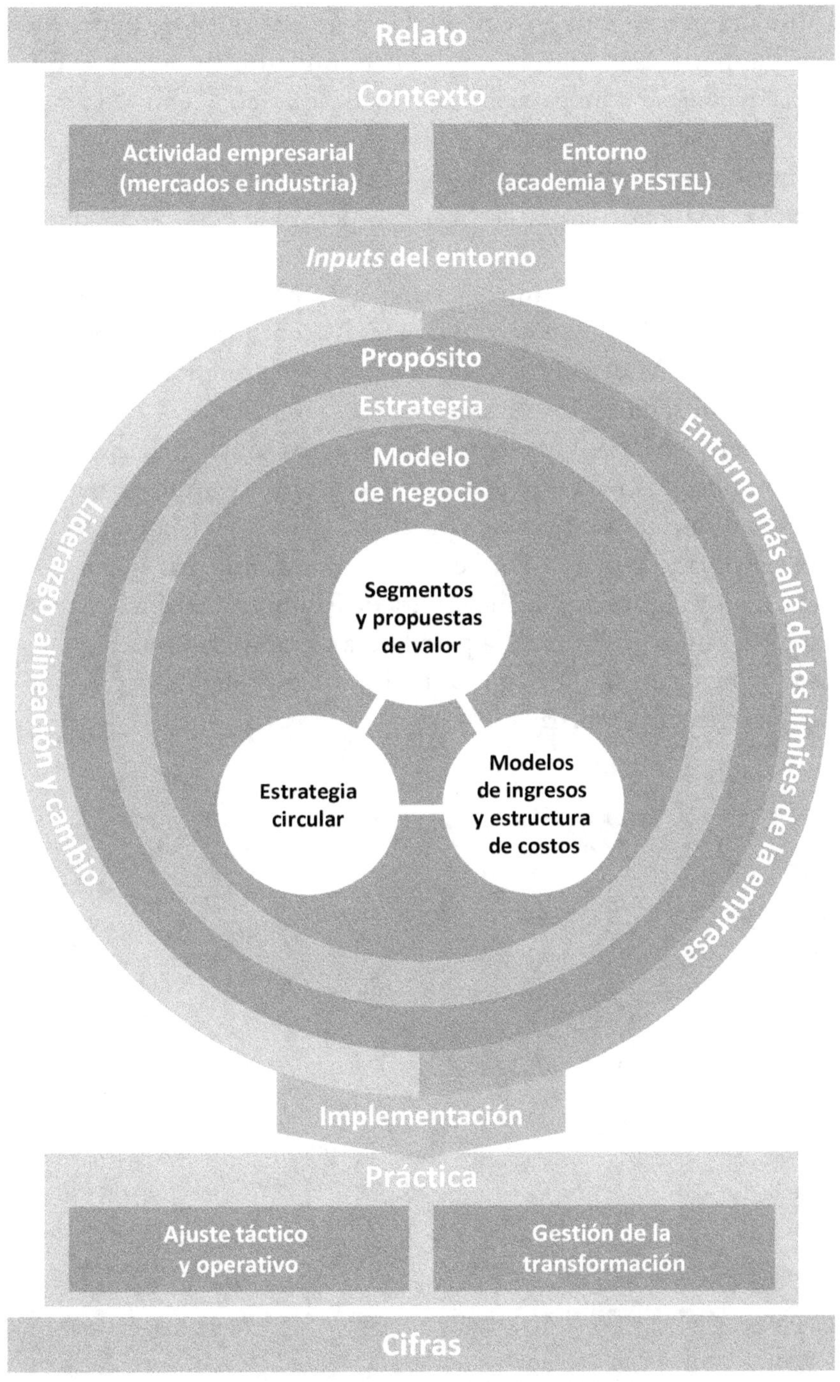

Figura 15.4. Itinerario del proyecto Circularidad.

—¡Absolutamente fabuloso, chicos! ¡Un gran trabajo! —sentenció la tía Joanna, entusiasmada, cuando María y Peter terminaron su presentación—. ¿Os importaría ayudarme a preparar mi ponencia aquí, en la empresa, cuando me indiquen la fecha?

»Me encanta esa imagen con la que habéis condensado todo el proyecto Circularidad. Me gustaría usarla. Si me lo permitís, claro —añadió con una sonrisa.

—Y —prosiguió la tía Joanna— tengo esto para vosotros. Vuestra última diapositiva ha sido absolutamente acertada. Me encanta la frase y la forma de presentarla como una de esas placas con expresiones y refranes que puedes poner en la pared. Está muy bien hecha.

—Tía —terció María—, Peter y yo te estamos muy agradecidos por haber contado con nosotros para este proyecto. Tenemos un pequeño regalo para ti. Una muestra de afecto. De hecho, la placa que aparece en la presentación existe: la hemos encargado para ti. ¡Aquí está! De nuevo, ¡muchas gracias por todo!

—¡Oh! ¡Estoy segura de que me servirá de inspiración! ¡Muchas gracias, chicos! ¡Vamos a buscar un sitio en la pared para colgarlo de inmediato! Creo que todos nos hemos ganado un trago: os invito a tomar algo para celebrar el final de nuestro proyecto Circularidad.

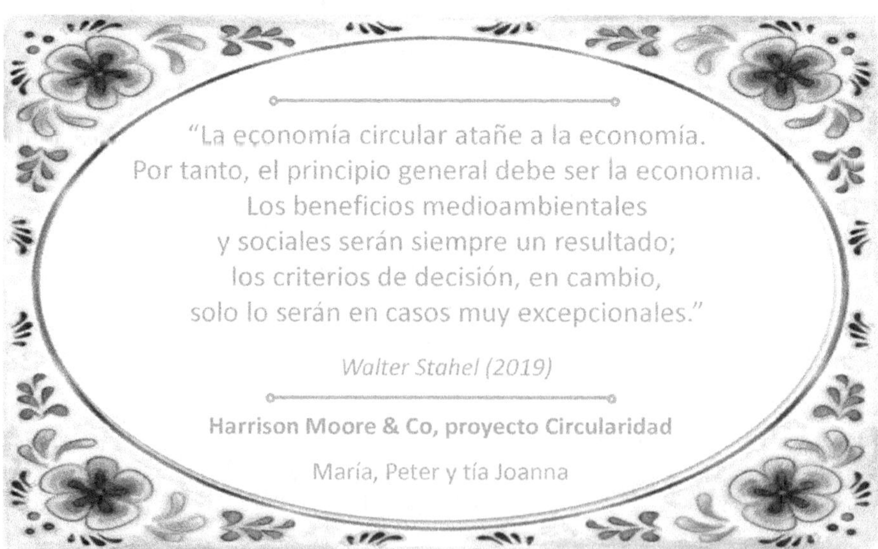

Figura 15.5. **La placa que regalaron María y Peter a la tía Joanna: una cita de Walter Stahel.**[4]

»Y quizá podamos hablar de lo que leí ayer en un interesante artículo —prosiguió con una misteriosa sonrisa y habló de problemas insidiosos, consecuencias imprevistas y el síndrome de Midgley—. ¿Qué os parece? ¿Y si fuese nuestro próximo proyecto?[5]

Notas

1 Ashkenas (2013).
2 Weenk (2013b).
3 En alusión a la cita de Robinson y Aronica (2015) que aparece en el prefacio a este libro.
4 Stahel (2019), gracias a la gentileza de Mr. Walter Stahel.
5 Raworth (2017), Elkington (2020).

Epílogo

— ¡Hola, tía Joanna! ¡Qué bien! ¡Volvemos a tener noticias de ti! —exclamó Peter tras aceptar la videollamada. Su tía se hallaba a la espera. María se unió unos segundos más tarde.

—¡Hola! Acabo de ver tu llamada. Lo siento. ¿Cómo estáis?

—Tengo algo que quería contaros a ti y a Peter —les dijo—. Como sabéis, después de nuestro proyecto Circularidad, la empresa publicó un artículo sobre la investigación que realizamos, nuestras experiencias con el juego empresarial circular y las conclusiones que extrajimos del proyecto. También se ha publicado un manual con datos muy actualizados. Se titula *Economía circular. Un enfoque práctico para transformar los modelos empresariales*. Adopta un enfoque idéntico al nuestro: primero explora las nociones fundamentales; luego, las analiza para gestionarlas bien y, al final, imagina la transición circular. ¡De hecho, también integra *The Blue Connection*!

»He pasado el artículo a algunas personas de mi red. Y también les he hablado del libro. Parece que ha causado sensación. Incluso he recibido la respuesta de Harald Friedl. Nada más y nada menos. El antiguo director general de Circle Economy se ha convertido en uno de los líderes mundiales de la transición circular y trabaja al frente del equipo de Campeones del Clima de la Conferencia de las Naciones Unidas sobre el Cambio Climático de Glasgow (COP26). Harald Friedl ha dado conferencias por todo el mundo; es un líder de opinión en este campo y es una inspiración para muchos.

—¿Y qué ha dicho, tía Joanna? No puedo esperar más —Peter se mostró muy impaciente.

—Mira —prosiguió la tía Joanna—: nos ha escrito una carta muy inspiradora. La ha dirigido al equipo de nuestro proyecto Circularidad. Me he sentido tan halagada que quiero leérosla y ver vuestra reacción. Por eso os he convocado a esta videoconferencia. Pero voy al grano:

Querido equipo del proyecto Circularidad:

Ha llegado el momento de impulsar el cambio, de crear el mundo en el que queremos vivir; el mundo que de alguna manera hemos olvidado que puede existir. Y hay que hacerlo ahora. Vosotros sois parte de este viaje. Debéis tomar conciencia de ello. Ya no tenemos tiempo para más retrasos ni excusas. Cada uno de nosotros debe levantarse, ponerse en contacto consigo mismo y con los demás. Ya no se trata de hacer las cosas menos mal: necesitamos hacerlas mucho mejor.

La economía circular es una herramienta asombrosamente poderosa que nos indica la dirección correcta. Es concreta y tangible, y nos brinda poderosos resultados. Como siempre, no se trata de limitarnos a un puñado de definiciones, sino de ser consecuentes con las acciones emprendidas. Y para emprender esas acciones necesitamos liderazgo, valor y sabiduría. Este triángulo puede ser nuestra inspiración para la acción y el cambio. Puede enriquecer fundamentalmente las tres *P* (personas, planeta y provecho). Pero necesitamos algo más. Necesitamos saber cómo mirar hacia adelante, cómo tomar decisiones y cómo tratarnos unos a otros y al planeta. *Economía circular* ha aparecido en el momento adecuado. Seguro que nos inspirará para aumentar nuestro radio de acción. Me encanta la amplitud de los temas tratados y el hecho de que el libro adopte una perspectiva amplia, también en lo que respecta al cambio medioambiental, e incide en aquellas cuestiones referidas al comportamiento necesario para ampliar la acción circular en el mundo. La educación es la clave. Me recuerda una cita que solía decir uno de mis mentores: «Si tenemos la suficiente educación, todos podemos poner las agendas ocultas sobre la mesa y avanzar». Cuando controlemos esto, podremos gestionar el cambio real y acelerar la acción. Os agradezco mucho que hayáis tenido el valor necesario para recorrer juntos este camino.

Harald Friedl
Equipo de Campeones del Clima de la COP26
Embajador del Pacto Verde
Miembro del Consejo Asesor Internacional de Circle Economy

Apéndice

Como se indica en el capítulo 3, Circle Economy (2020b) ha identificado nueve pasos para determinar el éxito de una colaboración, así como cuatro tipos de colaboración, catorce roles y nueve características con las que identificar a los socios más adecuados y atractivos. En las páginas siguientes profundizaremos en los tipos de colaboración, los papeles y las características de los socios.

Tipos de colaboración

En virtud de la fase en que se encuentre la cadena de valor circular, Circle Economy (2020b) ha identificado cuatro tipos de colaboración entre las partes interesadas. Cada uno se distingue por el esfuerzo y el enfoque, así como por el número y el tipo de socios:

- **Redes verticales.** En este tipo de colaboración, las partes implicadas trabajan de manera conjunta en una cadena de valor, desde el principio (extracción de recursos) hasta el final (reciclaje de recursos).
- **Redes horizontales.** En este tipo de colaboración, las partes implicadas se encuentran tanto dentro como fuera de la cadena de valor (por ejemplo, gobiernos o instituciones vinculadas al conocimiento). Trabajan juntas para utilizar las redes circulares existentes, como las operaciones de un

sistema de reutilización de envases, o para desarrollar nuevos materiales o tecnologías.

- **Alianzas unívocas.** Los socios individuales trabajan juntos, a lo largo o fuera de la cadena de valor, para mejorar la circularidad de los procesos dentro de esta.
- **Intercambio de conocimientos.** La vinculación, de carácter informal, facilita el intercambio de conocimientos en favor de la creación de impacto y el aprendizaje de toda la industria, con partes externas o a lo largo de la cadena de valor.

Catorce roles

En el ejercicio 3.4 se propone una exploración de los 14 roles que se dan en las colaboraciones circulares, tal como los identificó Circle Economy (2020b), para averiguar cuál podría asumirse en un trabajo actual o futuro. Las funciones se enumeran en la tabla 1 del apéndice y sirven de orientación para identificar las tareas que deben realizar los socios internamente y dónde se necesita el apoyo de la colaboración. Son importantes durante el inicio, el desarrollo o la realización de un proyecto. Además, la relevancia de las funciones está influida por tres factores (producto, empresa y estrategia circular) y difiere según el proyecto y la empresa.

Para más información sobre estos roles o funciones, o si necesitas ejemplos más concretos, no estará de más echar un vistazo al informe «*Will you be my partner?*», Circle Economy (2020b).

Nueve características de un socio

A la hora de seleccionar y evaluar a los socios más adecuados con los que establecer la colaboración entre múltiples partes interesadas, Circle Economy (2020b) ha identificado nueve características que deberían presentar las entidades o las personas de una organización con la que asociarse. Las características son específicas para un contexto circular y generales para cada tipo de colaboración.

Características específicas de los socios de la economía circular:

1. **Encaje estratégico.** Deben alinearse con la visión, la cultura, el mercado, el contexto y la estrategia circular.

ROLES EN LA FASE DE PROYECTO			OTROS ROLES	
INICIO	DESARROLLO	REALIZACIÓN	COLABORACIÓN	EXTERNALIDADES
Iniciador Difusión de ideas; papel orientado a la acción (por ejemplo, desarrollar nuevos modelos de actividad empresarial o iniciar un proyecto de I+D) o ejercer una presión (exigiendo y provocando el cambio)	**Experto en circularidad** Posee los conocimientos sobre el nivel de los productos (técnicos), las innovaciones circulares, los retos y los flujos de materiales (locales)	**Expansor de impacto** Estos pueden encontrarse en los competidores, siguiendo un enfoque precompetitivo, para promover las innovaciones circulares y ganar una masa crítica	**Mediador** Conecta las partes de una cadena de valor para colaboraciones individuales o para construir ecosistemas circulares	**Educador externo** Educa al público o a los agentes a nivel de autoridad sobre la circularidad para que puedan elegir y decidir con conocimiento de causa
Financiero Permite, de manera directa o indirecta, la financiación de una innovación circular (en I+D, conocimiento, colaboración o mercado)	**Experto en mercados** Proporciona investigación, conocimiento y asesoramiento en un contexto de mercado e industria (por ejemplo, legislación, escenarios de uso, comportamiento del consumidor)	**Patrocinador de la fase de uso** Construye, opera o utiliza la cadena de valor circular para prolongar la vida útil de un producto	**Agente del conocimiento** Crea aprendizajes y resultados de investigación, gestiona los procesos de colaboración, facilita los debates e impulsa cuestiones sobre economía circular	**Habilitador** Posee la influencia política necesaria para crear, impulsar y dirigir las normas, la legislación y los mercados hacia la economía circular
Educador interno La transferencia y difusión de conocimientos sobre la circularidad dentro de la empresa	**Piloto** Desarrolla y pilota innovaciones circulares	**Patrocinador del final de la vida** Se encarga de la recogida, tratamiento y aprovechamiento de materias primas secundarias con el fin de dar una segunda vida a los materiales y los productos al final de su vida útil		**Promotor** Establece la credibilidad y la publicidad para promover los productos circulares

Tabla A.1. **Los 14 roles de la colaboración circular.** *Fuente:* Circle Economy, 2020b.

2. **Creatividad.** Deben tener una mentalidad abierta y grandes dosis de creatividad para desarrollar soluciones a cuestiones inciertas y complejas dentro del marco de la economía circular.
3. **Comunicación abierta.** Es esencial compartir retos y conocimientos para conseguir un progreso compartido y ventajas empresariales.
4. **Misión compartida.** Deben alinearse en los objetivos y la misión, ya que el valor se genera a través de la sinergia.
5. **Compromiso.** Todos las entidades y personas implicadas deben comprometerse a crear un cambio e invertir a favor de la transición a una economía circular.

Características genéricas de los socios:

6. **Viabilidad financiera.** Sin ventajas financieras para las empresas, una economía circular no es viable. La viabilidad financiera de una asociación es esencial.
7. **Complementariedad.** Todos los socios deben desempeñar y cumplir las 14 funciones para complementarse mutuamente y conseguir el resultado circular requerido.
8. **Reputación.** Atraer a entidades y personas conocidas podría legitimar la colaboración circular. Además, podría atraer a otros socios necesarios.
9. **Confianza.** La colaboración es clave en la transición a la economía circular. En una colaboración entre múltiples partes, los socios deben ser capaces de confiar los unos en los otros en todo cuanto se refiere a los compromisos y su puesta en práctica.

SMART KPIs, indicadores clave de rendimiento inteligentes

En el desarrollo de los KPI suele recurrirse a un método conocido como *SMART KPIs* («KPI inteligentes»). Cada letra de la palabra *smart* representa un aspecto específico a tener en cuenta. Aunque existen diversas explicaciones de cada letra, las siguientes suelen funcionar bien:

- *S de simple.* La denominación del indicador, así como la fórmula para calcularlo deben ser claras y comprensibles para las personas usuarias. Si no es así, quizá nadie se fíe del resultado porque no entiende los conceptos subyacentes.

- *M de mensurable.* Debe plasmarse el concepto en un número, un porcentaje o un valor (por ejemplo, *sí-no*). En vista de que casi todo puede medirse de un modo u otro, conviene considerar una segunda dimensión de la mensurabilidad y determinar si algo puede medirse de un modo oportuno y rentable. Si un determinado indicador debe ser objeto de seguimiento semanal, pero la medición y la obtención de resultados lleva más de dos semanas, bien porque los datos son difíciles de obtener, bien porque requiere mucho trabajo para disponer de los informes correspondientes, o porque los proveedores de los datos tardan relativamente mucho tiempo en ponerlos a disposición, entonces quizá deba considerarse otro KPI.
- *A de aceptable.* El público al que va dirigido el indicador lo acepta como representativo de lo que se supone que mide. Si alguien propone medir el rendimiento de la entrega basándose en el número de reclamaciones recibidas de la clientela, pero un colega directo opina que eso sería medir la satisfacción de esta y no el rendimiento real de la entrega, el KPI propuesto no sería aceptable para ambos y, por tanto, no sería adecuado, ya que a cada publicación de nuevos resultados volvería a empezar el debate sobre su validez.
- *R de realista.* El valor objetivo debe estar al alcance. Si no es así, probablemente se desmotivará a las personas para que alcancen el objetivo.
- *T de tiempo (límite).* Debe estipularse un plazo de algún tipo, de lo contrario la gente perderá el interés o dirá «no pasa nada, algún día lo alcanzaremos».

Etapas de la vida del equipo, motivación, comunicación

Etapas de la vida del equipo

Una segunda dimensión que hay que tener en cuenta está relacionada con el tiempo que el equipo lleva reunido y con su propia evolución. El famoso marco psicológico de Tuckman (1965) sobre la dinámica de grupos describe esto como una evolución de cuatro fases –formación, tormenta, normalización y actuación–, a la que complementó tiempo después con una etapa adicional de cierre, compuesta por el aplazamiento, la transformación y el duelo. La idea básica que subyace a este marco es que todos los grupos pasan por las mismas fases de desarrollo, desde una etapa inicial caótica en la que las personas se conocen, se perfilan y se posicionan dentro del grupo en su conjunto, hasta otras en que el grupo establece sus propias normas internas y sus propias formas de trabajar juntos y comienza realmente a actuar.

Es muy diferente si la desafiante transformación de lineal a circular es dirigida por un equipo ya existente y sólido o si debe ser realizada por un grupo de trabajo recién creado que quizá nunca hayan trabajado juntos antes. Para poner de relieve este fenómeno e insistir en la importancia de la composición y la dinámica del equipo, muchos docentes que participan en el juego *The Blue Connection* prefieren crear equipos mixtos de personas que, a ser posible, no hayan trabajado juntas antes en otras actividades similares, lo que abre la posibilidad de reflexionar sobre el rendimiento del equipo. Este tema se trata en la segunda parte del libro.

Motivación

El siguiente aspecto que debe tenerse en cuenta sería la motivación, en este caso de los miembros del equipo. En cierto modo, todo empieza por saber si han elegido estar ahí o no. Si no lo han hecho pero les gusta el equipo o la actividad, puede que acaben satisfechos. En el caso de que no fuese así, la decisión tendrá probablemente un impacto negativo en su comportamiento que afectará en última instancia al rendimiento del equipo.

Las bibliotecas están llenas de libros que explican muchos más aspectos en torno a la motivación de las personas. Destaquemos algunas dimensiones solo para crear cierta conciencia y permitir una reflexión útil sobre el tema más adelante. Un punto de vista interesante consiste en considerar la motivación intrínseca y extrínseca. La motivación intrínseca proviene del interior del individuo y representa un impulso para aprender cosas nuevas, para conocer gente nueva, para afrontar nuevos retos. La motivación extrínseca tiene que ver con las recompensas (positivas) o los castigos (negativos) que otras personas dan al individuo, lo que provoca una motivación externa para hacer determinadas cosas.

Parece que hay muchas pruebas científicas de que la motivación intrínseca es un motor mucho más fuerte para el comportamiento positivo que la motivación extrínseca. Puede observarse fácilmente en las escuelas y universidades: los estudiantes que están allí porque se muestran interesados en aprender algo nuevo y útil poseen una mentalidad mucho más positiva que quienes acuden para obtener el título o porque sus padres les dijeron que fueran. La situación no es muy distinta en las empresas. Algunas personas del equipo están allí simplemente porque necesitan un trabajo para pagar las facturas y su responsable les dijo que fueran a la reunión, mientras que otras acuden impulsadas por motivaciones intrínsecas y poseen una mentalidad muy positiva, dispuestas a hacer las cosas. Así pues, en cualquier equipo y en cualquier entorno, es posible que una o ambas fuentes de motivación estén más o menos presentes, con el potencial de influir en el rendimiento del grupo.

A partir de lo anterior, parece más razonable intentar contar con personas que lideren la transformación de lineal a circular y que realmente crean firmemente en esta forma de avanzar y que se identifiquen con el propósito que hay detrás. El rompecabezas organizativo consiste, obviamente, en tratar de encontrar una correspondencia entre quienes están más motivados para liderar el camino y quienes tienen las habilidades necesarias para el trabajo.

Comunicación: preguntar, escuchar, utilizar un lenguaje común

Pero hay otra dimensión del rendimiento del equipo, también muy relevante: la comunicación. Existe el riesgo de que la cuestión se torne muy vaga. A menudo oímos en las empresas que la comunicación se percibe como insuficiente e incluso ineficaz, aunque no siempre se tenga claro qué significa tal afirmación exactamente y, por si fuera poco, qué puede hacerse al respecto. Para empezar, una mejor comunicación no significa necesariamente hablar más.

En las sesiones de formación para empresas, solemos realizar un juego o dramatización basado en la comunicación y la toma de decisiones entre las áreas de ventas y producción. Por parejas, cada participante adopta un papel diferente. Tras describirse la situación, se procede a un encuentro en el que debe llegarse a un acuerdo. Evidentemente, en cada caso se plantea un asunto que resulte potencialmente conflictivo para ambas partes. A continuación, se analiza lo ocurrido, se exploran las posibles soluciones que han surgido en la reunión y se observa con detenimiento los factores clave del éxito para llegar a un acuerdo. Hemos realizado esta actividad muchas veces y, en el análisis final, casi siempre aparecen los mismos elementos como factores clave de éxito. Son los siguientes (el orden es aleatorio):

- Escuchar activamente, dar explicaciones y pedirlas.
- Empatía y disposición a escuchar.

- Expectativas y maneras de trabajar claras.
- Trabajar a partir de hechos, evitando opiniones infundadas.
- Establecimiento de un lenguaje común.
- Voluntad de resolver el problema.
- Contextualizar y explorar alternativas.
- Asistencia a la reunión con una buena preparación previa (hay que trabajar en casa).
- Evitar que las preguntas se consideren ataques personales.
- Crear una atmósfera que permita cuestionar los supuestos.
- Buscar el interés mutuo, mostrar una predisposición a realizar concesiones.

Resulta especialmente interesante que los elementos de la lista aparezcan siempre que hemos realizado actividad (obviamente, sin presionar ni imponer ninguna aportación). En principio, la mayoría de las personas conocen de manera intuitiva o por experiencia personal los factores clave para que estas conversaciones en apariencia conflictivas funcionen, aunque no tal como sería deseable. Una vez más, nos encontramos ante un ejemplo claro de algo que es simple pero no fácil. Las personas asistentes, sus antecedentes, habilidades, caracteres, situaciones personales, motivaciones, mandos superiores, perspectivas de carrera, el estrés de un día en particular, etc., todo desempeña un papel a la hora de conseguir que funcione.

Conceptos y herramientas del proyecto de gestión

En el capítulo 4, se ha comentado que los proyectos deben considerarse como un método clave para lograr la transformación que llevará de las cadenas de valor lineales a las cadenas de valor circulares. A continuación, se muestra una visión general de las principales fases importantes del ciclo de vida del proyecto, así como de las herramientas clave que se emplean en cada área de gestión de proyectos. Para más detalles, conviene estudiar con atención ciertos enfoques de gestión de proyectos bien conocidos, como los del PMI® y Prince2®.

Ciclo de vida del proyecto y áreas de gestión

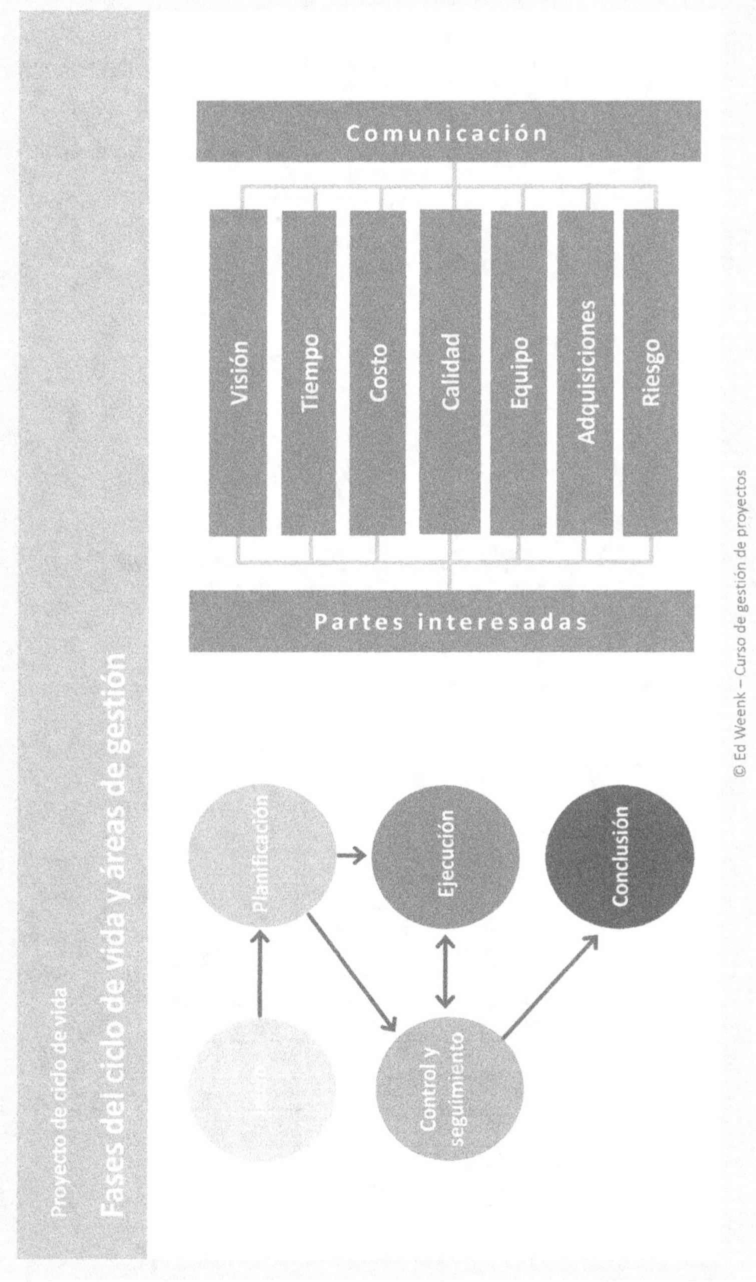

Figura A.1. Fases del ciclo de vida y áreas de gestión.

Área de gestión: visión

Área de gestión:

Visión

Conceptos clave:

- o **Hoja de datos del proyecto (*Project Data Sheet,* PDS) o carta del Proyecto *(Project Charter)***
  - ▪ Resumen de las principales características del proyecto por área de gestión.
- o **Estructura de desglose del trabajo (EDT; *Work Breakdown Structure,* WBS)**
  - ▪ Una buena EDT proporciona un excelente marco para elaborar el contenido de todas las demás áreas de conocimiento (la *navaja suiza* del proyecto) Manager.

Herramientas:

o Mapa mental

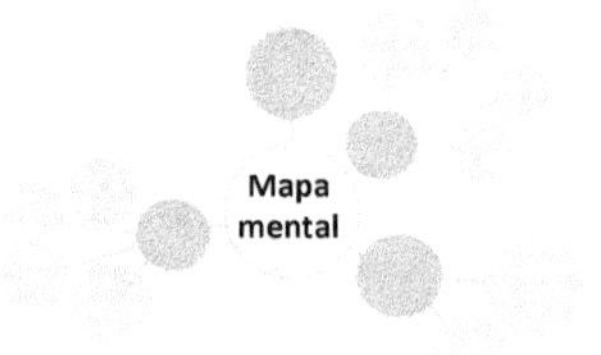

Mapa
mental

o Hoja de datos del proyecto

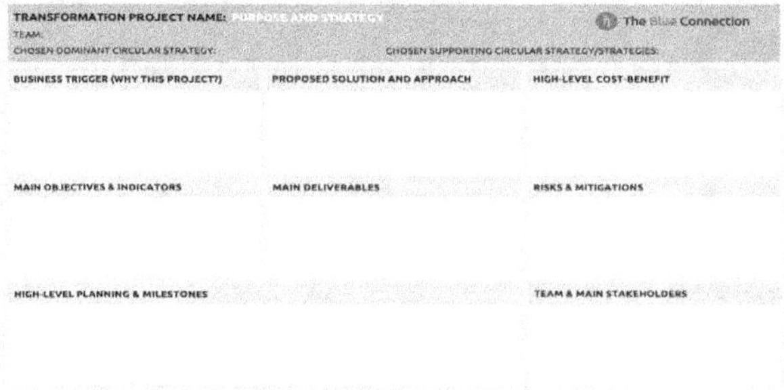

TRANSFORMATION PROJECT NAME: PURPOSE AND STRATEGY		The Blue Connection
TEAM:		
CHOSEN DOMINANT CIRCULAR STRATEGY:	CHOSEN SUPPORTING CIRCULAR STRATEGY/STRATEGIES:	
BUSINESS TRIGGER (WHY THIS PROJECT?)	PROPOSED SOLUTION AND APPROACH	HIGH-LEVEL COST-BENEFIT
MAIN OBJECTIVES & INDICATORS	MAIN DELIVERABLES	RISKS & MITIGATIONS
HIGH-LEVEL PLANNING & MILESTONES		TEAM & MAIN STAKEHOLDERS

o Estructura de desglose del trabajo

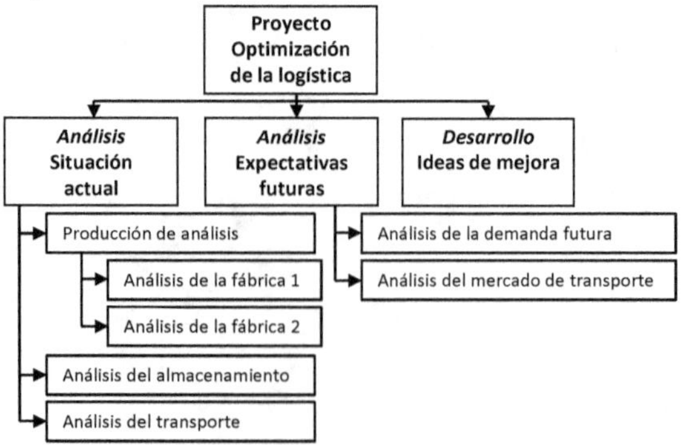

Figura A.2. **Visión.**

Área de gestión: tiempo

Área de gestión:

Tiempo

Conceptos clave:

o Gestión y planificación del tiempo
o Planificación de hitos y de fechas de finalización
o Establecimiento de prioridades
o Planificación de los recursos a tiempo
o Identificación de posibles cuellos de botella
o Combinación de plazos con los recursos necesarios y disponibles
o Identificación de la ruta crítica

Herramientas:

o Método de diagrama de precedencia (PDF, de *precedence diagram method*)

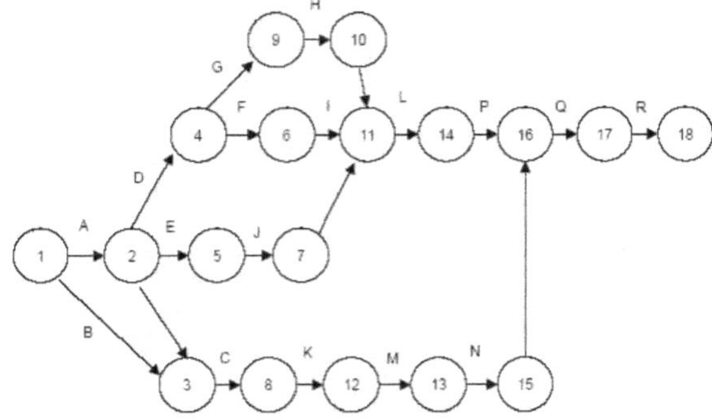

o PERT (tiempo más probable, tiempo optimista y tiempo pesimista)

o Diagrama GANTT y ruta crítica

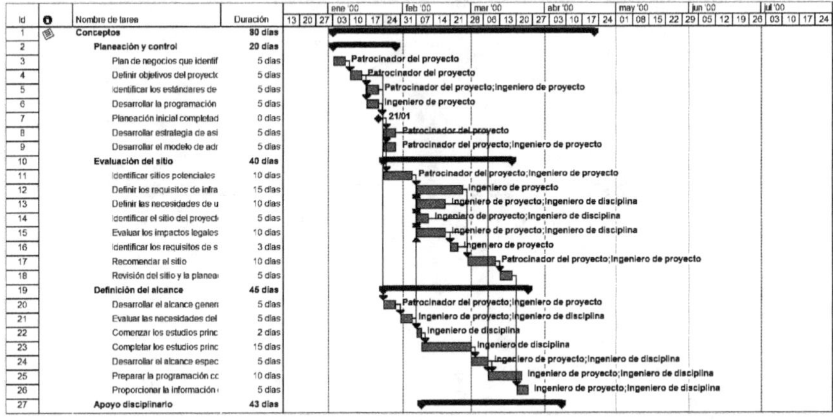

Id	ⓘ	Nombre de tarea	Duración
1		**Conceptos**	**80 días**
2		**Planeación y control**	**20 días**
3		Plan de negocios que identif	5 días
4		Definir objetivos del proyecto	5 días
5		Identificar los estándares de	5 días
6		Desarrollar la programación	5 días
7		Planeación inicial completad	0 días
8		Desarrollar estrategia de asi	5 días
9		Desarrollar el modelo de adr	5 días
10		**Evaluación del sitio**	**40 días**
11		Identificar sitios potenciales	10 días
12		Definir los requisitos de infra	15 días
13		Definir las necesidades de u	10 días
14		Identificar el sitio del proyect	5 días
15		Evaluar los impactos legales	10 días
16		Identificar los requisitos de s	3 días
17		Recomendar el sitio	10 días
18		Revisión del sitio y la planea	5 días
19		**Definición del alcance**	**45 días**
20		Desarrollar el alcance gener	5 días
21		Evaluar las necesidades del	5 días
22		Comenzar los estudios princ	2 días
23		Completar los estudios princ	15 días
24		Desarrollar el alcance espec	5 días
25		Preparar la programación cc	10 días
26		Proporcionar la información	5 días
27		**Apoyo disciplinario**	**43 días**

Figura A.3. **Tiempo.**

Área de gestión: costo

Área de gestión:

Costo

Conceptos clave:

o Estimación de costos (estimación aproximada de alto nivel, por ejemplo, en la fase de propuesta)
o Presupuestos (planificación detallada, para la fase de ejecución y control)
o Control de costos
o Evaluación financiera
o Componentes financieros de costos
  ▪ Mano de obra, material, servicios externos, otros (por ejemplo, gastos generales)
  ▪ Reserva imprevista, margen (opcional, si es comercial)

Herramientas:

o Estimación de costos (nivel alto)

o Presupuesto (detallado)

o Seguimiento (control)

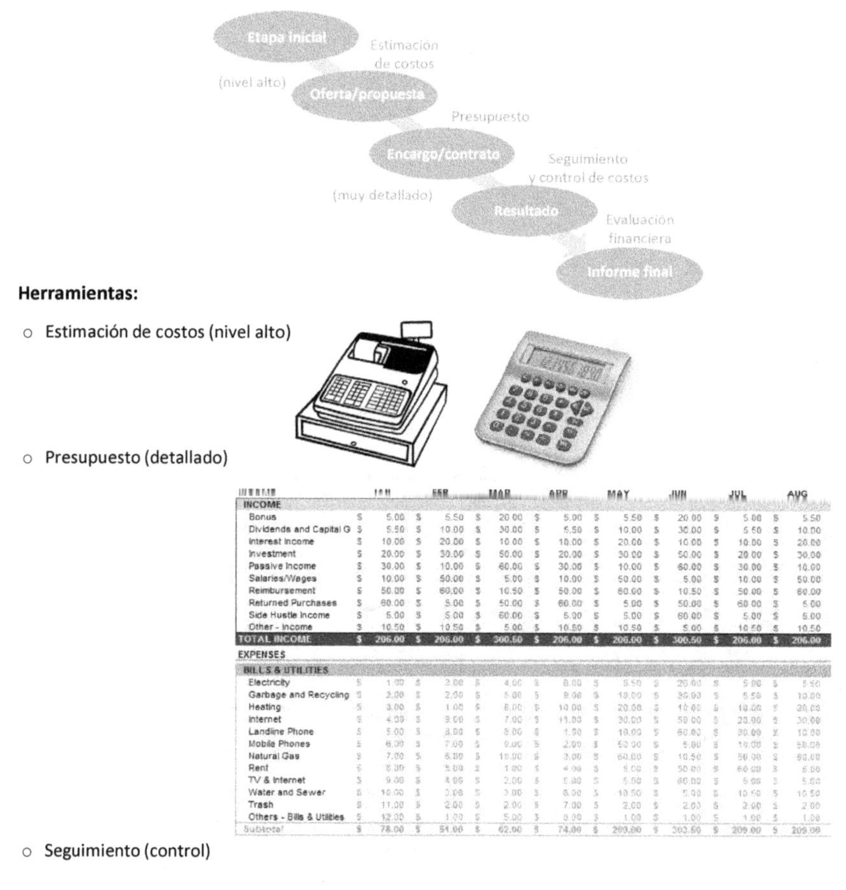

© Ed Weenk – Curso de gestión de proyectos

Figura A.4. **Costo.**

Área de gestión: calidad

Área de gestión:

Calidad

Conceptos clave:

- o Calidad del producto frente a calidad del proceso
- o *Calidad exigida*
  - ▪ Nivel mínimo de calidad acordado formalmente
- o *Calidad deseada*
  - ▪ Expectativa real del cliente: gestión de expectativas y relaciones
- o *Calidad posible*
  - ▪ Lo que el equipo puede lograr

Herramientas:

- o Plan de calidad
- o Lista de criterios (SMART), relación clara con los objetivos del proyecto
- o Orden en función de la importancia
- o ¿Qué capacidades de la organización o del equipo se necesitan?
- o Identificar los criterios que requieren una atención superior a la media
- o Definir los instrumentos de control
- o Vincular los efectos de una ausencia de calidad al contrato del proyecto

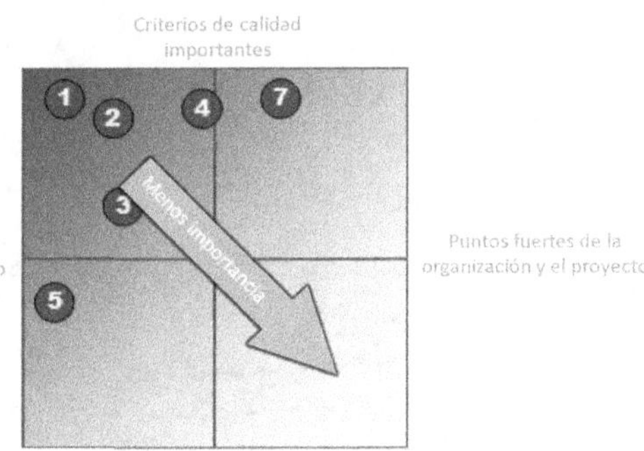

N.º	Criterio de calidad	Norma	Instrumento/control
1			
2			
3			
4			
5			
6			
7			
8			
...			
n			

Figura A.5. **Calidad.**

Área de gestión: equipo

Área de gestión:

Equipo

Conceptos clave:

- ○ Organización de la empresa / organización del proyecto
- ○ Composición y funciones del equipo
- ○ Desarrollo del equipo

Herramientas:

- ○ Identificación de funciones
- ○ Asignación de funciones (individual)
- ○ Identificación de funciones (total del equipo)

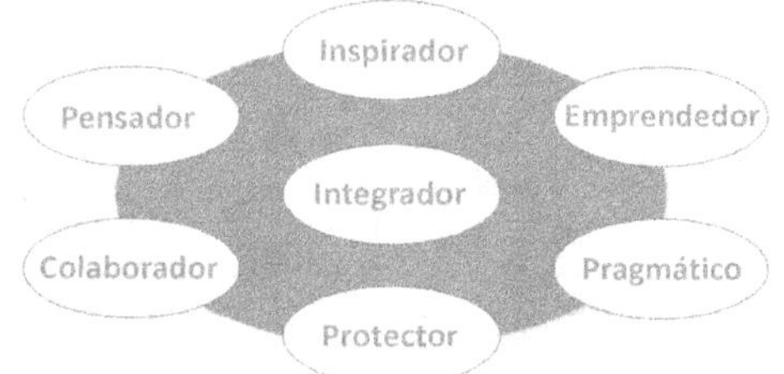

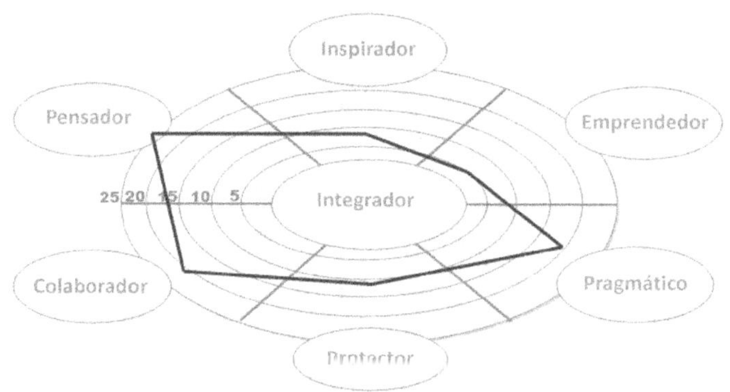

	Miembro 1	Miembro 2	Miembro 3	...	Miembro n	Total
Inspirador	8	..	..	..	..	..
Pensador	25	..	..	..	..	..
Emprendedor	5	..	..	..	..	..
Colaborador	21	..	..	..	..	..
Pragmático	20	..	..	..	..	..
Protector	11	..	..	..	..	..

Figura A.6. **Equipo.**

Área de gestión: adquisiciones

Área de gestión:

Adquisiciones

Conceptos clave:

- La adquisición, en muchos casos, es una cuestión multidisciplinaria
- Decidir entre fabricar o comprar
- Adquirir productos / adquirir servicios
- Proceso de compra
  - Especificar, definir los criterios de selección, identificar a los candidatos, invitar, obtener ofertas, evaluar, seleccionar, negociar, firmar el contrato
  - El proceso de evaluación puede ser diferente para los distintos tipos de productos y servicios

Herramientas:

- Matriz de evaluación de empresas proveedoras
  - Criterios
  - Peso relativo
  - Puntuaciones por proveedora y por criterio

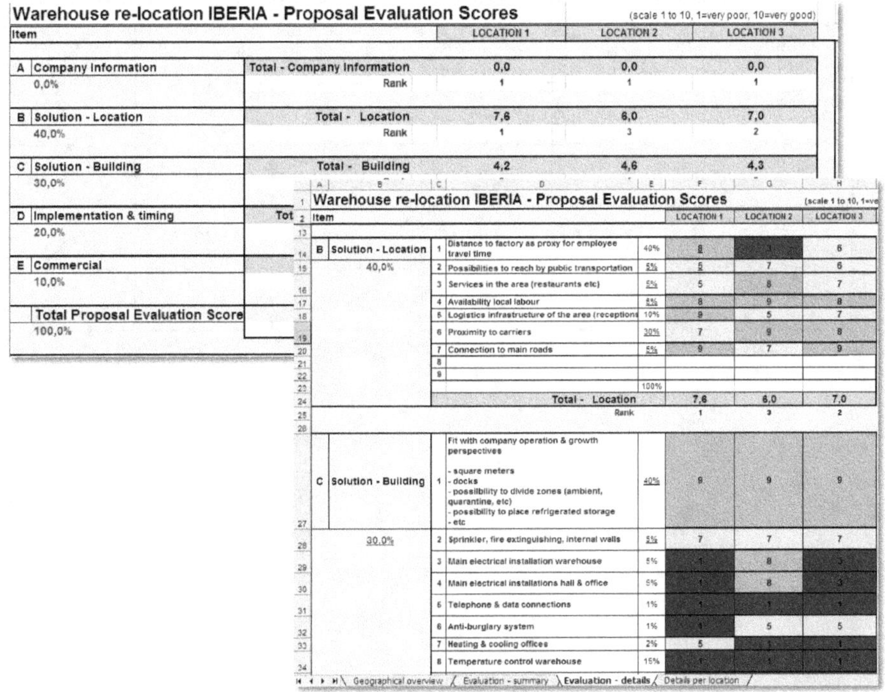

Warehouse re-location IBERIA - Proposal Evaluation Scores (scale 1 to 10, 1=very poor, 10=very good)

Item			LOCATION 1	LOCATION 2	LOCATION 3
A	Company Information	Total - Company Information	0,0	0,0	0,0
	0,0%	Rank	1	1	1
B	Solution - Location	Total - Location	7,6	6,0	7,0
	40,0%	Rank	1	3	2
C	Solution - Building	Total - Building	4,2	4,6	4,3
	30,0%				
D	Implementation & timing	Tot			
	20,0%				
E	Commercial				
	10,0%				
	Total Proposal Evaluation Score				
	100,0%				

Warehouse re-location IBERIA - Proposal Evaluation Scores (scale 1 to 10, 1=ve

	Item				LOCATION 1	LOCATION 2	LOCATION 3
B	Solution - Location	1	Distance to factory as proxy for employee travel time	40%	8	1	6
	40,0%	2	Possibilities to reach by public transportation	5%	5	7	6
		3	Services in the area (restaurants etc)	5%	5	8	7
		4	Availability local labour	5%	8	9	8
		5	Logistics infrastructure of the area (reception)	10%	9	5	7
		6	Proximity to carriers	30%	7	9	8
		7	Connection to main roads	5%	9	7	9
		8					
		9		100%			
			Total - Location		7,6	6,0	7,0
			Rank		1	3	2
C	Solution - Building	1	Fit with company operation & growth perspectives - square meters - docks - possibility to divide zones (ambient, quarantine, etc) - possibility to place refrigerated storage - etc	40%	9	9	9
	30,0%	2	Sprinkler, fire extinguishing, internal walls	5%	7	7	7
		3	Main electrical installation warehouse	5%	1	8	3
		4	Main electrical installations hall & office	5%	1	8	3
		5	Telephone & data connections	1%	1	1	1
		6	Anti-burglary system	1%	1	5	5
		7	Heating & cooling offices	2%	5	1	1
		8	Temperature control warehouse	15%	1	1	1

Geographical overview / Evaluation - summary / **Evaluation - details** / Details per location

Figura A.7. **Adquisiciones.**

Área de gestión: riesgo

Área de gestión:

Riesgo

Conceptos clave:
- Hacer frente a la inseguridad y a la imprevisibilidad
- Minimización de la probabilidad y el impacto
- Definición de medidas adecuadas
  - Prevención de riesgos, sistemas de alerta temprana
  - Minimización del impacto

Herramientas:

- Análisis y control de riesgos
- DAFO / FODA

Descripción	Probabilidad	Impacto	Tiempo de respuesta	Valor de riesgo	Clasificación
Problema de *hardware*	2	4	1	8	4
Problema de *software*	3	4	2	24	3
Problema de red	4	4	3	48	1
Problema eléctrico	3	4	4	48	1
...					

Figura A.8. **Riesgo.**

Área de gestión: comunicación

Área de gestión:

Comunicación

Conceptos clave:

- o Comunicación interna y externa
- o ¿Función de apoyo o factor clave de éxito?
- o Informar, vender, desafiar, preguntar, influir, estimular, movilizar, etc.

Herramientas:

- o (Interna) matriz de información
- o (Externa) plan de comunicación

	Propietario del proyecto	Líder del proyecto	Miembros del equipo de proyecto	Secretario del proyecto		
Contrato del proyecto	Firma	Creación	Creación	Creación de un archivo de distribución		
Documentos de decisión	Firma	Creación	Creación	Creación de un archivo de distribución		
Informes de progreso	Información	Firma	Creación	Creación de un archivo de distribución		
Listas de actuación	–	Firma	Creación	Creación de un archivo de distribución		
...						

Grupo objetivo	Objetivo de la comunicación	Tipos de mensajes	Tipos de medios	Frecuencia de comunicación	Responsable
Junta directiva del grupo	Información, influencia	Informes de situación del proyecto, opiniones de las partes interesadas	Reuniones personales, correo electrónico	Siempre que sea necesario, al menos una vez por semana	Dirección General
Comisión científica	Petición de opiniones e inputs, luz verde	Informe sobre el estado de la investigación, cuestiones de investigación, planificación de la investigación	Reuniones personales, correo electrónico	Al menos una vez al mes	Responsable de proyecto
Habitantes locales	Influencia de la opinión	Estado del proyecto, riesgos del proyecto	Medios de comunicación locales (TV, radio, internet), reuniones	...	Departamento de comunicación
Gobierno regional	...	...	...	...	...
...	...	...	...	...	...

Figura A.9. **Comunicación.**

Área de gestión: partes interesadas

Área de gestión:
Partes interesadas

Conceptos clave:

- o Identificación de las principales partes interesadas
- o Identificación de la actitud de las principales partes interesadas hacia el proyecto (positiva, negativa, neutral)
- o Identificación de la solidez de la relación con las partes interesadas (fuerte, neutral, débil)
- o Identificación de las oportunidades y los riesgos asociados (formación de coaliciones, influencia)
- o Vinculación con el plan de riesgos y el plan de comunicación

Herramientas:

- o Análisis del campo de fuerza (mapa de las partes interesadas)
- o Vinculación con el plan de riesgos y mitigación
- o Vinculación con el plan de comunicación

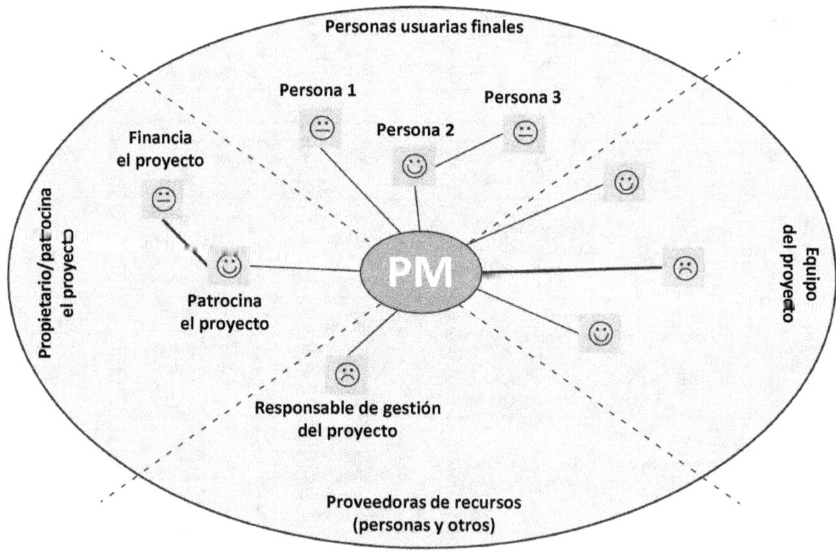

Figura A.10. **Partes interesadas.**

**La competitividad
y sus claves**
Antoni Garrell

**El proceso de las 5'S
en acción**
Luis Socconini, Marco Barrantes

**Productos y servicios
inteligentes y sostenibles**
Llorenç Guilera, Antoni Garrell

**Manual de estrategia
de operaciones**
Ángel Caja Corral

**Gestión de inventarios.
Métodos cuantitativos**
Marco Espejo González

**Manual del comercio
electrónico**
*Eva María Hernández Ramos,
Luis Carlos Hernández Barrueco*

**Indicadores económicos
en el comercio
internacional**
Òscar Mascarilla Miró

Competencias directivas
Llorenç Guilera

Anatomía de la creatividad
Llorenç Guilera Agüera

MARGE BOOKS

Brutau, 160 – 08203 Sabadell (Barcelona) – Tel. +34-931 429 486 – marge@margebooks.com – www.margebooks.com

Lean Six Sigma. Sistema de gestión para liderar empresas
Luis Socconini, Carlo Reato

Lean Company. Más allá de la manufactura
Luis Socconini

Lean Six Sigma Green Belt, paso a paso
Luis Socconini, Eduardo Escobedo

Lean Energy 4.0. Guía de Implementación
Luis Socconini, Juan Pablo Martín

Lean Manufacturing. Paso a paso
Luis Socconini

Lean Services. Certification Manual
Luis Socconini

Lean Six Sigma Yellow Belt. Manual de certificación
Luis Socconini

Lean Six Sigma Green Belt. Manual de certificación
Luis Socconini

Lean Six Sigma Black Belt. Manual de certificación
Luis Socconini